U0541897

国家出版基金项目

总主编　洪银兴

现代经济学大典

[金融经济学分册]

A Dictionary of Modern Economics

主编　王广谦　刘锡良

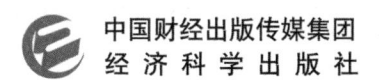

中国财经出版传媒集团
经济科学出版社

图书在版编目（CIP）数据

现代经济学大典．金融经济学分册/王广谦，刘锡良主编．
—北京：经济科学出版社，2016.7
ISBN 978 – 7 – 5141 – 7109 – 9

Ⅰ.①现… Ⅱ.①王…②刘… Ⅲ.①经济学 – 研究 –
中国②金融学 – 研究 – 中国 Ⅳ.①F120.2

中国版本图书馆 CIP 数据核字（2016）第 168793 号

责任编辑：李一心
责任校对：郑淑艳
责任印制：李　鹏

现代经济学大典

（金融经济学分册）

主编　王广谦　刘锡良

经济科学出版社出版、发行　新华书店经销

社址：北京市海淀区阜成路甲 28 号　邮编：100142

总编部电话：010 – 88191217　发行部电话：010 – 88191522

网址：www.esp.com.cn

电子邮件：esp@esp.com.cn

天猫网店：经济科学出版社旗舰店

网址：http://jjkxcbs.tmall.com

北京中科印刷有限公司印装

787×1092　16 开　26.75 印张　470000 字

2016 年 8 月第 1 版　2016 年 8 月第 1 次印刷

ISBN 978 – 7 – 5141 – 7109 – 9　定价：149.00 元

（图书出现印装问题，本社负责调换．电话：010 – 88191502）

（版权所有　侵权必究　举报电话：010 – 88191586

电子邮箱：dbts@esp.com.cn）

《现代经济学大典》编委会

学术顾问 卫兴华 谷书堂 刘诗白 吴宣恭

主　　任 马建堂 邬书林

主　　编 洪银兴

副 主 编 逄锦聚 顾海良 林 岗 刘 伟 黄泰岩

委　　员（按姓氏笔画为序）
王广谦 史代敏 吕 萍 庄宗明 刘 伟
刘志彪 刘 灿 刘明晖 刘锡良 李子奈
李晓西 吴福象 邱 东 范从来 林木西
林 岗 金 碚 周法兴 赵晓雷 柳 敏
逄锦聚 洪银兴 贾 康 顾海良 高培勇
郭兆旭 郭熙保 黄少安 黄泰岩 黄桂田

出版说明

波澜壮阔的中国改革与发展，使我国快速跃升为世界第二大经济体，彻底改变了十几亿中国人的命运，深刻影响了世界经济的格局和未来，从而被世人称为"中国奇迹"。

"中国奇迹"，是中国共产党领导全国人民在前无古人的伟大改革与发展实践中探索中国特色社会主义道路的结果，创新中国特色社会主义理论的结果，构建中国特色社会主义制度的结果，坚定了我们的道路自信、理论自信和制度自信。

正因为有了这种自信，我们以中国改革与发展的实践为背景，以中国经济学的理论发展为线索，以解读中国奇迹之"谜"为己任，编写这部《现代经济学大典》（以下简称《大典》）。

《大典》的定位是对中国改革与发展的成功实践做出理论总结和概念提炼；特色是突出反映中国改革与发展30多年来中国经济学的研究成果；目的是把中国经济学推向世界，让中国道路、中国理论、中国制度以中国话语为世界所知、所享。

总结30多年来中国改革与发展的成功经验，其中最重要的一条就是实事求是、解放思想、创新发展。可以说，改革开放以来是中国的经济学理论创新最多、发展最快、成果最丰富的时期。中国改革与发展的实践提出经济学理论创新的问题和需求，而经济学的每一个理论创新又进一步推动中国改革与发展实践的不断深化。根植于中国广袤大地上的经济学创新，一是马克思主义经济学中国化的理论成果，因而《大典》在词条选择上力求体现开拓当代中国马克思主义经济学新境界，在阐述上力求继承与发展的结合；二是对中国改革与发展实践经验提炼和总结的理论成果，因而《大典》在词条选择上力求充分彰显中国特色，在阐述上力求理论与实践的结合；三是借鉴吸收国外经济学的科学成果，因而《大典》在词条选择上力求反映经济学的一般概念和规律，在阐述上力求中国化与国际化的统一。

　　《大典》的宗旨是展示当代中国经济学研究进展和理论创新。记录和总结中国经济学家的理论贡献，重点不在"引进来"，而在"走出去"，因此，《大典》没有安排专门的西方经济学专题。这种安排的客观依据是，中国改革与发展，不是在西方经济学的理论指导下取得成功的。当然，不排除在相关学科中充分吸收国外经济学的范畴。《大典》展示的中国经济学研究成果表明，中国特色的社会主义经济理论、经济制度、发展道路是中国经济成功之源。基于这种考虑，《大典》在词条的选择阐述上，力图在反映中国改革与发展的辉煌历程和经济学领域的丰硕成果基础上，建立中国特色、中国风格、中国气派的经济学学术话语体系。

　　中国改革与发展只有进行时，没有完成时。实践在发展，经济理论也随之不断创新。《大典》的编纂在2010年起步，编纂期间，党的十八大、十八届三中、四中全会和习近平总书记的系列重要讲话，把中国经济学的理论创新推到了新的高度。同时，中国经济发展进入"新常态"。《大典》的编纂不仅总结过去经济学的创新，还要跟踪中国改革与发展新阶段的新特点，特别是要反映党的十八大、十八届三中、四中全会和习近平总书记系列讲话的新精神、新理论。为此，《大典》不仅通过增加新词条的方式，而且还在已有的词条中融入了体现党的十八大以来新发展的经济思想，尤其是习近平总书记系列重要讲话的精神。这就保证了《大典》能够全面、准确、及时反映当前中国经济学各领域研究的最前沿的学术水平。

　　现在已经出版的各类经济学辞典有很多，《大典》的出版不只是新增加一本经济学辞典，而是要有特色。《大典》之所以要取名为大典，就是要体现大典的含义：一是"典籍"。《大典》囊括了经济学各个学科，涉及理论经济学和应用经济学两个一级学科门类的14个学科或领域，涵盖了中国经济学发展的各重要领域。当然，限于篇幅，所选的词条不可能求全，一些常识性的、内容没有发生根本变化的词条没有选入。同时，为避免重复，不同学科或领域交叉共有的词条只在一处出现。二是"成书"。《大典》对各个词条不是一般的名词解释，而是要突出"论"。尤其是对改革开放以来出现的新概念，以及反映经济学创新的概念作为学术论文来写。系统介绍其创新发展的来龙去脉，按照理论渊源、演变及评论逐步展开。以历史和发展的视角对已有经济思想和理论进行深入挖掘和论述。每个词条后面都提供参考和延伸阅读的书目。从一定意义上说，《大典》是现代经济学的百科全书。三是"工具"。《大典》的写作努力做到专业性与通俗性相结合、理论性与知识性相结合，既能满足专业人士的学术研究需要，又能满足社会大众普及经济学知识的需要。

《大典》的编委会成员都是伴随着中国改革与发展成长起来的新一代经济学家。改革开放开始时他们都是风华正茂的年轻经济学者，他们亲身参与了中国改革与发展各个阶段的经济研究，对中国改革与发展和经济学创新有着切身感受和感悟。成立《大典》编委会时，他们都是处于经济学教学科研第一线的各个领域学科带头人，其中许多人分别是国务院学位委员会经济学科评议组成员、中国社会科学院学部委员、教育部社会科学委员会经济学部委员、教育部高等学校经济学学科教学指导委员会委员，以及教育部长江学者特聘教授等。出版社聘请他们直接主持并亲自撰写相关词条，目的是要使《大典》更具权威性，打造一部影响力大、综合水平高的传世之作。

尽管我们做了很多努力，力求实现上述初衷，但限于水平，编写这样一部工程浩大的经典之作，肯定还有许多不足和缺憾，欢迎读者批评指正。

现代经济学大典（金融经济学分册）

  本书为 2010 年国家出版基金项目成果，其编撰得到了国家新闻出版广电总局、财政部、国家统计局的领导，以及教育部中国特色社会主义经济建设协同创新中心的高度重视和大力支持，在此一并表示衷心感谢。

经济科学出版社
2015 年 10 月

目 录

金融经济学
Financial Economics ·· 1

货币与信用理论

信用货币
Credit Money ··· 3
电子货币
Electronic Money ·· 4
货币制度
Monetary System ·· 6
货币币值
Currency Value ··· 7
外汇兑换券
Foreign Exchange Certificate ·· 8
货币流通速度
Velocity of Money ··· 9
货币流通规律
Law of the Circulation of Money ····································· 11
货币时间价值
Time Value of Money ··· 11
基础货币
Monetary Base ··· 13

货币乘数
Money Multiplier ··· 13
原始存款与派生存款
Primary Deposits and Derivative Deposits ················ 14
狭义货币、广义货币与准货币
Narrow Money, Broad Money and Quasi-money ········ 15
货币供给与需求
Money Supply and Money Demand ·························· 15
国际货币体系
International Monetary System ······························· 17
信用
Credit ·· 19
商业信用
Commercial Credit ·· 22
银行信用
Bank Credit ··· 24
国家信用
National Credit, State Credit ···································· 27
消费信用
Consumer Credit, Consumption Credit ····················· 30
直接融资与间接融资
Direct Financing and Indirect Financing ··················· 32
本票
Promissory Note ··· 33
支票
Banker's Checks, Cheque, Check ······························ 35
汇票
Bill of Exchange, Postal Order, Draft ······················· 37
信用证
Letter of Credit (L/C or LOC) ··································· 39
储蓄存款
Savings Deposits ·· 40

目 录

信用贷款
Loan on Credit ··· 41

抵押贷款
Collateralized Loan ·· 42

流动资金贷款
Working Capital Loan ·· 42

固定资产贷款
Fixed Asset Loan ··· 45

全额信贷
Full Credit ·· 46

基本建设贷款
Construction Loan ··· 48

小额信贷
Micro-credit ·· 50

贴现与转贴现
Discount and Rediscount ·· 52

贷款五级分类
Five Classifications of Loans ··· 53

规模控制
Control of Credit Scale ··· 54

拨改贷
Replacement of Appropriation by Loan ································· 57

剥离不良贷款
Stripping Off Bad Loan ·· 58

信托与租赁
Trust and Leasing ··· 59

综合信贷计划
Comprehensive Credit Plan ··· 60

统存统贷与统收统支
Integrated Management of Deposits and Loan ······················· 61

差额控制与差额包干
Balance Control and Balance Undertaking ···························· 62

3

实贷实存
Deposits Distribution Based on Lending Quota ················ 63
资产负债比例管理
Asset-Liability Ratio Management ················ 64
现金管理
Cash Management ················ 65
三角债
Chain Debt ················ 66
资产证券化
Asset Securitization ················ 68
银行中间业务
Off Balance Sheet Business ················ 69
保险
Insurance ················ 70
财产保险与人身保险
Property Insurance and Life Insurance ················ 72
再保险
Reinsurance ················ 74
保险精算
Actuarial Science ················ 76
支付体系
Payment System ················ 78
信用风险
Credit Risk ················ 81
信用评级
Credit Rating ················ 82

利率与汇率

利率
Interest Rate ················ 84
名义利率与实际利率
Nominal Interest Rate and Real Interest Rate ················ 85

目 录

法定利率与市场利率
Official Rate and Market Rate ················· 86

即期利率与远期利率
Spot Rate and Forward Rate ················· 88

基准利率
Benchmark Interest Rate ················· 89

单利与复利
Simple Interest and Compound Interest ················· 92

终值与现值
Future Value and Present Value ················· 93

贴现率
Discount Rate ················· 94

利率的期限结构
Term Structure of Interest Rates ················· 95

利率敏感性缺口
Interest Rate Sensitive Gap ················· 98

久期
Duration ················· 101

利率市场化
Interest Rate Liberalization ················· 103

双重汇率
Dual Exchange Rates ················· 106

官方汇率
Official Exchange Rate ················· 108

调剂市场汇率
Exchange Rates of Swap Market ················· 110

汇率并轨
Unification of Dual-Track Exchange Rates ················· 113

有效汇率
Effective Exchange Rate ················· 115

购买力平价
Purchasing Power Parity ················· 116

利率平价
Interest Rate Parity ································· 118
汇率制度
Exchange Rate System ······························ 119
直接标价与间接标价
Direct and Indirect Quotation ······················· 122

金融机构体系

金融体系
Financial System ···································· 124
金融中介
Financial Intermediary ······························ 126
中央银行
Central Bank ······································· 128
商业银行
Commercial Bank ··································· 131
股份制商业银行
Shareholding Commercial Bank ··················· 133
城市商业银行
City Commercial Bank ····························· 134
农村商业银行
Rural Commercial Bank ···························· 135
政策性银行
Policy Bank ·· 136
储蓄银行
Savings Bank ······································ 139
村镇银行
Village Bank ······································· 140
外资银行
Foreign Bank ······································ 142
中外合资金融机构
Sino-Foreign Joint Venture Financial Institution ········ 144

目　录

三资银行
Foreign-Funded Bank …………………………………………… 145

手机银行
Mobile Banking ………………………………………………… 146

网上银行
Internet Banking ………………………………………………… 147

中国银联
China Union Pay ………………………………………………… 149

农村资金互助社
Rural Mutual Funds Cooperative ……………………………… 150

农村信用社
Rural Credit Cooperative ……………………………………… 152

财务公司
Financial Company ……………………………………………… 155

保险公司
Insurance Company …………………………………………… 158

信托投资公司
Financial Trust and Investment Company …………………… 161

金融租赁公司
Financial Leasing Company …………………………………… 164

汽车金融公司
Auto Financing Company ……………………………………… 167

证券公司
Securities Company …………………………………………… 168

证券登记结算公司
Securities Depository and Clearing Corporation ……………… 172

基金管理公司
Fund Management Company ………………………………… 173

资产管理公司
Asset Management Company ………………………………… 175

期货公司
Futures Company ……………………………………………… 179

私募股权
Private Equity …… 182
合格境外机构投资者
Qualified Foreign Institutional Investor（QFII） …… 185
合格境内机构投资者
Qualified Domestic Institutional Investor（QDII） …… 188
小额贷款公司
Micro-Credit Company …… 191
"大一统"金融体系
Unified Financial System …… 193
民间金融
Informal Finance …… 195
地方政府融资平台
Local Government Financing Platform …… 196
地方金融办公室
Local Financial Office …… 199
港澳台金融
Financial Systems of Hong Kong, Macao and Taiwan in China …… 201
影子银行体系
Shadow Banking System …… 205
互联网金融
Internet Finance …… 207

金融市场

货币市场
Money Market …… 209
资本市场
Capital Market …… 210
同业拆借市场
Interbank Lending Market …… 212
证券回购市场
REPO Market …… 214

票据市场
Commercial Paper Market ·················· 216
企业短期融资债券
Enterprise Short Term Financing Debenture ·············· 218
外汇市场
Foreign Exchange Market ·················· 219
结售汇制度
Exchange Settlement and Sales System ·············· 221
A股、B股、H股
A Share, B Share, H Share ·················· 223
首次公开发行
Initial Public Offerings（IPO） ·················· 225
证券交易所
Stock Exchange ·················· 228
中小企业板
Small and Medium Enterprises Board ·············· 231
创业板
Growth Enterprise Board, ChiNext Stock Market ········ 232
股指期货
Stock Index Futures ·················· 234
融资融券
Securities Margin Trading ·················· 236
市盈率与市净率
P/E Ratio and P/B Ratio ·················· 238
企业债券
Corporate Bond ·················· 240
金融债券
Financial Bond ·················· 241
政府债券
Government Bond ·················· 242
债券收益率
Bond Yield ·················· 244

股权分置改革
Split-Share Structure Reform ·················· 245
国有股减持
Reduction of State-Owned Shares ·················· 247
战略投资者
Strategic Investor ·················· 249
大小非解禁
Unlocking of the Nontradable Shares ·················· 251
借壳上市
Back-Door Listing ·················· 253
国库券
Treasury Bill ·················· 255
国家重点建设债券
Priority Construction Treasury Bond ·················· 257
基本建设债券
Basic Construction Treasury Bond ·················· 259
次级债券
Subordinated Bond ·················· 260
中小企业集合票据
SMEs' Collection Notes ·················· 262
开放型基金和封闭型基金
Open-End Fund and Closed-End Fund ·················· 264
货币市场基金
Money Market Fund ·················· 267
可转让支付命令账户
Negotiable Order of Withdrawal Account（NOW） ·················· 267
对冲基金
Hedge Fund ·················· 269
场内市场和场外市场
Floor Market and OTC Market ·················· 269
多头交易与空头交易
Bull Transaction and Bear Transaction ·················· 271

即期交易与远期交易
Spot Transaction and Forward Transaction ················ 272
远期合约市场
Forward Contract Market ················ 273
金融期货市场
Financial Future Market ················ 273
金融期权市场
Financial Options Market ················ 275
金融互换市场
Financial Swap Market ················ 277
黄金市场
Gold Market ················ 278
股利贴现模型
Dividend Discount Model（DDM）················ 280
有效市场假说
Efficient Markets Hypothesis（EMH）················ 281
套利定价理论
Arbitrage Pricing Theory ················ 286
期权定价理论
Option Pricing Theory ················ 289
投资组合理论
Portfolio Theory ················ 295
资本资产定价模型
Capital Asset Pricing Model（CAPM）················ 299
内部融资与外部融资
Internal Financing and External Financing ················ 302
金融工程
Financial Engineering ················ 306
行为金融学
Behavioral Finance ················ 310

货币政策与金融监管

货币政策目标
Monetary Policy Objective ·················· 313

货币政策工具
Monetary Policy Instrument ·················· 316

中央银行贷款
Central Bank's Lending ·················· 318

公开市场业务
Open-market Operations ·················· 319

再贴现政策
Rediscount Policy ·················· 322

存款准备金制度
Reserve Requirement System ·················· 324

窗口指导与道义劝告
Window Guidance and Moral Persuasion ·················· 327

直接信用控制与间接信用控制
Direct Credit Control and Indirect Credit Control ·················· 329

超额准备金
Excess Reserve ·················· 332

银行流动性
Liquidity of Bank ·················· 333

相机抉择
Discretionary Monetary Policy ·················· 336

货币的内生性与外生性
Endogeneity and Exogeneity of Money ·················· 339

货币中性论
Neutral Money Theory ·················· 342

中央银行独立性
Central Bank Independence ·················· 346

货币统计分析
Monetary Statistical Analysis ·················· 349

资金流量分析
Flow-of-funds Analysis …… 353
通货膨胀与通货紧缩
Inflation and Deflation …… 356
社会融资规模
Scale of Aggregate Financing …… 358
一行三会
One Central Bank and Three Regulatory Committees …… 361
大区行
PBC Region Branch …… 363
系统性风险与非系统性风险
Systemic Risk and Non-systemic Risk …… 366
集中监管与分业监管
Mixed Supervision and Separate Supervision …… 367
金融稳定与安全
Financial Stability and Security …… 369
金融危机
Financial Crisis …… 370
金融脆弱性
Financial Fragility …… 374
巴塞尔协议
Basel Accord …… 375
核心资本
Core Capital …… 376
附属资本
Supplementary Capital …… 377
资本充足率
Capital Adequacy Ratio …… 380
拨备覆盖率
Provision Coverage Ratio …… 381
不良资产比率
Non-performing Asset Ratio …… 382

存款保险制度
Deposit Insurance System ………………………………………… 383
金融法制建设
Construction of Financial Legal System ………………………… 385
反洗钱
Anti-money Laundering …………………………………………… 388
征信体系
Credit Information System ………………………………………… 391
金融压抑论
Financial Repression Theory ……………………………………… 393
金融自由化
Financial Liberalization …………………………………………… 394
金融约束论
Financial Restraint Theory ………………………………………… 396
金融结构
Financial Structure ………………………………………………… 398
金融创新
Financial Innovation ……………………………………………… 401
金融贡献度
Financial Contribution …………………………………………… 403

金融经济学
Financial Economics

  金融经济学是研究货币、信用、资本市场等与金融相关的经济问题的经济学科。在现代社会中，与金融相关的经济问题几乎覆盖了社会生活的方方面面，因此，金融的范畴极为广泛。新中国金融学科的奠基人黄达教授曾对金融一词的词源、词义及在东西方语言中的差异、金融范畴的形成、金融作为独立学科的发展进行过精致的考察。在古代，信用活动和货币流通即已伴随在经济活动中，随着商品经济的发展，特别是现代银行的产生，信用活动和货币流通更紧密地联系在一起，业务范围迅速扩大，并最终形成了极为复杂的现代金融活动和包涵制度、机构、工具、市场、调控机制等在内的庞大的金融体系。

  随着金融范畴的不断扩大和金融活动的日益复杂，以金融为研究对象的学科发展也日新月异。金融作为独立的学科或经济学相对独立的分支学科，最早形成于西方，以"货币银行学"的名称最为普遍。20世纪70年代后也有些西方学者使用"货币银行经济学"、"货币银行金融市场学"等名称。中国在改革开放前该学科的正式名称是"货币银行学"，改革开放后学科名称定为"金融学"。正像西方经济学随着发展逐步细分为宏观经济学、微观经济学、计量经济学等一样，金融学科在发展中，宏观分析、微观分析和计量分析也广泛采用，于是出现了宏观金融与微观金融、传统金融与现代金融、理论金融与市场金融等概念。同时，关于"金融"概念的内涵或"金融范畴"的界定也出现了很大的争议。金融学科在欧美国家的发展过程中，基本上是分为两条线路进行的：一条线路是综合性大学的经济院系对金融学科的研究与经济理论紧密结合在一起，重点研究货币供求、通货膨胀、货币政策、金融与经济的关系等基本原理和规律问题，侧重于宏观、理论和政策等方面；另一条线路是综合性大学的商学院和一些市场研究机构，重点研究金融业务运作、金融工具创新、资产定价、公司财务等与金融市场密切相关的金融问题，侧重于微观、市场和技术等方面。于是有些学者认为，经济院系研究的是宏观金融、传统金融、理论金融，商学院系研究的是微观金融、现代金融、市场金融。更有些学者认为，经济院系研究的内容可归入宏观经济学的扩展，使用"货币经济学"的名称，商学院系研究的内容与市场联系紧密，内容丰富且发展迅速，应用性和技术性强，已成为相对独立的现代金融学科，学科的统帅课程和学科的冠名可用"金融经济学"。

改革开放后，随着中外学术交流的广泛开展和在欧美国家接受系统经济学和金融学教育的中国学者回国，欧美国家经济学和金融学研究的新成果迅速引入国内，极大地推进了中国经济学和金融学的发展。在这个过程中，关于金融学科的界定和如何发展也引起了一场大讨论。讨论的焦点主要集中在两个方面，一是"金融"涵盖的范围究竟应该如何界定以及"金融"一词能否与"Finance"直接对应，二是金融学科应该在什么界定下进行发展。

关于第一个问题，黄达教授曾从词义、历史演进、中西差异等多角度进行了考察，认为"虽然中文组成的这个词尚无普遍被接受的统一的理论界定，但在国家事务、金融业界和日常生活中，人们对其边界，即某一事物是否属于金融的判断，却大体一致，即包括：对物价有直接关系的货币供给，银行与非银行融资系统及短期资金拆借市场，以证券及其衍生物交易为基本内容的资本市场，以及保险系统等"。西方对"Finance"的诠释大体有三个口径：最宽泛的诠释为包括政府、企业、个人和家庭等全部社会成员和单位与货币及信用相关的收支、融通、借贷、投资、管理等，也即与金钱相关的全部事务。最狭窄的诠释仅限定在与资本市场相关的金融活动领域之内。介于两者之间的诠释是指货币的流通、信用的授予、投资的运作、银行的服务等。大体包括中央银行、商业银行、投资银行、保险公司、证券公司、基金公司等各类银行和非银行金融机构提供的各类服务，以及为各类服务提供便利的金融中介服务。因此，中国的金融一词不能与"Finance"简单互译。对比来看，中国的金融概念所涵盖的范围比西方最大口径的金融范围要小一些，因为政府的货币收支等经济活动另有财政的范畴，虽然政府的经济活动也与金融相关，但也不能简单归入金融的范畴。个人家庭的货币收支等与货币资财相关的活动也不应全部纳入金融这一词义中。但是，中国的金融范畴要比西方最窄的诠释大得多，仅限于资本市场，与中国人的理解和现实远远不符。因此，中国的金融涵盖的范围与西方对"Finance"一词的中口径诠释比较接近，即涵盖货币、银行与非银行金融机构、各类有价证券、保险等相关的领域，这也是大多数中国学者使用的"大口径"。

关于第二个问题，即金融学科应该如何发展，讨论与第一个问题紧密相连。使用"小口径"的学者主张金融学科应该重点研究与资本市场相关的金融问题，分析理性投资者如何通过最有效的方式使用资金和进行投资以期达到目标。着重讨论金融市场的均衡与运作原理，其核心是资产定价。具体内容包括资产估值、资本资产定价理论与定价模型、均衡与套利、期权期货、各类衍生工具、风险配置、最优投资组合、公司财务等。在分析方法上大量采用数学原理和计量模型，呈现了高度的技术性。使用"大口径"的学者在赞同加强金融微观分析和市场分析的同时，认为金融的宏观分析仍然十分重要，金融学科的发展应该在"大口径"的基础上向前发展，把宏观分析与微观分析结合起来，也就是建立和发展"大金融"的现代金融学科。

因此，金融经济学有不同的使用方法。在把金融限定在"小口径"的资本市场前提下，是指金融微观分析和市场分析的基础理论和原理方法，也是"小口径"金融学科最基本的统帅课程。在中国学者使用的"大口径"金融学科定位下，金融经济学也有两种使用方法，一种是仍然作为微观分析的统领课程，与货币经济学是宏观分析的统领课程一起，构成现代金融学科最重要的两大理论支柱课程。而把货币经济学和金融经济学结合在一起的广义的"金融学"作为金融学科统一的统领课程，反映和承续了中国金融学科发展的传统。另一种使用方法是把金融经济学的概念扩展，作为"大口径"广义金融学的另一学术词汇，与经济学的其他分支学科在名称上相匹配。21世纪以来，"小口径"金融经济学的引进极大地促进了中国现代金融学的发展，但从中国金融学科发展的传统和中国经济的现实运行出发，"大口径"的金融定位是合适的。因此，宽口径的使用金融经济学有利于中国现代金融学科的发展，并对现实金融的健康发展起到更为有利的推动作用。当宽口径使用金融经济学这一词汇的情况下，金融作为现代经济学的一个分支学科，广义金融学所涵盖的范畴便可以用金融经济学来概括。

参考文献：

黄达：《与货币银行学结缘六十年》，中国金融出版社2010年版。
宋逢明：《金融经济学导论》，高等教育出版社2006年版。

（王广谦）

货币与信用理论

信用货币
Credit Money

信用货币是国家或发行人以自己信用为保障发行的货币，货币职能的发挥完全来自于大众对于国家或发行人的信任。当今世界各国政府发行的货币几乎都采用这一货币形态。

信用货币与金属货币之间是有区别的。金属货币本身就是一种有商业价值的商品，如金、银、铜等。而信用货币的价值与制造它的材料无关，它的价值是由发行人的信用和国家法律赋予的，体现在它的购买力上。

那么，硬币是信用货币吗？人们常常认同早期流通的硬币的币值是依据其所含金属的价值而不是随意确定的面值。然而，早在1914年的英国和德国，当时的英镑和马克就已经不再是由金子制造。如今流通的硬币，只不过是被官方确定了重量和纯度的铸块（Chevalier，1850），多由贱金属铸造，其原材料的价值一般远低于其面值，因铸币权由政府独占而作为法币的辅币，用来提供小额或零售交易的支付。

参考文献：

Chevalier, Cours d'économie politique, III., La monnaie (Paris, 1850), ff;
Goldschmidt, *Handbuch des Handelsrechts* (Erlangen, 1868), Vol.1, Part II.
Mises, Ludwig von, *The Theory of Money and Credit*, Indianapolis, IN：Liberty Fund, Inc. 1912.

（万晓莉）

电子货币
Electronic Money

电子货币是一个争议很大的新概念，有狭义和广义两种理解。狭义的解释是指商业银行等存款货币机构发行的可用以支付的各类银行卡。广义来说，任何通过电子化的方式进行交易的货币都是电子货币。电子货币的使用一般涉及计算机网络、互联网、数字储值系统。可以说电子货币是人类在不断追逐交易支付方式更便捷、更迅速的动力下随着计算机和网络技术的发展而诞生的。相对于纸币，电子货币在支付上更迅速、方便，从运输和携带角度看更安全。同时电子货币的普及也减少了纸币和硬币的发行量，降低了社会支付成本。

从广义上说，电子货币有多种表现形式，依据不同分类方法可以划分为多种类别。按发行主体可以分为银行电子货币和非银行电子货币。银行电子货币指由商业银行发行的各种银行卡或经由银行进行的电子转账系统的货币；非银行电子货币主要是指政府、事业单位或企业等非金融机构发行的各种智能卡，如海关、工商、税务部门，社会保障体系的社保、医保，社会公共服务单位发行的公交、地铁、供水、供电、供气、供暖及商业零售企业等部门发行的各种智能卡；按技术特性分为磁卡、接触式 IC 卡、非接触式 IC 卡（即射频卡）和基于 Internet 网络环境使用的保管在微机终端硬盘内的电子现金。

但更常见的分类方法是按业务功能进行区分。如信用卡型、预付款卡型（即通常所说储值卡）、存款汇兑型和现金模拟型。信用卡型即商业银行、信用卡公司发行的贷记卡或准贷记卡，发行主体依据申请人的各项特征如收入、资产、职业、年龄等确定信用额度，持卡人可在信用额度内贷款消费，并于一定时限内还款；储值卡主要指前述的非银行电子货币，一般由企业或其他非金融机构依据客户选择的固定面额预收资金后，发行等额的磁卡或 IC 卡，如中国移动通信公司发行的神州行充值卡等；存款汇兑型主要指电子支票等，用于对银行存款以电子化方式支取现金、转账结算、划拨资金，但没有投资和贷款功能；现金模拟型主要有电子现金和电子钱包，以加密序列数来表示现实中各种金额的纸币，代替实体现金使用。

电子货币的发展速度比较快，因其使用的便捷性、发行主体的多样性，尤其是随着电子商务的推广以及银行追求中间业务利润，电子货币已经在全世界推广开来。电子货币在我国的发展速度也非常迅猛。以信用卡这一主要电子货币形式为例，自 1985 年 3 月中国银行珠海分行发行第一张银行信用卡"中银卡"后，目前各家商业银行已把信用卡业务作为重要的业务竞争手段，但在 1993 年 10 月国务院批准启动的金卡工程实施以前，因各家银行的信用卡不能联网，信用卡业务发展速度受到很大制约。2000 年以来，银行卡联网极大地促进了银行卡的发展。非银行电子货币也发展迅猛，目前我国各大中城市均已发行各自的公交乘车卡、校园卡、医保卡和社保卡。各种企业发行的储值卡有加油卡、话费充值卡、超市购物卡等。电子货币已经广泛而深入地成为大众日常生活必不可少的交易和支付工具。2009 年，不受央行和任何金融机构控制的比特币诞生。比特币是一种"电子货币"，由计算机生成的一串串复杂代码组成，新比特币通过预设的程序制造，随着比特币总量的增加，新币制造的速度减慢，直到 2140 年达到 2100 万个的总量上限。

但是，电子货币的发展也存在一些问题。首先是电子货币的本质。这还得从货币的演变说起。从金属货币、纸币再到电子货币都是朝着支付方式更便捷的方向在发展。电子货币替代纸币的过程，与纸币替代金属货币的过程具有相当大的类似性。纸币在最开始与金属货币具有完全对等的兑换关系，到后来的部分兑换，直至金本位彻底崩溃后，纸币与金属完全脱钩成为彻底的信用货币。目前在我国，电子货币与具有法偿地位的纸币，保持双向1:1的完全兑换关系，在本质上仍是纸币的某种电子替代品，与纸币这种纯粹的信用凭证的货币相比，还不能称其为真正的新的货币形式。

其次是电子货币的发行主体。在我国目前还没有对各类电子货币发行主体规定的法律。除了1996年4月1日起实行的《信用卡业务管理办法》中规定信用卡的发行者仅限于商业银行，对于信用卡之外的其他电子货币种类，尚无法律规定。如前所述，各种类型的非银行电子货币不仅可以是行政性事业单位发行的，也可以是一般的非金融企业发行的。如目前腾讯公司发行的Q币，就其是否是电子货币，并且实质上已经形成可以实现与纸币的双向兑换的事实，即使不是一对一的兑换（阮一峰，2008），因为没有相应的法律和监管条例，也就无从对企业这种发行虚拟货币行为的规范性进行管理。

此外，电子货币是基于计算机和网络技术发展起来的，其使用过程中的加密技术也是电子货币是否能够广泛推广的必要条件，目前加密技术都是基于各发行机构自行设计和执行的，是否需要将加密等安全技术统一归于国家的监管之下，如果是，监管的边界在哪里，目前还没有定论。

参考文献：
郭传波：《电子货币依法全面监管势在必行》，载于《金融电子化》2008年第10期。
阮一峰：《电子货币特性及对货币政策影响实证研究》，载于《电子商务》2008年第8期。

（万晓莉）

货币制度
Monetary System

货币制度指与一国货币体系相关的所有法律、法规以及各种规则的制度结构。货币制度规定了一国货币发行，流通与回收，兑换，货币管理，甚至公众对货币政策预期管理的一系列问题。

在金属货币体制下，货币制度一般要确定以何种金属为货币的载体，并规定货币的发行额度。政府货币政策的最大特征就是因为自由足额兑换而变得格外透明。在不兑现的信用货币体制下，货币制度通常规定只有中央银行拥有发行货币的垄断地位，并规定货币发行、流通和管理的具体细则。

新中国货币制度的建立始于解放战争即将胜利之时。以1948年12月1日中国人民银行在石家庄正式成立，并在华北地区首先发行了人民币为标志。到1950年年末已经初步形成了一套自有的货币制度，即人民币制度。新中国货币制度主要规定了：人民币是我国的本位货币，是我国唯一合法流通的货币；人民币制度是一种不兑现的信用货币制度，其发行实行高度集中统一和经济发行原则。随着我国社会主义经济建设和改革开放的逐步推进，货币制度也日臻完善。

参考文献：

Peter Bernholz（2003），*Monetary Regimes and Inflation：History，Economic and Political Relationships*，Edward Elgar Publishing Limited，UK.

Capie，F.（1986），Conditions Under Which Very Rapid Inflation Has Appeared，in *Carnegie-Rochester Conference Series on Public Policy*，24，Amsterdam：North Holland.

（万晓莉）

货币币值
Currency Value

货币币值一般指一国货币的购买能力，这是由货币的价值尺度功能延伸出来的一个重要概念。正是因为商品的价值都以货币进行计量，所以币值稳定在一个封闭经济体中就指国内物价的稳定，而在开放经济体中，还包括一国货币对外国货币的汇率稳定。

币值是怎么决定的呢？早期的金属货币的购买力直接可由构成货币的金属本身的价值决定，当完全由政府信用作支撑的信用货币取代了金属货币后，货币的币值就与该货币的供给和需求密切相关。若政府多发货币，使得货币供给大于需求，一国总体物价就会上升，产生通货膨胀；而在国际市场中，一国货币的价值在外汇市场中可由买卖双方的供需来决定。若一国货币受到欢迎，净购买的人多，则该货币币值会升值，相反会贬值。许多因素会影响到货币的供需。比如一国经济形势、政治环境，甚至一国汇率制度都会影响到一国货币的受欢迎程度。一般，经济发展较好，如就业率高，增长潜力大会使得为了满足不断扩大的经济活动需要的货币需求增加，而使该国货币升值，在固定汇率或不完全浮动汇率体制下，因为政府的行为存在不确定性，若市场升值预期大于实际货币升值幅度，则对该国货币的投机性需求也会增加，若货币供给的增加小于需求的增加，则该国货币也会升值。而一国货币供给会受到中央银行的独立性，以及央行的目标的影响。

参考文献：

Coudert, V. and Couharde, C, 2005, Real Equilibrium Exchange Rate in China, CEPII Working Paper.

（万晓莉）

外汇兑换券
Foreign Exchange Certificate

外汇兑换券俗称外汇券，是中国在改革开放初期的特定产物。由当时主要负责海外业务的中国银行发行，1980～1995年在中国境内流通，在某些特定场合使用，面额与人民币等值的一种人民币凭证。人民币是中华人民共和国的唯一法定货币，外汇券严格说只是一种票券，而不是一种货币，但它又在一定范围内具有了计价、流通等货币职能。

外汇券的产生源于我国20世纪80年代改革开放初期对外交往的扩大和当时物资紧缺的现实。20世纪70年代末期，随着中国打开国门，旅游事业和国际经贸活动的增加，来中国的外国人、华侨和港澳同胞也与日俱增，由于我国当时禁止外币在国内流通，为了满足这些特定人群在中国的消费，尤其是能够在涉外商店买到当时市场上紧俏的商品，如彩电、冰箱等，而又能防止个别人通过倒卖这些紧俏商品扰乱市场秩序，外汇兑换券应运而生。正因为这个背景，外汇券的兑换只针对外国人、华侨和港澳同胞，当其入境时，可以一次向中国银行将其所携带的外币兑换成外汇券，在某些特殊的地点如友谊商店等，购买当时人民币无法购买的紧缺商品。出境时，可将外汇券兑换回外币，若来不及兑换的可以带出境外，以后入境时再带入使用。

外汇券有1979年版和1988年版两种，1979年版的面值有七种：1角、

5角、1元、5元、10元、50元和100元；1988年版的面值有两种：50元和100元。真正在市面上流通始于1980年4月1日。因为外汇券能够购买人民币买不到的紧缺商品的特别功能，到后来出现了外汇券黑市和逃汇的现象。虽然政府出台了针对这一问题的治理办法，但是上述现象并没有真正减少。随着对外开放的进一步扩大，以及境内各地金融机构实行了人民币对外币的直接兑换，尤其是人民币信誉的提高和生产生活物资的日益丰富，使得外汇券的吸引力不断下降。1993年12月28日《中国人民银行关于进一步改革外汇管理体制的公告》宣布："1994年1月1日开始，实行人民币汇率并轨。并轨后的人民币汇率，实行以市场供求为基础的、单一的、有管理的浮动制……停止发行外汇券，已发行流通的外汇券，可继续使用，逐步兑回。"至1995年1月1日，外汇券停止在市面上流通，由中国银行收回。由于外汇券设计精美，并且尚未收回的数量极少，外汇券在近年已被作为一种特殊的票据，成为收藏的对象。

参考文献：
达津：《谈外汇兑换券》，载于《中国钱币》1994年第2期。

（万晓莉）

货币流通速度
Velocity of Money

货币流通速度是指同一单位的货币在一定时期内流通的次数，是决定商品流通过程中所需要货币量的重要因素之一。货币流通速度的定义虽然简单明了，但在实际测量时，往往使用间接的方法进行界定，且往往不容易测量出严格意义上的流通速度。最早给出测量公式的是欧文·费雪（Irving Fisher，1911），通过给出著名的交换恒等式：

$$MV = PT$$

将式中的V定义为货币流通速度，M是指流通中的货币，P是价格水平，T是交易量。PT就是按现值计算的交易总额。PT/M就给出了计算货币流通速度的公式。假设货币流通速度是给定的，那么PT/V则给出了合意的货币需求量。后来，这一货币需求理论被更为复杂的学说代替，货币需求由收益率和财富或收入以及清偿能力等决定。表现在公式中，是用名义收入或财富Y代替交易量，同时假定货币市场出清，那么货币需求$L(i, Y)$与货币供给 M 相等，则货币流通速度 V 等于 PY/L(i, Y)。在现实生活中，由于货币和交易类型的不同，以上公式可以进行分解，如以商品零售额与现金余额的比值，可测定一段时期内现金的流通速度；以国民生产总值与 M_1 或 M_2 的比值，则测定了 M_1 或 M_2 的流通速度。

在对货币流通速度进行检测的实证过程中，大多认为货币流通速度受到经济总量、货币供给、利率，甚至交易支付方式的影响，并且当这些因素随着时间的改变，货币流通速度也会随着时间发生改变。如伴随着电子交易技术以及银行间隔夜拆借、回购协议等新技术的发展，大多实证研究均支持美国货币流通速度自 20 世纪 60 年代以来的巨幅增长。与美国货币流通速度在金融创新下不断提高相反的是，我国自从 1952 年以来货币流通速度总体呈现出下降的趋势，目前国内大多数学者提出的解释是虽然我国也有金融创新，但是创新与我国经济货币化进程相比，其作用仍显得有限。货币化的进程是指我国经济从非货币化经济向货币化经济转型的过程，以前诸多自给自足和物物交换的经济活动正向以货币为媒介的交换经济转型，这一过程导致我国货币流通速度呈现下降趋势。随着这一转型经济特有的进程的终结，其对货币流通速度的影响也将逐步减弱。

货币流通速度这一概念也在遭受一些学者的质疑。如亨利·赫兹利特（Henry Hazlitt）就批评说货币流通速度这一概念忽略了心理作用对于货币价值的影响。货币数量等式给出的推论是货币流通速度等决定了货币的价值，而他则认为是个人对于货币价值的看法加总决定了货币流通速度。路德维希·冯·米塞斯（Ludwig von Mises, 1953）认为货币流通速度这个概念没有从个人行为角度出发而是从整个经济系统角度来看问题。因为他认为货币流通速度关系到个人对价格和购买力的看法，而不是如货币数量等式所说的，假定其他条件不变，价格必须与当时的货币供给成比例变动。

参考文献：

Fisher, I. 1911. *The Purchasing Power of Money*, 2nd edition, 1922. Reprinted New York Kelley, 1963.

Friedman, Milton, Quantity Theory of Money, in The New Palgrave：A Dictionary of Economics (1987), Vol. 4.

Henry Hazlitt, 2008, The Velocity of Circulation. http：//mises.org/daily/2916.

Ludwig von Mises, *Human Action* (New Haven：Yale University Press, 1949), *and The Theory of Money and Credit*（London：Jonathan Cape，Limited，1934，and New Haven：Yale University Press，1953）.

（万晓莉）

货币流通规律
Law of the Circulation of Money

货币流通规律是指在一定时期内商品流通所需要的货币量的规律。货币作为交易媒介，其流通是基于为商品流通服务的。因此货币流通的规模和速度是由商品流通的规模来决定的。费雪（Fisher，1911）最早提出了货币交换的恒等式：$MV=PT$。这一恒等式清楚地刻画了货币流通的基本规律：商品流通过程中需要的货币量由流通中的商品价格总额和货币流通的平均速度来决定。流通商品数量越大，价格越高，货币流通速度越小，则社会需要的满足商品流通的货币量就越大。但是货币数量的交易方程在实际统计中存在难度，即交易量的度量并不容易。而对于社会合意货币需求量更关心的政府常倾向于用收入交易而不是按总交易量来表示货币数量方程。因此交易方程后来多以货币数量方程的收入形式展现。即 $MV=PY$，其中 Y 代表总收入或财富。

货币流通规律适用于一切有商品生产和货币流通的社会。当信用货币代替金属货币流通时，也并没有否定这个规律。信用货币的发行量必须以流通中所需要的货币量为限。当货币发行量超过了流通中的商品量的需要，币值会下降；反之，如果实际流通的货币量少于商品流通量，货币的币值就会上升。

参考文献：

Fisher, I., 1911, *The Purchasing Power of Money*, 2nd edition, 1922, Reprinted New York Kelley, 1963.

Friedman, Milton, Quantity Theory of Money, in *The New Palgrave：A Dictionary of Economics* (1987), Vol. 4.

（万晓莉）

货币时间价值
Time Value of Money

货币的时间价值主要是指同样数量的货币，在当前获得比在未来获得要更有价值，这是因为当前的货币可用来投资从而在未来获得收益。这一观念也是金融学的核心准则,既然货币可以收获利息,那么任意数量的货币越早获得就越有价值。

从经济学理论上来说,之所以有货币的时间价值,是基于人类对于消费可以带来更大效用这一前提假设。当把现在的货币拿去投资,是以减少当前消费为代价的,因此在未来需要获得更多的消费用以弥补这种等待的价值。而利息等报酬就是为了弥补当前减少消费带来的效用损失。

有关货币时间价值的计算,举个最简单的例子,比如说今天用100元投资了年利率为5%的项目(如存款,或其他任意投资方式),那么在一年后就可以获得105元。这意味着对于投资人来说,当前的100元和一年后的105元是等价的。而其中100元被称作未来价值105元的现值。这一方法也可用于计算未来一段时间里一系列收入加总的现值,而这是财务中最常使用的净现值计算公式,即:

$$PV = \sum_{t=0}^{n} \frac{FV_t}{(1+i)^t}$$

其中,FV_t是未来时间t收到的现金流,i是利率,PV是未来一系列现金流贴现到当前的现值。基于这一最基本的公式,可以延伸出在未来每一期现金流FV_t都相等的净现值计算公式,即年金现值计算模型,或者以某一固定增速增长的FV_t的年金增长现值计算模型,或者无限期固定FV_t的永续年金现值计算模型。

在这里值得关注的是利率的决定。之所以货币具有时间价值,除了因为以当前消费减少为代价的前提外,还因为资金和其他资源的稀缺性才能保证在未来能获得更多消费为回报。利率就体现了市场中对于经济增长和资金紧缺程度综合起来的报酬。在当今各国货币体系均为信用货币的背景下,还要注意通货膨胀对于货币时间价值的影响。由于信用货币有增加的趋势,所以货币贬值、通货膨胀成为一种普遍现象,即使没有任何投资收益,现有货币也总是在价值上高于未来等量的货币。

参考文献:

Atkins, Allen B., and Edward A. Dyl, The Lotto Jackpot: The Lump sum versus the Annuity, *Financial Practice and Education*, Fall/Winter 1995.

Cissell, Robert, Helen Cissell, and David C. Flaspohler, *Mathematics of Finance*, 8th ed. Boston: Houghton Mifflin, 1990.

(万晓莉)

基础货币
Monetary Base

基础货币，又称为货币基础、强力货币或高能货币。是经过商业银行的存贷款业务而能扩张或收缩货币供应总量的货币。基础货币是中央银行控制力较强的变量，也是银行体系的存款扩张、货币创造的基础，其数额的大小会影响货币供应量的增减变化。

从构成上看，基础货币包括银行体系的法定准备金、超额准备金、库存现金以及银行体系之外的社会公众的手持现金四部分。基础货币具有以下四个属性：第一是负债性，它是中央银行的负债；第二是可控性，即中央银行能够控制它，并且通过对它的控制来调控整个货币供应量；第三是派生性，即基础货币运动的结果能够产生出数倍于它本身的货币量，具有多倍的伸缩功能；第四是初始来源唯一性，即其增量只能来源于中央银行，不能来源于商业银行，也不能来源于公众。

参考文献：

曹龙骐：《金融学》，高等教育出版社2003年版。

[美] 弗雷德里克·S·米什金：《货币金融学》，中国人民大学出版社2011年版。

（颜文业　王锦阳）

货币乘数
Money Multiplier

货币乘数，又称"基础货币的扩张倍数"，是指中央银行提供的基础货币与货币供应总量之间的数量关系，即中央银行扩大或缩小一定数量的基础货币之后，能使货币供应总量扩大或缩小的倍数。

影响货币乘数的因素主要有：现金漏损率、法定存款准备金率、超额存款准备金率等。通常来说，货币乘数与现金漏损率、法定存款准备金率、超额存款准备金率呈反方向变动关系。因此，中央银行可以通过调高或调低法定存款准备金率的政策操作作用于货币乘数，进而调控货币供应量。

参考文献：

戴相龙、黄达：《中华金融词库》，中国金融出版社1998年版。

［美］弗雷德里克·S·米什金：《货币金融学》，中国人民大学出版社2011年版。

（颜文业　王锦阳）

原始存款与派生存款
Primary Deposits and Derivative Deposits

原始存款（Primary Deposit），是指商业银行吸收的现金存款或中央银行对商业银行贷款所形成的存款。原始存款是银行扩张信用、创造存款货币的基础。

派生存款（Derivative Deposit），是相对于原始存款而言的，是指由商业银行以原始存款为基础发放贷款而派生出的超过原始存款的存款。

原始存款与派生存款的概念通常用来说明商业银行的货币创造过程：在获得原始存款的基础上，商业银行通过贷款、投资等业务活动，就可以创造出数倍于原始存款的派生存款。派生存款是商业银行货币创造的结果。影响商业银行存款派生能力的因素主要有现金漏损率、法定存款准备金率和超额存款准备金率，商业银行的存款派生能力与这三个影响因素呈反向变动关系。

总体而言：第一，派生存款必须以一定量的原始存款为基础。在一定时期内，如果存款派生的系数相对稳定，银行可作为派生基础的原始存款数量越大，创造派生存款的能力也越大；反之，可作为派生基础的原始存款数量越小，创造派生存款的能力也就越小。第二，派生存款是通过银行业务形成的。在现实的银行信用活动中，凡是在银行具有创造信用流通工具能力的货币，都具有创造派生存款的能力。第三，以原始存款为基础，通过商业银行内的存贷活动形成的派生存款量是存款总量减去最初原始存款的数额，或者说原始存款与派生存款之和即为存款总量。

参考文献：
戴相龙、黄达：《中华金融词库》，中国金融出版社1998年版。
［美］弗雷德里克·S·米什金：《货币金融学》，中国人民大学出版社2011年版。
曾康霖：《基础货币、原始存款、派生存款的再认识》，载于《金融研究》1987年第4期。

（颜文业　王锦阳）

狭义货币、广义货币与准货币
Narrow Money, Broad Money and Quasi-money

狭义货币和广义货币是货币供应量的不同统计口径。

狭义货币通常由流通于银行体系之外的现金加上私人部门的活期存款构成。这一口径的货币可以随时作为交换手段和支付手段，因而流动性较强。大部分国家用字母 M_1 来表示狭义货币。

广义货币是在狭义货币的基础上加上各类准货币。所谓准货币，又叫亚货币或近似货币，是指本身虽然不能直接用来购买，但在经过一定的程序后就能转化为现实的购买力，如各种定期存款一般可以通过提前支取转化为现实购买力，以此类推，储蓄存款、可转让定期存单、易转手的短期债券等也可视为具有货币性质的准货币。各国货币当局依据本国金融机构和金融市场发展状况划定本国的准货币口径，由此形成不同国家具有不同的广义货币统计口径，一个国家在不同的发展阶段其广义货币统计口径也会不同。广义货币通常用 M_2、M_3 等来表示。

自 1996 年中国人民银行开始对外公布我国不同层次的货币供应量后，也多次修订广义货币 M_2 的统计口径。2014 年，我国狭义货币 M_1 包括流通中现金、单位活期存款、机关团体存款和农村存款，广义货币 $M_2 = M_1 +$ 储蓄存款 + 企业定期存款 + 证券公司客户保证金 + 非存款类金融机构在存款类金融机构的存款 + 住房公积金中心存款 + 其他存款。

截至 2014 年年底，我国狭义货币 M_1 的余额为 348056.41 亿元，广义货币 M_2 的余额为 1228374.81 亿元。

参考文献：

李健：《金融学》，高等教育出版社 2010 年版。

[美] 弗雷德里克·S·米什金：《货币金融学》，中国人民大学出版社 2011 年版。

（颜文业　王锦阳）

货币供给与需求
Money Supply and Money Demand

货币供给是指一定时期内一国银行系统向经济中投入或抽离货币的行为过程。这个过程体现为一种货币供给的形成机制。在现代信用货币制度下，货币供给过程一般涉及中央银行、商业银行、存款人和借款者四个行为主体。在这四个行为主体中，中央银行和商业银行起着决定性作用。货币供给的过程可分为两个紧密相连的部分：中央银行创造基础货币；商业银行创造存款货币。两个层面的货币创造过程形成了一个完整的货币供给形成机制：中央银行通过其资产业务创造基础货币，基础货币成为商业银行原始存款的来源，在此基础上，商业银行通过其业务活动创造出数倍于原始存款的派生存款，货币供给量由此扩张。紧缩的过程正好相反。

货币供给模型从整体视角出发，用一个精炼的数学公式抽象了货币供给的形成机制。

$$Ms = B \cdot m$$

式中，Ms 为货币供给量，B 为基础货币，m 为货币乘数。该模型表明：基础货币与货币乘数共同作用于货币供给总量的多少，货币供给量与基础货币和货币乘数均呈正相关关系。

职能产生需求，货币也是如此。因此，可以将货币需求界定为在一定的资源（如财富拥有额、收入、国民生产总值等）制约条件下，微观经济主体和宏观经济运行对执行交易媒介和资产职能的货币产生的总需求。

货币需求理论历来为经济学家所重视。20 世纪以前的西方经济学家侧重于从宏观角度研究商品流通所产生的货币需求，重点探究一个国家在一定时期内的经济发展和商品流通所必需的货币量；20 世纪及其以后的经济学家则在重视宏观分析的同时，侧重于研究个人、家庭、企业等微观主体对货币的需求，重点探究这些微观经济主体为什么持有货币，在既定的收入水平、利率水平和其他经济条件下，持有多少货币才能获得最大收益。

我国学者在 20 世纪 60 年代初，从宏观角度对我国多年的商品流通与货币流通之间的关系进行实证分析，得出了一个经典的"1∶8"经验式，即：每 8 元零售商品供应需要 1 元人民币实现其流通。公式可表示为：

$$\frac{社会商品零售总额}{流通中货币量（现金）}$$

如果按这个公式计算的值为 8，则说明货币流通正常，否则，说明货币供应超过了经济运行对货币的客观需求。

应该说，"1∶8"公式提出的虽是单一比例，即现金流通量与零售商品总额间的比例关系，但却反映着商品供给金额与货币需求之间的本质联系。事实上，任何货币需求理论，或直接或间接地都肯定这种联系。因此，对这种联系进行实证分析，并求得经验数据，在方法论上是成立的。问题在于，

1∶8 这个数值本身所以能够成为一个不变的尺度，是有条件的，那就是经济体制及与之相应的运行机制，乃至一些体现和反映经济体制及其运行机制的性质和要求的重要规章法令，都必须相当稳定。例如，生产和分配等各种重要比例关系的格局稳定，整个经济货币化的水平稳定，计划价格体制保证价格水平稳定，现金管理制度保证现金使用范围稳定等，如此才能决定社会商品零售总额与流通中现金存量应该并且可以有一个稳定的对应比例。在改革开放之前的 20 多年间，中国恰恰具备这样的条件，于是，当时的很多现象都可以用它来解释：第一个五年计划期间货币流通比较正常，这个比值在这几年间均稍高于 8；20 世纪 60 年代初生产极度紧张，这个比值一度降到 5 以下；1963 年以后，经济迅速恢复，这个比值恢复到 8；"文化大革命"期间，市场供应一直紧张，这个比值明显低于 8；粉碎"四人帮"后经济迅速好转，这个比值很快逼近 8，等等。

改革开放后，"1∶8"公式赖以存在的基础不复存在。经济体制改革对中国的货币需求产生了重要的影响。经过 30 多年的体制改革，中国经济运行的市场化程度大幅度提升，经济货币化进程、价格改革基本完成，金融市场从无到有、规模逐渐壮大、运营日渐规范，企业的约束机制也逐渐建立起来。新的市场经济体制的基本确立使我国现阶段货币需求的决定与影响因素更多地符合西方货币需求理论的分析，除了收入、财富等规模变量外，其他金融资产的收益率水平等机会成本变量也成为影响我国货币需求的重要因素。

参考文献：

李健：《金融学》，高等教育出版社 2010 年版。

Frederic S. Mishkin，*The Economics of Money，Banking and Financial Markets*，8$^\text{th}$ Edition. Prentice Hall，2006.

（颜文业　王锦阳）

国际货币体系
International Monetary System

国际货币体系，也称作国际货币制度，是各国政府为适应国际贸易与跨国投资的需要而形成的支配各国货币关系的一系列规则和惯例。其主要内容包括汇率制度的确定、各国货币的兑换性和国际结算原则的规定、国际收支的调节、国际储备资产的确定、黄金外汇的流动与转移是否自由等。

国际货币体系是国际经济交往和合作发展到一定阶段的产物。纵观国际货币体系的发展，其主要经历了国际金本位制度、布雷顿森林体系和牙买加体系三个阶段：

历史上最早的国际货币体系是国际金本位制。1880～1914年，西方各主要资本主义国家实行的是典型的国际金本位制——国际金铸币本位制。国际金本位制度具有"三自由"特征：金币自由铸造、自由兑换和黄金自由输出入。在国际金本位制下，黄金是最主要的国际储备，黄金自由输出入国境自动形成固定汇率制，各国的内外均衡目标可以在政府不对经济进行干预的条件下，通过经济的自动调节机制而实现。世界经济在这一时期得到了较快的发展。但随着资本主义矛盾的发展，绝大部分黄金为少数强国占有，破坏国际货币体系稳定性的因素日益增长。第一次世界大战以后，国际金本位制度慢慢削弱，在1929～1933年世界经济大危机的冲击下，国际金本位制度瓦解。随后，国际货币体系一片混乱，直至1944年布雷顿森林体系建立。

布雷顿森林体系确立了以美元为中心的国际货币体系。其主要内容为实行美元与黄金挂钩、其他国家货币与美元挂钩的"双挂钩"制度和固定汇率制。布雷顿森林体系使美元替代黄金成为国际储备货币。布雷顿森林体系对第二次世界大战后各国经济的发展起过较大的促进作用，但其自身具有不可克服的矛盾，即"特里芬难题"：为了满足世界各国发展经济的需要，美元供应必须不断增长；而美元供应的不断增长，使美元同黄金的兑换性难以维持。美国从20世纪50年代起国际收支出现逆差，各国对美元的可兑换性产生怀疑，从60年代到70年代曾发生多次美元危机，布雷顿森林体系于20世纪70年代初崩溃。

1976年国际货币基金组织通过《牙买加协定》，形成新的国际货币体系——牙买加体系。牙买加体系确认了布雷顿森林体系崩溃后浮动汇率制的合法性、黄金非货币化、国际储备资产多元化和国际收支调节形式多样化。牙买加体系为国际货币关系提供了最大限度的弹性，它没有建立稳定货币体系的机构，没有指定硬性的规则或自动的制裁办法，各国政府可以根据自己的考虑和责任来履行它们的义务。鉴于这种情形，不少经济学家和国际法学家认为，牙买加体系是一种"没有体系"的体系。规则弱化导致矛盾重重，特别是经济全球化引发金融市场全球化趋势在90年代进一步加强时，该体系所固有的诸多矛盾日益凸显。

20世纪80年代末至今，国际金融危机频繁发生，2008年由美国次贷危机引发的国际金融危机更是充分暴露了当前国际货币体系存在的内在缺陷和系统性风险。在全球经济一体化进程日益发展的大背景下，改革国际货币体系的呼声越来越高，国际社会对国际货币体系的研究与探索也随之不断深入。

参考文献：

李健：《金融学》，高等教育出版社 2010 年版。

[美] 弗雷德里克·S·米什金：《货币金融学》，中国人民大学出版社 2011 年版。

王道平、范小云：《现行的国际货币体系是否是全球经济失衡和金融危机的原因》，载于《世界经济》2011 年第 1 期。

B. Eichengreen, *Globalizing Capital*, *A History of the International Monetary System* (*Second Edition*), Princeton：Princeton University Press, 2008.

（颜文业　王锦阳）

信用

Credit

信用是以偿付为条件的借贷行为，属于跨期的财产权转移交易，其本质是在债权债务关系上的一种承诺。

现代经济中，很多交易不需要货币这个交换媒介，而是依靠信用作为交易基础。在信用交易下，交换不是同时进行的，必须有赖受信方的承诺。由于承诺带有一定的主观性，对授信一方而言，信用具有风险，因此信用只有在对受信一方的诚实和价值具有信任和信心的条件下才会被授予。信任是除物质资本和人力资本之外决定一个国家经济增长和社会进步的一种主要社会资本。由于授受信用的主体不同，现代信用形成了商业信用、银行信用、国家信用、消费信用等这些不同的主要信用形式。从理论上讲，信用总量包括对私人部门和非金融部门的信用总和，不仅包括国内和国际银行以及非银行金融机构发放的贷款，同时也包括为住户和其他非金融私人部门融资而发行的债务性证券。巴塞尔银行监管委员会 2010 年在实证研究的基础上提出了广义信用的概念。广义信用囊括实体经济部门债务资金的所有来源，即对住户和其他非金融私人实体提供的所有信用，无论这些信用以何种形式、由谁来提供。

信用价值的判定可以通过信用评级来实现。信用评级能解决信息不对称问题，它是从专业的层面上对发行的债务按时还本付息的可能性的评定，目的是对信用进行评估以评价风险的大小。信用评级又称资信评级或信誉评级，其基本方法是运用概率理论，准确判断出一种金融资产或某个机构的违约概率，并以专门的符号来标明其可靠程度。现代信用评级的前身是商业信用评级，最早出现在美国。20世纪初，信用评级有了新的发展。其标志是1902年约翰·穆迪开始为美国铁路债券评级，使评级首次进入证券市场。随着金融市场的发展壮大，投资方式的增多，社会对信用评级的需求不断增加，信用评级所涉及的领域也不断扩展，评级对象不仅包括各种有价证券，如主权债、公司债、资产证券化、私募等，同时也包括各种机构和团体，如国家、工商企业、银行、证券公司、共同基金等。

我国改革开放之后在信用方面产生了两次影响很大的挑战，一次是20世纪90年代初的三角债，发生在企业之间；一次是20世纪90年代末的银行不良资产，发生在企业与银行之间。而政府在处理国有银行不良资产时采取了两大举措：一是成立资产管理公司，收购国有商业银行的不良资产，表明政府承认这部分贷款的合理性或合法性；二是实行国有企业债转股，将国有重点企业所欠银行的债务转为国有商业银行对企业的股权。最近的全球性信用危机是在2008年美国次贷危机之后，美欧各国纷纷采取扩张性政策以刺激经济，由此带来了政府巨额的财政赤字和不断增长的外债水平。最终，2009年希腊爆发主权债务危机，其后迅速蔓延至欧洲各国，葡萄牙、西班牙、爱尔兰、意大利等欧元区国家均深陷其中，欧元区外的英国也未能幸免于难。2011年8月，美国政府宣布提高债务上限，随后国际评级机构标准普尔下调其主权债务的级别，此举引爆了新一轮的全球性债务危机。

货币政策信用传导理论分为银行借贷渠道与资产负债表渠道两种具体的信用传导理论。银行借贷渠道是一种典型的信用传导机制理论。这种观点认为，在信息不对称环境下，商业银行的资产业务与负债业务一样，具有独特的政策传导功能。换言之，银行贷款与其他金融资产（如债券）不可完全替代，特定类型的借款人的融资需求只能通过银行贷款得以满足，从而使得货币政策除经由一般的利率机制传导以外，还可通过银行贷款的增减变化进一步强化其对经济运行的影响。资产负债表渠道又称净财富额渠道，在表现形式上非常接近银行借贷渠道，即同样认为货币政策对经济运行的影响可以经由特定借款人受信能力的制约而得以强化。由于信用传导机制，货币政策会发挥单一利率传导机制下不存在的分配性影响，即对不同类型经济主体的影响力度不一，如当货币紧缩时，中小型企业的生产状况恶化程度将远远高于平均水平。与发达国家基本完善的市场体系相反，我国正处于一个由封闭的计划经济体系转向开放市场经济体系的过渡阶段，非货币金融资产与货币金融资产、金融资产与实际资产之间的联系不紧密，反馈不灵敏，而金融体系与实体经济体系各行为主体和运行环节之间也远未衔接成一个牵一发而动全身的联动体，因而利率传导机制的资产结构调整效应与财富变动效应远远不能充分发挥作用，真正发挥货币政策传导机制功能的，恰恰是发达经济中即便存在也处于次要地位的信用传导机制。

可利用的信用规模对经济活动有直接影响。在现代社会中，一国信用体系的核心部分，就是中央银行借助对信用可获得性施加影响来管理经济，即如何以及何时促使银行发放更多或更少的贷款，或者以更宽松或更严格的条件发放。为此，信用配给理论认为，货币政策之所以发挥作用，不是因为它导致贷款所索取的实际利率的大幅度变化，而是因为它带来信用可获得性的变化。

在我国，中央银行制度建立以后的很长一段时间，与当时大一统的、单一的国家银行体制相适应，人民银行的货币政策调控，实质上是一种直接的信贷配给，基本依靠现金投放和信贷规模控制。直到 1996 年，我国的货币政策框架正式引入货币供应量中介目标，1998 年放弃了信贷规模控制。从此，我国中央银行重点监测的中介指标是 M_2 和贷款增量。虽然银行信用的授受活动依然是我国货币政策作用于经济运行的主要传导途径，诸如信贷总额之类的信用供给变量始终构成我国货币政策传导过程中最为关键的中介变量。但是，2011 年，基于创新型金融机构、金融工具的出现部分替代了信贷资金融通功能及货币创造功能，替代了传统银行业期限转换功能，"社会融资规模"成为人民银行的监测指标和中介目标。社会融资规模是一定时期内实体经济以金融为媒介获得的全部资金总额。按照人民银行的统计，社会融资规模包括各项贷款、银行承兑汇票、企业债券、非金融企业股票、保险公司赔偿、保险公司投资性房地产及其他各项之和。

参考文献：

谢平、许国平、李德：《运用信用评级原理加强金融监管》，载于《管理世界》2001 年第 1 期。

易宪容：《美国国家信用危机引爆全球股灾，专家热评美国国家信用危机（1）》，载于《上海证券报》2011 年 8 月 8 日。

盛松成：《社会融资规模概念的理论基础与国际经验》，载于《中国金融》2011 年第 8 期。

［英］约翰·伊特韦尔等：《新帕尔格雷夫货币金融大辞典》，经济科学出版

社 1996 年版。

曾康霖：《论通货膨胀与信用膨胀》，载于《经济问题探索》1983 年第 5 期。

刘锡良：《论货币均衡》，载于《经济学家》1993 年第 1 期。

（程均丽）

商业信用
Commercial Credit

商业信用是指企业之间在商品交易中因延期付款或预付货款而形成的借贷关系，主要有赊销和预付两大类。

典型的商业信用包括两个同时发生的经济行为：买卖行为和借贷行为。它既是一种提前付款或延期付款的结算方式，也是一种短期融资方式。商业信用具有悠久的历史，在欧洲可以追溯到中世纪，在原始的简单交易场所——集贸市场上，商人允许顾客先行得到商品，然后在规定的期限内支付。在中国，赊销作为一种商业信用始于先秦时期，并在宋代得到广泛发展。经过数百年的发展，如今商业信用已成为一种被广泛应用的短期融资形式。

商业信用在一定条件下可以代替银行信用，成为企业在银行信贷之外的另一条融资渠道，国外一些学者称为"商业信用渠道"。由于商业信用渠道、货币政策变化会影响经济中提供商业信用（信用条件好）的企业的行为，从而使得接受商业信用（受信用约束）的企业的信用条件发生变化，由此对实体经济产生影响。在不对称信息存在的信贷市场中，受信贷约束较弱的非金融性企业通过向受信贷约束较强的企业提供商业信用的行为，类似于在市场上充当一种"金融中介"的职能。这种渠道的存在使受到较强信贷约束的企业能够从金融机构间接地获得贷款。但是，企业与企业之间通过商业信用联结而形成一条长长的马尔可夫支付链（Markov Chain）。在这条长长的链条上面，任何企业由于市场风险而出现危机都可能导致整条链条的断裂。这意味着：若一国经济中的大多企业在交易过程中过分依赖商业信用，那么该国经济将存在潜在的系统性支付风险，其金融系统将是不稳定的。

商业信用微观基础理论主要集中于对其产生动机的挖掘与剖析上。商业信用的动机主要可分为经营性动机和融资性动机两类，经营性动机包括降低交易成本动机、价格歧视动机、质量保证动机和促销动机等。商业信用也已成为企业重要的短期资金来源，融资性需求是企业对商业信用总需求的重要组成部分。然而，在金融机构作为专业的信贷供给组织存在的条件下，商业信用作为企业的融资手段为何继续存在？对该问题的研究是商业信用研究的焦点。对于这个问题，主要有两方面的理论解释：商业信用的融资比较优势理论与信贷配给理论。融资比较优势理论认为，商业信用之所以不能完全被银行信用替代，是因为企业提供商业信用具有其比较优势，包括信息获取优势、对客户的控制力优势和财产挽回优势。而信贷配给理论为商业信用使用的融资性动机提供了另一种解释：金融市场的不完善形成信贷配给，这种情况对大企业有利而对小企业不利。在信贷配给下，商业信用是银行信用的一种替代资金来源，即使商业信用的使用成本较高，企业在得不到银行信用的情况下也会使用它。这在一定程度上也解释了商业信用作为一种成本相对昂贵的融资方式却仍被广泛使用的这一现象。研究表明，不能从金融机构获得贷款的企业会使用更多的商业信用，较易获得贷款的企业（往往是规模较大的企业）则提供较多的商业信用。

发达的商业信用有赖于健全的商业信用体系。商业信用体系是有机的制度系统，由商业信用道德文化、信用公共服务、企业自律以及相关法律法规等组成。世界主要发达国家经过近百年的实践，已经建立了比较完善的商业信用体系。发达国家商业信用体系建设主要有三种模式：美国模式、欧洲模式和日本模式。美国模式，是市场主导型模式，信用服务全部由私营机构提供，政府在商业信用体系中仅进行信用管理立法，并监督执行，市场主体具有较强的信用意识。信用中介服务机构在信用体系中发挥重要作用，它们专门从事征信、信用评级、商账追收、信用管理等业务，提供各类专业信用服务。欧洲模式，是公共征信和私营征信并存的模式。具体来讲，中央银行建立的信贷登记系统和私营信用服务机构并存，中央银行信贷系统是由政府出资建立全国数据库，直接隶属于中央银行，主要征集企业信贷信息和个人信贷信息；而私营信用服务机构主要是弥补中央信贷信息的不足；中央银行服务于商业银行防范贷款风险，并承担主要的监管职能，私营信用服务机构则满足于社会化的信用服务需求。日本模式，是会员制模式，是由日本银行业协会牵头、以其银行会员为主共同出资建立一个会员制机构，主要负责收集银行所需要的信用信息并在会员之间进行交换、共享，其征信的范围包括个人征信和企业征信。这个会员制信用信息中心是一个非营利机构，它在提供信息时仅仅收取一定的维护费用。与银行业会员制信用信息机构并存的还有一些商业征信公司，是市场化运营的商业性实体，以利润为目的向市场提供信用信息产品和服务，是会员制信用信息机构必要而有益的补充。

新中国成立之初，国家禁止商业信用。一切交易货款一律通过银行结算，取消货款的预收、预付、赊销和拖欠。直到20世纪70年代末，政府启动市场化的经济体制改革后，商业信用制度由"非法"制度安排转向"合法"制度安排，国家制定了有控制、有条件地逐步放开商业信用的政策。为了有控制地放开商业信用，80年代初国家确定了以银行信用控制、引导商业信用的政策，但政策重点偏重于控制。80年代后期，国家对于商业信用的政策重点逐渐转到引导方面，并从1988年起推行商业信用票据化政策。1993年中国人民银行成为金融宏观调控中心后，国家又制定了推进商业信用票据化与建立、完善票据市场并重的政策。随着商业信用的票据化发展走上正轨，商业票据市场日渐扩大，票据市场逐渐成为传导中国人民银行货币政策的重要渠道。

参考文献：
朱桦：《略论加快商业信用体系建设》，载于《中国流通经济》2010年第9期。
晏艳阳、蒋恒波：《信用制度变迁、商业信用与企业绩效》，载于《经济问题》2011年第11期。
刘民权、徐忠、赵英涛：《商业信用研究综述》，载于《世界经济》2004年第1期。
赵学军、吴俊丽：《略论国家商业信用政策的演变》，载于《中国经济史研究》2006年第4期。

（程均丽）

银行信用
Bank Credit

银行信用是以商业银行为代表的存款机构，在中央银行创造的信用货币（基础货币）基础上，吸收存款并发放贷款所提供创造的信用。

银行信用是资金的有偿借贷行为，从广义上讲，既包括银行存款又包括银行放款；从狭义上来说，它仅包括银行放款，即以收回本金并附加利息为条件的银行的贷款行为。非全额准备金，即部分准备金是银行信用创造的基本条件，由此商业银行可以通过贷款创造出存款，货币乘数反映了这一信用创造能力。

中央银行通过调节商业银行的法定存款准备金率，能够影响它们的可贷资金数量，从而调节信贷总额，实现对经济变量的调节，这便是货币政策狭义的银行信贷传导机制。

但是，2007年美国金融危机以来，影子银行（Shadow Bank）的信用创造问题受到了高度关注。影子银行，是指游离于传统银行体系之外，从事类似于传统银行业务的非银行机构，最有代表性的机构包括投资银行、按揭金融公司、私募股权基金和对冲基金等。其典型特征是：除了吸收存款，几乎所有的银行业务都经营，具有实际银行信贷补充融资作用，却不纳入准备金政策范围。影子银行信用创造功能表现在：作为金融市场的主体，通过各种金融创新工具和产品为商业银行提供融资渠道，从而间接支持商业银行的信贷行为；购买商业银行的贷款或直接为企业和居民提供信贷，直接创造信用。与商业银行相比，这些影子银行机构虽然受到一定的金融市场监管，但却逃避了中央银行的存款准备金约束，不缴纳存款准备金，因而信用创造能力大大增强。

我国在建立社会主义市场经济体制中，对于培育、发展银行信用，经历了三个主要阶段：

第一阶段是"大一统"银行体系向四大专业银行体系转变（1978~1992年）。在计划经济体制下，中国的银行业实行的是"大一统"的银行体制。随着改革开放，"大一统"的银行体制逐渐被打破，从人民银行中相继分设出中国农业银行、中国银行、中国工商银行，又从财政部分离出中国人民建设银行。这四大专业银行成立伊始就有明确的分工，国家以法规形式明确这些分工范围，并规定企业必须在相对应的专业银行开户办理信贷及结算业务。特别是，从1984年开始，中国人民银行专门行使中央银行职能，这标志着我国以中央银行为领导、国家专业银行为主体的金融体系的形成。

这一阶段，我国银行信用管理实行"存贷差额"管理。在"大一统"体制中，没有中央银行和商业银行的分别。人民银行不仅要经营商业银行业务，吸收存款、发放贷款，同时还担负着货币发行和信贷管理的任务。存贷差额可以直接地反映经济运行、信用扩张和资金使用的情况。

第二阶段是专业银行体系向商业银行体系转变（1992~2002年）。1992年10月，中共十四大确立了我国经济体制改革的目标是建立社会主义市场经济体制。为了使四大国家专业银行尽早转变为真正的商业银行，1994年，中国成立了三家政策性银行：国家开发银行、农业发展银行和进出口银行，将原来国家专业银行经营的政策性贷款业务分离出来，由这三家政策性银行办理。1995年，又实施了《商业银行法》。三大政策性银行的诞生标志着四大"国家专业银行"特殊历史身份的终结，开始向真正"国有商业银行"转型。

在对四大国有商业银行进行内在经营机制改造的同时，中国银行业也不断地在培植新的竞争者，力图从外部环境上打破垄断、促进竞争。1992～1996年，我国第二批股份制商业银行（中国光大银行、华夏银行、浦东发展银行和中国民生银行等）先后创立。与此同时，第一批创设的股份制商业银行进一步发展壮大，它们的分支机构基本上覆盖了全国的主要大中城市。1995年国务院决定，在城市信用合作社基础上合并组建"城市合作银行"。从1997年年底开始，各地的城市合作银行又纷纷通过改组改制而改名为"城市商业银行"。

这一阶段，我国的银行信用管理又以1994年为"分水岭"。1994年之前，实行存款准备金制度下的信贷规模管理制度，银行信用领域出现了再贷款倒逼放贷机制，始终出现贷款大于存款的"贷差"状态。在这种特定的信贷管理体制下，实际上是商业银行信用决定了中央银行的信用供给，中央银行无法有效管理社会信用。1994年以后，我国银行信用管理进行了诸多改革，其中最为显著的变化是取消了对商业银行的贷款限额控制；将货币政策中介目标由原来的贷款限额计划改为货币供应量，并在每年初公布货币供应量增长控制目标；改革存款准备金制度，将超额储备（备付金）账户与存款准备金账户合并。信贷规模管理制度取消，商业银行只能够按照其吸收的存款规模来进行放贷业务，从而使得商业银行通过再贷款来发放贷款的倒逼机制从制度上得到了彻底解决。也就是说，商业银行只能以中央银行的基础货币为其信用创造的基础。我国银行信用随着由专业银行体系向商业银行体系转变后，由"贷差"变为"存差"的状况出现了。

第三阶段是传统商业银行向现代商业银行转变（2002年至今）。在经济改革深化和加入WTO后参与国际竞争的内、外压力之下，国家对国有商业银行进行股份制改造，创造条件上市。2004年开始，国家通过外汇注资、引入国际战略投资者等措施，推动国有银行全面改制上市。2010年7月，中国农业银行正式在上海和香港两地同时上市，至此，中国四大国有商业银行全部实现上市。国有银行的成功上市，标志着我国国有商业银行的改革之路走完了重要的一步，传统的商业银行正式转变为国家控股的股份制商业银行。

然而，我国在银行信用管理上，如何完成货币政策由计划手段向市场化手段的转变依然是货币政策的重要挑战。虽然早在1998年就取消了贷款的

"指令性计划"制度，但是，由于我国货币政策传导严重依赖银行信贷渠道，商业银行经过股份制改革和上市后并没有彻底实现银行市场化运作目标，政府对商业银行的"指导"实际上一直存在。

参考文献：

谢平：《新世纪中国货币政策的挑战》，载于《金融研究》2000年第1期。

李宏瑾：《中央银行、信用货币创造与"存差"——兼对近年中国人民银行货币操作行为的分析》，载于《金融研究》2006年第10期。

曾康霖：《怎样看待我国银行的存贷款关系》，载于《金融研究》1983年第12期。

刘锡良：《国有商业银行改革值得研究的八个问题》，载于《中国金融》2004年第1期。

（程均丽）

国家信用
National Credit，State Credit

国家信用是以国家为主体而发生的借贷行为。

国家信用是信用的最高形式，虽然国家信用中的筹资信用——国家公债，是一个古老的财政范畴，但由于信用促进了生产的集中，出现了垄断，而国家垄断以国家信用为基础，因此现代经典意义上的国家信用最早产生于资本主义时期。国家信用的基本形式是发行政府债券，包括发行公债、国库券、专项债券等，以及政府财政向中央银行透支和借款等。

国家信用是政府对国民经济进行间接管理的重要组成部分，它直接为实现国家的宏观经济目标服务。从筹集资金而言，国家信用是直接为国家财政的需要借款和发放债券。从运用资金而言，由于国家信用职能源于财政职能，因而具有鲜明的政策性，主要目的不是为了盈利，而是从国家的宏观经济政策和战略目标出发，着重考虑资金运用的宏观经济效益。同时，国家信用也是国家财政为实现国家职能的需要，通过调节社会资金的分配，运用有偿的信用形式进行的分配活动。在筹集国家重点建设资金方面，国家信用比银行信用更具优越性，主要表现在它高度的计划性、一定的主动性、可靠的稳定性和特殊的投向性。

国家信用是货币政策与财政政策的结合部。政府财政向中央银行透支和借款，是间接国家信用；政府财政发行债券，是直接国家信用。如果政府财政可以在较高的自由度上向中央银行借款和透支，通过中央银行账户增发货币，代替中央银行行使职能，会成为另一种类型的高能货币供应主体。相应地，出现二元高能货币供应主体并存的格局（周慕冰，1987）。这样，国民经济运行的调控不但不能取得财政政策与货币政策取长补短、相辅相成的结合效应，反而在一定程度上使货币政策成了财政政策的附属物，削弱中央银行对国民经济运行的调控能力。

国家信用的主要形式是发行公债，但是，发行公债要受特定经济因素制约，客观上存在着一定的数量界限。从理论上说，决定公债数量界限的因素，主要是公债发行对象的应债能力、发行主体的偿债能力和国民经济综合平衡。公债发行主体的偿债能力，即政府清偿债务的能力。政府的偿债能力受多种因素决定，其中最主要的是经济增长率、债务收入的使用方向和债务收入的使用效果。

国家信用评级是衡量一国能否及时偿还其国际债务的重要指标，在国际资本市场中受到广泛重视。一直以来，国家信用评级主要来自专业的评级机构，由美国三大评级机构标准普尔、穆迪和惠誉所垄断。2010年4月以来，欧洲希腊、西班牙、爱尔兰以及葡萄牙等四国主权信用评级被大幅度下调，欧洲主权债务危机爆发。2011年8月5日美国主权信用风暴更是席卷全球，三大评级机构之一的标准普尔公司将美国主权信用评级由AAA下调至AA+，这是1917年美国主权信用评级被穆迪授予AAA级后的首次下调，立刻引起美国乃至世界金融市场的强烈震动。我国自1988年被标准普尔评为BBB之后，一直长达17年，直至2005年7月才调升到A。2010年7月，"中国版"国家信用评级问世，中国大公国际资信评估有限公司发布了对全球50个国家的主权信用评级报告，这是发展中国家评级机构首次发布的全球范围主权债务评级。

在中国，20世纪50年代初期曾发行过公债券，后来一度取消。经济改革以来，从1981年开始发行国库券，后又发行国家重点建设债券等国家信用工具。一方面筹集部分资金弥补财政赤字，另一方面主要是为了增加生产投资，加快国家重点建设。到90年代，国家信用已成为中国筹集社会主义建设资金的重要工具，债券、发行市场和流通市场也有了很大发展。2008年，为应对世界金融危机，中国出台了4万亿元经济刺激计划，强劲地扩大国内需求，增加总供给。在这4万亿元的投资资金中，其中一部分来源于国家信用，中央财政代地方财政发行2000亿元国债，发放部分政策性贷款。

从20世纪90年代末开始，中国更是不断动用国家信用手段为金融体制改革铺路，其中一些做法具有独创性，成为世界金融史上的拓荒之举。一是发行特别国债注资。1998年为补充国有商业银行的资本金，国家发行了2700亿元的特别国债，由四大国有商业银行用法定准备金率降低后一次性增加的可用资金购买。二是剥离不良资产注资。1999年国家相继设立了四家金融资产管理公司，这些专业性资产管理公司以发行财政部担保债券、金融债券或中央银行贷款为资金来源，收购四家国有商业银行剥离出来的不良贷款，然后通过催收、债权转股权、证券化、拍卖、置换和债务重组等方式处置这些不良贷款。三是外汇储备注资，对国有商业银行进行股份制改造，创造条件上市。2004年1月，国务院宣布对中国银行和中国建设银行进行股份制改造试点，同时决定动用450亿美元国家外汇储备等为两家试点银行补充资本金，通过新成立的中央汇金投资有限责任公司注入这两家银行。2005年、2008年，工行、农行也先后获得了汇金公司的外汇储备注资和财政部资本金权益注资。这次注资行动用美元直接注入，不仅使用了国际上罕见的外汇储备方式，还成立了国有金融投资公司代表国务院专门行使出资人权利，是一场宏大的金融改革实践，也是一次颇有争议的改革尝试。有学者认为，这是自1979年中国经济体制改革以来国家在金融领域推行的最为"昂贵"的一次改革行动。

参考文献：

吴晓灵：《充分利用国家信用加强对国民经济的间接管理》，载于《金融研究》1987年第12期。

叶振鹏：《关于国家信用的几个理论与实践问题》，载于《财政研究》1989年第1期。

周慕冰：《货币供应量的控制与国家信用制度的改革》，载于《经济理论与经济管理》1987年第2期。

张杰：《注资与国有银行改革：一个金融政治经济学的视角》，载于《经济研究》2004年第6期。

刘锡良：《信贷失衡，财政能弥补吗？》，载于《中央财经大学学报》1987年第4期。

（程均丽）

消费信用
Consumer Credit，Consumption Credit

消费信用，是对消费者个人提供的直接用于消费的信用，主要有消费信贷、赊销和分期付款等形式。

消费信贷是现代消费信用的主体，可以划分为两类，一种是以信用卡形式出现的普通消费信用，另一种以借贷方式出现的特种消费信用，如汽车、住房等消费信贷。

消费模式主要有自主性消费和信用消费。自主性消费是一种积累性的消费，主要靠自己的收入能力进行消费支出，遵循"储蓄、消费、再储蓄"的模式；而信用消费是"消费、储蓄、再消费"的模式。消费信用把未来的购买力提前实现，借以刺激个人消费，人为地扩大商品需求，改变消费结构，是促进生产发展的一种重要手段。

现代消费信用于19世纪在西方国家兴起，发展十分迅速，目前已成为西方发达国家消费者十分重要的消费方式。值得注意的是，这些国家都建立了与消费信用相配套的比较健全的个人征信体系。征信机构是个人征信体系中最为重要的一部分，它们通过合法渠道采集、调查、整理、分析消费者个人的资信，以信用调查报告的形式提供给个人信用信息使用者，供其授信决策参考依据。个人征信机构在国外通常被称为消费者信用报告机构或信用局。目前国际上存在的个人征信体系主要有两种：公共个人征信体系和私营个人征信体系。公共个人征信体系存在于大部分欧洲国家，比如法国、德国、比利时等，而私营个人征信体系则存在于美国、英国等国家。

1986年，我国发行了长城卡（中国银行）、牡丹卡（工商银行）、金穗卡（农业银行）等，但当时这些信用卡仅仅是一张替代现金交易的记账卡，不允许透支。1993年，上海银通信用资信有限公司率先在中国推出个人消费信用服务——耐用商品分期付款。随后，上海的房地产商联合有关银行又不失时机地在上海推出了商品房抵押贷款购房等这一消费信用服务。

我国消费信用受到社会广泛关注是在20世纪90年代后半期。期间，我国市场情况发生了明显反转，即由过去产品供不应求，转变为供求基本平衡或供过于求，也即由卖方市场转变为买方市场。经济发展的主导因素也随之而改变，由生产主导型转变为消费主导型。我国个人消费信贷试点开始于1998年。受1997年东南亚金融危机的冲击和1998年夏季国内特大洪涝灾害的影响，中国经济从1998年下半年开始，内需严重不足并逐步呈现出通货紧缩趋势。为了活跃消费、扩大内需，中国人民银行推出了个人消费信贷政策，积极鼓励、引导和支持居民扩大个人消费。在1998年这一年，中国官方文件第一次正式提出了"消费信贷"概念，允许商业银行开展"住房消费贷款"、"汽车消费贷款"。1999年，国家助学贷款业务也全面推开。2009年7月，在美国金融危机后，中国银监会出台了《消费金融公司试点管理办法》，强劲地进一步扩大信用消费市场。现在，个人住房消费贷款、汽车消费贷款和助学贷款，已经发展成为我国消费信用的主体。

我国个人征信体系建设始于1999年，基本采取了政府主导、各地试点的模式。1999年，第一家开展个人信用联合征信业务的专业资信机构——上海市资信有限公司成立。它承担着上海市个人信用档案信息数据中心的建设和管理任务，开展个人信用信息咨询、资质认证和风险评估业务。2000年7月1日，上海市个人信用联合征信数据库初步建成，并出具了我国内地第一份个人信用报告。从全国来看，在总结试点经验的基础上，2004年中国人民银行加快了个人征信系统的建设，在银行信贷登记咨询系统上增加了"个人信用信息系统"——个人信用信息基础数据库，该数据库经试点成功后于2006年1月正式运行。目前，我国的个人征信系统已经初步建立。

参考文献：

郝备、温燕萍：《发展我国消费信用的思考》，载于《南方经济》2002年第12期。

庞贞燕：《论我国消费信用制度的完善》，载于《金融理论与实践》2001年第12期。

张强、刘玫：《消费信用中的个人征信问题探析》，载于《财经理论与实践（双月刊）》2006年第144期。

谈儒勇、金晨珂：《我国个人征信体系建设的模式探讨》，载于《征信》2010年第1期。

钟永红、何丽君：《消费信贷发展中的个人征信体系建设问题探讨》，载于《征信》2011年第3期。

（程均丽）

直接融资与间接融资
Direct Financing and Indirect Financing

经济社会中，资金盈余单位与赤字单位之间的资金余缺调剂，主要有两种方式：直接融资与间接融资。直接融资，通常是指资金供求双方不需要借助于金融中介机构发行辅助证券，而直接通过对初级或原生证券（股票、债券、商业票据）的交易实现资金融通，即使在证券交易过程中，有金融中介机构为之提供介绍、咨询、传递、结算等服务，也不改变其"直接"的性质。这种融资方式，不仅具有直接性，还具有长期性、流通性、不可逆性等特点。间接融资，是通过银行等金融中介机构发行自己的债务凭证——间接证券进行的融资方式，在这种融资中，金融中介机构通过吸收存款形成资金来源，再以贷款形式进行资金运用，从而将盈余单位贷出的资金转变为自己的负债，将对赤字单位的借款变为自己的债权。间接融资不仅具有间接性，还具有短期性、非流通性、可逆性等特点。从信用关系来看，代表间接融资的银行信用也有着不同于代表直接融资的证券信用的特点，银行是创造信用的金融机构，特别是能够创造被普遍接受的作为货币的信用流通工具，而证券业不能创造信用流通工具，不具有货币创造功能，只能通过证券的发行、流通媒介信用。

由此，融资业务一般也可分为直接融资和间接融资两大类，主要是证券业与银行业两大部分。二者的分合取向问题，围绕着"风险"和"效率"两条主线，形成了"分业论"和"混业论"观点。1996年底，中国颁布了《商业银行法》，以法律形式确定了金融业的分业模式，明确规定商业银行"不得从事信托投资和股票业务，不得投资于非自用不动产"，"不得向非银行金融机构和企业投资"。1998年，中国又在分业经营的基础上实行了分业监管的体制，即中央银行监管商业银行、信托投资公司、信用社和财务公司，证券监管委员会监管证券公司（投资银行），保险监管委员会监管保险公司。2003年初银监会的成立，使中国金融业"分业经营、分业监管"的框架最终完成。

直接融资和间接融资能满足不同的资金需求，二者的规模和结构，会随着社会经济结构和环境的变化而相应发生变动。根据世界各国金融发展的轨迹，通常情况下在经济和金融发展的初级阶段，银行体系发挥着主导作用，而在经济较为发达、金融体系较为完善的经济体，直接融资较为发达，包括股票、债券，以及风险投资、私募股权投资基金等组成的资本市场，在发达国家经济转型和战略性新兴产业发现过程中发挥着根本性的作用。20世纪80年代以来，随着全球金融自由化浪潮，发达国家的直接融资兴起，在储蓄动员与资源配置这两个社会经济的重要方面的影响日渐加大，使得直接融资与间接融资形成不相上下的态势。但在发展中国家，间接融资则仍然扮演主要角色。

20世纪90年代以前，中国金融体系由间接融资完全主导。在80年代中期，中国就展开了要不要直接融资，要不要建立证券市场的讨论，在设计金融体制改革方案时，确定了"间接融资为主，直接融资为辅"的融资体制。在90年代初，建立了股票市场，1990年，上海、深圳两家证券交易所开始营业。长期以来，中国一直以间接融资为主，且在间接融资中以国有银行为主体，市场结构比较单一。为适应多元化的投资与融资需求，我国逐步建立起主板、中小板、创业板、代办股份转让系统构成的多层次资本市场体系，资本市场的出现和发展，大大改善了金融结构。中国资本市场在短短20多年的时间里，取得了非凡成长，成为全球第二大资本市场，但是，至今总体上依然是"新兴加转轨"的市场特征。

参考文献：

林毅夫、沈明高：《股票直接融资与银行间接融资的比较和选择》，载于《金融研究》1993年第5期。

曾康霖：《怎样看待直接融资与间接融资》，载于《金融研究》1993年第10期。

王鸿义：《直接融资与间接融资的一般理论分析》，载于《上海金融》1995年第1期。

刘伟、王汝芳：《中国资本市场效率实证分析——直接融资与间接融资效率比较》，载于《金融研究》2006年第1期。

陈野华：《中国证券市场国际化的几个问题》，载于《经济体制改革》1997年第5期。

（程均丽）

本票

Promissory Note

本票，是由出票人签发的一种信用凭证，承诺自己在见票时无条件支付确定的金额给收款人或者持票人。它和汇票、支票一起构成最常用的三大票据。

本票是自付证券，出票人就是付款人，是由出票人自己对收款人支付并承担绝对付款责任，无须承兑。它的票据关系简单，基本当事人只有出票人和收款人，从而债权债务关系也相对简单。

根据约期时间的不同，本票可分为即期本票和远期本票；根据出票人的不同，本票又可分为商业本票和银行本票。商业本票是由企业或个人签发的本票，也称为一般本票；银行本票是由银行业金融机构签发的本票。特别是，银行本票作为一种传统的非现金支付结算工具，是见票即付证券，既可以支取现金也可以转账。在同一交换区域内办理支付结算，银行本票比支票、银行卡具有更大的优势，可以适用于单位或个人（包括未在银行开户的单位和个人）商品交易、劳务供应以及各种债权债务款项的结算。

新中国成立以后，一切信用集中于银行，因而实践中缺乏票据使用的基础。随着经济体制的改革，票据使用又渐渐有了空间。1986年4月1日起，上海开办银行本票业务，这是全国首次开办这项业务。随后，1989年4月1日，我国进行结算制度改革，推出了以支票、汇票、本票和信用卡（简称三票一卡）为主体的新的结算方式体系。

1995年颁布的《中华人民共和国票据法》（以下简称《票据法》）规定："本法所称本票，是指银行本票"，即《票据法》将本票限定为银行本票，不允许企业和个人作为出票人签发本票。票据的功能包括汇兑、支付、结算、流通、融资和信用，其中对票据市场的发展起决定作用的是流通、融资和信用功能。《票据法》突出票据在经济贸易中的结算和支付功能，明令禁止融资性票据的使用，强调商业票据的真实交易背景，这就在事实上否定了商业本票的合法性。

在香港回归祖国后，双方的经济、金融合作更加紧密。特别是随着中国加入WTO，香港作为国际金融中心，为内地经济发展提供资金融通的作用将更加突出，加强粤港合作的内在要求更加强烈。为适应粤港经济、金融日益融合的发展趋势，从2001年9月1日起，粤港港币票据联合结算增加银行本票、汇票业务。

为了推广使用银行本票，进一步改进个人支付结算服务，2007年，中国人民银行制定了《依托小额支付系统办理银行本票业务处理办法》，2008年5月8日，小额支付系统银行本票业务正式上线运行，改变了以往办理银行本票业务单一依托同城票据交换或同城清算系统的结算方式，业务通用范围也扩大到了同一省（自治区、直辖市）。

但是，迄今为止，与汇票、支票相比，银行本票应用范围较小，使用量相对较少。预缴保证金，导致资金事先占用，一定程度上影响结算单位或个人对本票的选用。此外，社会公众对银行本票的优越性认知度也不高，仍习惯同城结算使用支票，异地结算采取电汇或汇票结算方式，制约了银行本票业务开展。

参考文献：
安启雷：《上海开办本票业务》，载于《中国金融》1986年第6期。
钱中先：《谈谈银行本票》，载于《上海金融》1986年第7期。
《加强粤港金融合作　促进两地经济繁荣——人行广州分行负责人就粤港港币票据增加本票、汇票业务答记者问》，载于《南方金融》2001年第9期。

（程均丽）

支票
Banker's Checks，Cheque，Check

支票，是代表存款的信用流通工具，由出票人签发并委托办理存款业务的银行在见票时即期、无条件支付确定金额给收款人或持票人的票据。

支票是一种以银行为付款人的即期支付工具，而出票人则是银行的存款人。支票分为现金支票和转账支票。现金支票直接用于向银行取现，而转账支票用于通过银行转账。支票还可以背书转让，但用于自取现金的支票不得背书转让。

支票金额，不得超出出票人在付款人处的存款金额，如果存款低于支票金额，即空头支票，银行将拒付。支票是以商业信用为基础的，对持票人来说，会承担空头支票的风险，从而产生了支票保付制度。保付是由付款银行在支票上记载"保付"等同义的字样并签名，以表明在支票提示时一定付款。支票一经保付，付款责任即由银行承担，出票人、背书人都可免于追索。

支票是一种多用途的支付工具。支票支付便捷、灵活，不受机具外部硬件设备限制，其使用范围非常广泛，大至企业之间的交易往来，小至个人的日常消费支出，如缴税款、水电费等的支付。目前，在国际上，支票是除现金、银行卡之外在人们的经济生活中占主导地位的支付方式，也是通用的一种支付手段。

20 世纪 80 年代初，中国在推行支票结算时，出现过"支票与通货膨胀"的争议。在纸币流通的条件下，银行有可能创造过多的派生存款，从而导致支票流通的规模也会超过流通的需要。因此，支票流通转让，是否会扩大信用，引起通货膨胀？一种观点提出，支票的开发是以出票人在银行有足额的存款为必要条件，支票的转让流通，不会引起通货膨胀，如果支票流通的规模超过流通的需要，那是因存款过多引起，而不是支票转让流通所造成的。相反，另一种观点认为，如允许支票流通，就可不经清算过程将原票转让使用，会加快资金周转速度，也就是增加了市场货币流通量，因而会助长通货膨胀。

1984 年 7 月 1 日，工商银行上海分行徐汇区办（现徐汇支行）率先在全国恢复开办中断了 30 多年的"活期支票储蓄"业务。1986 年，中国人民银行、中国工商银行、中国农业银行又发布了关于个体经济户和个人使用支票结算的基本规定。但因种种原因，发展个人支票进展一直缓慢。很长时间以来，个人支票作为日常支付工具使用依然很少，支票使用主要以企事业单位为主。根据中国人民银行发布的《中国支付体系发展报告》，2007～2009 年，在非现金支付交易中，按笔数计，银行卡约占 90%，占据绝对优势，支票约占 5% 左右。其中一个重要原因是信用制度不完善。1995 年颁布的《中华人民共和国票据法》，虽然将包括支票在内的票据在我国的恢复和使用推进到一个崭新的阶段，却没有恢复相应的支票保付制度，以防范空头支票的发生，保障支票活动当事人的合法权益。实践中，随着支票被越来越多的单位和个人接受使用，一些商业银行从 1999 年起开办了个人支票保付业务。中国人民银行的个人征信系统从 2006 年也开始在全国正式运行，这在一定程度上有助于抑制支票风险，在办理个人支票业务时，银行可以利用征信系统对客户进行信用评估。

为了推动支票业务发展，中国人民银行也不断地在建设基础设施，2007 年 6 月，完成了全国支票影像交换系统在全国的推广建设，中国的支票电子化迈出了关键的一步。依托小额支付系统完成资金清算，支票影像交换系统突破了支票同城或者区域范围内使用的限制，使支票实现了全国通用。异城之间也可使用支票进行支付、结算，为个人支票的普及创造了条件。此前，中国的支票几乎一直在同城或较小的区域范围内使用。

参考文献：

盛慕杰、韩孝迟：《广泛推行支票结算适应经济发展需要》，载于《上海金融》1984年第12期。

李良、陈晓红：《关于建立支票保付制度的探讨》，载于《上海金融》2004年第4期。

《中国人民银行、中国工商银行、中国农业银行关于个体经济户和个人使用支票结算基本规定》，载于《上海金融》1986年第8期。

曹海峰：《中美两国支票业务异同分析》，载于《金融理论与实践》2010年第11期。

（程均丽）

汇票
Bill of Exchange，Postal Order，Draft

汇票，是委托付款证券，由出票人签发委托付款人在见票时或者在指定日期无条件支付确定的金额给收款人或者持票人的票据。

汇票是国际结算中使用最广泛的一种信用工具。受托人不止限于银行或其他法定金融机构，还可以是企业或个人。汇票有三个基本关系人，即出票人、收款人和付款人。出票人是汇票的主债务人；收款人是汇票的主债权人。但汇票一经付款人承兑，付款人即成为承兑人，承兑人成了汇票的主债务人，出票人退居从债务人的地位。

按出票人不同，汇票可分为银行汇票和商业汇票。银行汇票，出票人是银行，付款人也是银行；商业汇票，出票人是企业或个人，付款人可以是企业、个人或银行。按承兑人的不同，汇票又可分成商业承兑汇票和银行承兑汇票。商业汇票的提示承兑，是确定汇票付款人付款义务的重要环节，是必不可少的。远期汇票需要承兑。远期的商业汇票，经企业或个人承兑后，称为商业承兑汇票；经银行承兑后，称为银行承兑汇票。商业承兑汇票区别于银行承兑汇票的本质特征是以商业信用为基础，而银行承兑后就成为该汇票的主债务人，银行承兑汇票是一种银行信用。承兑汇票虽有商业承兑与银行承兑之分，但最终付款人都是赊购单位。

已承兑的商业汇票能够用于贴现、转贴现和再贴现，是贴现市场主要融资手段之一。承兑汇票尚未到期，而收款人需要用款，可凭汇票向其开户银行申请贴现，而贴现银行可向中央银行申请再贴现或向其他银行申请转贴现。汇票承兑属于银行结算范围,而贴现则属于贷款范围,通过汇票承兑和贴现,可将商业信用纳入银行信用轨道。对中央银行来说,在办理再贴现业务时,可以通过控制再贴现额度,调整再贴现率来影响商业银行头寸和市场利率,从而间接调控市场的货币供应量。

推行商业汇票承兑、贴现业务,是我国金融管理体制改革的一项重要内容。据统计,上海自1980年起开始试办商业汇票承兑贴现业务。为了适应多种经济的发展和多种商品流通渠道的需要,1984年,中国人民银行决定重新恢复使用银行汇票,并称之为票汇结算。1985年,中国人民银行制定了全国统一的《商业汇票承兑、贴现暂行办法》;2001年7月发布了《中国人民银行关于切实加强商业汇票承兑贴现和再贴现业务管理的通知》强调,严禁承兑、贴现不具有贸易背景的商业汇票;2006年11月,再次发布了《关于促进商业承兑汇票业务发展的指导意见》。

推行商业承兑汇票,有利于控制商业信用转为银行信用。商业承兑汇票,是基于商业信用的短期债务凭证,相对于银行承兑汇票和贷款而言,具有无抵押、无担保、自主签发等优点,因此它更具有自偿性、生产性的特点,既是企业最优的贸易融资工具,也是最具"真实票据"特征的商业票据。"真实票据"特征意味着商业承兑汇票应当在票据市场中占据重要的市场地位,规范的票据市场是银行承兑汇票和商业承兑汇票并存,并且以商业承兑汇票为主。我国商业承兑汇票的发展较慢,统计显示,流通中的商业汇票90%以上为银行承兑汇票。

参考文献:

《汇票结算新办法人民银行自一九八四年二月一日起恢复票汇结算》,载于《财会月刊》1984年第3期。

《央行加强商业汇票承兑贴现和再贴现管理》,载于《中国金融》2001年第9期。

颜永嘉:《我国商业汇票转贴现市场的发展状况、影响及建议》,载于《上海金融》2010年第7期。

赵小广:《关注银行承兑汇票总量失控的金融风险》,载于《中国金融》2006年第17期。

杨子强、王晓青:《信用的组合与分离:商业承兑汇票发展的逻辑》,载于《金融研究》2006年第10期。

(程均丽)

信用证
Letter of Credit（L/C or LOC）

信用证，是银行用以保证买方有支付能力的凭证，由开证银行应申请人的请求和指示向第三方开立的载有确定金额的，在一定期限内凭符合规定的单据付款的承诺书面文件。它是银行的一种担保文件，是银行为买方提出"信用保证"，只要卖方按信用证要求提交有关商业单据，银行即保证付款，其性质属于银行信用。

信用证独立原则是信用证的一个重要原则，信用证一经开立，在银行与买卖双方之间即建立起一种独立于买卖合同的关系。开证行及其他参加信用证业务的银行处理与该信用证有关的业务时，只以信用证规定为准，无须过问买卖合同的内容和合同的履行情况。也就是说，按照信用证方式，银行在审单时强调的是信用证与基础贸易相分离的书面形式上的认证，信用证不依附于买卖合同；只要单据相符，开证行就应无条件付款，信用证是凭单付款，不以货物为准。

软条款风险是信用证结算中可能存在的主要风险。信用证中的软条款，是指开证行开立的信用证条款中付款条件模糊，所附条件受益人不易办到或即使办到也会被开证行借故拒付，从而让开证申请人或开证行单方面有主动权解除应负有的第一性的付款责任，使得不可撤销信用证变为可撤销信用证。

信用证能较好地解决买卖双方在支付问题上的矛盾，是目前国际贸易中最主要、最常用的支付方式，被誉为"国际商业生命的血液"。国际信用证之所以能成为国际贸易中最常用和最主要的结算方式，是因为受到国际商会《跟单信用证统一惯例》这一近似"法律"的保护和约束，而且对该《惯例》大约每10年就要进行一次修改，以适应国际贸易的发展和最新科技的应用。2007年7月1日，各国银行开始采用国际商会制定的信用证新规则——UCP600。

在中国，信用证的发展历程是伴随着改革开放和国际化步伐不断完善和发展的过程。信用证结算方式在我国第一个五年计划时期就已存在。当时，成立不久的中国人民银行，在集中办理全国结算业务之后，根据全国各地已有的结算方式参照苏联的结算办法，制定了全国统一的八种结算方式，其中就包括了国内信用证结算方式。1989年4月1日实施的《银行结算办法》中，又一度取消了国内信用证结算方式。1997年7月，中国人民银行颁布了《国内信用证结算办法》，为国内信用证业务的规范发展提供指引，也实现了国内信用证方式与国际信用证方式的接轨。为了推动人民币的国际化进程，2009年7月中国人民银行、财政部、商务部、海关总署、税务总局、银监会共同制定了《跨境贸易人民币结算试点管理办法》，支持人民币跨境结算。跨境人民币信用证，成为国际信用证的重要组成部分，实现了人民币国际化和国际贸易的紧密连接，通过这一结算渠道，为人民币投资和储备功能的发挥奠定基础。

参考文献：
原擒龙、王桂杰：《境内外人民币信用证结算的现状与发展趋势》，载于《金融论坛》2011年第2期。
孙琦、王扬：《关于信用证独立原则的两个问题》，载于《商业研究》2004年第3期。
周会青：《信用证的最新规则UCP600诠释》，载于《商业时代》2007年第21期。
宋洁：《对外贸易中信用证软条款的表征及其风险防范》，载于《商业时代》2010年第10期。

（程均丽）

储蓄存款
Savings Deposits

储蓄存款是指城乡居民将暂时不用或结余的货币收入存入银行或其他金融机构的一种存款活动，又称储蓄。储蓄存款是信用机构的一项重要资金来源，一般来说将上述定义看作是狭义的储蓄存款。从广义上看，西方经济学通行的储蓄概念是，储蓄是货币收入中没有被用于消费的部分，这种储蓄不仅包括个人储蓄，还包括公司储蓄、政府储蓄，其内容包括在银行的存款、购买的有价证券及手持现金等。英国经济学家凯恩斯提供一个有关储蓄的简单定义：储蓄的意义是收入超过其被用之于消费的部分。

我国的银行开办储蓄存款业务始于1906年创办的信诚银行。这是第一个办理储蓄的股份银行。1908年清政府创立了官办的北京储蓄银行，1912年法商在上海设立了万国储蓄会，并开办了有奖储蓄。1914年新华信托储蓄银行成立，之后各商业银行就无不兼办储蓄。至1921年，经营储蓄的银行以及邮政储金局、储蓄会、信托公司等已达140余家，储蓄金额也直线上升。据不完全统计，1914年全国各银行的储蓄存款只有94万银圆，1927年就增达9275万银圆。到1936年抗战前，储蓄总数上升到58200万元左右。

新中国成立后，党和政府十分重视储蓄事业，通过各项措施，创办新储种、提高人民币信誉、制定储蓄章程、统一人民币利率、建立全国统一的储蓄网，逐步建立完善储蓄政策和原则，储蓄规模迅速地增加。到1964年，我国储蓄机构网遍布全国城乡，参加储蓄者有数千万户，形成真正的人民储蓄。

改革开放以来，伴随着经济的持续快速发展，我国居民储蓄存款一直保持了比较高的增长速度，成为支撑经济增长的重要资金来源。随着社会主义市场经济体制的建立和宏观经济运行方式的改变，关于储蓄与消费、储蓄与投资、储蓄与资本市场、储蓄与银行经营等方面的内在关系也成为学术界讨论的话题。

参考文献：

高翔：《论社会主义制度下的人民储蓄》，载于《经济研究》1964年第6期。
贝多广：《储蓄结构、投资结构和金融结构》，载于《经济研究》1986年。
武剑：《储蓄存款分流与货币结构变动》，载于《金融研究》2000年第4期。
沈伟基、蔡如海：《储蓄分流、金融风险和储蓄——投资转化效率》，载于《金融论坛》2002年第1期。
李涛、王志芳、王海港、谭松涛：《中国城市居民的金融受排斥状况研究》，载于《经济研究》2010年第7期。

（洪正）

信用贷款
Loan on Credit

信用贷款是指以借款人的信誉而发放的贷款。其特征就是债务人无须提供抵押品或第三方担保，以借款人信用作为还款保证。

原始的信用贷款在中国很早就有，中国旧式钱庄、票号的主要业务之一就是信用贷款。南北朝时称出债和举贷，唐朝时叫做出举、举放、举债、放债、放息钱或债息钱，一般以高利贷为主。在现代经济中，信用放款成为银行支持企业和社会公众的一种重要融资形式。

信用贷款按照贷款的主体可以分为个人信用贷款和企业信用贷款。

参考文献：

陈彩虹：《论我国商业银行的信用转型》，载于《金融研究》1997年第9期。

魏锋、沈坤荣：《所有制、债权人保护与企业信用贷款》，载于《金融研究》2009年第9期。

（洪正）

抵押贷款
Collateralized Loan

借款人用自己的财产所有权作为抵押而取得的银行贷款称为抵押贷款。抵押是以抵押人所有的实物形态为抵押主体，以不转移所有权和使用权为方式作为债务担保的一种法律保障行为。

抵押贷款是银行办理贷款业务的一种传统方式。在我国，目前实行的抵押贷款，根据抵押品的范围，大致可以分为六类：（1）存货抵押，又称商品抵押，指用工商业掌握的各种货物，包括商品、原材料、在制品和制成品抵押，向银行申请贷款。（2）客账抵押，是客户把应收账款作为担保取得短期贷款。（3）证券抵押，以各种有价证券，如股票、汇票、期票、存单、债券等作为抵押，取得短期贷款。（4）设备抵押，以机械设备、车辆、船舶等作为担保向银行取得定期贷款。（5）不动产抵押，即借款人提供如：土地、房屋等不动产抵押，取得贷款。（6）人寿保险单抵押，是指在保险金请求权上设立抵押权，它以人寿保险合同的退保金为限额，以保险单为抵押，对被保险人发放贷款。

参考文献：

刘萍：《个人住房抵押贷款风险探析》，载于《金融研究》2002年第8期。

郑毅：《房地产抵押贷款证券化》，中国社会出版社2008年版。

杨建莹、钱皓：《商业银行抵押贷款问题调查》，载于《金融研究》2008年第3期。

（洪正）

流动资金贷款
Working Capital Loan

流动资金贷款，是指贷款人向企（事）业法人或国家规定可以作为借款人的其他组织发放的用于借款人日常生产经营周转的本外币贷款，是企业流动资金的重要组成部分。早期的流动资金贷款，按贷款用途划分为流动基金贷款（即铺底贷款）、周转贷款、临时贷款和其他贷款。1997年，中国人民银行发出《关于合理确定流动资金贷款期限的通知》，将流动资产贷款以3个月、1年、3年为界，划分为临时贷款、短期贷款和中期贷款三类。

改革开放以前，我国流动资金管理体制曾先后采取过"信贷参与制"、"定额贷款"、"双轨供应制"、"全额信贷"等形式，但还是以"双轨供应制"为主，即定额资金由财政拨给，银行只解决临时资金需要。1983年，国家决定将国有企业流动资金改由人民银行统一管理，同时规定，此前财政历年拨付的资金转为企业自有资本金，此后企业要从每年的利润中增补自有流动资金，使之保持30%的比重，银行每年根据企业销售计划核定企业流动资金定额，发放流动资金贷款。这一做法解决了过去资金管理多头、谁也管不了的问题，调动了银行管理的积极性，并在一定程度上增强了企业使用资金的经济责任，加速了资金周转。但是由于企业缺乏管理流动资金的自主权，银行缺乏管理流动资金的严肃性，结果只是解决了流动资金的供应问题，即由银行把企业的流动资金包下来，而相应的管理措施却不配套。

进入20世纪90年代，随着经济体制改革的逐步深化，企业的自主经营权，包括对各种资金的统一支配、融通使用权逐渐增大，银行不再对企业下达流动资金周转计划，也不再核定企业的流动资金计划占用额。同时，金融体制逐步改革，中央银行不包专业银行资金，专业银行不包企业资金，银行信贷资金自求平衡，并逐步向资产负债比例管理过渡。1994年《国务院关于金融体制改革的决定》颁布后，专业银行商业化步伐加快，《商业银行法》、《资产负债比例管理规定》、《贷款通则》等先后实行。银行根据市场经济条件下企业生产经营活动的新情况，对流动资金贷款实行以防范和控制贷款风险为宗旨，以安全性、流动性和盈利性为原则的管理。1998年1月1日，国家取消了对国有商业银行流动资金贷款的限额控制，实行"计划指导、自求平衡、比例控制、间接调控"管理体制，授权授信制度得到进一步完善。

2010年2月，银监会颁布《流动资金贷款管理暂行办法》，针对普遍存在的流动资金贷款被挪用现象，重点规范了合同签订、发放与支付、贷后管理部分，并明确提出了对流动资金贷款进行需求测算的要求，指出该需求量应基于借款人日常生产经营所需营运资金与现有流动资金的差额（即流动资金缺口）确定。

改革开放30多年来，银行向企业投放了大量的流动资金贷款。资料显示，1985~1997年，我国银行流动资金贷款余额由5489亿元增加至5.9万亿元，增长了10倍。周小川在"2004中国金融国际年会"上指出，我国流动资金贷款余额已逾8万亿元，占GDP比重达70%，处于全世界最高比例之列，即银行业对整个经济流动资金支持的力度是最大的。

然而，就在流动资金贷款占GDP比重如此之高的情况之下，我国企业仍然存在流动资金紧张的问题，引起了理论界广泛的讨论。周小川（2005）从流动资金供给制、不同经济主体间的博弈、资源配置机制以及商业银行的风险控制四个角度进行了初探性的讨论。姜建清、詹向阳（2005）认为我国企业流动资金紧张的根源在于企业流动资金的银行供给制。这种体制最为明显的弊端是其资金财政化倾向是与资金市场化改革方向相悖的。而正是由于这一体制特征，我国企业长期处在缺乏自有资金补充机制，以及错配流动资金致使流动资金贷款长期化等非正常状态，导致企业不断出现流动资金短缺；国家银行为了弥补短缺而大量贷款，并由此导致流动资金贷款的高不良率。因此，只有彻底改革企业的融资体制，将资金资源由配置模式转变为市场化配置模式，才能从根本上消除企业流动资金紧张问题。

此外，流动资金短缺还是一种结构上的短缺，从中小企业融资难便能明显地看出这一点。普遍认为，解决中小企业融资难，首先要深化金融体制改革，建立完善与中小企业发展相匹配的金融组织体系，大力发展中小金融机构；其次要改革完善信贷资金管理体制，转变银行观念，使其认真对待中小企业的合理融资需求，积极进行金融创新；最后要进一步完善中小企业信用担保体系，实现金融资产安全、中小企业发展的"双赢"目标。

参考文献：

王朝弟：《中小企业融资问题与金融支持的几点思考》，载于《金融研究》2003年第1期。

周小川：《再谈中国经济中的股本——债务比例关系》，载于《中国金融》2005年第1期。

姜建清、詹向阳：《金融转轨中的流动资金贷款问题》，载于《金融研究》2005年第7期。

易纲：《中国金融改革思考录》，商务印书馆2009年版。

（洪正）

固定资产贷款
Fixed Asset Loan

固定资产贷款，是指贷款人向企（事）业法人或国家规定可以作为借款人的其他组织发放的，用于借款人固定资产投资的本外币贷款。目前，按照国家统计局的口径，固定资产投资可分为基本建设、更新改造、房地产开发投资和其他固定资产投资四个部分。

通过信用方式来增加固定资产投资，在世界金融史上，只有几十年的时间。早前，银行信贷只限于流动资金。20世纪六七十年代以来，市场瞬息万变，工业投资规模迅速扩张，单靠私人筹资或由资本市场提供投资，远远不能满足扩大再生产的需要，于是，银行发放固定资产投资贷款得以迅速发展。法国、意大列、联邦德国、日本等国家开始设有以中、长期信贷为主的专业银行，苏联及东欧各国的固定资产投资也逐步由财政无偿拨款演变为银行贷款。

我国银行经营固定资产投资贷款，可追溯到20世纪60年代初由建设银行利用财政专项资金发放的小型技改贷款和为支持出口工业品生产专项贷款，不过由于当时在理论上、制度上都不允许银行触及固定资产领域，这些贷款规模都很小。十一届三中全会以后，在解放思想，搞活经济的方针指导下，我国开始试行"拨改贷"，突破了信贷资金只能用于流动资金、不能参与固定资产投资的禁区。1979年下半年，银行开始发放中短期设备贷款（1983年起改称为技术改造贷款），随后又举办了工交企业挖潜、革新、改造贷款以及轻纺、建材、小水电等专项贷款。为了巩固和发展固定资产投资信用，更好地发挥信贷杠杆作用，1985年，"拨改贷"全面推行。同时，建设银行继续办理"建行基建贷款"、"更改措施贷款"、"临时周转贷款"、"委托贷款"，工商银行、农业银行、中国银行继续办理中短期设备贷款、外汇贷款等固定资产投资贷款，银行贷款开始在固定资产投资中发挥越来越重要的作用。从历史来看，固定资产贷款的开办，显著地推动了转轨时期我国企业资本的形成，对我国改革开放30多年来经济稳定高速的增长起到了决定性作用。有资料显示，1980~2010年，我国全社会固定资产投资总额由910.9亿元增至278121.9亿元，年均增长21.69%；投资资金来源中的国内贷款金额也由1981年的122亿元增至2010年的47258亿元，年均增长率高达24.74%。在银行贷款的强力支持下，1980~2010年我国工业总产值由5154.26亿元增至698590.54亿元，并在2009年占到了世界工业生产总值的

15.6%，首超日本，位居世界第二。

2008年，为应对国际金融危机，政府出台了4万亿元投资等一揽子经济刺激计划，提出要加快保障性安居工程、农村民生工程和农村基础设施建设、铁路、公路和机场等重大基础设施的建设，并加大银行信贷对经济增长的支持力度。在宏观政策的引导下，各银行加快了对基础设施建设等领域的信贷投放：（1）铁道部国内借款增速连续两年超50%，并于2010年达到12554亿元，资产负债率也由2008年的46.81%增至2010年的57.44%，直逼一般企业的负债警戒线；（2）地方政府融资平台贷款规模迅速扩张。据审计署公布数据显示，截至2010年年底，全国省、市、县三级地方政府性债务余额共计10.7万亿元，占2010年GDP的1/4。

随着贷款项目相关运营问题的逐步出现，其潜在风险引起了社会各界的广泛关注。2009年，银监会出台了《固定资产贷款管理暂行办法》，对商业银行的固定资产贷款业务和项目融资业务进行了规范。学术界也就如何防范这一风险进行了积极的探讨。

参考文献：

陈晚荷、肖业璋、宫哲仁：《固定资产贷款管理》，中国财政经济出版社1989年版。

蒋东生：《开发性金融参与铁路建设的对策》，载于《管理世界》2009年第11期。

（洪正）

全额信贷
Full Credit

全额信贷是指国有企业的全部流动资金经有关部门核定后，由银行用信贷的方式统一提供的办法，改变了以前企业的流动资金是由财政拨给的状况，是中国改革开放后曾经实行的一种流动资金管理办法。

在"大一统"金融管理体制下，国有企业同时要受国家经济计划的管理和资金总额的管理，因此在使用资金上，最初的管理体制为采用无偿和有偿两种形式，由财政和银行分别供应、分口管理企业所需的资金。企业再生产过程中经常性的最低限度需要的流动资金，称为定额流动资金，由国家预算拨给（或者按照一定比例，由预算拨付一部分，其余部分由银行贷款），由企业自行负责支配和运用；至于各种季节性及其他临时性需要的流动资金，则为定额外资金，由银行根据企业实际需要，提供短期贷款。

流动资金分别定额内外，由银行和财政双口供应，是有它的理论依据的。因为定额流动资金既然是企业经常占用着，为再生产的正常进行所必需的最低限度的资金，在一般情况下，这部分资金在一个计划年度以内，变动是不大的。但随着年度生产计划指标的变动，定额流动资金亦相应地随之而变更。因此，采取逐年核定额，定额流动资金由国家预算拨付办法，是符合实际情况的。至于定额外资金，既然是由于季节性及其他临时性需要而产生的，这就需要经常地加以再分配，而采取有偿性贷款方式，才能适应生产过程千变万化的需要，在各部内、各企业进行灵活的再分配。

而实行全额信贷，是指企业所需的流动资金，统一由银行进行供给，不再区分定额内外流动资金。

全额信贷首先在1958年8月在上海市九个工业企业试行，把原来由财政和银行分别按供应的工业企业所需的定额流动资金，改为全部由银行信贷供应。1979年7月，国务院发出《关于扩大国营工业企业经营管理自主权的若干规定》等五个改革管理体制的试点文件，其中在《关于国营工业企业实行流动资金全额信贷的暂行规定》中指出："现行国营公交企业的流动资金，由财政和银行分别供应、分口管理的办法，管理多头，调剂困难，企业占用资金多少与企业和职工的经济利益没有关系，不利于调动企业和职工管好流动资金的积极性。为了充分发挥银行信贷这个经济杠杆的积极作用，促进企业改善经营管理减少物资积压，加速资金周转，国营公交企业（包括物资部门所属企业）的全部流动资金，逐步改由人民银行以贷款方式提供"。到1983年6月，国务院决定：国有企业的流动资金由人民银行统一管理。至此，由财政和银行分头管理的流动资金管理体制的局面被终结了。

全额信贷的实行在当时的背景下，是一项重要的改革，标志着企业的独立性逐渐增强，通过这样的改革，决策当局希望通过信贷工具的使用，解决无偿使用财政资金导致的低效率，以及发挥信贷的监督和甄别功能，提高企业的经济效益。从日后的情况看，全额信贷的改革部分达到了预期的目的。

参考文献：
喻瑞祥：《关于改革流动资金管理体制的几点意见》，载于《金融研究》1983年第7期。
夫中：《关于全额信贷问题的讨论意见》，载于《中国金融》1979年第8期。

全劲兴：《"全额信贷"非搞不可》，载于《金融研究动态》1979年第23期。
吴敬琏：《当代中国经济改革教程》，上海远东出版社2010年版。

（洪正）

基本建设贷款
Construction Loan

基本建设贷款是指用于基础设施、市政工程、服务设施和以外延扩大再生产能力或工程效益为主的新建或扩建工程等基本建设项目的贷款。它的形成与发展是在我国投资体制的改革中不断推进的。

新中国成立之后，实行了高度集中统一的投资管理体制。基本建设投资实行国家财政预算无偿拨款制度。十一届三中全会以后，我国进行了投资体制的初步改革与探索。一方面，简政放权、缩小指令性计划范围、在投资项目建设实施阶段开始引入竞争机制。另一方面，改进投资资金配置方式：（1）对国家预算内基本建设投资实行"拨改贷"；（2）尝试建立投资资金市场，开辟多种融资渠道。除"拨改贷"外，建设银行还进行了利用存款发放基本建设贷款的尝试，银行贷款开始在投资中发挥越来越重要的作用。同时，财政上实行了"分灶吃饭"，预算外资金成为重要的投资来源。此外，鼓励外国投资者以各种方式来华投资。1984年在上海、北京等地开始的"股份制"试点以及1986年进行的"企业债"试点，更是为企业直接融资开辟了新渠道。1987年全社会固定资产投资总额中，国家预算内投资占13.1%，国内贷款占23.0%，利用外资占4.8%，自筹投资占47.9%，其他投资占11.2%。

1988年，为保证国家重点建设有稳定的资金来源，我国建立了中央基本建设基金制度，停止实行"拨改贷"。"基金制"将原来由国家财政安排的年度中央级基本建设投资支出，从中央其他经常性财政支出中独立出来，实行专款专用，在财政预算中列收列支，由建设银行按计划管理，并通过投资公司的经营活动，实现基金的滚动增殖和周转使用。1993年年底，国务院作出《关于金融体制改革的决定》，成立国家开发银行等3家政策性银行，并将建设银行等专业银行所从事的政策性贷款与商业性贷款加以分离，建设银行原代理的管理预算内基本建设资金等财政性职能归还财政部。这样，"基金制"不复存在，取而代之的是国家财政部门和开发银行分别管理一部分预算内基建资金的"双管制"制度。此外，基础设施项目建设领域开始BOT（建设—营运—移交）方式和项目融资的试点，投资项目、融资渠道进一步拓宽。

随着我国基本建设贷款的从无到有，股份制、企业债、项目融资等融资方式的试点到实施，我国基本建设融资体制经历了从财政融资、信贷融资到信贷融资为主、财政融资和证券融资为辅的演变。进入21世纪后，国家一方面加快国有银行的商业化进程，提高商业银行对基本建设贷款的自主决策能力、管理能力以及独立承担风险的能力；另一方面，积极培育和规范资本市场，在国家产业政策和经济结构调整的要求下，企业直接融资比重逐步提高。在2010年我国全社会固定资产投资资金来源中，国家预算内资金占4.7%，国内贷款占15.2%，利用外资占1.6%，自筹资金占63.4%，其他资金占15.1%。

近年来，我国的经济增长开始由主要依靠投资、出口拉动向依靠消费、投资、出口协调拉动转变，城市化作为扩大内需、调整经济结构、转变经济增长方式的重要途径，越来越受到各界的关注。陈元（2010）提出，将开发性金融引入我国的城市化建设，可以较好地解决城市化进程中出现的基础设施建设、产业转化与非农就业问题。国家开发银行也在不断地摸索中，将"政府入口、开发性金融孵化、市场出口"这一运行机制引入到了对基础设施建设的金融支持当中，通过提供长期稳定的资金来源，筹集和引导社会资金参与城市基础设施建设，在城市化进程中发挥了开发性和引领性的重要作用。此外，充分利用资本市场拓宽基建融资渠道，也是近年来学者们的普遍建议。

参考文献：

刘立峰：《基本建设基金制度分析》，载于《中国工业经济研究》1993年第5期。

应望江：《新中国投资体制改革的回顾与展望》，载于《财经研究》1999年第10期。

蒋时节、刘贵文、李世蓉：《基础设施投资与城市化之间的相关性分析》，载于《城市发展研究》2005年第2期。

陈元：《开发性金融与中国城市化发展》，载于《经济研究》2010年第7期。

（洪正）

小额信贷
Micro-credit

小额信贷是指针对中低收入者和微型企业提供的额度较小的金融服务，主要是小额无担保贷款。从本质上讲，小额信贷是一类包含独特信贷风险管理机制的金融工具。小额信贷有以下几方面的含义：就贷款金额而言，金额较小，属于小额贷款；就贷款对象而言，主要是中低收入者、微型企业；就贷款用途而言，主要用作生产资本，当然也用于教育、医疗等非生产性目的；就贷款条件而言，具有灵活性，易于接受，并且与当地条件相适应。

小额信贷在国际上产生于20世纪70年代，最初目的是消除贫困和发展农业生产。目前，世界各国都有小额信贷的实践，因各国的国情不同，小额信贷的运作方式及发展路径具有差异性。国际上几种有影响的小额信贷模式有孟加拉的乡村银行、泰国的农业和农村合作社银行、印度尼西亚的人民银行的小额信贷体系等。

中国小额信贷业务开展得比较早，远在新中国成立初期农村信用社就有零星的针对农户资金需求的小额信贷。但真正大规模发展从20世纪80年代开始，是在借鉴国外扶贫经验，经过政府的大力推广蓬勃发展起来的。其发展历程大致可分为三个阶段：第一阶段是20世纪80年代到20世纪90年代中期。这个阶段是中国小额信贷的试点阶段。一些国外机构对中国的扶贫援助项目开始采用小额信贷的一些做法，如小额、联保等。这个时期的小额信贷较多以项目的方式运作，很少成立专门的机构，同时这一阶段的主要项目试点都是在农村。第二阶段是90年代中期到20世纪末，其标志是易县扶贫社的成立。在这个阶段中，孟加拉模式被完整地引入，同时其他一些模式也开始被引入，如贵州草海的"村寨资金"，它具有明显的"村银行"模式的特点。这个时期政府开始介入小额信贷扶贫中来，金融机构也开始了小额信贷的试点，引入的孟加拉模式一般都经过了本土化过程，即与本国国情结合的过程。这些实践大部分在农村进行，但是部分试点的城市小额信贷也开始出现。第三阶段是从20世纪末至今，其特点是政府大力介入推广小额信贷，金融机构小额信贷业务扩展迅速，同时非金融机构小额信贷开始关注机构的可持续性发展。在这一时期，农村的小额信贷全面推广，城市小额信贷也进入了快速发展阶段。

目前，在中国提供小额信贷的机构有三类：正规金融机构，非正规金融机构及政府或非政府/非营利组织。正规金融机构包括农村信用社、村镇银行、农村商业银行、农村合作银行、农村资金互助社、城市商业银行、邮政储蓄银行以及涉足小额信贷的商业银行及政策性银行。非正规金融机构主要是指由民间资本投资的、只贷不存的小额贷款公司。政府或非政府/非营利组织包括 NGO 小额信贷组织、社团、基金会、民办非企业和事业单位等发放公益性小额信贷的机构。按照服务对象和提供者的不同，可以把我国的小额信贷分为三类：公益性小额信贷，互助性小额信贷和商业性小额信贷。就小额信贷的运行模式而言，我国的小额信贷运行模式主要有以下几类：（1）金融机构主导模式。这种模式的主要特点是以依托现行的金融机构，充分利用现行商业银行或农村信用社的网点、专业管理和资金优势，通过设计定位于中低收入者和微型企业的小额信贷产品来开展小额信贷服务。通常采用个人贷款与小组联保的方式来发放小额贷款。（2）民间资本主导的小额贷款公司模式。主要是民间资本投资的、只贷不存的小额贷款公司通过中小组互保的方式发放的小额贷款。这种方式在城市发展迅速，在一定程度上满足了微型企业的贷款需求。（3）非金融机构模式。主要是由中国的一些社会团体、科研单位获得的国内外企业界、基金会、慈善机构等的资助，开展的形式多样的小额信贷扶贫试验。大多是通过借鉴孟加拉等国小额信贷的成功经验和管理技术来开展小额信贷。当然还包括政府部门所开展的扶贫帮困小额信贷项目。

　　小额信贷在发展面临的一个问题就是小额信贷需求量大，小额资金供给不足。为此，国家鼓励其他银行业金融机构根据自身的发展战略和风险管控能力，积极开展小额信贷业务。随着我国小额信贷法律、监管环境的不断健全，小额信贷参与机构和参与主体的逐步扩大，小额信贷模式的稳步创新，小额信贷必将在支持微型企业和中小企业融资，提高企业员工与农民收入，乃至促进经济结构转型和推动城乡一体化发展方面发挥巨大作用。

参考文献：

梁山：《对农户小额信贷需求、安全性、营利性和信用状况的实证研究》，载于《金融研究》2003 年第 6 期。

胡金焱、张乐：《非正规金融机构与小额信贷：一个理论评述》，载于《金融研究》2004 年第 7 期。

刘锡良、洪正：《多机构共存下的小额信贷市场的均衡》，载于《金融研究》2005 年第 3 期。

高建辉：《商业银行参与小额信贷业务的国际经验与发展建议》，载于《中国金融》2010年第13期。
李东荣：《拉美小额信贷监管经验及对我国的启示》，载于《金融研究》2011年第5期。

（洪正）

贴现与转贴现
Discount and Rediscount

贴现是银行的放款形式之一，指银行承兑汇票的持票人以未到期票据向银行兑取现款，银行从票面额中扣除自兑现日起至到期日止的利息，将余额支付给持票人的票据行为，是资金融通的一种方式。票据到期时，由银行向票据付款人按面额索款。转贴现是商业银行的同业借款业务之一，是指商业银行将其贴现收进的未到期票据，再向其他商业银行或者贴现机构进行贴现的资金融通行为。

票据贴现与转贴现的区别在于：贴现反映的是企业与商业银行之间的信用关系。通过贴现，企业之间的商业信用转化为商业银行与企业之间的银行信用，货币流通量直接增大；转贴现是商业银行之间同业拆借的方式，不影响整个社会的货币流通量，只是将信贷资金在银行体系内部进行各商业银行间的转移。

1982年，上海率先开展票据承兑贴现业务，但在整个80年代，票据市场并没有真正发展起来。到1988年，由于票据业务发展过程中的问题比较突出，银行的票据承兑与贴现活动基本停止。1994年，人民银行明确商业银行票据承兑、贴现、转贴现和再贴现管理办法。1995年5月，全国人大通过并颁布执行《中华人民共和国票据法》。1999年9月，人民银行调整票据业务政策，改善再贴现管理，建立区域性票据市场，试办商业票据贴现和转贴现。

目前转贴现市场的交易品种主要有两类：买断式转贴现和回购式转贴现。两者都是由持票金融机构在商业汇票到期日前，将票据权利背书转让给其他金融机构，由其扣除一定利息后，将约定金额支付给持票人的交易行为。不同的是前者不约定日后赎回，票据权利发生了实质性转移；后者约定日后赎回，票据权利并未转移，相当于用商业汇票作为抵押进行短期融资。从利率上看，近年来，转贴现利率的市场化程度越来越高，与其他货币市场利率变动联动显著。

参考文献：

胡乃红：《中国票据市场现状透视》，载于《财经研究》2002 年第 6 期。

易纲、谭霖、莫倩、宋红海：《规范发展票据市场至关重要》，载于《金融研究》2003 年第 3 期。

赵鹏飞：《银行业票据贴现、再（转）贴现会计处理的几点探讨》，载于《财务与会计》2010 年第 5 期。

（洪正）

贷款五级分类
Five Classifications of Loans

贷款分类是根据贷款的风险程度对信贷资产质量进行管理的一种方法。巴塞尔银行监管委员会把贷款风险分类管理作为银行开展信用风险管理的最低标准。从 1998 年起，我国在国有商业银行试行贷款五级分类法，即以风险程度为基础，按照借款人的还款能力，把贷款划分为：正常、关注、次级、可疑、损失五类（简称"五级分类法"），其中后三类合称不良贷款。

（1）正常贷款是指借款人能够履行合同，一直能正常还本付息，不存在任何影响贷款本息及时全额偿还的消极因素，银行对借款人按时足额偿还贷款本息有充分把握。贷款损失的概率为 0。（2）关注贷款是指尽管借款人目前有能力偿还贷款本息，但存在一些可能对偿还产生不利影响的因素，如这些因素继续下去，借款人的偿还能力受到影响。贷款损失的概率不会超过 5%。（3）次级贷款指借款人的还款能力出现明显问题，完全依靠其正常营业收入无法足额偿还贷款本息，需要通过处分资产或对外融资乃至执行抵押担保来还款付息。贷款损失的概率在 30%～50%。（4）可疑贷款指借款人无法足额偿还贷款本息，即使执行抵押或担保，也肯定要造成一部分损失，只是因为存在借款人重组、兼并、合并、抵押物处理和未决诉讼等待定因素，损失金额的多少还不能确定。贷款损失的概率在 50%～75%。（5）损失贷款是指借款人已无偿还本息的可能，无论采取什么措施和履行什么程序，贷款都注定要损失了，或者虽然能收回极少部分，但其价值也是微乎其微，从银行的角度看，也没有意义和必要再将其作为银行资产在账目上保留下来，对于这类贷款在履行了必要的法律程序之后应立即予以注销。贷款损失的概率在 75%～100%。

在较长的时期内，我国商业银行主要依据《贷款通则》和《金融保险企业财务制度》规定，以期限管理为基础，按贷款到期是否归还，把贷款划分为正常、逾期、呆滞、呆账四类（简称"贷款通则法"），其中后三类合称不良贷款（简称"一逾两呆"）。"一逾两呆"分类方法简单易行，但随着经济改革的逐步深入，弊端逐渐显露。只要贷款未到期都被视为正常，只有超过贷款期限才会表现为不良贷款，引发借新还旧的现象，随着不良贷款问题的突出，这种分类方法也到了非改不可的地步。五级分类法正是在此背景下应运而生。2001 年年底，中国人民银行发布了《贷款风险分类指导原则》，要求我国各银行从 2002 年 1 月 1 日起正式全面推行贷款质量五级分类管理。从 2004 年起，国有独资商业银行、股份制商业银行两类银行将奉行国际标准，取消原来并行的贷款四级分类制度，全面推行五级分类制度。贷款五级分类管理是建立在动态监测的基础上，它的实施有利于银行及时发现贷款发放后出现的问题，便于银行及时采取措施，提高信贷资产质量。按照贷款五级分类管理办法，银行应按贷款风险分类结果，提取贷款损失准备金。准备金提取有利于加强银行信贷抗风险的能力，从而提高银行经营管理水平。发展到目前，贷款五级分类是我国各银行信贷管理的基石和信贷风险管理的依据。

参考文献：

顾玉清、丁美荣、凌荣华、季圣华：《国有商业银行推行贷款五级分类的实证分析》，载于《现代管理科学》2002 年第 8 期。

严洪艳、林玉琼：《贷款质量五级分类管理实施中存在的难点及对策》，载于《银行调研》2003 年第 2 期。

李元元、黄辉、邢宏杰：《国有商业银行贷款五级分类管理调查》，载于《金融理论与实践》2003 年第 9 期。

张翔、王仕红、薛靖：《贷款分类管理中的问题与改进》，载于《金融理论与实践》2004 年第 2 期。

邹平座、张华忠：《贷款风险分类的国际比较》，载于《中国金融》2007 年第 4 期。

（洪正）

规模控制
Control of Credit Scale

规模控制在金融领域主要指信贷规模控制。信贷规模控制是中央银行在一定时期内为实现其货币政策目标而对贷款规模进行的直接控制和管理。它包括存量和流量两层含义，前者指一定时点上的贷款余额，后者指一定时期内的贷款增量。在货币政策调控实践中，信贷规模控制主要指后一层含义，即为实现一定时期内的货币政策目标而确定的新投放贷款的最高限额。

在我国，信贷规模控制曾是金融管理的一种重要手段。具体内容是：根据国家经济发展对货币需求情况，由央行统一编制全社会综合信贷计划，按照"统一计划，划分资金，实存实贷，相互融通"的原则，每年核批给各专业银行贷款额度。从新中国成立初期到1998年，我国银行的信贷管理经历了统存统贷、差额包干、实存实贷、限额管理的变迁。1979年以前，信贷管理采取的是统收统支、统存统贷计划，即各银行吸收的存款全部上缴总行，由总行统一运用，统一核定计划指标，各级银行都根据指标额度从事贷放。但这种办法集中过多、统得过死、不利于搞活金融。1980年开始改为存款差额指标管理，在完成计划的前提下，多存可以多贷，基层银行有了一定的发放贷款的自主权，有利于调动积极性。但这种方式仅仅控制了存贷款差额，难以对基层银行派生存款过程进行有效调控。1984年起又改为实存实贷方式，即将信贷资金全部纳入国家综合信贷计划，由央行进行综合平衡，允许专业银行之间和其他金融机构之间相互拆借资金。这种方式强化了央行对专业银行货币信贷的调控能力，也有利于促进资金市场的形成和发展。但也存在专业银行容易超计划放贷，造成信贷失控现象等问题。1988年，又将实存实贷方式改为限额管理方式，即核定和控制各专业银行和各地区贷款增加额的最高限额。这种半计划半行政的宏观金融调控方式基本上是针对信贷计划失控情形的补救办法，难以实现对信贷资源的有效配置。1995年后，央行调控的中介目标开始由信贷规模向货币供应量转化。

作为一种行政性较强的直接调控手段，信贷规模控制不仅在发展中国家普遍使用，也为一些发达国家（如英国、日本）所采用，并在特定的时期收到良好的效果。就我国而言，在信贷管理高度集中、金融工具品种单一、金融机构较少、金融市场不发达的计划经济时期，信贷规模控制对调控货币总量、抑制通货膨胀起了重要而且十分有效的作用。首先，它对信贷资金供应过程中企业倒逼银行、银行倒逼中央银行、中央银行被迫扩大基础货币供应的倒逼机制形成有力的制约，有助于限制基础货币的派生能力，控制住全社会的货币供应量。其次，由于地方政府职能转换的不到位，地方政府干预商业银行信贷行为的现象普遍存在，信贷规模控制则有助于国有商业银行抵制地方政府的行政干预。最后，它是调整经济结构的一个重要手段。央行可以通过纵向分配信贷规模的方式实现对不同地区经济发展和产业结构的调整，扶优限劣，集中资金保证国家重点建设，同时限制信贷资金向某些产业、行业及地区的过度投放。

但是，随着我国经济体制改革的深化和推进，信贷规模控制在实践中也暴露出了一系列弊端：第一，单一的国家银行体系逐渐被多种金融机构所替代，直接融资比例越来越大，难以通过信贷规模控制来实现调控社会货币供应总量的目标。第二，随着货币政策工具的多元化，货币政策传递机制不再单一，通过信贷规模控制的执行程度来反映货币政策或货币供给总量的执行程度和效果，是失真低效的。第三，票据贴现、再贴现市场和资本市场的相继开放、政策性银行的成立，信贷规模指标逐步失去了政府信贷产业政策的功能，央行为了调节经济生活中资金的结构性矛盾，每年都不得不追加或者调整信贷计划目标，但都没能解决总量控制和结构调整之间的矛盾。第四，从发展的趋势而言，信贷规模控制有悖于市场金融三大体系的培育完善。信贷规模控制的存在，使许多存款增长较快的银行因缺少规模而使吸收的大量资金无法运用，丧失盈利机会。第五，从中央银行宏观调控角度来看，信贷规模调控是指令性的直接调控，从规模的测算、制定、切块下达、监督、调整等一系列过程来看都较复杂而缺乏弹性。同时，长时间使用信贷直接控制，会削弱利率工具的调控作用，使银行、企业和居民对价格型工具逐渐变得"迟钝"，影响利率的市场化进程。虽然上述问题不能单纯地归咎于信贷规模控制，但信贷规模控制的生存土壤和环境已经发生了变化，与经济的市场化取向和银行的商业化经营之间也存在一定的矛盾和摩擦。

1998年1月1日，中国人民银行取消了对国有商业银行贷款限额的控制，代之以利率、公开市场操作、存款准备金、再贷款、再贴现和"窗口指导"等多种货币政策工具进行间接调控。尽管货币政策传导渠道已呈现出多元化趋势，但银行贷款渠道仍然是我国货币政策传导的主渠道。2007年年底，为了有效控制中国经济的高通胀水平，实行适度从紧的货币政策，央行在"窗口指导"中实质上引入了信贷限额控制。2008年金融危机爆发以后，我国推行适度宽松的货币政策和保增长政策，贷款规模迅猛扩张，为使信贷规模增速回归理性，促进金融体系和实体经济体系的良性循环，我国于2010年3月重启信贷规模控制手段，对银行业金融机构（不含村镇银行）实施信贷规模控制，这一政策延续至2011年，并且将实施范围扩大至村镇银行。

信贷规模控制与市场经济有一定的矛盾，学者们对此有较多的讨论。多数学者认为，在当前以间接调控为主的信贷调控体系下，辅之以必要的贷款规模控制，有助于控制信贷规模、遏制信贷投放的过快增长。但是在使用综合手段"救急"的同时，应尽量避免信贷规模控制的"一刀切"问题，以及信贷配置效率低下、影响市场公平竞争机制、对行政干预过于依赖等副作用，增加信贷政策的灵活性和弹性，综合运用数量型和价格型工具，进一步完善以间接调控为主的信贷调控体系。

参考文献：

胡国瑞：《试论信贷规模调控及其完善》，载于《金融理论与实践》1993年第1期。

李裕：《中国政府不要放松宏观经济调控和信贷控制——IMF的建议》，载于《国际金融报》2004年10月13日第7版。

吴丽华：《我国信贷规模控制的有效性分析》，载于《经济学动态》2008年第10期。

盛松成、吴培新：《中国货币政策的二元传导机制——"两中介目标，两调控对象"模式研究》，载于《经济研究》2008年第10期。

赵珩：《信贷规模控制该不该退出舞台？》，载于《人民政协报》2011年11月8日第B01版。

（洪正）

拨改贷
Replacement of Appropriation by Loan

"拨改贷"是对国家预算内基本建设投资由财政（包括中央和地方）拨款改为贷款的简称。它的实行是我国基本建设管理体制的一次重大改革。

计划经济体制下，我国基本建设投资实行的是财政无偿拨款制度。投资资金安排和项目审批由计划部门负责，资金由财政部门掌握和核销，各行业主管部门负责资金的具体使用和项目建设。经济体制改革开始后，统收统支的财政体制被打破，基本建设投资开始向有偿方式过渡。为促使建设单位树立经济观念，提高资金使用效益，1979年，国家首先在北京、上海、广东三个省市及纺织、轻工、旅游等行业试行"拨改贷"。1980年，国家扩大了"拨改贷"的范围，规定凡是实行独立核算、有还贷能力的建设项目，都要进行"拨改贷"改革。1984年，在总结试点经验的基础上，国家计委、财政部、中国人民建设银行制定了《关于国家预算内基本建设投资全部由拨款改为贷款的暂行规定》，决定自1985年1月起，凡是由国家财政预算内安排的基本建设投资全部由拨款改为贷款。1988年，中央基本建设基金制度建立，"拨改贷"退出了历史的舞台。

参考文献：
陈汉流：《深化基建投资"拨改贷"改革》，载于《南方金融》1987年第8期。
李命志：《从"拨改贷"到股份制》，载于《经济问题》1993年第3期。
何伟：《从"拨改贷"到"投改贷"》，载于《经济研究》1995年第10期。
吴敬琏、马国川：《重启改革议程：中国经济改革二十讲》，生活·读书·新知三联书店2013年版。

（洪正）

剥离不良贷款
Stripping Off Bad Loan

20世纪90年代，由于之前的各方面原因，中国银行业体系尤其是四大国有商业银行积累了大量的不良贷款，为化解潜在的金融风险，满足巴塞尔协议对银行资本充足率的合规要求并迎接即将到来的"入世"考验，我国自1999年以来对国有商业银行的不良贷款进行了两次大规模的剥离。

第一次剥离始于1999年，终于2000年6月。1999年，我国先后组建了包括中国长城资产管理公司、中国信达资产管理公司、中国华融资产管理公司和中国东方资产管理公司在内的四家资产管理公司，接收中国工商银行、中国农业银行、中国银行和中国建设银行四大国有商业银行及国家开放银行的不良贷款13939亿元。通过这次剥离，国有商业银行的资产负债状况得到了极大的改善。

中国银行业不良贷款的第二次剥离起始于2003年的国有商业银行股份制改造。这次剥离的主要事件包括：2003年年底，政府动用中央财政原油的所有者权益冲销了中国银行和中国建设银行1969亿元的损失类贷款后，两家银行各获得225亿美元的外汇注资；2004年6月，中国信贷资产管理公司整体收购交通银行414亿元的可疑类贷款，接收交通银行227亿元的核销和冲销贷款，同时，中国银行和中国建设银行将2787亿元可疑类贷款转让给中国信贷资产管理公司；2005年5月末，中国工商银行将2460亿元损失类贷款剥离给中国华融资产管理公司,并于次月将4590亿元可疑类贷款转让给四家资产管理公司;2007年,中国农业银行8157亿元的不良贷款也实现了"二次剥离"。与之前不良贷款剥离不同,此次剥离中,中国农业银行与财政部建立"共管基金",规定在15年内偿还农行应收财政部款项的本金,并支付相应利息。转让资产相关的权利和风险由财政部承担,财政部委托农行成立专门的资产处置机构对不良资产进行处置。

经过两次不良贷款剥离,中国主要商业银行不良贷款余额从2003年的24406亿元降至2012年的4929亿元,不良贷款率也从17.8%降至不足1%(0.95%),为商业银行转型起到了重要作用。

参考文献:
韩伟:《"二次剥离"的可行性研究:国有商业银行不良贷款化解的现实设计》,载于《金融研究》2003年第11期。
谭劲松、简宇寅、陈颖:《政府干预与不良贷款——以某国有商业银行1988~2005年的数据为例》,载于《管理世界》2012年第7期。
姚树洁、姜春霞、冯根福:《中国银行业的改革与效率:1995~2008》,载于《经济研究》2011年第8期。

(刘晓辉)

信托与租赁
Trust and Leasing

信托是指委托人基于对受托人的信任,将其财产权委托给受托人,由受托人按委托人的意愿以自己的名义,为受益人的利益或者特定目的,进行管理或者处分的行为。在经济和金融领域,信托可以划分为集合投资类信托、集合运用类信托和非集合类信托。集合投资类信托在我国主要包括证券投资基金、券商理财计划和商业银行理财计划等;集合运用类信托包括社保基金、企业年金、慈善基金和保证金等;而非集合类信托主要包括遗嘱信托、交易保证金等。

租赁是一种金融契约,契约规定在约定的时期内,出租人将资产使用权让与承租人使用以获取租金。租赁常分为融资租赁和经营租赁。融资租赁,又称为金融租赁,是现代租赁信用的主要形式,它是指出租方根据承租方对租赁物的要求,出资购进租赁物,并根据签订的租赁协议或合约将租赁物出租给承租人使用的一种资金融通方式；后者，即经营租赁，又称为服务性租赁，是由出租人向承租人提供租赁资产或租赁物，并提供维修、保养和人员培训等方面服务的一种租赁形式。融资租赁和经营租赁在业务性质、租赁目的、租赁期限、租赁契约的稳定性、租赁数额、租金构成、筹资方式、出租人的偿债压力和会计处理等方面都存在显著的差异。

参考文献：
《中华人民共和国信托法》，2001 年。
李友申：《论融资租赁》，载于《世界经济》1998 年第 3 期。
林志新、蒋光栋、顾洪波：《对经营租赁与融资租赁比较问题的研究》，载于《事业财会》1998 年第 2 期。

（刘晓辉）

综合信贷计划
Comprehensive Credit Plan

综合信贷计划，又称为信贷计划，是计划经济时期和改革开放初期国家组织和分配信贷资金的基本计划。它规划了国家银行的全部信贷收支规模和货币发行总量，集中体现了国家的货币信贷政策，是国家进行财政、信贷、物资和外汇综合平衡的一个重要方面。

信贷计划的编制采取平衡表的方式，由资金来源和资金运用两部分构成。资金来源项目包括银行自有资金、财政增拨银行信贷资金和各项存款（包括企业存款、财政存款、基本建设存款、机关团体存款、部队存款、城镇储蓄、农村存款及其他存款）；资金运用项目主要包括工商业贷款、国营农业贷款、社队农业贷款、预购定金贷款、金银库存占款、外汇库存占款及上缴财政等。通常来说，信贷计划表的资金来源和资金运用项目总额是不等的。如果资金来源总额大于资金运用总额，其差额就是国家的货币回笼计划数；反之，如果资金运用总额超过资金来源总额，其差额就是国家的货币投放计划数额。

综合信贷计划的编制大体上可分为试编、审核、综合平衡、上报审批四个步骤。编制的依据分为以下几个方面：第一，党和国家发展国民经济的路线、方针和财政金融政策；第二，国民经济计划的主要指标；第三，有关历史资料。编制的方法包括存款计划的编制和贷款计划的编制两个方面。综合贷款计划的执行情况的检查,是信贷计划工作的一项经常性任务。通过检查,及时发现信贷计划中存在的矛盾,采取必要的措施,予以合理地解决,使得信贷资金的分配,符合国民经济发展的需要,并且和生产、商品流转的发展相适应。计划执行情况检查的过程,是一个继续进行信贷同财政、物资以及整个国民经济计划的综合平衡的过程,它对于不断提高信贷计划的质量,改进银行各项工作,发挥银行的"寒暑表"作用,都有重要的意义。

信贷计划的编制和执行,不仅有效动员和组织了社会的闲置货币资金,满足了生产和商品流通的需要,而且通过信贷计划合理安排货币发行,控制货币投放,使流通中的货币量适合国民经济发展和商品流通的正常需要,起到了总量控制的作用。总而言之,通过信贷计划的编制,对信贷资金进行合理分配,支持了社会主义商品的生产和流通,促进了产业结构的合理化,最终促进了国民经济的持续、稳定和协调的均衡发展。

参考文献:

当代中国编委会:《当代中国的金融事业》,中国社会科学出版社 1989 年版。
中国人民银行计划局计划处:《综合信贷计划知识问答》,载于《中国金融》 1979 年第 8 期、第 9 期。

(刘晓辉)

统存统贷与统收统支
Integrated Management of Deposits and Loan

"统存统贷"与"统收统支"是我国曾经实行的一种信贷资金管理方式。这种方式与"差额包干"、"实贷实存"、"贷款限额下的资产负债比例管理"和"资产负债比例管理"构成我国信贷资金管理体制的五个发展阶段。

"统存统贷"是高度集中统一的计划经济的产物。新中国成立后,实行了高度集中统一的国民经济计划管理体制。与这一体制相适应,我国建立了"大一统"的金融体制,从 1953 年起正式确立了"统存统贷"信贷资金管理体制,直至 1980 年这一体制为"差额包干"体制所代替。所谓"统存",是指各级银行吸收的存款全部上缴总行,由总行统一管理使用;所谓"统贷"是指各项贷款由总行统一核定计划指标逐级下达。总行对各级银行实行指标管理,存款指标必须完成,贷款指标未经批准不得突破。所谓"统收统支"是指现金的收支由总行统一按计划管理，具体方法与存贷款相同。中国人民银行于1950年开始编制《中国人民银行业务收支计划编制办法（草案）》。1953年，全国各级银行普遍建立了信贷资金计划管理机构，编制年度综合信贷计划及季度信贷计划，以季度计划为主进行检查与考核，统存统贷信贷资金管理体制正式确立。这一体制的确立为新中国的经济建设起到了重要的促进作用。

参考文献：

段引玲：《中央银行信贷资金管理体制改革回顾》，载于《中国金融》2008年第3期。

林波：《论中国金融制度变迁中的国家模型与效用函数——及以信贷资金管理体制的变迁为例的解释》，载于《金融研究》2000年第12期。

中国人民银行：《中国人民银行业务收支计划编制办法（草案）》，1950年。

（刘晓辉）

差额控制与差额包干
Balance Control and Balance Undertaking

差额控制与差额包干是我国改革初期实行的一种信贷资金管理方式。为了适应经济体制改革和发展的需要，我国从1979年开始改革信贷资金管理体制，放弃了过去长期实行的"统存统贷、统收统支"的管理体制，由中国人民银行开始颁布实施《关于改革信贷计划管理体制的决定》，在上海、江苏、陕西等六省市试行"统一计划、分级管理、存贷挂钩、差额控制"的管理方法（简称"差额控制"）。该体制于1980年起在全国范围内试行，1981年总结试行经验，将这一管理方法进一步改进为"统一计划、分级管理、存贷挂钩、差额包干"（简称"差额包干"），在全国内推行这一新的信贷资金管理体制。

差额包干的主要内容有：（1）按国家统一规定制定信贷差额包干计划，包干的差额由中国人民银行总行统一核定，包给各专业银行和人民银行分行；（2）在国家统一计划指导下，明确各家银行的各级银行在信贷资金差额包干范围内管理信贷资金的责任和权限；（3）实行差额包干的各家银行，吸收的存款与发放的贷款挂钩，存款大于贷款称为"存差"，贷款大于存款称为"借差"，在核定的存差或借差包干指标内，各级银行可以自由进行信贷管理。

与计划经济时期的"统收统支"管理体制相比,"差额包干"体制有以下优点:(1)赋予各级银行多存多贷的权力,调动了各级银行吸收存款的积极性和主动性;(2)赋予各级银行存贷之间、工商贷款之间的调剂权,使得各级银行可以灵活调剂资金,减少了指标管理上的许多烦琐手续,有力地支持了生产和商品流转;(3)激励各级银行掌握资金来源和运用的变化规律,提高经营管理水平。

但是,在后来的政策实践中,差额包干也不断显示出一定的问题,如差额指标一年一核,各级银行为了增加次年的借差指标或减轻次年的存差指标,往往采取年底突击放款,影响资金的使用效率等,1985年1月1日改为"统一计划、划分资金、实贷实存、相互融通"的信贷资金管理办法。

参考文献:

黄金墉、刘德徽:《对改进"存款挂钩,差额控制"办法的几点意见》,载于《广东金融研究》1980年第30期。

蒋世绩:《中央银行控制信贷规模的方法——兼论信贷资金差额包干管理办法的利弊》,载于《农村金融研究》1984年第3期。

叶其星:《"存贷挂钩"与差额包干需要改进》,载于《金融研究》1983年第7期。

(刘晓辉)

实贷实存
Deposits Distribution Based on Lending Quota

"实贷实存"是我国在20世纪八九十年代实行的一种信贷资金管理方式。"实贷实存"的信贷资金管理体制是为适应我国建立中央银行与专业银行两级银行体系而产生的。这个新的信贷资金管理体制弥补了"差额包干"体制的不足,于1985年1月正式实行。具体内容是"统一计划、划分资金、实贷实存、相互融通"。(1)统一计划。中国人民银行和各专业银行的信贷资金全部纳入国家综合信贷计划,经国务院批准,再核定专业银行的信贷收支计划和向人民银行的借款计划。(2)划分资金。各专业银行和各金融机构作为经济实体,实行自主经营和独立核算,其经营活动必须具有一定的自有资金和其他各种信贷资金来源;中央银行为在宏观上调节资金供求、平衡外汇收支、保证国家建设等重点需要和临时需要等项支出，也必须掌握一定的信贷资金。因此，在统一计划和综合平衡的基础上，需要按照一定的比例，在中央银行和各专业银行之间划分资金，经中央银行核定后，作为各行的营运资金。(3) 实贷实存。中央银行核定给各专业银行的贷款资金和向中央银行的借款要存入中央银行，各行在营运中根据实际使用和放款进度情况向中央银行贷款，实行"实贷实存"。存款付给利息，贷款收取利息，从而按照经济的内在联系组织信贷活动，建立资金分配使用的经济责任制。(4) 相互融通。各专业银行加强对所属行处的资金调度，允许资金的横向调剂和拆借。

参考文献：

段引玲：《中央银行信贷资金管理体制改革回顾》，载于《中国金融》2008年第3期。

姜维俊：《"实贷实存"是银行信贷计划管理体制的重大改革》，载于《中央财政金融学院学报》1985年第1期。

庞小红：《我国信贷资金管理体制的历史沿革》，载于《新疆金融》1998年第10期。

（刘晓辉）

资产负债比例管理
Asset-Liability Ratio Management

资产负债比例管理是我国20世纪90年代末开始实行的一种信贷资金管理方式。20世纪90年代以来，随着中国金融机构数量的增加、金融创新和资金融通渠道的日趋多样化以及各种政策性银行的设立，国有独资商业银行逐步推行了资产负债比例管理和风险管理等，其他商业银行和合作金融机构也都取消了贷款规模管理。于是，从1998年1月1日开始，中国人民银行取消了贷款限额管理，在逐步推行资产负债比例管理和风险管理的基础上实行"计划指导、自求平衡、比例管理、间接调控"的信贷资金管理体制。

以资产负债比例管理为核心的新的信贷资金管理体制的基本内容是：第一，取消国有银行贷款增量的指令性贷款规模控制，改为指导性计划，在逐步推行资产负债比例管理和风险管理的基础上实行"计划指导、自求平衡、比例管理、间接调控"的管理体制；第二，商业银行以资金来源制约资金运用，合理安排存款比例。新增存款在缴纳存款准备金、按计划进度归还人民银行再贷款及认购政策性金融债券之后，按照信贷原则和国有有关政策自主发放贷款。

与之前实行的规模控制的信贷资金管理体制相比，"资产负债比例管理"体制下，商业银行内部计划管理成为商业银行的根本的管理手段，商业银行由外部约束开始向自我约束转变。并且，由于资产负债比例管理是根据银行自身特点所实施的硬性约束，因此实现了信贷资金管理体制由软约束向硬约束的转变。总体而言，取消对商业银行贷款限额的控制，实行资产负债比例管理是我国金融宏观调控方式的一个重大转变。它不仅标志着人民银行货币政策的实施开始由直接调控转向间接调控，而且也促进了现代商业银行经营机制的形成。

参考文献：

段引玲：《中央银行信贷资金管理体制改革回顾》，载于《中国金融》2008年第3期。

吴建光、杨子健：《信贷资金管理体制改革与国有银行管理方式调整》，载于《国际金融》1998年第6期。

黄怀亮：《论我国信贷资金新管理体制的实施》，载于《山西财经大学学报》1999年第1期。

（刘晓辉）

现金管理
Cash Management

现金管理是中国计划经济时期开始实行的一种管理方式，是由中国人民银行对一切非个人主体（包括企业、事业、机关、团体、部队、学校、集体经济单位）使用的现金数量和范围进行严格管理和控制的制度。现金管理制度始于1950年，几经演变延续至今，成为中国一项重要的财政金融制度。

1950年4月7日，为有计划地调节现金流通及节约现金使用，政务院决定对国家机关实施现金管理，指定中国人民银行为现金管理的执行机关，并公布《关于实行国家机关现金管理的决定》，要求一切公营企业、机关、部队及其合作社等所有现金及票据，除准予保留规定的限额外，其余一律存入中国人民银行，不得存入私人行庄；一切商业往来转账支票，均须经中国人民银行转账。1977年12月28日，国务院将现金管理的对象扩大至所有非个人主体。

1988年9月8日，为改善现金管理，促进商品生产和流通，加强对社会经济活动的监督，国务院制定了《现金管理暂行条例》，构成了中国现行现金管理制度的基础。主要内容有：（1）现金管理的对象为在银行和其他金融机构（简称开户银行）开立账户的机关、团体、部队、企业、事业单位和其他单位（简称开户单位）；（2）开户单位不得在规定的使用范围和额度外使用现金；（3）除规定的使用范围，开户单位之间的经济往来应通过开户银行进行转账结算；（4）除经开户银行核定的现金库存限额外，开户单位不得持有多余现金，超出限额部分应当在规定时间内存入开户行；（5）开户单位应当建立健全现金账目，逐笔记载现金支付；（6）开户银行应当建立健全现金管理制度；（7）开户银行对开户单位的现金收支和使用进行监督管理，人民银行对开户银行的现金管理进行监督稽核。

1988年的《现金管理暂行条例》及人民银行制定的实施细则仍是目前我国目前现金管理的基本规章制度。随着中国最近20多年的经济高速发展和市场经济主体的培育，现行的现金管理制度还会不断完善。

参考文献：

曹四宏：《当前现金管理工作面临的主要问题及对策建议》，载于《金融经济》2012年第10期。

师自国：《完善我国现金管理制度的建议》，载于《武汉金融》2010年第11期。

谢志华：《关于现金管理的几个问题》，载于《会计之友（中旬刊）》2010年第9期。

中华人民共和国国务院：《关于实行现金管理的决定》，1977年。

中华人民共和国国务院：《现金管理暂行条例》，1988年。

中华人民共和国政务院：《关于实行国家机关现金管理的决定》，1950年。

（刘晓辉）

三角债

Chain Debt

三角债是指因企业间的不合理拖欠而形成的债务链，即购货方超过购销双方事先约定的结算时间和商业信用行为中约定的支付时间，单方面以不正当的理由或根本无理由拒绝支付应付款而引发的债务链。20 世纪 80 年代末，三角债曾成为中国经济的一个突出问题。至 1991 年上半年，全国企业间三角债规模高达 3000 亿元以上，严重影响了国民经济的正常运行。清理三角债成为当时经济工作的重点。

关于三角债产生的原因，经济学界做了许多讨论和研究，主要有以下几种观点：

第一，企业经营体制缺陷论。计划经济时代企业的生产、经营和销售都是按照计划进行，并不需要自主决策，而随着改革的推进与深化，要求企业自主进行经营决策，而大部分企业并不适应市场化的经营模式，企业管理混乱，经营决策不科学，不重视产品研发，质量控制不过关，销路不畅，产品大量积压，企业亏损严重。

第二，经济周期与经济结构失调论。20 世纪 80 年代的中国存在经济过热现象，面对旺盛的市场需求，企业盲目扩大生产，加工业的发展超出了基础工业的发展，导致能源、运输和原材料等价格上升明显。为整顿经济，国家采取了紧缩的经济政策，压缩固定资产投资规模，导致建材和机械设备等需求下降产品积压，资金紧张状况沿产业链向上传递，形成相互拖欠的债务链。

第三，通货膨胀论。有些学者认为三角债问题产生的根源并不是先过热后紧缩的经济周期，而是通货膨胀。通货膨胀导致产品成本上升，需求下降，市场疲软，产成品积压严重。物价上涨导致固定资产投资预算不足，资金缺口大，投资项目无法顺利完成投产，从而对上游材料供应商和工程款进行拖欠，导致企业三角债。

第四，体制论。三角债爆发在中国经济改革的初期，体制上存在许多不合理之处，如指令性计划、行政干预和企业软预算约束，这些经济体制上的内在矛盾促成了企业间的三角债问题。

1990 年 3 月 26 日，国务院成立清理三角债领导小组，在全国范围内开展三角债清理工作。1991 年 6 月 1 日，李鹏总理和朱镕基副总理主持会议专门研究三角债的清理问题，并在东北地区试点开展清理工作，后扩展至全国。清理的思路是由国家向投入专项信贷资金，同时清理固定资产投资项目拖欠和流动资金拖欠，实际上是将企业之间的债权债务关系转移到企业与银行之间。经过两年的集中清理，至 1992 年年末，全国共注入清欠资金 555 亿元，共清理拖欠款 2190 亿元。通过清理三角债，明显缓解了企业的资金紧张状况，加速了资金周转，提高了经济效益，增强了经营活力，全国三角债清理工作基本完成。

参考文献：
胡平生：《物价上涨是形成企业三角债的根本原因》，载于《价格月刊》1992年第7期。
王荫乔：《"三角债"不是紧缩政策造成的》，载于《金融研究》1990年第7期。
赵海宽和夏斌：《通货膨胀与"三角债"是同一机体的两个病象》，载于《改革》1991年第5期。

（刘晓辉）

资产证券化
Asset Securitization

资产证券化最早产生于20世纪60年代末的美国，而最早的资产证券化产品出现于1970年，是由美国国民抵押贷款协会担保发行的住房抵押贷款证券化。随着金融技术的发展，资产证券化在各国发展迅速，应用领域日渐扩展，成为国际资本市场发展最快的金融产品之一。

所谓资产证券化就是将金融市场上原有的流动性较差但有稳定现金流入的资产分类打包，形成金融创新产品再投放到金融市场，并通常由金融机构担保在市场上交易的过程。这些缺乏流动性的资产通常包括对消费者的住宅贷款债权、汽车贷款债权和信用卡债务要求权等。通常来说，资产证券化产品分为住房抵押贷款证券化（Mortgage-Backed Securitization，MBS）和资产支持证券（Asset-Backed Securitization，ABS）两类。

资产证券化最根本的目的或者说基本功能是增加流动性。部分学者认为，资产证券化的出现为非流动资产或流动性较差的资产提供了一个流动的二级市场，提高了非流动性资产的流动性；还有学者认为，住房抵押贷款证券化实现了抵押贷款等非流动性资产的流动化，有利于减少银行体系对自身自有资本的依赖和消耗，扩大了银行的流动性来源。

然而，2008年的全球金融危机使学界意识到，资产证券化也可能导致流动性的紧缩，从而导致金融危机。因此，危机之后，全球证券化产品发行大幅度下跌，美国证券化产品发行量从2006年的3万多亿美元下跌至2008

年的1万亿美元。由于这种理论的反思和危机的教训，中国也放慢了证券化试点的推进步伐。

参考文献：
高保中：《中国资产证券化的制度分析》，社会科学文献出版社2005年版。
胡燕、胡利琴：《资产证券化反思：宏观与微观视角》，载于《新金融》2012年第4期。
张超英：《对金融资产证券化经济学意义的再认识》，载于《财贸经济》2002年第11期。

（刘晓辉）

银行中间业务
Off Balance Sheet Business

中间业务，是指商业银行代理客户办理收款、付款和其他委托事项而收取手续费的业务。中间业务不构成商业银行的表内资产和表内负债，从事中间业务的商业银行也无须动用自己的资金，只需依托自身的业务、技术、机构、信誉和人才等优势，以中间人的身份代理客户承办收付和其他委托事项，提供各种金融服务并收取相应的手续费用。

自20世纪80年代以来，西方国家商业银行的中间业务以惊人的速度发展。不仅业务量大幅增长，而且中间业务收入的增长幅度也非常大，中间业务收入占商业银行收入的比重已经达到或超过银行总业务收入的25%，一些大型银行的中间业务收入占总收入的比重甚至超过50%。

中国商业银行的中间业务自改革开放以来逐步得到发展，近些年来呈现快速的发展势头。但相比于西方大型商业银行，中国商业银行中间业务还有很大的发展空间。

参考文献：
李京阳：《论我国商业银行中间业务的发展、会计核算及人民银行对其实施统计、监管的构想》，载于《改革》2002年第2期。
袁春晓：《商业银行中间业务的服务特征研究》，载于《管理世界》2003年第7期。
张国海、高怿：《商业银行中间业务的国际比较与发展战略》，载于《金融研究》2003年第8期。

（刘晓辉）

保险
Insurance

保险是人类对于经济社会面临的各种涉及生命与健康、物质与利益的约定风险进行集中与分散而形成的商业契约关系。由于保险关系中对于约定风险进行集中与分散的过程是通过货币标定或衡量风险标的的价值而形成的，具有共同风险压力的个体通过支付保险费的方式获得超过其所付保险费数百乃至数万倍的保险合同，在投保人的约定风险在契约规定的条件下形成之后，保险人将向被保险人支付相应的保险金。这种通过货币进行风险集中与分散的过程具有以少量支出获得保全财务利益的行为，通常被视为一种特殊的金融行为。因此，保险公司被视为非银行金融机构。

在中国，保险行为是舶来品，保险在古汉语中的原意具有稳妥及可靠之意。真正意义上的保险源于14世纪初地中海沿岸城市的商业文件，即保险的语源出自Sigurare一词，含有抵押、担保、保护和负担之意。14世纪后半期，在海上贸易活动中，Sigurare开始具有保险的含义。从保险一词的起源可以看出，现代保险行为源于海上贸易。随着国际贸易的发展，英国在17世纪初取代地中海沿岸的诸侯国成为海上贸易的霸主，英国人开始用Ensurance取代Sigurare。17世纪中叶，保险行为已经从海上贸易延伸到针对房屋等建筑物的火灾保险，并且在18世纪初覆盖人寿保险，Ensurance一词已经不能反映保险业务的真实状况，Assurance成为保险合同中的标准用词。进入19世纪之后，保险事业在北美大陆迅速发展，由于美式英语发音的缘故，美国保险业将Assurance拼写为Insurance，使得Insurance迅速成为保险一词的标准英文用语。但是，在英国涉及人寿保险的合同中，还经常可以发现使用Assurance的保险文件。

保险按照保障范围可以分为人身保险、财产保险、责任保险、信用与保证保险。

人身保险是以人的身体或者生命作为保险标的的保险，保险人承担被保险人在保险期间遭受到人身伤亡，或者保险期满被保险人伤亡或者生存时，给付保险金的责任。人身保险包括人寿保险、健康保险和人身意外伤害险。

财产保险是以各种物质财产为保险标的的保险，保险人对物质财产或者物质财产利益的损失负赔偿责任。财产保险包括机动车辆保险、企业财产保险、货物运输保险、建筑工程保险、安装工程保险、农业保险等。

责任保险是以被保险人的民事损害赔偿责任作为保险标的的保险。企业、团体、家庭或个人，在进行各项生产业务活动或在日常生活中，由于疏忽、过失等行为造成对他人的损害，根据法律或契约对受害人承担的经济赔偿责任，都可以在投保有关责任保险之后，由保险公司负责赔偿。

信用保险以订立合同的一方要求保险人承担合同的对方的信用风险为内容的保险。保证保险以义务人为被保证人按照合同规定要求保险人担保对权利人应履行义务的保险。

保险由经过政府主管机构批准的保险公司具体经营。保险公司是通过销售保险产品、提供风险保障的非银行金融企业。保险公司分为两大类型——人寿保险公司、财产保险公司。

保险公司的组织形式包括股份制保险公司、相互制保险公司和专业自保公司。

股份制保险公司类似于其他产业的股份公司，由发起人根据《公司法》设立，由此具体规定了公司发起人的人数、公司债务的限额、发行股票的种类、税收、营业范围、公司的权力、申请程序、公司执照等。西方发达国家的公司组织由三个权力层次组成，即股东大会、董事会、高级管理人员。

相互制保险公司是一种会员制公司，公司由投保人（会员）拥有，投保人具有双重身份，既是公司所有人，又是公司的客户。相互制保险公司的投保人作为公司所有人可以参加选举董事会，由董事会任命公司的高级管理人员具体管理公司业务经营活动。投保人可以通过公司分红的形式分享经营成果。

专业自保公司通常由大型企业集团设立，注册地通常选择离岸港，主要为集团内部企业、附属企业及其他相关企业提供保险或再保险服务。

参考文献：
［美］瑞达：《风险管理与保险原理》，中国人民大学出版社2012年版。
郝演苏：《财产保险学》，中国金融出版社2002年版。
郝演苏：《保险学教程》，清华大学出版社2004年版。

（郝演苏）

财产保险与人身保险
Property Insurance and Life Insurance

　　财产保险和人身保险是现代商业保险的两大类，两者共同构成现代商业保险的全部业务。其中财产保险是以各种财产物资和相关利益为保险标的的保险，人身保险是以人的生命或身体为保险标的的保险。

　　根据保障范围不同，财产保险分为财产损失保险、责任保险、信用保证保险。财产损失保险是以物质财产及相关利益为保险标的的保险，又称狭义的财产保险，包括火灾保险（含企业财产保险、家庭财产保险、利润损失保险）、货物运输保险、运输工具保险、工程保险、农业保险等。责任保险是以被保险人对第三者依法应负的民事损害赔偿责任为保险标的的保险，分为第三者责任险和独立的责任保险（包括公众责任险、雇主责任险、产品责任险、职业责任险）。信用保证保险是以义务人履行合同的信用为保险标的的一种保险，分为信用保险和保证保险。信用保险是保险人根据权利人的邀请担保义务人（被保证人）信用的保险，包括国内商业信用保险、出口信用保险、投资保险等。保证保险是义务人（被保证人）根据权利人的邀请，要求保险人向权利人担保义务人自己信用的保险，包括诚实保证保险和确实保证保险。

　　根据保障范围不同，人身保险可以分为人寿保险、人身意外伤害保险和健康保险。人寿保险，简称寿险，又称生命保险，它以被保险人的生命作为保险标的，以被保险人生存或死亡作为保险事故，当被保险人在保险期限内发生保险事故或达到保险合同约定的年龄、期限时，保险人依照保险合同给付一定保险金额。人身意外伤害保险，又称意外伤害保险或意外险，在保险合同有效期内，当被保险人由于外来的、突发的、非本意的、非疾病的客观事件（即意外事故）造成身体的伤害，并以此为直接原因致使被保险人死亡或残疾时，保险人按合同规定向被保险人或受益人给付死亡保险金、残疾保险金或医疗保险金。健康保险是以人的身体为保险标的，当被保险人因疾病或意外伤害事故所发生费用支出或损失获得补偿或给付的一种人身保险。按中国保险监督管理委员会的规定，"按保险责任，健康保险分为疾病保险、医疗保险、收入保障保险"（中国保险监督管理委员会，2000）。其中，疾病保险是以疾病为给付保险金条件的保险，当被保险人罹患合同约定的疾病时，保险人按投保金额定额给付保险金。医疗保险，又称医疗费用保险，是提供医疗费用保障的保险，为被保险人的医疗费用支出提供保障。收入保障保险，又称失能收入补偿保险、收入损失保险等，是对被保险人因疾病或遭受意外事故而导致残疾、丧失部分或全部劳动能力而不能获得正常收入或劳动收入减少造成损失的补偿保险。健康保险业务的发展潜力与一国人口结构、经济发展与居民收入水平以及社会保障机制的完善程度密切相关。

财产保险起源于共同海损制度，经过海上保险、火灾保险时代，在18世纪因工业保险与汽车保险的出现和普遍发展而跨入现代保险阶段，19世纪末产生的责任保险和20世纪下半叶出现的科技保险则使现代财产保险实现了新的飞跃。人身保险制度的形成也与海上保险有密切联系。15世纪的欧洲流行奴隶贩卖活动，奴隶作为商品在海上贩运，为了保证所贩运奴隶的价值，产生了对奴隶的人身保险。后来发展到对船长和船员乃至旅客进行人身保险。在近代人身保险发展过程中，公典制度和年金制度曾产生不可忽视的影响。意大利的洛伦佐·佟蒂因从1656年起草了联合养老保险法（简称"佟蒂法"），而成为人身年金保险的创始人。1693年，天文学家哈雷（Edward Halley）编制出一个完整的生命表，为人们通过大数法则分摊人身风险提供了依据，人身保险由此开始进入科学发展阶段。

由于保险标的属性不同，财产保险和人身保险在许多方面存在差异。

首先，财产保险的保险标的是各种财产物资及相关利益，其价值可用货币衡量。财产保险保险金额的确定具有客观依据，以被保险人享有的实际财产价值为上限。人身保险的保险标的是人的寿命和身体，其价值无法用货币衡量，其保险金额根据投保方的需要程度和缴纳保费的能力，由双方协商确定。

其次，财产保险是补偿性保险，仅在保险事故发生使被保险人遭受了经济损失时，保险人才支付赔款，且赔款不超过被保险人的实际损失金额。财产保险遵循补偿原则及其派生原则——比例分摊原则和代位求偿原则。而人身保险是给付性保险，只要在保险期限内发生保险责任范围内的保险事故，保险人就依据合同约定支付保险金额。人身保险，除医疗保险外，不适用于补偿原则，所以也不存在比例分摊和代位求偿问题，且不受重复投保的限制。

最后，财产保险与人身保险在保险利益原则的适用性上有所不同。保险利益是保险合同有效的必要条件。财产保险的保险利益一般要求从保险合同订立时到保险事故发生时始终要有保险利益（除海上货物运输保险）。人身保险中，保险利益只是订立保险合同的前提条件，而不是维持合同有效或给付保险金的条件。

国际上，通常是根据各自保险业务的性质和经营规划，将整个保险业务划分为非寿险和寿险。非寿险是指人寿保险之外的一切保险业务的总称，包括广义财产保险与短期人身保险业务（主要是短期人身意外伤害保险和短期健康保险）。之所以将短期人身保险业务与财产保险相提并论，一同并入非寿险的范围，主要原因在于这两者都具有一定的补偿性质，保险期限短，财务处理方式与责任准备金计提等方面相一致。我国1995年出台的《保险法》中规定，同一保险人不得同时兼营财产保险业务和人身保险业务。2002年我国《保险法》修订后，规定经营财产保险业务的保险公司经保险监督管理机构核定，可以经营短期健康保险业务和意外伤害保险业务。

参考文献：
李继熊：《人身保险学》，中国财政经济出版社1997年版。
陈继儒：《保险学概论》，中国财政经济出版社2001年版。
李晓林、刘子操：《人身保险》，东北财经大学出版社1999年版。
许谨良：《财产保险原理和实务》，上海财经大学出版社2010年版。
郑功成、许飞琼：《财产保险》，中国金融出版社2010年版。
中国保险监督管理委员会：《关于印发〈人身保险产品定名暂行办法〉的通知》，2000年3月。

（李晓林）

再保险
Reinsurance

再保险是保险人将其承担的保险业务以分保形式部分转移给其他保险人的行为。在再保险中，转移风险责任的一方或分出保险业务的公司叫原保险人或分出公司，承受风险责任的一方或接受分保业务的公司叫再保险人或分入公司；分出公司自己负责的那部分风险责任叫自留额，转移出去的那部分风险责任叫分出额。分出公司所接受的风险责任还可以通过签订合同再分摊给其他保险人，称为转分保。按责任分配方式分类，再保险可分为比例再保险和非比例再保险。比例再保险又可细分为成数再保险、溢额再保险以及成数和溢额混合再保险三种；非比例再保险也可细分为险位超赔再保险、事故超赔再保险和赔付率超赔再保险三种。按分保合同安排方式分类，再保险可分为临时再保险、合约再保险和预约再保险。

再保险

随着海外贸易和航运业的发展，保险人承担的风险责任越来越大，客观上产生了分保的需求。1370年，一位意大利海上保险人首次签发了一份转嫁风险责任的保单，这份保单保的全程是从意大利的热那亚到荷兰的斯卢丝，原保险人将全航程分作两段，自己只承担地中海段航程的保险责任，而将航程从加的丝到斯卢丝段风险较大的责任部分转嫁给其他保险人承担，这被认为是再保险的开端。18世纪中叶以来，工业革命兴起，工商业繁荣发展，带动了保险业的相应发展，也使再保险从内容、方法到组织形式等诸方面都发生了深刻变化。再保险业务原来是在经营直接保险业务的保险人之间进行的，随着再保险业务的不断发展和保险公司之间竞争的加剧，要求再保险公司经营专业化，到19世纪中叶，开始出现专业再保险公司，专门从事再保险业务。

再保险的作用具体表现为：（1）分散风险。通过再保险，保险公司可将超过一定标准的风险责任转移出去，对自留的同类业务保额实现了均衡化，既不减少所接受的业务量，又达到了保持保险经营稳定的目的。如果必要的话，原保险人可以在整个世界范围内寻找再保险人，使巨大的损失风险在世界范围内的众多再保险人中得到分散。（2）扩大承保能力。保险人的承保能力受很多条件的限制，尤其为资本金和公积金等制约。由于业务量的计算不包括分保费，保险公司可以在不增加资本额的情况下通过再保险增加业务量，扩大承保能力。（3）控制责任，稳定经营。再保险通过控制风险责任使保险经营得以稳定，具体作法分为两个方面：一是控制每一风险单位的责任；二是对累计责任的控制。（4）降低营业费用，增加运用资金。由于年终会计结算时一些保单的责任尚未终了，保险公司需要对这些未了责任提存未满期保费准备金，以争取核算当年的损益。如果保险人在提存未满期保费准备金时，根据保险法规定不能扣除营业费用的话，就必须从保险资金中另外支取营业费用。但通过再保险，就可以在分保费中扣存未满期保费准备金，还可以有分保佣金收入。这样，保险人由于办理分保，摊回了一部分营业费用。（5）有利于拓展新业务。再保险具有控制责任的特性，可以使保险人通过分保使自己的赔付率维持在某一水平之下，所以准备拓展新业务的保险公司可以放下顾虑，积极运作，使很多新业务得以发展起来。

中国的再保险业务是在19世纪西方保险业进入中国后，随着中国保险业的发展而逐步发展起来的。1929年后，陆续成立了若干家再保险经营机构。1949年新中国诞生后，再保险业务与原保险业务统一由中国人民保险公司经营。1996年，在中国人民保险公司再保部的基础上，成立了中再保险公司，1999年组建成立中国再保险公司，2003年成立中国再保险（集团）公司，2007年，由国家注资，整体改制为股份公司。2014年，中国的再保险公司总资产为3513.56亿元，占全部保险公司总资产的3.5%。

参考文献：
戴凤举：《现代再保险理论与实务》，中国商业出版社2003年版。
郝演苏：《保险学教程》，清华大学出版社2004年版。
钟明：《再保险学》，上海财经大学出版社2003年版。
Principles of Reinsurance，The Chartered Insurance Institute，October 2004.

（郝演苏　徐晓华）

保险精算
Actuarial Science

保险精算是精算学的原理与方法在保险业务中的实际应用。精算学是利用概率统计为主的数学工具，在经济学等理论的指导下，对未来的、不确定的、与财务相关的事物提供数量化意见的应用科学。

精算学作为一门交叉学科，主要研究保险、金融、社会保障、投资等行业中的风险问题，测算风险事物的损失分布和资产的时间价值，定量刻画其经济价值和运行规律，研究其风险监测与防控机制和价值优化方案，以期推进社会发展。

传统精算学主要服务于保险业，其基本模型包括利息理论、生命模型和风险统计模型，前两者构成寿险精算的基础，后者是非寿险精算的基础。

利息理论又称复利数学，研究复利条件下资产的时间价值，包括利率与利息力、复利函数基础、确定年金、收益分析、资本赎回保单、证券估价、累积偿债基金、随机利率模型等内容。

生命模型又称生存模型，是定量刻画生存、健康规律的模型，包括生存模型与生命表、一元生命模型、复合生命状态模型、疾病模型、期权模型。

寿险精算是在此基础上形成的一元生命保险与年金、联合生命保险与年金等模型，进而实现了寿险保费定价、负债评估与准备金测算、产品利润测算等。

风险统计模型是以概率统计为基础，描述和分析风险规律的模型，包括数据的整理、风险模型、破产分析理论、贝叶斯统计推断与置信度理论、无赔款优待、递推三角形等内容，进而实现了非寿险的保费定价、负债评估与准备金测算、产品利润与经验分析。

古典精算历史较长，现代保险起源以前，人们便利用古典概率论研究各种风险。1693年，著名的天文学家哈雷（Edward Halley）根据德国布勒斯劳市的居民死亡资料，编制出一个完整的生命表，用科学的方法计算出各年龄人口的死亡率。布勒斯劳市的居民都是固定的长期居民，流动性很小，居民的死亡记录被长期保存。这个生命表表明，人们可以依据大数法则，用统计的方法计算人的死亡概率。不同年龄的人死亡概率不同，人的年龄越大，死亡的概率就越高。1756年，英国人弗雷姆斯·多德森（Frames Dodson）首先提出，保险费的计算应考虑死亡率，并研究出总保费和责任准备金的计算模式。1762年，英国的一家人寿保险公司开始设立了精算机构，分析年度利润来源、计算红利分配、测定死亡率、编制生命表、设计新的寿险险种，等等，为保险经营管理的科学化提供数量依据，由此正式拉开了精算学的序幕。这家公司的业务因此长期领先。1848年成立了总部在伦敦的英国精算师协会，标志着精算行业专业组织的形成。

进入20世纪以后，一方面出现了前所未有的巨大风险；另一方面，在日益完善的国际保险市场上，保险人之间的竞争愈演愈烈，保险费率剧烈下降，奉行客户至上主义，甚至政府对某些险种的费率实行管制等多种因素；同时统计理论和计算工具不断发展，保险人在确定保险费率、应付意外损失的准备金、自留限额、未到期责任准备金和未决赔款准备金等方面，都力求采用更精确的方式取代以前的经验判断。因此，精算学在发展中又吸收了鞅论、群论、模糊数学、非线性动力学、神经网络、拓扑学、现代偏微分方程等更多的数学知识，以及随机过程分析、运筹学、动态最优分析技术、系统工程等分析处理手段。

现代精算学的应用领域已远远超越保险，以金融领域的相关研究为多，例如在数据整理和检验的基础上，借鉴寿险精算的生命模型思想可以建立"正常—损失"模型，进而实现对贷款损失率的解释；结合非寿险准备金测算的链梯法可以测算长短期贷款的坏账准备金（李晓林、曾焱焱，2007）。目前，精算学广泛应用于金融资产负债管理、投资领域、证券交易、经济预测、社会保障、人口分析、海洋开发、军事、气象等领域的风险分析和预测决策。

参考文献：

李秀芳：《精算理论与实务研究》，中国金融出版社 2009 年版。

李晓林：《精算学原理》第 1 卷、第 2 卷、第 3 卷、第 4 卷，中国财政经济出版社 1999 年版。

李晓林、曾毳毳：《基于精算方法的信用风险的量化》，载于《金融论坛》2007 年第 11 期。

李晓林、孙佳美：《生命表基础》，中国财政经济出版社 2006 年版。

J. J. McCutcheon, W. F. Scott, *An Introduction to the Mathematics of Finance*, London：Heinemann, 1987.

John E. Freund, *Mathematical Statistics*, New Jersey：Prentice-Hall International, Inc. , 1992.

David C. M. Dickson, Mary R. Hardy, Howard R. Waters, *Actuarial Mathematics for Life Contingent Risks*, London：Cambridge University Press, 2010.

（李晓林）

支付体系
Payment System

支付体系是在法规制度框架下，由支付服务机构和专业技术手段共同组成，用以实现债权债务清偿及资金转移的综合金融安排。支付体系是经济金融体系的重要组成部分，是一国经济金融运行的基础。一个高效、安全、稳健的支付体系，对加速社会资金流转、提高资源配置效率、维护金融稳定与国家安全、满足社会公众的支付需求、促进经济金融和社会发展具有重要意义。

支付体系包括支付服务组织、支付工具、支付系统及法规制度等基本要素。

支付服务组织是通过账户服务、支付系统、支付工具等手段为社会提供资金清算和结算服务的机构，主要有中央银行、银行业金融机构、清算服务组织、证券结算机构等。支付服务组织在支付体系运行中发挥着不可或缺的基础作用，影响着支付体系的运行效率与稳定性。（1）中央银行。作为支付体系建设的组织者、推动者、监督者，中央银行对维护国家（地区）支付体系的正常运行负有法定职责，包括：制定发展规划；建设运行重要支付系统；确保支付系统正常运行；提供跨行支付服务；制定支付结算规章制度并组织实施；推进支付工具应用与发展创新等。随着金融影响力的与日俱增以及技术创新的日新月异，支付体系效率及稳定性的重要性愈加突出。中央银行在强化支付清算职责的同时，有效实施支付政策，构建支付体系监督机制，并与制定执行货币政策、维护金融稳定、提供金融服务紧密结合。（2）银行业金融机构。银行业金融机构是非现金结算和支付服务的供给主体，其利用密布的营业网点和吸收存款的基础功能，为企业、机构和个人提供形式多样的支付结算服务，具有广泛的社会影响力。（3）支付清算组织。票据交换所、资金清算中心、清算协会等支付清算组织是提供支付清算服务的专业机构，在支付服务组织体系中占有重要位置。（4）证券结算机构。证券结算机构主要为证券市场交易提供结算清算、登记托管等专业服务，其运作与管理水平对证券市场发展创新具有重要影响。

支付工具可分为现金和非现金两种类型。非现金支付工具包括票据、银行卡、电子支付和汇兑等其他支付方式。随着金融发展和支付文化的进步，非现金支付工具的应用愈来愈广泛。（1）票据。票据历史悠久，分为支票、本票、汇票等形式，在经济金融活动中发挥着重要作用。随着信息技术的广泛运用，票据介质也发生了变化，除纸质票据外，电子票据的应用日渐普及。（2）银行卡。作为20世纪金融创新的重大成果，银行卡支付充分显现出高效、便捷、低成本、增值化的优越性。在科技的强力支持下，银行卡的通用性越来越强，网络化、国际化程度越来越高。将取代磁条卡的IC卡（智能卡），更是具有可靠性高、功能强、数据容量大、成本低、一卡多用等突出优势。（3）电子支付。电子支付是指单位、个人直接或授权他人通过电子终端发出支付指令，实现货币支付与资金转移的行为。电子支付的类型按电子支付指令发起方式分为网上支付、电话支付、移动支付、销售点终端交易、自动柜员机交易和其他电子支付。随着IT技术和电子商务的快速发展，以电子货币为载体的电子支付方兴未艾，功能优势突出。（4）其他支付工具。包括汇兑、委托收款和托收承付等，是银行业金融机构提供支付结算服务的基础产品。

支付系统是支持各种支付工具应用、实现资金清算并完成资金转移的通道。作为重要的金融基础设施，支付系统是维系金融机构、金融市场及社会公众之间的纽带，在支付体系的整体效率与安全方面具有重要意义，对其支持的金融经济运行和社会运转具有重要影响。支付系统分为不同类型，各个支付系统既可独立运行，又相互关联。（1）中央银行和其他支付服务机构运行的支付系统。鉴于支付系统对经济金融及社会生活的重要影响，很多国家（地区）的中央银行负责建设运行重要核心支付系统，例如美国联邦储备体系建设运行的联邦资金转账系统（Fedwire）、欧洲中央银行建设运行的欧洲间实时全额自动清算系统（TARGET），以及中国人民银行建设运行的大、小额支付系统等。建设运行重要核心支付系统，是中央银行提供跨行支付服务的基本途径以及控制国家支付命脉的核心手段，有助于中央银行制定和执行货币政策，维护金融稳定，更是坚定社会公众对金融体系信心的基础。银行业金融机构运行的行内支付系统是其内部资金往来与清算的管道，是其为社会公众提供支付服务、拓展金融业务的重要设施，在支付系统中居于基础地位。支付清算组织运行的支付系统主要为经济金融活动和社会公众提供支付服务，例如纽约清算所协会的 CHIPS 系统、英国支付清算服务协会的 CHAPS 系统、中国银联的银行卡跨行交易清算系统等。（2）大额支付系统和小额支付系统。大额支付系统是一国（地区）的主干支付系统，一般采用实时全额结算模式，主要处理跨行支付清算、经济金融交易、跨国交易等产生的大额资金支付业务，具有准确、快速、安全的运行功能。为控制国家（地区）支付系统的"主干线"，中央银行高度重视大额支付系统的建设、运行与监管，并与制定和执行货币政策、维护金融稳定、提供金融服务等职责紧密结合。大额支付系统通常与中央银行公开市场操作系统相连接，是中央银行实施公开市场操作，进而调节货币供应量的基础通道，其高效、稳定运行直接影响中央银行货币政策效果。小额支付系统的特点是支付业务量（笔数）大，单笔支付金额较小，覆盖范围广泛。小额支付系统的运行能力反映了一个国家（地区）金融基础设施的整体水平，其运行质量关乎支付服务的整体效率，其运行风险对金融体系及社会稳定构成威胁。所以，各国（地区）高度重视小额支付系统的稳健运行。（3）净额结算系统和实时全额结算系统。在以两级银行结构为基础的现代支付体系中，存在着净额结算与全额结算两种实现银行间资金转移的基本模式。净额结算只在规定时点（而不是实时）将净结算头寸在付款银行和收款银行之间进行转账划拨，因而降低了资金流转速度。若净债务银行在结算时刻没有足够的资金清偿债务，结算则无法完成，还可能导致支付系统风险。而依托于金融科技进步的实时全额结算模式（Real Time Gross Settlement，RTGS），以实时、全额、最终、不可撤销的运行特质，根本性地缩短了结算时隔，提高了支付效率，降低了支付系统风险，受到各国货币金融当局的普遍推崇。1972 年，美国联邦储备体系运行的大额支付系统 Fedwire 率先引入了 RTGS 模式；到 20 世纪 80 年代末，国际清算银行十国集团大多数中央银行运行的大额支付系统引入了RTGS模式；20世纪90年代以后，金融自由化快速推进，金融创新层出不穷，金融不稳定加剧，实时全额结算系统的效率及安全优势愈加凸显，成为更多中央银行实施支付政策、执行货币政策、维护金融稳定、提供高效金融服务的重要工具。

法规制度是支付体系的法律基础，各国（地区）通过立法和颁布行政规章为促进支付体系效率、安全与公平提供必要的保障。一些国际组织也发布了多项关于支付体系监督的文件和国际标准，为全球化背景下支付体系的稳健运行提供了重要的指导原则。

参考文献：

中国人民银行：《中国支付体系发展报告（2006）》，中国金融出版社2007年版。

中国人民银行：《中国支付体系发展报告（2009）》，中国金融出版社2010年版。

中国人民银行：《中国支付体系发展报告（2010）》，中国金融出版社2011年版。

陈元：《中央银行职能》，中国金融出版社1995年版。

布鲁斯·萨莫斯：《支付系统——设计、管理和监督》，中国金融出版社1996年版。

王广谦：《中央银行学》，高等教育出版社2011年版。

（贺培）

信用风险
Credit Risk

信用风险又称违约风险，是指合约的一方无法或不愿履约而导致合约的另一方遭受损失的风险。在经济金融领域，这一风险主要发生在债券市场和商业银行贷款这两个领域。造成这一风险的原因主要有两个：一是合约双方的信息不对称造成的事前的逆向选择和事后的道德风险问题。二是经济环境的变化导致借款人经营困难或破产，无法正常履约。因此，由于信用风险的存在及其可能给投资者和商业银行造成的损失，在进行债券等金融工具的发行以及在向商业银行进行贷款时，投资者或商业银行往往要求对筹资者进行信用评级。例如，在发行债券时，标准普尔公司将根据债券的安全性将其划分为六个等级：最高等级为 AAA，表示公司偿还本金与利息的能力非常强；最低等级为 D，表示债券已出现违约现象，或者本金和利息的偿付已被拖欠（博迪等，2012）。信用风险也是各国金融监管机构监管的重点。我国银行业监督管理委员会在 2008 年发布了《商业银行银行账户信用风险暴露分类指引》、《商业银行信用风险内部评级体系监管指引》和《商业银行信用风险缓释监管资本计量指引》等监管规章，对商业银行信用风险进行监管。

参考文献：

中国银行业监督管理委员会：《商业银行信用风险缓释监管资本计量指引》，2008 年。

中国银行业监督管理委员会：《商业银行信用风险内部评级体系监管指引》，2008 年。

中国银行业监督管理委员会：《商业银行银行账户信用风险暴露分类指引》，2008 年。

［美］滋维·博迪、［美］亚历克斯·凯恩、［美］艾伦·J·马库斯：《投资学》，机械工业出版社 2012 年版。

（刘晓辉）

信用评级
Credit Rating

信用评级，又称资信评级或资信评估，最早产生于 20 世纪初的美国。为满足金融机构对借款人的信用状况的了解，路易塔班于 1837 年在纽约建立了世界上最早的信用评级机构。1902 年美国人穆迪创建的穆迪公司开始为美国铁路债券评级，这带来了信用评级的新的发展。1929～1932 年的大萧条之后，美国首次在立法中明确了评级制度。其后，随着金融市场的发展和金融产品的增多，社会对信用评级的需求不断增加，信用评级所涉及的领域因此不断扩展，评级的对象和范围也不断增加。

一般来说，信用评级是指评估机构利用完整的评估技术，对受评主体的履约能力及可信任程度进行综合评定，从而直观地反映特定时期内评估对象的总体信用水平的活动。目前世界各国的信用评级主要分四类：（1）证券的评级；（2）企业信用评级；（3）项目信用评级；（4）主权信用评级。

信用评级的方法可以分为因素分析法和模型分析法两类（沈凤武、郭海川、席宁，2011）。因素分析方法是早期信用风险评价的主要方法，主要是根据影响信用的相关风险因素及其变化来评估受评对象的信用情况。这种方法主要有5C分析法（借款人品德、经营能力、资本、资产抵押和经济环境）、5P分析法（个人因素、资金用途、支付因素、债权保护和企业前景）和CAMEL分析法（资本充足率、资产质量、管理水平、收益状况和流动性）等。具体的要素分析方法在内容上大同小异，主要都是根据信用的形成要素进行定性分析，必要时配合定量的计算，都将道德品质、还款能力、资本实力、担保和经营环境条件或者借款人、借款用途、还款期限、担保物及如何还款等要素逐一进行评分。

随着数学、统计学和计量经济学的发展，信用分析的模型分析方法不断发展起来，逐渐成为主流的评级方法。主要的模型分析方法包括多变量信用评级模型、KMV模型和Creditmetrics模型等。多变量信用评级模型是以主要的财务比率作为解释变量，运用计量模型（如线性概率模型、Logit模型和Probit模型等）建立的评级方法，典型的代表就是Z评分法。KMV模型是KMV公司根据数理统计方法推导出债务人预期违约概率的模型方法。Creditmetrics模型是1997年由JP摩根公司联合其他几个国际金融机构推出的信用矩阵模型，主要运用VaR框架来评估信用风险。

目前，主要的信用评级机构包括穆迪、标准普尔、惠誉等，基本为美国所垄断（博迪，2012）。1997～1998年亚洲金融危机和2008年全球金融危机之后，由西方所垄断的信用评级机构的霸权地位及其所实施的不公正的信用评级受到了各国和学界的质疑。为了避免被这些信用评级机构所左右和影响，中国也开始采取各种政策措施，培育和发展自己的信用评级机构了。但是中国信用评级机构的发展起步晚、发展时间短、技术方法还相对不成熟，仍需逐渐完善。

参考文献：

马林影、赵放：《国际信用评级机构在危机中的行为分析及启示》，载于《国际贸易问题》2013年第1期。

沈凤武、郭海川、席宁：《信用评级理论方法综述》，载于《化工管理》2011年第12期。

［美］滋维·博迪、［美］亚历克斯·凯恩、［美］艾伦·J·马库斯：《投资学》，机械工业出版社2012年版。

（刘晓辉）

利率与汇率

利率
Interest Rate

利率又称利息率，表示一定时期内利息量与本金的比率，通常用百分比表示。利息是借款者为取得货币资金的使用权而支付给贷款者的代价，或者说是货币所有者因暂时让渡货币资金使用权而从借款者手中获得的报酬。利息作为借入货币的代价或贷出货币的报酬，实际上就是借贷资金的"价格"。

影响利率的因素主要有资本的边际生产力或资本的供求关系，此外还有承诺交付货币的时间长度以及所承担风险的程度。由于这些因素的影响，金融市场上的利率水平并不稳定，甚至会发生较为剧烈的波动。利率的高低，决定着一定数量的借贷资本在一定时期内获得利息的多少，反过来也会影响货币资金的供求。因此，利率政策是政府宏观调控货币政策的主要措施，政府可通过调节利率的办法来间接调节流通中的货币。在萧条时期，降低利率，扩大货币供应，刺激经济发展；在过热时期，提高利率，减少货币供应，抑制经济的恶性膨胀。

利率在现实中有不同的表现形式，各种利率是按不同的标准和角度来分类的，以此更清楚地表明不同种类利率的特征。按计算利率的期限单位分为年利率、月利率与日利率；按利率的决定方式分为法定利率与市场利率；按借贷期内利率是否浮动分为固定利率与浮动利率；按利率的地位分为基准利率与一般利率；按信用行为的期限长短分为长期利率和短期利率；按利率的真实水平分为名义利率与实际利率；按借贷主体不同分为中央银行利率、商业银行利率和非银行利率；按是否具备优惠性质分为一般利率和优惠利率。

各种利率之间相互联系，共同构成一个有机整体，从而形成一国的利率体系。

参考文献：

黄达：《金融学》，中国人民大学出版社2004年版。
中国人民银行：《2011年金融市场运行情况》。

（王汀汀）

名义利率与实际利率
Nominal Interest Rate and Real Interest Rate

名义利率是指公布的未调整通货膨胀因素的利率，即包括补偿通货膨胀（包括通货紧缩）风险的利率。名义利率并不是投资者能够获得的真实收益，它与货币的购买力有关。如果发生通货膨胀，投资者所得的货币购买力会贬值，因此投资者所获得的真实收益必须剔除通货膨胀的影响，这就是实际利率。实际利率，指物价水平不变，从而货币购买力不变条件下的利息率，也是投资者能够获得的真实收益。

以 i 表示实际利率，r 表示名义利率，p 表示通货膨胀率，那么名义利率与实际利率之间的关系为：r = (1 + i) × (1 + p) – 1，即：名义利率 = (1 + 实际利率) × (1 + 通货膨胀率) – 1，一般简化为：实际利率 = 名义利率 – 通货膨胀率。

有关名义利率与实际利率之间关系的经典论述是费雪效应（Fisher Effect）。经济学家欧文·费雪（I. Fisher）依据英美两国物价指数与利率实际变动的情况，认为利率和物价的循环趋势和长期趋势一般是在同一方向的，从而揭示了通货膨胀率预期与利率之间关系的一个现象，指出当通货膨胀率预期上升时，利率也将上升，这种分析被称为费雪效应。费雪效应表明，当物价水平上升时，利率有提高的倾向，而物价水平下降时，利率有下降的倾向。对费雪效应的检验在现代文献中主要有两类：一类集中于检验费雪效应是否存在，如萨金特（Sargent，1973）、法玛（Fama，1975）等，结论是正反都有；另一类是检验费雪效应在不同时期的强弱变化，如弗里德曼和施瓦茨（Milton Friedman and Anna Jacobson Schwartz，1976；1982）、萨默斯（Summers，1983）等，认为时期不同，经济、社会背景相对不同，从而对费雪效应存在不同的强弱影响。后来，费雪效应被更为广泛地应用在开放经济条件下两国汇率与利率联动关系的分析中，也被称为国际费雪效应（International Fisher Effect）。国际费雪效应所表达的是两国货币的汇率与两国资本市场利率之间的关系，认为即期汇率的变动幅度与两国利率之差相等，但方向相反。用公式表达则是：

$$(S_1 - S_2)/S_2 = i_d - i_f$$

其中，S_1 是当前即期汇率，S_2 是一定时间结束后的即期汇率，i_d 是国内资本市场利率，i_f 为国外利率。近年来研究发现，国际费雪效应在预测长期汇率变动方向上有作用，但短期内实际数据与理论方面有很大偏差，而且，很多货币存在外汇风险溢价，各种未冲销的套汇活动扭曲了货币市场，因此，多数情况下汇率的变动幅度会大于两国利率之差。

现实中准确理解名义利率与实际利率的区别，对于微观投融资和宏观管理都具有重要的意义。从微观而言，在不同的经济背景下，名义利率和实际利率的变化会对投资、消费与储蓄产生影响。比如1996年以前的中国，在经济快速增长及通胀压力难以消化的长期格局下，很容易出现实际利率为负的情况，即便央行不断加息并出台保值贴补政策，也很难抵消。名义利率越来越高也可能会出现储蓄分流，因为真正的投资收益需要以实际利率来计算，理性的投资者只有在实际利率为正时，才会从消费和投资逐步回流到储蓄。从宏观管理而言，只有管理当局明晰和重视实际利率的内涵，才能对经济运行进行如实的判断，真正把握经济运行的实际状况，以便在宏观调控中作出准确的决策。比如1996年以来中国的经济出现疲软下滑的状况，消费者物价指数持续下降甚至为负，这就意味着实际利率是超过名义利率的。在这种情况下，人民银行在维持实际利率为正的条件下，通过连续下调名义利率，刺激投资和消费来拉动经济增长。实践表明，这样的调控比较准确地把握了当时经济运行中出现的问题，调控举措是合理有效的。

参考文献：

［美］欧文·费雪：《利息理论》，商务印书馆1982年版。

［美］多恩·布什、［美］费希尔·斯塔兹：《宏观经济学》，中国人民大学出版社2000年版。

［美］本杰明·M·弗里德曼、［英］弗兰克·H·哈恩：《货币经济学手册》，经济科学出版社2002年版。

王广谦：《20世纪西方货币金融理论研究：进展与述评》，经济科学出版社2010年版。

施兵超：《利率理论与利率政策》，中国金融出版社2003年版。

（马亚）

法定利率与市场利率
Official Rate and Market Rate

法定利率又称官定利率，是由政府金融管理部门或者中央银行确定的利率。它是政府机构实现政策目标的一种经济手段，反映了非市场的强制力量对利率形成的干预。政府机构通过规定法定利率，控制社会资金流动的成本，调节资本增值的速度。

20世纪90年代以前，我国的利率基本上属于法定利率。利率由国务院统一制定，中国人民银行统一管理。法定利率作为一个重要的经济调节杠杆，通常包括三类：一类是中央银行对商业银行等金融机构的再融资利率，即再贴现利率和再贷款利率；一类是中央银行在公开市场上买进卖出证券的利率；还有一类是商业银行的存贷款利率以及为了管制金融市场上股息、债息所确定的利率。

法定利率的调整可以控制社会需求量和投资规模，调节社会资金流量和流向，对市场产生广泛的影响。新中国成立初期，由于我国存在严重的通货膨胀，经济秩序混乱，政府采取了一系列的管制措施，其中就包括调整法定利率。这一时期的利率管制帮助迅速恢复经济秩序、引导社会经济的发展。

市场利率是指在市场机制下可以自由变动的利率。它是由资金市场上供求关系决定的利率，反映了借贷的真实成本。当资金的供给大于需求时，利率下降；当资金供给小于需求时，利率上升。市场中的资金供给表现为储蓄，资金需求表现为投资。在市场机制发挥作用的情况下，储蓄和投资趋于平衡，形成了相对稳定的利率，即均衡利率。影响市场利率的因素除了储蓄和投资外，还有一些其他因素，比如收入水平。凯恩斯的流动性偏好理论认为，人们持有货币资金是为了满足交易动机、预防动机和投机动机等多种需求，而前两种需求与收入水平相关，因此利率也取决于人们的收入水平。

一般来说，市场利率上升会引起债券类固定收益产品价格下降、股票价格下跌、储蓄收益增加等一系列现象。市场利率尊重市场经济规律，淡化政府机构对市场的干预，很好地反映了信贷资金的价格，引导资金由效益低的部门向效益高的部门转移，实现资金的合理配置，促进经济发展。

法定利率和市场利率互相影响。法定利率的确定需要考虑市场利率的大小，以市场决定的利率为基准，并将政策倾向考虑在内。法定利率反过来也能影响市场中的资金供求关系，从而影响市场利率的大小。

参考文献：
黄达：《金融学》，中国人民大学出版社2004年版。

（王汀汀）

即期利率与远期利率
Spot Rate and Forward Rate

即期利率指当前时点上零息证券的到期收益率。从债券的角度来讲，该利率为使得零息债券到期剩余期限内所产生的未来现金流的现值与债券当前市场价格相等的贴现率，表示为公式如下：

$$P_0 = F_t e^{-r_t t} \quad (连续复利) \tag{1}$$

或

$$P_0 = \frac{F_t}{(1+r_t)^t} \quad (间断复利) \tag{2}$$

其中，F_t 是剩余到期期限为 t 的零息债券的到期价值，P_0 为债券当前的市场价格，r_t 即为期限为 t 的即期利率。

远期利率是与即期利率相对的概念，指隐含在即期利率中的未来某一时点到另一时点的利率。目前常用的远期利率表示方法为 s×t 远期利率，表示 s 个月后期限为 t-s 个月的远期利率，如 1×3 远期利率表示 1 个月后、期限为 2 个月的远期利率。从表示方法可以看出，远期利率的种类由其起算时点和期限共同决定，相同期限的远期利率会随着未来起算时点的不同而不同。

即期利率与远期利率的差别在于利息的起算时点不同：即期利率是从当前时点上起算的，远期利率则是从未来某一时点上起算的。虽然二者的起算时点有差别，但是远期利率是由即期利率决定的，给定各个期限的即期利率便可得出未来各个时点上各个期限的远期利率。假设当前时点为 t_0，已知期限为 T 的即期利率为 r_T，期限为 T^* 的即期利率为 r_{T^*}（$T^* > T$），那么 T 时刻开始期限为 $T^* - T$ 的远期利率 r_F 可由以下公式算出：

$$e^{r_F(T-t_0)} \times e^{r_T(T^*-T)} = e^{r_{T^*}(T^*-t_0)} \tag{3}$$

或

$$(1+r_T)^{(T-t_0)} \times (1+r_F)^{(T^*-T)} = (1+r_{T^*})^{(T^*-t_0)} \tag{4}$$

求解得

$$r_F = \frac{r_{T^*}(T^*-t_0) - r_T(T-t_0)}{T^*-T} \tag{5}$$

或

$$r_F = \sqrt[T^*-T]{\frac{(1+r_{T^*})^{T^*-t_0}}{(1+r_T)^{T-t_0}}} - 1 \tag{6}$$

利率期限结构是推导即期利率与远期利率的基础。利率期限结构给出了零息债券到期收益率与其期限的关系，也即显示了各期限的即期利率，据此即可通过远期利率与即期利率的关系推导出各远期利率。最传统的拟合利率期限结构的方法为息票剥离法，该方法以具有相同到期日期限结构但期限不同的一组附息债券为样本，运用已知的短期附息债券当前价格以及短期即期利率逐步推导出各长期即期利率。例如，已知以年利率表示的 6 个月即期利率为 $r_{0.5}$，票息为 C 半年付息一次的 1 年期零息债券的当前价格为 P_0，到期价值为 F，则以年利率表示的 1 年期即期利率 r_1 应满足以下关系式：

$$P_0 = \frac{\frac{C}{2}}{1+\left(\frac{r_{0.5}}{2}\right)} + \frac{\frac{C}{2}}{\left(1+\frac{r_1}{2}\right)^2} + \frac{F}{\left(1+\frac{r_1}{2}\right)^2} \tag{7}$$

以此类推即可得到各期限即期利率。

远期利率可以起到对未来即期利率走势的预期作用。变换公式（5）可得：

$$r_{T^*} = \frac{r_F(t_{T^*} - t_T) + r_T(t_T - t_0)}{t_{T^*} - t_0} \tag{8}$$

公式（8）说明，当远期利率 r_F 大于当前即期利率 r_T 时，长期即期利率 r_{T^*} 将大于短期即期利率 r_T，从而产生对未来即期利率上行走势的预期，反之亦然。当远期利率能够准确反映市场交易信息和投资者需求时，其对预期未来利率走势的作用便可以为央行制定和执行货币政策提供参考，因此我国正努力推进利率市场化改革，完善资本市场的价格发现功能，以期更有效地发挥利率水平变动对于我国实施货币政策的指导作用。

另外，远期利率还对利率衍生品的定价起着至关重要的作用。目前我国的利率衍生品市场交易对象种类稀少，只有分别于 2006 年和 2007 年推出的利率互换和远期利率协议两种。但这两种产品均建立在投资者对于未来即期利率的预期的基础上，所以远期利率水平可以影响其价格。而由于远期利率协议中的利率水平综合体现了市场上来自套利、套期保值、投机等各方面需求，我国推出远期利率协议还可以反过来有助于更加合理的市场利率水平的形成。

参考文献：

张亦春、郑振龙、林海：《金融市场学》，高等教育出版社 2009 年版。

（王汀汀）

基准利率
Benchmark Interest Rate

基准利率是一国金融市场及利率体系中具有普遍参考价值、能够影响其他利率水平变化的利率，其他利率水平均根据基准利率的大小来确定。基准利率是一国实现利率市场化的核心，不仅为金融市场参与者提供衡量融资成本及投资收益的标准，而且为宏观政策当局提供政策制定参考和实施手段。基准利率还是联结一国宏观调控和金融市场的纽带，政府可以将基准利率作为货币政策的操作目标，通过影响基准利率水平来实现对金融市场资金规模及资产价格的影响从而使得金融市场的发展配合政府的宏观经济政策。

基准利率的以上重要功能决定了其应该具备以下三个特征：第一，充分市场化。这意味着基准利率应该由市场供求关系决定，从而能够充分反映市场实际供求状况及对未来的预期。第二，基础性。这是由其应具有普遍参考作用决定的，说明基础利率应该在金融市场价格体系中处于基础性地位、能够影响其他价格水平。第三，传导性，即基准利率应能将市场的供求信号及政府的宏观调控信号传导到金融市场上各个产品的价格中去。

一般来讲，各国实践中经常将银行间同业拆借利率作为基准利率，其中最具代表性的是英国的伦敦银行同业拆借利率（LIBOR）和美国的联邦基金利率（FFR）。LIBOR 一般是由几家指定参考银行在伦敦时间上午 11 点对银行间短期资金借贷利率进行报价并取平均值而形成，分为拆出利率报价和拆进利率报价。LIBOR 已成为国际金融市场上浮动利率计算的基准并可以辅助各国衡量对外融资成本，目前最经常使用的是 3 个月利率和 6 个月利率两个品种。美国联邦基金利率是美国的银行间同业拆借利率，即联邦储备系统各成员银行调整准备金头寸和日常轧差而拆解联邦基金时适用的利率，是美国政府实施货币政策的工具，最主要的品种是隔夜拆借利率。

我国在货币市场基准利率形成之前，一直以中国人民银行对商业银行和其他金融机构规定的 1 年期存贷款利率作为基准利率。但是由于该利率是由政府制定和发布的，因此在一定程度上缺乏市场性，并不能及时反映市场的资金余缺状况。为了顺应国际金融市场利率市场化的趋势、理顺国内生产要素及商品价格从而为我国外汇管制和资本自由流动的逐步放开创造条件，我国从 20 世纪 90 年代初开始逐步推进利率市场化改革。而利率市场化的重要前提和核心就是形成合理的、真正市场化的货币市场基准利率。中国人民银行在构建货币市场基准利率体系的过程中先后选用了银行间同业拆借利率（CHIBOR）、7 天回购利率和 1 年期央行票据发行利率作为货币市场基准利率。但这些利率在期限、交易的连续性和可能被人为控制等方面存在的缺陷使得我国货币市场亟待更合理、精准的基准利率的推出。2007 年 1 月 4 日，中国银行间同业拆借中心发布了具备基准利率主要特征的"上海银行间同业拆放利率"(SHIBOR),并开始将其作为中国的基准利率培育。

上海银行间同业拆放利率(SHIBOR)由全国银行间同业拆借中心发布,是单利、无担保、批发性利率。SHIBOR 的形成机制类似于伦敦银行同业拆放利率,由报价银行团每日对各期限资金拆借利率进行报价,在剔除最高最低各 2 家报价后取算术平均数得出。报价银行团由 16 家具有公开市场一级交易商或外汇市场做市商资格、在中国货币市场上人民币交易相对活跃、信用等级较高、信息披露比较充分的银行组成。2011 年报价银行团的成员除国家开发银行与中国银行、中国农业银行、中国工商银行、中国建设银行、中国交通银行等大型商业银行外,还包括招商银行、中信银行等 6 家全国性股份制商业银行,北京银行、上海银行 2 家城市商业银行和汇丰银行、渣打银行 2 家外资商业银行。目前 SHIBOR 主要包括隔夜、1 周、2 周、1 个月、3 个月、6 个月、9 个月和 1 年 8 个品种。

上海银行间同业拆放利率作为货币市场基准利率的推出对我国金融市场的深化有着重要意义。一方面,SHIBOR 的推出深化了我国利率市场化改革的进程。它的发布不仅填补了我国市场化、合理化基准利率的空白,而且弥补了之前探索的 7 天回购利率和 1 年期央票发行利率的缺陷,规范了我国的基准利率体系。另一方面,SHIBOR 便利了我国货币政策的实施,提高了货币政策的精准性。SHIBOR 的推出为我国货币政策由数量型调控转向价格型调控做了铺垫,可以使货币政策的中介目标从货币供应量转为利率。由于市场化的利率可以更精确地反映市场供求状况并影响生产要素和资产价格,从而使得我国货币政策的中介目标更加精确,调节作用更加适当。

参考文献:

张晓慧:《全面提升 Shibor 货币市场基准利率地位》,载于《中国金融》2011 年第 12 期。

彭红枫、鲁维洁:《中国金融市场基准利率的选择研究》,载于《管理世界》2010 年第 11 期。

蒋贤锋、王贺、史永东:《我国金融市场中基准利率的选择》,载于《金融研究》2008 年第 10 期。

(王汀汀)

单利与复利
Simple Interest and Compound Interest

单利是指在各个计息期间内均按照不变的初始本金数额计算利息的方法。假设一笔 n 年期的存款，本金为 P，年利率为 r，每年计息一次，到期一次还本付息。那么，如果采用单利法计算，每年的利息均为 $I = P \times r$，该笔存款 n 年后到期时的本息总额为 $F = P(1 + nr)$。单利法是最简单的利息计算方法。

复利是指各个计息期间的利息按照初始本金加上一个计息期间产生的利息所形成的新的本金数额乘以相应期间的利率计算的方法，俗称"利滚利"。上面提到的 n 年期存款如果采用复利方法计算利息，则第 n 年利息为 $I_n = P(1+r)^{n-1} \times r$，n 年后到期时本息总额为 $F = P(1+r)^n$。

具体来说，假设一笔本金为 10000 元的存款，以 3% 的年利率存 2 年：若采用单利法计息，则每年利息为 300 元，到期本息总额为 10600 元；若采用复利法计息，则第一年利息为 300 元，第二年利息为 309 元，到期本息总额为 10609 元。

从上面的分析可以看出，单利与复利只是两种不同的利息计算方法，二者的区别在于计息期间产生的利息是否并入本金计息，即利息是否也产生利息。上面对同一笔存款用两种方法计算出的利息总额的差额 9 元即为利息的利息。复利暗含了本金随期限的增加而增加的思想，这种本金随时间的推移而发生的增值正体现了资金的时间价值。时间价值理论说明同样数额的资金，其价值在当前和未来是不一样的，且当前价值大于未来价值，因此若要使资金达到与现在相同的购买力，未来需持有更多的资金。正是复利这种时间的乘数累积效应使其成为资本积累的驱动，复利也因此被爱因斯坦称为"世界第八大奇迹"。

复利的计算方法又分为两种，即间断复利和连续复利。前面介绍的复利为间断复利，即按照一定的周期（如一个月、一个季度、一年等）计算复利。间断复利假设资金仅在各分开的计息期间发生增值，而连续复利则建立在资金每分每秒都会增值的基础上计算。上文的 n 年期存款利息若按连续复利方法计算，则到期时本息总额将为 $F = Pe^{rn}$。

目前我国银行活期存款利息按季结算，前一季度结算的利息在下一季度可以实现"利滚利"；整存整取定期存款利息到期按单利一并结算，若在存款时约定了到期自动转存，则原存款期间产生的利息在下一存款期间也应计息，若未约定到期自动转存，则逾期利息按活期利率单利计算。

参考文献：
刘力：《公司财务》，北京大学出版社 2007 年版。
陈雨露：《公司理财》，高等教育出版社 2008 年版。

（王汀汀）

终值与现值
Future Value and Present Value

由于货币时间价值的存在，必须将发生在不同时间点的现金流通过一定的方法变换为可比价值，这个过程就是计算终值或现值。

终值是指现在的一笔资金在未来一段时间后所具有的价值。比如，1000 元以每年 10% 的收益率进行投资，1 年后的价值为 1000×（1+10%）=1100 元。

当投资期 n 期时，如果按照单利计算，终值的公式可以表示为：

$$FV_n = PV(1 + r \times n) \tag{1}$$

多期投资按复利计算终值的公式为：

$$FV_n = PV(1+r)^n \tag{2}$$

在实际计算时，通常选择复利计算终值和现值。

公式（2）中的 $(1+r)^n$ 称为复利终值系数，在金融上记作 $FVIF_{r,n}$。为方便计算，人们编制了复利终值系数表，表中的数字表示 1 元的初始投资，按照一定利率水平投资 n 年后的终值。因此，在进行时间价值计算时，只需要在表上直接查出相应的终值系数，再乘上初始价值就可以了。

现值是指未来的现金流现在的价值。比如，1 年后收到 1100 元钱，按照 10% 的收益率计算，其现在的价值是：

$$PV = 1100/(1+10\%) = 1000 \text{（元）}$$

道理非常简单，因为现在的 1000 元用于投资，按照 10% 的利率在 1 年后可以获得 1100 元。所以，1 年后的 1100 元，现在的价值就是 1000 元。

如果未来的现金流量是发生在多期以后的，其复利现值的计算公式可由多期复利的终值计算公式（2）导出：

$$PV = \frac{FV_n}{(1+r)^n} \tag{3}$$

公式（3）中，$\dfrac{1}{(1+r)^n}$叫做复利的现值系数或贴现系数，可以简计为PVIFr，r为贴现率。由于利率大于0，所以现值小于终值，因此这一由终值求现值的过程也称为贴现。

与复利终值系数相同，复利现值系数也有表可查。

参考文献：
刘力：《公司财务》，北京大学出版社2007年版。
陈雨露：《公司理财》，高等教育出版社2008年版。

（王汀汀）

贴现率
Discount Rate

贴现率指将未来一定现金流折算成现值时所使用的利率，常用于金融工具定价或者项目评估。比如，贴现率为10%，一年后的100元在今天就相当于90.9元，而如果是后年收到的100元，则只相当于今天的82.6元。贴现率是现代经济学中的一个极重要的基本概念，它解决了未来经济活动在今天如何评价的问题。贴现率为正值，说明未来一块钱没有现在的一块钱重要；而且时间隔得越长，未来的价值越低。贴现率以利率为基础，并受到现金流稳定性的影响。一般而言，未来收入或支出的不确定性越大，那么贴现率也越大。在金融实务中，往往运用资产预期收益率作为贴现率来进行定价。

此外，银行在贴现票据时，所使用的利率也称为贴现率。所谓贴现指银行承兑汇票或商业票据的持票人在汇票到期日前，为了取得资金，贴付一定利息将票据权利转让给银行或公司的行为，票据到期时银行或公司再向出票人收款。票据贴现是持票人向银行融通资金的一种方式。对持票人而言，贴现是将未到期的票据卖给银行以获取流动性的行为，如此就可提前收回垫支于商业信用的资本；而对银行或贴现公司而言，贴现是与商业信用结合的放款业务。

票据贴现按不同的交易对象可分为贴现、转贴现和再贴现三种。商业银行对工商企业的票据贴现业务称贴现。转贴现是指银行以贴现购得的没有到期的票据向其他商业银行所作的票据转让，转贴现一般是商业银行间相互拆借资金的一种方式。中央银行对商业银行已贴现的未到期工商企业票据再次贴现,称再贴现。贴现率是受市场资金供求状况变化而自发形成的,再贴现率则是由中央银行规定的。

再贴现政策是中央银行三大货币政策之一。中央银行通过变动再贴现率来调节货币供给量和利息率,通过货币传导机制,促使经济扩张或收缩。当需要紧缩银根,控制货币发行量时,中央银行可提高再贴现率,商业银行减少向中央银行的借款,从而减少其在中央银行的准备金,同时商业银行将提高贷款利率,进而导致商业银行信贷量下降,货币供给量减少。与之相反,当经济萧条时,中央银行降低再贴现率,银行就会增加向中央银行的借款,即提高准备金,进而降低贷款利率,商业银行信贷量上升,货币供给量增加,由此起到稳定经济的作用。

参考文献:
黄达:《金融学》,中国人民大学出版社2004年版。
刘力:《公司财务》,北京大学出版社2007年版。
马丽娟:《金融市场、工具与金融机构》,中国人民大学出版社2009年版。

(王汀汀)

利率的期限结构
Term Structure of Interest Rates

利率的期限结构是指金融工具的收益率与其到期期限之间的关系。对于具有相同风险、流动性和税收待遇的债券,利率由于到期日的时间长短不同而不同。利率的期限结构并不是自古有之,在久远的巴比伦王朝和古罗马,法定利率同时适用于长期贷款和短期贷款,因期限而产生的利率差异几乎不存在。但在现代,利率期限结构普遍存在,并在市场化经济体系中发挥越来越重要的作用:在宏观经济方面,利率的期限结构具有连接货币市场和资本市场以及宏观经济的作用,在货币政策决策上有重要的信息价值;在微观方面,利率的期限结构是金融资产定价、金融产品设计、保值和风险管理、套利以及投资的参考依据。

以债券为例:实际中,债券的收益率曲线呈现出向上倾斜、水平、向下倾斜以及更为复杂的波动性等形状。这些形状反映出长短期债券利率之间的关系:如果向上倾斜则长期利率高于短期利率;如果向下倾斜则长期利率低于短期利率；等等。而经验事实常表现为：债券收益率曲线大多是向上倾斜；债券的期限不同其利率也随着时间波动。

依据对事实的观察，利率期限结构理论进行了多方面的解释与探讨。在理论分析中，经济学家们多不考虑其他因素的变化对收益的影响，仅从债券期限的不同考察收益与期限的关系，在解决为什么短期利率或者高于长期利率或者低于长期利率，长短期利率或者一致或者不一致的问题上，形成各种不同的理论。根据前提假设的不同，大体从两个角度分析了利率期限结构。

第一，以预期利率确定且现金流固定为假设形成的期限结构理论。在确定的预期利率和固定的现金流为假设前提下，利率期限结构理论包括三个分支。一是预期理论，由费雪（I. Fisher）于1896年提出，后经希克斯（J. R. Hicks）等后来者完善。认为长期利率是预期未来短期利率的函数，长期利率等于当期短期利率与预期未来短期利率之和的平均数。二是市场分割理论。由于预期理论假定长期和短期资金市场是统一的，资金可在长短期资金市场上自由移动，因此，长期证券和短期证券就能够顺利相互替代转换，从而导致长短期利率发生相应的变动。这一假定受到一些经济学家的质疑，他们认为那不完全符合现实，以科伯森（J. M. Culbertson）、莫迪利亚尼（Franco Modigliani）为代表提出市场分割理论。他们认为各种资金市场是彼此分割、相互独立的，而长短期利率由各自的供求所决定，两者互不影响。每一独立的市场证券各自的供求关系的相互作用，形成了各自的利率曲线。市场分割理论虽然考虑到某些投资者或借贷者偏好长期投资的事实，一定程度上补充了预期理论的不足，但其最大的缺陷是忽略了长、短期证券市场之间的重要联系。三是流动性升水理论。该理论认为前两种理论都存在对风险这一重要因素较极端的假设：预期理论假设不存在风险，市场分割理论则作为完全的风险回避者。希克斯指出不同利率之间的相互关系不仅与对未来利率的预期有关，更与风险的回避有关。这一观点获得迈泽尔曼（Meiselman）、豪根（R. Haugen）的认同，他们进一步完善了该理论，认为在不同的期限的债券之间存在一定的替代性，而投资者对不同期限的债券具有一定的偏好，故长期利率高于短期利率是用于补偿债权人流动性偏好的更长时间的放弃所承担的风险。该理论因综合了前两种理论的特点并解释了不同期限债券利率而得到较广泛的认可。

第二，以利率与现金流随机变动为假设形成的期限结构理论。20世纪80年代以来，世界各国金融管制趋于放松、金融衍生工具及其市场飞速发展在促进经济、金融发展的同时也大大增强了经济运行中的不确定性，引起世界利率起伏动荡，经济学家因之更多地关注随机性研究。一是随机利率估价模型。包括对连续时间变动的研究和离散时间变动的研究。二是利率敏感性现金流估价分析。认为一组给定现金流的价值与经济当时状态存在一定关联，因此在利率不确定的情况下，现金流将随不确定的利率而变动，并对收益率产生影响。

随着中国债券市场的建立与发展，利率期限结构的作用为人们逐渐关注，尤其是国债收益率曲线的生成与分析已成为进一步完善我国国债市场的重要方面。由于国内债券市场本身的不完善，中国债券市场一直以来缺乏一个统一和完整的收益率曲线。目前市场上有多家机构编制收益率曲线。比如中央国债登记结算公司、路透公司等。此外，市场成员使用的债券系统北方之星、红顶等也都提供各自编制的基准债券定价参考和收益率曲线。中央国债登记结算有限责任公司依托债券托管结算的中立地位和专业优势，自1999年起开始编制中国国债收益率曲线，2012年3月6日，推出的"中债—国债收益率曲线"是在中国债券市场中形成的期限结构最为完整丰富的无信用风险利率体系，同时也客观反映了市场对未来利率走势的预期，是金融市场重要基础设施之一。中债收益率曲线的编制目的是最大限度地反映出中国债券市场上各类债券不同期限的真实、合理的收益率水平。

目前，我国债券市场上国债的期限结构过于单一，一年以下的短期国债和10年以上的长期国债所占的比例太小，绝大部分国债的期限都是1~10年的中期国债。而不同的投资者对不同期限的国债有不同的投资偏好，导致短、中长期的市场分割现象。同时交易所市场和银行间国债市场的不统一也强化了这种分割，导致不同期限国债市场之间的联动性较差，其所反映的利率期限结构的价值也就大打折扣。但随着利率市场化的推进和债券市场的进一步完善，利率期限结构的功能将会有更大的发挥空间。

参考文献：

王广谦：《20世纪西方货币金融理论研究：进展与述评》，经济科学出版社 2010年版。

施兵超：《利率理论与利率政策》，中国金融出版社 2003年版。

谢建平：《固定收益证券》，中国人民大学出版社 2004年版。

[美] 悉尼·霍默、[美] 理查德·西勒：《利率史》，中信出版社 2010年版。

Mark Blaug, *Economic Theory in Retrospect*, Cambridge University Press, 1997.

(马亚)

利率敏感性缺口
Interest Rate Sensitive Gap

利率敏感性缺口是指当市场利率发生变化时，商业银行的不同种类、不同期限的资产和负债所受到的影响程度，即银行的资产或负债暴露在利率风险下的敞口头寸。它等于利率敏感性资产减去利率敏感性负债，即：利率敏感性缺口＝利率敏感性资产－利率敏感性负债。利率敏感性缺口可以用来衡量商业银行资产负债的利率风险。

商业银行为了实现资产与负债的匹配，在历史上曾经严格地遵循对冲原理来管理自己的资产和负债，在贷款业务上比较侧重于短期的工商贷款和消费贷款，以此降低利率风险。但是，随着金融创新和放松金融管制，商业银行的业务渗透到房地产贷款其他类型金融机构的领域，这就使银行难以严格地遵守对冲原理管理资产和负债。因此，商业银行需要从利率变动对资产与负债的双重影响来进行商业银行资产负债管理，这就产生了商业银行资产负债管理的重要技术方法——利率敏感性分析，与此相应的，也出现了资产负债管理的缺口管理方法。

商业银行可以依据利率敏感性缺口的大小来判断资产负债的成本收益变化。利率敏感性缺口的绝对值越大，银行承受利率风险的净头寸就越大。如果缺口大于0，则称为正缺口，此时，当利率上升时，正缺口对商业银行的影响是积极的，银行资产收益的增长要快于负债成本的增加，银行收益会增加；但利率下跌时，正缺口对商业银行资产负债的影响是消极的，银行资产收益的损失也会比负债成本的降低要快，银行将面临损失。如果缺口小于0，则称为负缺口，上述所有的情况都要反过来。如果缺口为0，则说明银行资产负债的期限和利率匹配程度较高，计划期内的市场利率波动对银行的利息收支现金流不产生影响。

利率敏感性缺口还可以用于衡量银行净利息收入对市场利率的敏感程度，当利率变动时，缺口数值的大小将直接影响到银行净利息收入。假定借款、贷款利率幅度一致，那么，净利息收入的变化就可以由下式计算得出：净利息收入变动＝利率变动×利率敏感性缺口。另外也可以用利率敏感性系数来衡量商业银行的利率风险。利率敏感性系数为利率敏感性资产与利率敏感性负债之比，即：

$$利率敏感性系数 = \frac{利率敏感性资产}{利率敏感性负债}$$

当利率敏感性缺口大于 0 时，利率敏感性系数 >1；利率敏感性缺口小于 0 时，利率敏感性系数 <1；利率敏感性缺口等于 0 时，利率敏感性系数 =1。利率敏感性缺口和利率敏感性系数表达的分析结果类似，两者所不同的是，前者属于绝对量指标，是以金额表示的；后者属于相对量指标，是以比率表示的，可以用于横向比较。

需要说明的是，利率敏感性缺口和系数的大小同样与资产负债管理计划期的选择有密切关系。对同一家商业银行，计划期长短不一样，计算出来的利率敏感性缺口和系数也会不相同。

采取利率敏感性缺口管理一般有两种策略可以选择：一是保守型管理策略。商业银行通过分析其利率敏感性资产和负债的情况，通过不断调整银行资产负债头寸，努力使银行的利率敏感性差额接近于零，从而把利率风险降至最低限，保持银行收益的稳定。采取这种策略的商业银行往往是在利率变动较为频繁时期，这种时期银行难以准确地预测利率走势。二是积极型管理策略。商业银行根据其对利率走势的预测，在利率的周期性变化中积极调整资产负债结构，扩大或缩小利率敏感性差额，从而获得更高的收益。例如，在预测市场利率将要上升时，商业银行可以主动扩大利率敏感性资产的数量，尽量减少负缺口，力争正缺口；或者是在预测市场利率下跌时，主动扩大利率敏感性负债，尽量减少正缺口，力争负缺口，这样就可以使银行获取更高的净利息收益。采取这种策略的商业银行一般要有能力预测市场利率波动的趋势，而且预测较准确。主动型差额管理的结果不仅取决于利率变化的方向，同时也取决于未来利率的不确定程度。

利率敏感性缺口管理抓住了沟通资产与负债之间内在联系的关键因素——利率，把管理重点放在根据不同资产和负债的利率特性所确定的利率敏感性缺口上，并根据利率周期的变化，及时地调整利率敏感性资产和利率敏感性负债的规模组合。它能够以部分带动全体，还能够根据市场情况的变化，采取积极有效的经营措施，从而使资产负债管理更富有灵活性、准备性和应变力。利率敏感性缺口管理的另一大优点是能够简单明了地衡量、表达出利率变动对净利息收入的影响程度，提高了资产负债管理的严密性，而且理解、计算也很容易，非常便于商业银行对利率风险的测定。正是由于利率敏感性缺口具有上述优点，利率敏感性缺口管理被视为银行经营管理领域内的一场变革，在20世纪80年代以前，它是商业银行评估和防范利率风险、进行资产负债管理时运用最为广泛和普遍的技术分析工具。

中国商业银行资产负债管理起步较晚，且由于利率尚未市场化，对敏感性缺口分析的应用也相对落后。中国商业银行资产负债管理最早源于1985年的信贷资金体制改革，当时银行内部设有计划信贷部门专司其职。但由于受计划经济的影响，并不具有真正意义上的资产负债管理功能。直到1994年2月，中国人民银行借鉴巴塞尔1988年资本协议出台了《关于对商业银行实行资产负债比例管理的通知》，才标志着国内商业银行正式向真正意义上的资产负债管理迈进。在市场化程度日益加深的经济金融背景下，资产负债比例管理已不能满足和适应商业银行的业务管理和发展的需要，一些比例管理指标也将逐步退出，如备付金比例、中长期贷款比例和资产流动性比例等指标。取而代之的是缺口类指标、敏感性分析指标以及现值类指标等，现代统计理论和研究成果必将深植于银行的资产负债管理之中。缺口分析主要包括对流动性缺口、利率敏感性缺口和久期缺口等的分析，通过对一定时期内的业务发展状态来管理业务风险，改变了以往单纯依靠静态比例指标的管理方式。

当然，利率敏感性缺口管理在实际操作中也存在一些明显的弱点：一是商业银行资产负债管理的计划期对确定资产或者负债的利率敏感性具有很大差异，因此计划期的选择会对商业银行利率敏感性缺口管理造成很大障碍。二是要实现利率敏感性缺口的套利，需要具备预测市场利率在计划期内走势的能力。三是即使银行对利率变化预测准确，银行对利率敏感资金缺口的控制也只有有限的灵活性。因为，银行能否灵活地调整资产负债结构，还要受其他许多因素如市场、制度因素等的限制。四是会带来信用风险。商业银行在资产负债表内项目上频繁调整，可能会从总体上带来一定信用风险。五是缺口分析是一种静态的分析方法，它没有考虑外部利率条件和内部资产负债结构连续变动的情况。上述欠缺导致缺口管理具有一定的局限性，它促使商业银行在应对利率风险方面研究与使用更加多元的分析手段与管理方法。

参考文献：

［美］彼得·S·罗斯、［美］西尔维娅·C·赫金斯：《商业银行管理学》，机械工业出版社2004年版。

［美］斯蒂芬·A·罗斯、［美］道夫·W·威斯特菲尔德、［美］杰弗利·F·杰富：《公司理财》，机械工业出版社2011年版。

马亚:《商业银行经营管理学》,东北财经大学出版社 2010 年版。

(马亚)

久期
Duration

久期又称为持续期,这一概念最早是由经济学家麦考雷(F. R. Macaulay)于 1938 年提出的。他在研究债券与利率之间的关系时发现,到期期限(或剩余期限)并不是影响利率风险的唯一因素,事实上票面利率、利息支付方式、市场利率等因素都会影响利率风险。基于这样的考虑,麦考雷提出了一个综合了以上四个因素的利率风险衡量指标,并称其为久期。

麦考雷对久期的定义如下:

$$D = \frac{\sum_{t=1}^{T} PV(CF_t) \times t}{P_o} \tag{1}$$

其中,D 是麦考雷久期;P_o 是债券当前的市场价格,$PV(CF_t)$ 是债券未来第 t 期现金流(包括)的现值,T 是债券的到期时间。

从上述公式可以看出,麦考雷所定义的久期实际上可以看成是债券各项现金流(包括期末本金和各期利息)到期时间的加权平均,而权重就是各现金流现值在当前债券价格中所占比例。

在债券分析的实际应用中,久期除表示债券的加权平均到期时间外,还有一个更重要的含义,即用来衡量债券价格变动对利率变化的敏感度,也称债券的利率风险。债券的久期越大,意味着对于给定的利率变动幅度其价格的波动幅度越大,因此利率风险也越大。如果对债券定价方程简单求微分,可以得到下面的等式:

$$\frac{\Delta p}{p} \approx -D \times \frac{\Delta y}{1+y} \tag{2}$$

其中,y 为到期收益率。

从公式(2)可以看出,对于给定的到期收益率的变动很小时,债券价格的相对变动幅度与久期大小近似成比例。在实际应用中,为了方便,人们把麦考雷久期与 1 + y 的比率称作修正久期(用 MD 表示),即:

$$MD = \frac{D}{1+y} \tag{3}$$

与久期相比,修正久期可以较为精确地量化利率变动给债券价格造成的影响。

将公式（3）代入公式（2）中，可以看出修正久期度量了收益率与债券价格的近似线性关系，即到期收益率变化时债券价格的稳定性。由于修正久期的概念非常直观，它直接度量了当市场利率变动1个百分点时，债券价格变动的百分点的数量，因此，实际操作中的人们常常用修正久期来评估债券价格对收益率的敏感性，并以此为基础，估计利率变动后债券的市场价格。需要注意的是，久期可以用来计算收益率微小变动时债券价格的变动幅度，但是当收益率有较大变动时，久期在计算价格波动幅度时误差就会变大，并且收益率变动幅度越大，久期计算的价格波动幅度的误差越大，此时需要引入凸性调整。

在现实中，投资者往往构造由多种债券组成的投资组合，以便分散风险。而投资组合的修正久期是组合中每个债券修正久期的加权平均数，权数是每个债券的市值占组合市值的比重。

由于久期在债券利率风险管理方面的重要性，人们根据债券对利率变动的反应特征总结出如下的久期定理：

定理1：只有贴现债券的麦考雷久期等于它们的到期时间。

定理2：直接债券的麦考雷久期小于或等于它们的到期时间。只有仅剩最后一期就要期满的直接债券的麦考雷久期等于它们的到期时间。

定理3：统一公债的麦考雷久期等于（1+1/y），其中y是计算现值采用的贴现率。

定理4：在到期时间相同的条件下，息票率越高，久期越小。

定理5：在息票率不变的条件下，到期时期越长，久期一般也越大。

定理6：在其他条件不变的情况下，债券的到期收益率越低，久期越大。

久期或者修正久期作为利率风险管理工具在金融市场中的应用广泛。久期缺口管理是商业银行利率风险管理的重要工具之一。其原理为商业银行资产的久期应与负债久期大致匹配。商业银行通常使用久期缺口指标来度量资产久期与负债久期之间的差异：

$$GAP_D = D_A^* - D_L^* \frac{L}{A} \qquad (4)$$

其中，GAP_D 为久期缺口，D_A^* 和 D_L^* 分别为总资产和总负债组合的修正久期，L和A分别为总负债价值和总资产价值。商业银行利用久期缺口对资产和负债组合进行利率风险免疫管理，使得银行的资产和负债在利率变动时，所受的影响能相互抵消。

此外，债券投资者也将久期作为投资组合管理的重要指标。例如，债券型基金往往会制定久期的控制目标。久期越大，债券基金的资产价值对利率的变动越敏感，某支债券基金的久期是5，就表明如果市场利率下降1个百分点，则基金的资产价值上涨约5个百分点；反之，如果利率上涨1个百分点，则基金的资产价值要遭受5个百分点的损失。在利率变动的环境中，投资者还可以通过调整债券组合的久期来获取更高收益或规避风险。比如，在未来利率可能上涨的市场中，投资者需要调整投资组合，持有那些久期较小的债券，以降低组合的利率风险；而在未来利率可能下降的市场中，投资者持有那些久期较大的债券就能够在利率下降时获得更多的好处。

参考文献：
张亦春、郑振龙、林海：《金融市场学》，高等教育出版社2009年版。
马丽娟：《金融市场、工具与金融机构》，中国人民大学出版社2009年版。
史建平：《商业银行管理》，北京大学出版社2011年版。

（王汀汀）

利率市场化
Interest Rate Liberalization

利率市场化是指建立由市场供求决定金融机构存、贷款利率水平的利率形成机制，通过运用货币政策工具调控和引导市场利率，使市场机制在金融资源配置中发挥主导作用。

利率市场化是金融市场发展的内在要求。以美国为例，美国的利率市场化始于20世纪60年代，当时，美国通货膨胀率提高，市场利率开始明显上升，有时已经超过存款利率的上限。证券市场的不断发展，金融国际化、投资多样化，又导致银行存款大量流向证券市场或转移至货币市场，产生"脱媒"现象，并愈演愈烈，Q条例约束和分业经营的限制，使银行处于一种不公平的竞争地位。从70年代起，美国提出了解除利率管制的设想。1970年6月，美联储首先将10万美元以上、3个月以内的短期定期存款利率市场化，后又取消90天以上的大额存款利率管制。同时，继续提高存款利率上限，以此来缓和利率管制带来的矛盾。1980年3月，美国政府制定了《存款机构放松管制的货币控制法》，决定自1980年3月31日起，分6年逐步取消对定期存款利率的最高限，即取消Q条例。1982年颁布的《加恩－圣杰曼存款机构法》，详细地制定了废除和修正 Q 条例的步骤。1983 年 10 月，"存款机构放松管制委员会"取消了 31 天以上的定期存款以及最小余额为 2500 美元以上的极短期存款利率上限，并于 1986 年 1 月取消了所有存款形式对最小余额的要求，同时取消了支付性存款的利率限制。1986 年 4 月，取消了存折储蓄账户的利率上限。对于贷款利率，除住宅贷款、汽车贷款等极少数例外，也一律不加限制。至此，Q 条例完全终结，利率市场化得以全面实现。

随着我国金融体系的发展，利率市场化也成为我国金融体系改革的重要内容。1993 年，十四届三中全会提出"中央银行按照资金供求状况及时调整基准利率，并允许商业银行存贷款利率在规定幅度内自由浮动"。2001 年九届人大四次会议提出要"稳步推进利率市场化改革"。2002 年十六大报告中进一步提出"稳步推进利率市场化改革，优化金融资源配置"。2003 年十六届三中全会通过了《中共中央关于完善社会主义市场经济体制若干问题的决定》，进一步明确要"稳步推进利率市场化"，按照先外币、后本币，先贷款、后存款，先大额长期、后小额短期的基本步骤，"建立健全由市场供求决定的利率形成机制，中央银行通过运用货币政策工具引导市场利率"。2005 年 1 月，中国人民银行货币政策分析小组在《稳步推进利率市场化报告》中提出下一步利率市场化目标是：统一金融机构贷款利率浮动政策，研究存款利率市场化的有效形式，逐步形成完整合理的收益率曲线，完善中央银行利率调控体系，简化小额外币存款利率管理。从 2007 年起，Shibor 利率的建立和完善成为利率市场化改革的重要内容，相关产品和市场得到了较快的发展。

我国的利率市场化进程实质上分为货币市场的利率市场化、资本市场的利率市场化和金融机构存贷款的利率市场化这几个阶段。

1996 年 1 月 3 日，全国统一的银行间拆借市场的启动试运行，是中国利率市场化改革的第一步，拆借市场的利率由交易双方根据市场资金供求状况在规定的浮动范围内确定；同年 6 月 1 日取消了原先按同档次再贷款利率加 2.28 个百分点的上限限制，利率完全由交易双方自行议定，单个交易品种在每一交易日的加权平均利率形成"全国银行间拆借市场利率"（简称 CHIBOR）。2007 年 7 月 3 日颁布的《同业拆解管理办法》规定，"同业拆借交易以询价方式进行，自主谈判、逐笔成交，同业拆借利率由交易双方自行商定"，同业拆解利率彻底市场化。

1996 年 4 月 9 日，中国人民银行以国债回购方式启动了公开市场业务，其回购利率实行市场招标，利率市场化改革进一步深化。在1996年的国债发行中，改变过去发行利率计划确定的做法，对一年期以上的国债实行发行利率市场招标。1997年6月，银行间债券市场正式启动，1998年9月实现国债在银行间债券市场的利率招标发行。

贴现利率基本实现市场化定价，并与市场利率形成了较好的联动关系。1998年3月以前，我国的贴现利率比照贷款利率管理，贴现利率在同期同档次贷款利率基础上下浮5%~10%。1998年3月，人民银行改革贴现利率形成机制，贴现利率根据再贴现利率加点生成，最高不超过同档次贷款利率（含浮动）。随着2004年10月贷款利率上限放开，贴现利率与贷款利率同步实现下限管理。2005年以后，金融机构办理贴现业务的资金来源逐步转向自有资金或货币市场融入资金，与再贴现资金无关，贴现利率与再贴现利率逐渐脱钩。2008年以来，为有效发挥再贴现促进结构调整、引导资金流向的作用，人民银行进一步完善再贴现管理。调整再贷款和再贴现利率对金融市场的影响相对较小，其主要目的在于向市场传达出紧缩货币政策的信息，作用于市场心理层面。目前，再贴现利率成为中央银行一项独立的货币政策工具，服务于货币政策需要。

在机构的存贷款利率方面，目前外币存贷款利率已经实现了市场化。1996年以来，随着商业银行外币业务的开展，各商业银行普遍建立了外币利率的定价制度。与此同时，境内外币资金供求相对宽松，外币利率市场化的市场基础和时机日渐成熟，因此步伐相对较快。2000年9月，外币贷款利率放开，各项外币贷款利率及计结息方式由金融机构根据国际市场的利率变动情况以及资金成本、风险差异等因素自行确定。各金融机构以法人为单位制定本系统的外币利率管理办法。外币贷款利率管制放开后，外币贷款利率由借贷双方根据市场资金供求情况以及国际市场利率走势按照商业原则自主确定。外币贷款利率市场化的同时，外币存款利率也逐步放开。2000年9月，300万美元以上大额外币存款利率放开；2003年7月，小额外币存款利率管制币种由7种外币减少为4种；同年11月，小额外币存款利率下限放开；2004年11月，1年期以上小额外币存款利率全部放开。至此，外币存贷款利率全部实现了市场化。

金融机构的人民币存贷款利率市场化进程相对滞后。随着利率市场化改革的推进，我国人民币存贷款利率调控大致分为两个阶段：2004年以前，中央银行根据宏观经济形势和货币政策的需要，直接调整金融机构存贷款利率水平，金融机构基本没有或拥有很小的贷款利率浮动权；2004年以后，中央银行不断扩大金融机构存贷款利率浮动范围，直至完全放开贷款利率管制，将更多的利率定价权赋予金融机构。目前中央银行贷款基准利率对金融机构定价发挥指导性作用，贷款利率水平由市场供求关系决定。

存款利率市场化是改革的重要环节和最终目标，存款利率上限管理扭曲金融市场定价机制。由于资金成本低下，商业银行面对特别优质企业的贷款基本按照贷款利率下限执行，但依然能取得稳定的利差收入。此外，存款利率上限管理与利率调控改革方向也不一致。

但存款利率市场化会产生一定的消极影响。存款利率市场化后会促使利率上涨，使实际利率水平普遍上升，存贷利差趋于缩小；同时还可能会对财政、货币政策，金融市场以及宏观经济产生较大影响。

因此，我国推进存款利率市场化依然需要保持中央银行的调控力度和对市场的影响，保证国民经济的稳健运行。在取消存款利率管制之前，最为根本的是要建立完善中央银行利率调控框架，理顺利率传导机制，实现公开市场操作利率——短期市场利率——企业存贷款利率的顺畅传导。对此，我国要对存款利率实行渐进式市场化改革。

参考文献：

宋芳秀：《中国转型经济中的资金配置机制和利率市场化改革》，中国金融出版社 2007 年版。

易纲：《中国改革开放三十年的利率市场化进程》，载于《金融研究》2009 年第 1 期。

肖欣荣、伍永刚：《美国利率市场化改革对银行业的影响》，载于《国际金融研究》2011 年第 1 期。

张建华：《利率市场化的全球经验》，机械工业出版社 2012 年版。

（王汀汀）

双重汇率
Dual Exchange Rates

双重汇率又称复汇率，是指在双重汇率制度下，两种货币存在两个或两个以上汇率的情况。双重汇率制的典型做法是允许一国经常账户的全部或部分外汇交易在官方市场进行，适用固定的商业汇率，而资本账户及另外一部分经常账户的外汇交易则在自由市场进行，适用浮动的金融汇率。中央银行

双重汇率

在官方市场进行干预，以保持商业汇率的稳定，对金融汇率则任其自由浮动。

复汇率制按其表现形式包括公开和隐蔽的两种形式。公开的复汇率制指外汇管理当局明确公布对不同的交易实行法定的差别汇率，例如针对经常账户和资本与金融账户的交易分别制定、公布贸易汇率和金融汇率。外汇管理当局制定差别汇率的原则是对需鼓励的交易制定优惠汇率（如进口技术含量较高的产品时，进口商可使用较低汇率），对需要抑制的交易制定不利的汇率（如进口奢侈品时，进口商需按照较高的汇率进行交易）。

不同国家所实行的差别汇率种类有较大差异。隐蔽的复汇率制主要包括补贴或征税、影子汇率、外汇转移证制度等形式。其中，影子汇率是指通过附加在不同种类进出口商品之后的一个不同的折算系数。假设官方汇率为￥6.8/$，而某商品的生产成本为7元人民币，在国外售价为1美元，则该商品有0.2元人民币的生产成本未能弥补，为鼓励出口，可在该类产品的官方汇率后附加一个1.05的折算系数，则该产品出口后，1美元的外汇收入可以兑换到 $6.8 \times 1.05 = 7.14$ 元人民币，从而使该商品出口有利可图。

实行双重汇率制，主要是由于资本在国际间自由流动的情况下，单一固定汇率制和单一浮动汇率制都有其自身的局限性，使政府在汇率制度的选择上顾此失彼。双重汇率制可以解决这一难题：一方面，双重汇率制下的商业汇率稳定可以避免浮动汇率制的缺陷，使本国的经济不受资本流动和汇率波动的影响。另一方面，在双重汇率制下，金融汇率的浮动使中央银行控制官方储备水平的能力相对于固定汇率制显著增强。金融汇率反映资产持有者预期的变动，并反映资本流动情况，体现市场汇率的灵活性。商业汇率不受资本流动影响，资产组合偏好的变动不会影响工资和贸易商品的价格，从而成为一个名义变量的稳定点。

双重汇率制还可以防止一国的外汇储备耗尽，特别是当一国由于扩张性经济政策的实施或受到外部冲击的影响而面临大规模的资本外逃时，一部分对外汇需求的压力可以引导到适用浮动汇率的外汇市场，并通过本币升值以阻止资本迅速外流。另外，双重汇率制可作为一种非常有效的过渡性措施。特别是对要调整汇率的国家来说，往往难以明确其调整的幅度应为多大，暂时性的双重汇率制可作为获取这类信息的手段。

当然，这样一种制度很好运作的前提是外部冲击和资本流动是暂时的、短期的。如果资本流动起因于人们对商业汇率波动的预期，金融汇率变化出现本币持续的大幅度升值，则一味保持商业汇率稳定的双重汇率制会导致严重扭曲。这也表明运作良好的双重汇率制必须保持商业汇率与金融汇率之间的适当升值率。官方汇率小幅的高估意味着非法交易的动机较弱,从而可导致较少的资源配置效率成本。

所以,从宏观的角度,经济需要一个稳定点;从微观角度,汇率应该反映外汇市场供求状况,而运作良好的双重汇率制兼顾了这两个要求。虽然市场的完全分割难以真正实现,这种做法至少可以在短期内缓解外部冲击的压力,为政府赢得时间探求各种问题造成的原因,并采取措施加以解决。世界上有许多国家在其汇率制度发展进程中曾实施过双重汇率制,包括法国、意大利、比利时等发达国家,也包括墨西哥、阿根廷和中国等发展中国家。

在社会主义市场经济过渡的改革开放新时期,我国的汇率体制经历了官方汇率与贸易外汇内部结算价并存(1981~1984年)和官方汇率与外汇调剂价格并存(1985~1993年)两个汇率双轨制时期。其中,以外汇留成制为基础的外汇调剂市场的发展,对促进企业出口创汇、外商投资企业的外汇收支平衡和中央银行调节货币流通均起到了积极的作用。随着我国改革开放的不断深入,官方汇率与外汇调剂价格并存的人民币双轨制的弊端逐渐显现出来。1994年1月1日,人民币官方汇率与外汇调剂价格正式并轨,结束双重汇率制走向单一汇率制的历史时期。

参考文献:

张碧琼:《国际金融管理学》,中国金融出版社2007年版。

陈学彬、李世刚、芦东:《中国出口汇率传递率和盯市能力的实证研究》,载于《经济研究》2007年第12期。

施建淮、余海丰:《人民币均衡汇率与汇率失调:1991~2004》,载于《经济研究》2005年第4期。

(张碧琼)

官方汇率
Official Exchange Rate

官方汇率又称为法定汇率,是在外汇管制比较严格的国家授权其外汇管理当局(如财政部、中央银行、外汇管理局)制定并公布的汇率。官方汇率由于具有法定性质,所以又称为法定汇率,外汇管制比较严格的国家,通常禁止自由外汇市场的存在,一切外汇交易都采用官方汇率。在外汇市场

官方汇率

上,真正起作用的是按供求关系变化而自由波动的市场汇率,官方汇率经常只起中心汇率的作用。市场汇率是外汇管制较松的国家外汇市场上进行自由外汇交易的汇率。

在金币本位制下,法定汇率的确定比较容易,只要将本国货币与外国货币的含金量加以对比就可确定。在纸币制度下,官方汇率曾经以纸币的黄金平价为依据,例如布雷顿森林体系下的货币汇率。布雷顿森林体系崩溃后,黄金的货币作用被削弱,官方汇率或者根据某种综合价格指数的对比而确定,或者根据某种"货币篮子"的变动而确定,或者根据某种"关键货币"的变动而确定。官方汇率有的是单一汇率,有的是复汇率(多重汇率)。

中国经济发展进程中,人民币的官方汇率经历了各种变迁。改革开放前,中国的汇率体制经历了新中国成立初期的单一浮动汇率制(1949~1952年)、20世纪五六十年代的单一固定汇率制(1953~1972年)和布雷顿森林体系后以"一篮子货币"计算的单一浮动汇率制(1973~1980年)。党的十一届三中全会以后,为鼓励外贸企业出口的积极性,汇率体制从单一汇率制转为双重汇率制。经历了官方汇率与贸易外汇内部结算价并存(1981~1984年)和官方汇率与外汇调剂价格并存(1985~1993年)两个汇率双轨制时期。

以外汇留成制为基础的外汇调剂市场的发展,对促进企业出口创汇、外商投资企业的外汇收支平衡和中央银行调节货币流通均起到了积极的作用。但随着我国改革开放的不断深入,官方汇率与外汇调剂价格并存的人民币双轨制的弊端逐渐显现出来。一方面,多种汇率的并存,造成了外汇市场秩序混乱,助长了投机;另一方面,长期外汇黑市的存在不利于人民币汇率的稳定和人民币的信誉。外汇体制改革的迫切性日益突出。

1993年12月,国务院正式颁布了《关于进一步改革外汇管理体制的通知》,采取了一系列重要措施,具体包括:实现人民币官方汇率和外汇调剂价格并轨;建立以市场供求为基础的、单一的、有管理的浮动汇率制;取消外汇留成,实行结售汇制度;建立全国统一的外汇交易市场等。1994年1月1日,人民币官方汇率与外汇调剂价格正式并轨,开始实行以市场供求为基础的、单一的、有管理的浮动汇率制。企业和个人按规定向银行买卖外汇,银行进入银行间外汇市场进行交易,形成市场汇率。中央银行设定一定的汇率浮动范围,并通过调控市场保持人民币汇率稳定。自2005年7月21日起,我国开始实行以市场供求为基础、参考"一篮子货币"进行调节、有管理的浮动汇率制度。

人民币汇率不再钉住单一美元，而是参照"一篮子货币"、根据市场供求关系来进行浮动。这里的"一篮子货币"，是指按照我国对外经济发展的实际情况，选择若干种主要货币，赋予相应的权重，组成一个货币篮子。同时，根据国内外经济金融形势，以市场供求为基础，参考"一篮子货币"计算人民币多边汇率指数的变化，对人民币汇率进行管理和调节，维护人民币汇率在合理均衡水平上基本稳定，据此形成有管理的浮动汇率。这将有利于增加汇率弹性，抑制单边投机，维护多边汇率稳定。

中国人民银行于每个工作日闭市后公布当日银行间外汇市场美元等交易货币对人民币汇率的收盘价，作为下一个工作日该货币对人民币交易的中间价格。这一中间价格仍然是官方汇率，但已经具有市场汇率的意义。目前，每日银行间外汇市场美元对人民币的交易价仍在人民银行公布的美元交易中间价上下1%的幅度内浮动，非美元货币对人民币的交易价在人民银行公布的该货币交易中间价3%的幅度内浮动率。推动官方汇率向市场汇率的根本转变，是未来中国外汇管理制度进一步改革的方向。

参考文献：

张碧琼：《国际金融管理学》，中国金融出版社2007年版。
夏南新：《中国官方汇率与黑市汇率的结构平稳性和联动性研究》，载于《数量经济技术经济研究》2007年第7期。
徐小松：《我国出口商品的需求弹性与人民币汇率的走向》，载于《经济问题探索》1993年第7期。

（张碧琼）

调剂市场汇率
Exchange Rates of Swap Market

调剂市场汇率是在官方汇率之外，由外汇调剂市场供求关系所形成的市场汇率。外汇调剂市场就是在官方市场之外，从事外汇额度买卖和借贷的最原始的外汇市场。1979年以前，中国对外汇实行统收统支的管理体制。出口收入全部结售给国家指定银行，企业用汇由国家计划安排。改革开放以后，我国在外汇分配方面实行了外汇留成制度，地方、部门、企业有了自行使用外汇的权力，但同时也产生了一些单位外汇有余，急需使用人民币；另一些单位外汇短缺的结构性不平衡现象，即在经济生活中出现了调剂外汇余

调剂市场汇率

缺的客观要求。

1979年开始,我国实行钉住"一篮子货币"的固定汇率制度,同时施行适用于外贸的内部结算价,各地企业多余的外汇可到官办的外汇调剂市场交易,在官方汇率之外,又产生了调剂汇率,形成了官方汇率与外汇调剂市场汇率并存的双轨格局。例如,从1981年1月到1984年12月期间,我国贸易外汇汇率1美元=2.80元人民币;官方牌价即非贸易外汇汇率1美元=1.50元人民币。前者主要适用于进出口贸易及贸易从属费用的结算;后者主要适用于非贸易外汇的兑换和结算。

1980年10月以后,国家批准允许通过中国银行及其分行进行外汇调剂,标志着我国外汇调剂市场雏形已经产生,随后中国银行在各主要城市陆续开办了外汇调剂业务。当时参加外汇调剂的单位仅限于国营、集体所有制的企、事业单位;调剂范围为各企、事业单位及地方部门的留成外汇;主要鼓励进料加工和轻纺增产所需物资的进口以及科技、文教、医药卫生、工农业生产急需的仪器设备的进口;调剂价格以美元兑人民币的贸易内部结算价(1美元折合2.80元人民币)为基础,并在10%的浮动幅度内,由买卖双方议定。

1985年年底,首先在深圳,随后在其他几个经济特区陆续设立了外汇调剂中心。1986年10月公布了《国务院关于鼓励外商投资的规定》,在经济特区和主要沿海城市允许外商投资企业通过外汇管理部门买卖外汇;提高了外汇调剂价格,规定1美元外汇留成额度价格为1元人民币,现汇调剂最高限价为4.20元人民币,经济特区、海南行政区、外商投资企业的外汇调剂陆续放开了价格,由买卖双方自由议定;继深圳等经济特区之后,各省、自治区、直辖市以及计划单列城市都设立了外汇调剂中心或外汇交易所。

根据国家外汇管理局《外汇调剂市场管理规定》,外汇调剂中心是由国家外汇管理局领导和管理下的经营外汇调剂业务的法定外汇交易机构。外汇调剂中心办理外汇调剂业务可以向买卖双方收取手续费。手续费的收取标准由国家外汇管理局等有关部门确定。经国家外汇管理局批准,外汇调剂中心可开办人民币与美元、港币、日元、英镑、德国马克和法国法郎等货币间的外汇交易业务,外汇调剂中心本身不得进行外汇买卖。经国家外汇管理局批准,下列外汇可在外汇调剂市场卖出:各项留成外汇、外商投资企业的外汇、捐赠外汇以及经国家外汇管理局批准的其他外汇。经国家外汇管理局批准,符合调剂外汇用汇投向指导序列的用汇,可以通过外汇调剂市场买入。经国家外汇管理局批准,金融机构可以代理客户在外汇调剂市场买卖外汇。

调剂外汇的价格（市场汇率）根据市场供求状况浮动。

到1987年年底，我国外汇收支总额已达700多亿美元。外汇储备总额已由1981年的66.1亿美元，增加到1988年的175.5亿美元。为了适应我国进一步对外开放和加速发展对外贸易的需要，1988年年初，国务院决定全面推行对外贸易承包经营责任制，要求国家外汇管理局进一步做好外汇调剂工作，适应外贸体制改革的需要。1988年起增加外汇留成比例，普遍设立外汇调剂中心，放开调剂市场汇率。1980年10月至1993年12月30日，外汇调剂市场与官方外汇市场并存，从而形成两个市场、两个汇价并存的局面。调剂汇价与调剂市场所起的作用日益增大，1993年年底调剂外汇市场的成交额占我国进出口外汇成交额的80%。

我国外汇调剂市场虽然是初级外汇市场，但它对国民经济的发展已经起到了积极的推动作用。首先，通过调剂外汇余缺、弥补企业亏损，调动了地方、部门、企业的创汇积极性，促进了外贸承包经营责任制的顺利推行和外贸出口稳定增长；其次，通过外汇的横向融通，促进了外汇资源合理配置，提高了外汇使用效益；此外，有利于外商投资企业解决外汇平衡，在一定程度上改善了外商投资环境，推动了外商投资企业发展。但调剂市场与官方外汇市场并存，不能形成公开统一的外汇市场，不利于我国向市场经济体制过渡。而且，两个汇率的并存，也不符合国际货币基金组织对成员国的有关规定，不利于扩大国际经济金融合作。

1994年，中国外汇管理体制进行了重大改革，人民币官方汇率与外汇调剂价并轨。在汇率双轨制时，官方汇率1美元兑换人民币5.8元，调剂市场汇率1美元兑换人民币8.70元左右。从1994年1月1日起，将这两种汇率合并，实行单一汇率，人民币对美元的汇率定1美元兑换8.7元人民币。至此，调剂市场汇率完成了以外汇市场供求为基础的单一的有管理的浮动汇率的转身。

参考文献：

张礼卿：《国际金融》，高等教育出版社2011年版。

胡晓炼：《人民币汇率形成机制改革的成功实践》，载于《中国金融》2010年第16期。

曹守年：《国家平抑外汇市场调剂汇率趋稳》，载于《中国经济信息》1994年第1期。

（张碧琼）

汇率并轨
Unification of Dual-Track Exchange Rates

汇率并轨，作为一个具有特定内涵的专用名词，是指根据1994年初实施的外汇管理体制重大改革方案，中国外汇管理部门将原先同时并存的"调剂市场汇率"和"官方汇率"合二为一的事件。这是一个具有重大历史意义的改革，标志着人民币汇率制度结束了长达10多年"双轨制"时代，开始走向以市场为基础的、单一的、有管理的浮动汇率制度安排。

在改革开放初期（1978~1986年），为了减少美元等国际通货之间的汇率变动对我进出口贸易造成不利影响，人民币官方汇率实行了钉住包括美元在内的"一篮子货币"的方针。这一时期，当篮子内货币的上下浮动幅度未达到我国规定的调整限度时，人民币官方汇率保持不变；反之，如果超过调整限度，人民币官方汇率便适当小幅调整。针对20世纪80年代上半期国内物价逐步上升的势头，为了更好地调节进出口贸易，人民币于1985年进行了一次大幅度的法定贬值，即从1981年的1美元合1.53元人民币贬值为2.80元人民币。

1986年6月至1993年12月，人民币官方汇率改为钉住美元制，即人民币对美元的汇率在一定时期内基本固定，同时与其他外国货币之间的汇率则随美元与这些货币的汇率变动进行同步调整。由于这一时期国内物价持续上涨，为了鼓励出口，人民币官方汇率分别于1986年7月、1989年12月和1990年11月实行法定贬值，即由1美元和2.80元人民币先后下调至3.70元、4.72元和5.22元人民币。自1991年4月起，又多次进行了小幅调整，至1993年年底，1美元约合5.70元人民币。

从20世纪70年代末至1993年年底，由于面临较为严重的通货膨胀，相对稳定的人民币官方汇率时常处于高估状态，甚至出现了"出口越多，亏损越大"的局面。为了鼓励出口企业的创汇积极性，1980年至1985年，当局实行了贸易内部结算价（1美元折合2.8元人民币）。1985年，由于人民币官方汇率一次性贬值至1美元折合2.8元人民币，贸易内部结算价自动消失。1985年至1993年年底，在外贸企业外汇留成制度的基础上，当局允许拥有留成外汇额度但暂时无使用需求的企业将额度按照市场原则调剂给其他企业。因这类调剂而形成的市场被称为外汇额度调剂市场，其价格则被称为额度调剂价格（该价格仅仅是针对额度交易形成的价格，而不是调剂市场汇率。当企业通过这个市场有偿获得其所需的额度后，它还得按照人民币官方汇率去购买其所需的外汇。因此，额度调剂价格仅仅是调剂市场汇率的一部分。完整的调剂市场汇率应该是额度调剂价格和人民币官方汇率这两个部分之和）。由于这些年的国内外汇需求旺盛，额度调剂价格不断攀升，调剂市场汇率也随之上升。截至1993年年底，调剂市场汇率升至1美元折合8.7元人民币，比当时的官方汇率高出3元左右。

无论是贸易内部结算价还是调剂市场汇率，它们的存在都使人民币汇率安排具有"复汇率"的特征。复汇率制度是一种带有歧视性质的做法，不利于国际经济与贸易活动的公平进行，也相容易引起投机套汇。因此，为了完善社会主义市场经济制度，积极融入国际经济一体化的进程，在1994年年初实施外汇体制重大改革之际，当局决定将调剂市场汇率和官方汇率合二为一，即实行汇率并轨，明确提出人民币汇率制度将是"以市场为基础的、单一的、有管理的浮动汇率制度"。

汇率并轨之后，由于多项相关措施的同时实施，人民币汇率并没有出现过于剧烈的波动，而是保持着"稳重趋升"的良好势头。这些措施包括：第一，通过银行结售汇、外汇指定银行的头寸上限管理，政府有效地控制了企业、银行和个人对于外汇的供给和需求，从而在根本上限制了人民币汇率的浮动幅度。根据银行结售汇制度，国内出口企业不再需要向当局上缴外汇，也不按比例取得留成额度，但必须将出口收入于当日全额结售给外汇指定银行（即不能保留现汇账户）。为了防止可能出现的外汇超额需要，以及由此产生人民币的贬值压力，中国人民银行对各外汇指定银行实行了结售汇周转头寸的上限控制，即超过上限的外币头寸必须于当日及时出售给中国人民银行。第二，在银行间外汇市场上，通过向外汇指定银行提供基准汇率并要求其遵守浮动区间限制，政府从操作层面进一步控制了人民币汇率的浮动可能性。根据有关规定，中国人民银行将根据前一日银行间外汇市场的加权平均价，公布当日人民币汇率基准汇率（中间价）；各外汇指定银行以此为依据，在中国人民银行规定的浮动范围（美元为0.25%，港元和日元为1%，欧元为10%）内自行挂牌确定对客户买卖外汇的汇率。第三，中国人民银行自始至终对外汇市场进行着强有力的干预，通过适时的入市干预，将人民币汇率有效地控制在合理的范围之内。

总之，1994年年初的人民币汇率并轨改革取得了圆满成功，成为中国经济体制诸多改革中的一个亮点，也为几年后中国成功加入世界贸易组织创造了有利的条件。

（张礼卿）

有效汇率
Effective Exchange Rate

有效汇率分为名义有效汇率和实际有效汇率。名义有效汇率是指一种货币与全球其他所有货币的综合兑换率。它与日常所说的（双边名义）汇率的主要区别在于，双边名义汇率是一对一的关系，反映的是一种货币购买另一种货币的价格；而名义有效汇率是一对多的关系，反映的是一种货币购买一篮子其他货币的价格。因此，一国的名义有效汇率贬值说明，该国的货币购买一篮子国外货币的购买力下降；反之，名义有效汇率升值说明，该国的货币购买一篮子外国货币的购买力上升。

通常，名义有效汇率的计算公式是：$NEER_j = \sum_{i \in I} w_i S_{ij}$。其中 S_{ij} 表示兑换 1 单位货币 i 所需的货币 j 的数量，即双边名义汇率，w_i 表示权重，$\sum_{i \in I} w_i = 1$。权重根据不同的目的会有所不同。较常用的确定权重的方法有，根据双边贸易规模的大小确定，根据各国的相对经济总量确定。此外，计算不同时期的名义有效汇率时，权重可以选取可变权重和不变权重进行计算。可变权重可以根据每一期贸易规模或者经济规模的动态变化进行调整。不变权重则在初期选定一组权重后，在计算以后各期的名义有效汇率时，不进行调整。

实际有效汇率是在名义有效汇率的基础上剔除国内外物价水平的相对变化。实际有效汇率反映一国的商品与全球其他所有国家商品的综合兑换率，即一国的商品购买全球各国商品组成的一篮子商品的购买力。因此，从宏观上来说，实际有效汇率反映该国对外的实际购买力。实际有效汇率升值，该国在国际上的购买力就上升；实际有效汇率贬值，该国在国际上的购买力就下降。实际有效汇率的计算公式是：$REER_j = \sum_{i \in I} w_i S_{ij} P_i / P_j$，其中 P_i 表示 i 国的物价水平。

在实际使用中，通常计算名义（或实际）有效汇率指数来反映货币综合兑换率的变化和一国实际购买力的变化。因此，该指数的绝对值并没有实际意义，不能用绝对值的横向比较来说明不同货币之间的购买力差异和各国实际购买力的差异。该指数只有相对变化才有意义。该指数的相对变化反映了一国货币或者商品的全球购买力在一段时期内的变动。

实际有效汇率是一个比名义有效汇率更加有用的变量。因为名义有效汇率是名义变量，它的变化很大程度上受到一国货币供应变化的影响，而实际有效汇率的变化反映的是国内外经济基本面的相对变化。一个经济成长较快的国家，通常会出现实际有效汇率的升值。这种升值很大程度上与巴拉萨—萨缪尔森效应有关。这一点在中国改革开放以来的经济发展中得到了体现。国际清算银行计算的实际有效汇率指数显示，中国2011年的实际有效汇率相对于1994年升值幅度达到48%。这是中国经济快速成长带来的变化。

参考文献：

卢锋：《解读人民币实际汇率之谜（1978~2005）——人民币实际汇率长期走势研究之五》，北京大学中国经济研究中心工作论文No. C2006012，2006年。

Klau, Marc, and San Sau Fung, The New BIS Effective Exchange Rate Indices, *BIS Quarterly Review*, March 2006.

Dubas, Justin, Byung-Joo Lee, and Nelson Mark, Effective Exchange Rate Classifications and Growth, NBER Working Paper, No. 11272, 2005.

Rhomberg Rudolf, Indices of Effective Exchange Rates, Staff Papers, International Monetary Fund, 23 (1), 1976.

（黄志刚）

购买力平价
Purchasing Power Parity

购买力平价理论是最古老的汇率决定理论，尽管该思想早在古典经济学者中就有提及，通常认为是卡塞尔在1918年将其正式提出。购买力平价有两个版本：绝对购买力平价和相对购买力平价。绝对购买力平价是指两国间的双边名义汇率等于两国的物价水平之比。即一种货币在国内的购买力的下降（表现为物价水平的上升）会引起该货币在外汇市场上等比例的贬值；而货币在国内购买力的上升则引起相应的货币升值。相对购买力平价是指，在任何一段时期内，两种双边名义汇率变化率等于同时期两国国内物价水平变化率之差。因此，绝对购买力反映的是两国物价水平与汇率水平之间的关系，相对购买力平价反映的是物价水平变动与汇率水平变动之间的关系。

论证购买力平价理论有多种逻辑。第一种观点主要是建立在"一价定律"上。一价定律认为，在一个无摩擦的经济中，国际间的商品套利会使得同一种商品在不同国家的价格相等。如果两国生产的商品完全相同，并且都是可以自由贸易的,那么一价定律直接等价于购买力平价理论。第二种观点认为,即使一价定律不成立,购买力平价也可能成立。因为在一个自由市场中,人们总是用货币的购买力来评价一种货币的价值。因此,人们在追求高购买力货币的过程中,购买力平价会自动实现。第三种观点从生产成本指数出发论证购买力平价,认为国际竞争和工业的国际化是实现购买力平价的原动力。第四种观点从实际利率均等、费雪方程和利率平价的关系论证购买力平价,提出事前购买力平价关系,即通货膨胀差异等于期望的汇率变化。

在实际运用中,相对购买力平价比绝对购买力平价更有用。绝对购买力平价要求各国的物价水平计算时采用同样篮子的商品。由于各国政府计算的物价水平所有的篮子存在很大差异,实际使用中不得不另行计算。而相对购买力平价正确反映了汇率变化与通货膨胀差异之间的关系,即使两个国家为计算各自物价水平所选的商品篮子不同时也能进行很好的比较。相对购买力平价之所以重要,是因为当绝对购买力平价不成立时,它还可能成立。只要那些使得实际情况偏离绝对购买力平价的因素不随时间变化,相对物价水平的变化仍然能大体等于汇率的变化率。

在现实中,购买力平价理论并不是一个预测汇率的好理论。经验表明,市场汇率经常性的偏离购买力平价决定的汇率水平。有一种共识认为,尽管购买力平价理论不能决定短期汇率的走势,但是在长期中,汇率具有向购买力平价收敛的趋势。然而,也有很多经验表明,市场汇率偏离购买力平价不仅是经常性的,而且还具有长期性。因此,即使作为一种解释汇率长期运动的理论,购买力平价的作用也显得非常有限。

参考文献:

卢锋:《解读人民币实际汇率之谜(1978~2005)——人民币实际汇率长期走势研究之五》,北京大学中国经济研究中心工作论文 No. C2006012,2006年。

Balassa, Bela, The Purchasing Power Parity Doctrine: A Reappraisal, *Journal of Political Economy*, 72 (6), 1964.

Dornbusch, Rudiger, Purchasing Power Parity, *The New Palgrave Dictionary of Economics*, Macmillan, 1986.

Rogoff, Kenneth, The Purchasing Power Parity Puzzle, *Journal of Economic Literature*, 34 (2), 1996.

(黄志刚)

利率平价
Interest Rate Parity

利率平价是一种汇率决定理论，它反映汇率变动与利率之间的关系。利率平价分为抛补利率平价和非抛补利率平价。抛补利率平价是指汇率的远期升贴水率等于国内外利率差，用公式表示是：$(F-S)/S = r - r^*$，公式左边是汇率的远期升贴水率，右边是国内外利差。抛补利率平价也是外汇市场的无风险套利均衡条件，它反映了在市场均衡时，持有两种货币收益完全相等这一事实。

抛补利率平价为外汇市场参与者提供了避免外汇风险的手段。对于一个参与者来说，只要购买与持有的外汇或者与即将收到的外汇具有同等数量的远期外汇合约，就能锁定未来汇率的兑换率。在抛补利率平价下，他持有的外汇或即将收到的外汇与持有本国货币具有完全相同的收益，从而避免了汇率变化带来的风险。

非抛补的利率平价是指汇率的预期变化等于国内外利差，用公式表示是：$(S^e - S)/S = r - r^*$，公式左边是汇率的预期变化率。在理性预期的角度，未来汇率的预期值应该等于远期汇率，即 $S^e = F$。因此形式上抛补利率平价与非抛补利率平价是相同的。但是，由于未来的即期汇率实现之前，还会出现各种影响汇率变化的没有预期到的事件发生，因此未来的预期汇率与未来的即期汇率并不一定相等。采用非抛补方式进行外汇买卖，将仍然面临汇率风险。非抛补利率平价可以作为一种外汇投机的工具。对于单个投机者来说，当他预期到非抛补利率平价不成立时，可以进行外汇投机获取汇率变化带来的收益。但是，该收益必须建立在投机者预期正确的基础上。

利率平价成立必须建立在自由交易的外汇市场上。它是大量市场参与者自由交易的结果。经验研究表明，抛补利率平价通常都成立；但非抛补利率平价是否成立受到很大的怀疑。汇率变化的历史数据表明，即期汇率的波动性大大高于远期汇率的波动性，即远期汇率对未来即期汇率的预测能力很差。另外，到底是利差决定了远期汇率，还是市场参与者对未来汇率的预期决定了远期汇率仍然是一个存在争议的问题。

对于受到政府干预的外汇市场，利率平价通常不成立。因为受到资本管制的影响，资本流动受到限制，所以外汇市场的套利机会无法通过外汇供给和需求的自发调整来消除。中国一直以来采取的资本管制制度，使得利率平价长期来处于不成立的状态下。然而,利率平价不成立时,资本总是有动机进行套利。20世纪90年代大量资本外逃和新千年以来持续的短期资本(热钱)非法流入就是这种情形下的必然结果。

参考文献:

Aliber, Robert, The Interest Rate Parity Theorem: A Reinterpretation, *Journal of Political Economy*, 81 (6), 1973.

Gandolfo, Giancarlo, *International Economics* II: *International Monetary Theory and Open-Economy Macroeconomics*, 2ed, Springer-Verlag, 1995.

Hallwood, C., and Ronald MacDonald, *International Money and Finance*, Blackwell Publishing, 2000.

(黄志刚)

汇率制度
Exchange Rate System

汇率制度也称为汇率安排,是指一国货币当局独自或通过加入国际协定的方式,对本币汇率的确定、维持和调整所做的系统性安排。

在标准的教科书中,为了便于进行理论分析,汇率制度通常被分为固定汇率制度和浮动汇率制度两大基本类型。而在现实中,对于汇率制度的分类往往更为细致和具体。自19世纪中期以来,世界各国先后经历了金本位时期的固定汇率制度、布雷顿森林体系下的固定汇率制度(可调整的钉住汇率制度)和牙买加体系下的浮动汇率制度。应该说,前两个时期的固定汇率制度相对单一,各国的做法基本一致。但是,自20世纪70年代初期起,虽然全球总体上进入了浮动汇率制度时代,但各国的汇率制度则呈现出多元化的趋势,而且出现了官方宣称的制度特征与实际运行的不相符合的情况。据国际货币基金组织于1999年提出的最新分类方法,世界各国的汇率制度可以分为八种类别,即:(1)放弃本国的法定货币;(2)货币局制度;(3)钉住单一货币;(4)钉住"一篮子货币";(5)水平波幅内的钉住汇率;(6)爬行钉住;(7)有管理的浮动;(8)自由浮动。参见表1。

表1　　　　　　　　　　　汇率制度的类型

汇率制度	主要特征	实行国家
1. 放弃本国的法定货币	使用外国货币作为法定货币（legal tender）	共41个国家，包括：厄瓜多尔、萨尔瓦多、巴拿马等
2. 货币局制度	以法律形式实行固定汇率，当货币发行量增加时，同比例增加相应的外汇储备	共7个国家，包括：爱沙尼亚、保加利亚、文莱等
3. 钉住单一货币	钉住某一主要货币，通常为美元，货币当局干预非常频繁，汇率波幅低于1%	共33个国家，包括：马来西亚、乌克兰、沙特、委内瑞拉、尼泊尔、中国等
4. 钉住一篮子货币	货币篮子通常是由该国主要的贸易伙伴国货币组成的。货币的权数反映了该国贸易、服务和资本流动的国别分布	共8个国家，包括：斐济、拉脱维亚、摩洛哥、博茨瓦纳、利比亚、马耳他、萨摩亚群岛、瓦努阿图
5. 水平波幅内的钉住汇率	汇率波幅通常超过1%	共6个国家，包括：塞浦路斯、匈牙利、丹麦、斯洛文尼亚等
6. 爬行钉住	定期以固定微小幅度调整汇率，或根据本国与主要贸易伙伴国的通胀差异调整汇率	共6个国家，包括：玻利维亚、哥斯达黎加、洪都拉斯、突尼斯、所罗门群岛、尼加拉瓜
7. 有管理的浮动汇率	货币当局干预外汇市场的目的不是为了干预汇率的长期走势，事先也没有特定的目标	共51个国家，包括：阿根廷、印度尼西亚、泰国、印度、俄罗斯、越南、巴基斯坦、新加坡等
8. 自由浮动	汇率由市场决定，货币当局干预的目的仅限于防止汇率过度波动	共35个国家，包括：美国、英国、智利、波兰、菲律宾等

资料来源：国际货币基金组织：《汇兑安排与汇兑限制年报》（2004）。

进入20世纪的最后10年，关于汇率制度研究的最重要进展之一是针对汇率制度选择是否正在出现"两极化"趋势的讨论。一些经济学家对上述八种汇率制度做了进一步的划分，他们将最前面两类归为"固定汇率"或"硬钉住"类型，最后面两类归为"浮动汇率"类型，而其余的则归为"中间汇率"或"软钉住"类型（Fischer，2001）。依据这样的划分，他们认为，在国际资本流动高度发达的情况下，新兴市场经济体的汇率制度选择将逐渐转向"两极化"，即要么采用自由浮动的汇率制度，要么采用具有非常强硬承诺机制的"硬钉住"类型的固定汇率制（如货币联盟和货币局制度）。任何中间汇率制度，包括软的钉住汇率制如可调节的钉住爬行钉住、幅度（目标）汇率制以及管理浮动制等都是不稳定的，而且容易招致金融危机。作为两极汇率制度的主要倡导者，巴里·埃森格林（Barry Eichengreen，2001）认为，唯一可持久的汇率制度是自由浮动制或具有非常强硬承诺机制的固定汇率制，在21世纪介于两者之间的中间汇率制度将会消失。

尽管"硬钉住"汇率制度为决策者提供了易于操作和透明的目标，有助于提高公信力，但这种安排也会严重制约一国的货币政策独立性。而完全自由浮动的汇率制度虽有助于保持一国货币政策独立性，并且便于隔离外部冲击和消除实际经济波动，但汇率的频繁波动则会明显增大企业从事国际贸易和投资的汇率风险，扩大微观经济主体经营活动的不确定性。因此，与汇率制度选择"两极化"观点相对立，以约翰·威廉姆森（John Williamson，2000）为代表的一些经济学家则强调，如果能对国际资本流动进行必要的控制，那么中间汇率制度安排仍将长期存在下去。

自1978年改革开放以来，人民币的汇率制度经历了许多变革和创新，但总体上仍然相对缺乏弹性。从中长期看，进一步提高人民币汇率安排的弹性是一种难以避免的趋势。这是发挥更好地汇率在国际收支调节过程中的作用，以及保持我国货币政策独立性的必然要求。当中国经济深度融入全球经济之后，更多地发挥汇率杠杆的作用不可避免。这是因为，在可供选择的各类国际收支调节工具中，最具直接影响的当属贸易管制、外汇管制和汇率调整这三类（在资本高度自由流动的国家，利率也有明显的影响）。在贸易管制可用、外汇管制严格并且有效的情况下，汇率对国际收支的调节作用可以不占重要地位。事实上，在改革开放后的前20年里，中国国际收支的调节便主要依靠贸易和外汇管制。但是，当贸易管制大幅度放松、外汇管制逐渐放松或者在事实上已经变得十分低效并且成本巨大的时候，汇率的主导性调节地位就呼之欲出了。

扩大人民币汇率安排弹性的另一个重要原因，是维持中国货币政策的独立性。根据"蒙代尔不可能三角"，任何开放经济体都无法同时实现汇率稳定、货币政策独立和资本自由流动这三个政策目标，而只能选择其中之二。目前，中国仍然维持着较为严格的资本管制，因此，同时实现汇率稳定和货币政策独立性的冲突似乎并不明显。但是，伴随着资本管制的逐步放松，这种冲突势必会加剧。中国是一个发展中大国，在一个相当长的时间里，维持货币政策的独立性具有极为重要的意义。因此，当资本账户逐步开放后，只有相应地提高人民币汇率安排的弹性，才能使中国的货币政策继续保持独立性。

进一步扩大人民币汇率制度的弹性，将目前的"参考一篮子货币"改为弹性更大的"管理浮动汇率制"需要创造一些重要条件。其中，最为重要的是深化国内金融体制的改革。近年来，越来越多的研究表明，退出钉住安排能否取得成功在很大程度上与一国国内金融体系的健康状况密切相关。之所以密切相关，是因为在一个较为脆弱的金融体系内，汇率的频繁波动会通过企业"资产负债表效应"拖累银行部门，使银行的不良资产问题变得更为严重。具体地讲，无论是升值还是贬值，都会使一部分企业的资产负债状况恶化，从而导致其债权银行的问题贷款增加。以中国的情况而言，这一点无疑需要引起高度重视。在国内金融体系变得更为健康和稳固之前，人民币汇率制度的任何明显调整都会包含着巨大的风险。

参考文献：

Eichengreen B., What Problems Can Dollarization Solve?. *Journal of Policy Modeling*, 23, 2001.

Fischer, S., Exchange Rate Regimes: Is the Bipolar View Correct?, *Journal of Economic Perspectives*, Vol. 15, No. 2, spring 2001.

Frankel, J. Schmukler, S. and Servén, L., Verifiability and the Vanishing Intermediate Exchange Rate Regime. *In Brookings Trade Forum 2000*, ed. by Susan Collins and Dani Rodrik, The Brookings Institution.

Williamson, John, Exchange Rate Regimes for Emerging Markets: Reviving the Intermediate Option, Peterson Institute for International Economics, 2000.

（张礼卿）

直接标价与间接标价
Direct and Indirect Quotation

明确两种货币的汇率数值，首先要确定以本国货币还是以外国货币作为标准来表示两种货币的相对价格，因选择标准不同，产生两种不同的标价方法：直接标价法和间接标价法。

直接标价法，又称应付标价法，是以一定单位（1、100、1000、10000）

的外国货币为标准来计算应付出多少单位本国货币。就相当于计算购买一定单位外币所应付多少本币,所以就叫应付标价法。在国际外汇市场上,包括中国在内的世界上绝大多数国家目前都采用直接标价法。如人民币兑美元汇率为6.3050,即购买1美元须支付人民币6.3050元。

在直接标价法下,若一定单位的外币折合的本币数额比前期更多,则相对于前期汇率而言外币升值或本币贬值;反之,如果要用比原来较少的本币即能兑换到同一数额的外币,则相对于前期汇率而言外币贬值或本币升值。直接标价法与商品的买卖常识相似,例如美元的直接标价法就是把美元外汇作为买卖的商品,以美元为1单位,且单位是不变的,而作为货币一方的人民币,是变化的。一般商品的买卖也是这样,500元买进一件衣服,550元把它卖出去,赚了50元,商品没变,而货币却增加了。

间接标价法,又称应收标价法,是以一定单位(1、100、1000、10000)的本国货币为标准,来计算应收若干单位的外汇货币。在国际外汇市场上,欧元、英镑、澳元、新西兰元等均为间接标价法。如欧元兑美元汇率为1.2705,即1欧元可兑换1.2705美元。在间接标价法中,本国货币的数额保持不变,外国货币的数额随着本国货币币值的变化而变化。如果一定数额的本币能兑换的外币数额比前期少,这表明外币升值,本币贬值;反之,如果一定数额的本币能兑换的外币数额比前期多,则说明外币贬值,本币升值。由此可见,间接标价法与直接标价法下汇率变化的含义相反,所以在引用某种货币的汇率和说明其汇率高低涨跌时,必须明确采用哪种标价方法,以免混淆。

第二次世界大战后,美国成为世界上经济实力最强的国家,美元也因此成为国际经济交往中最主要的结算货币,许多商品如石油、咖啡、黄金都是以美元交易结算,外汇市场中美元交易占很大比例,所以世界主要金融中心都采用美元标价法。美元标价法又称纽约标价法,是指在纽约国际金融市场上,除对欧元、英镑、澳元和新西兰元用直接标价法外,对其他外国货币用间接标价法。

参考文献:
姜波克:《国际金融新编》,复旦大学出版社2007年版。
张碧琼:《国际金融管理学》,中国金融出版社2007年版。

(张碧琼)

金融机构体系

金融体系
Financial System

金融体系是指在促进资源配置过程中发挥作用的一系列组织机制,包括各种金融市场、金融工具、金融机构,以及维护和规范各组成部分的活动并发挥支持性作用的管理机构、规章制度。

理论文献中对金融体系的定义有许多不同表述,但其内涵一致。例如,英国的巴克尔与汤普森(Buckle and Thompson, 1998)的定义是"金融体系是一种提供融资手段与各种金融服务的、市场与机构的设置集合"。美国的博迪与莫顿(Bodie and Merton, 2002)的定义是"金融体系包括市场、中介、服务公司和其他用于实现家庭、企业及政府的金融决策的机构。"加拿大的尼夫(2005)提出"金融体系是一组市场、一些市场上交易的工具,以及为项目提供新资金的金融市场和金融中介……金融体系有助于一国经济的平稳运行,是一国经济发展中的一个极其重要的力量。"中国台湾李荣谦(2007)的定义是"金融体系是所有的金融中介、金融市场、金融工具,以及指导所有资金活动的金融管理规范。"

一般而言,在健康有活力的经济中都存在一个完善的、有效率的金融体系,这样的体系是经济增长的必要条件,同时,有活力的经济也会刺激金融体系的扩展。金融体系的基本框架包括以下内容:

有确定的交易场所。指各种经济主体进行金融交易的场所。确定的交易场所是有组织的金融市场体系的重要组成部分。在确定的交易场所内,不同的融资需求和融资条件形成不同的交易区域(即不同的交易场所),并有相应的工具对应。金融工具的种类、性质、数量反映出经济运行中盈余部门和赤字单位之间,以及金融机构和非金融机构之间错综复杂的关系。就一个具体的、特定的金融市场而言,市场可以是有形的,也可以是无形的。有形的金融市场一般有固定的交易场所,拥有特定的地理位置,如上海证券交易所、纽约证券交易所;无形的金融市场是指没有特定地点的交易市场,如股票、证券的柜台交易市场(即场外交易市场),往往是指全球范围内或在一定区域连接交易商及其客户计算机和远程通信系统的集合。

有明确的交易载体和交易价格。在相应的金融市场内,会有组织地发行可交易的金融工具。一方面，这些金融工具以书面法律文件形式存在，受到法律的约束和保护，避免了因融资载体自身不足而造成的融资补偿问题。另一方面，这些金融工具公开发行和销售，可以灵活转让，可以满足不同融资规模的需求，从而使最终借贷者克服了在期限、数量方面存在的障碍。此外，金融工具通过合理的价格机制，确定适当价格（即利率），从而既保证了资金借贷交易的统一性，又保证了交易的规范性，便于维护金融交易的秩序。

有多元化的金融中介机构组织。金融工具的存在直接为资金借贷交易提供了载体，但这一载体并非凭空而生，是由一定的金融中介机构直接创造出来或辅助创造出来的。在有组织的金融市场体系中，在相应的金融市场内部，存在许多种类的金融机构。其中有些金融机构提供辅助金融服务，帮助企业通过股权凭证和债权凭证的发行和销售，直接向社会储蓄部门进行筹资；有些金融机构则直接承载资金转移，如商业银行、保险公司、养老基金等（其中，人们关注最多的是商业银行）先发行某种类型的间接融资证券，吸收储蓄部门的剩余资金，而后再将资金运用到需要投资的部门，帮助企业间接完成向储蓄部门的融资。概括而言，各种金融机构通过从事两方面基本活动，推动融资：一方面创造各种金融工具以便利金融交易，另一方面又参与金融工具的买卖实现其自身作为独立经济实体对利益的追求。无论是哪一种类型的金融中介机构，通过各自的专业化运作和规模化经营，都直接或间接充当了资金剩余单位与资金短缺单位进行资金交易的中介载体。事实上，金融机构概念的内涵一直处于不断地深化和丰富之中。

有规范交易的各项金融法规以及监管机构。在金融交易中，各微观主体的利益不同，交易的出发点和选择的交易手段会有不同，从而使交易过程所面临的风险及其产生的危害或程度也有所不同。因而在有组织的金融体系中，除强调交易主体的自律性，还专设各种监管机构，并为各种金融交易制定一定规则，比如各种对金融交易进行规范和支持性的管理规定；各种为防止金融交易欺诈行为或极度风险的专门性法规建设。

参考文献：

[美] 兹维·博迪、[美] 罗伯特·C·莫顿：《金融学》，高等教育出版社2002年影印版。

[美] 尼夫：《金融体系：原理和组织》，中国人民大学出版社2005年版。

李荣谦：《货币银行学》，台湾智胜文化事业有限公司2007年版。

马丽娟:《金融市场、金融机构与工具》,中国人民大学出版社 2009 年版。
Buckle and Thompson, *The UK Financial System*: *Theory and Pratice*, Manchester University Press, 1998.

(马丽娟)

金融中介
Financial Intermediary

金融中介是指在经济金融活动中充当媒介体,为资金盈余者和资金需求者提供条件,促进资金从储蓄者向借款人转移,为金融活动提供相关辅助服务的组织。

在现代经济中,各类行为主体货币收入消费后的盈余形成储蓄,储蓄构成投资的来源,但储蓄与投资是两个相对分离的范畴,并不是自然联系在一起。于是,储蓄向投资的转化即融资成为经济运行中一个重要的问题,金融中介便是处于储蓄向投资转化的中间环节。随着经济的高度发展和金融活动的日益复杂,在现实经济金融活动中,金融机构在提供融资服务的同时,还提供着其他各类金融服务。在金融发展的早期阶段,充当金融中介的既有法人机构,也有自然人。特别是在民间借贷(一般是高利贷)中,自然人居中介绍并收取手续费的行为比较普遍。但随着金融发展和金融活动的规范化,除互相帮助性质的民间借贷行为以外,属于经济目的的民间借贷行为逐渐被各国法律所禁止,自然人便失去了充当金融中介的资格。因此,在现代金融体系中,金融活动一般不再包括民间借贷,尽管民间借贷在许多国家特别是在欠发达国家的边远地区仍然存在。相应地,在现代金融体系中,充当金融中介的都是具有法人资格的金融机构。

金融中介的定义口径有三个,即宽口径、中口径和窄口径。资金供需双方融资和其他金融活动的实现是一个过程,因此,从严格意义上讲,为资金供给者和需求者实现资金融通和其他金融活动而提供服务的金融机构、实现资金融通和其他金融活动的场所——各类金融市场,以及融资和其他金融活动的过程安排与机制等都应涵盖于金融中介的范畴之内。这是宽口径的定义和理解,也是在英文文献中经常使用的金融中介(Financial Intermediation)的内涵。但在现实金融活动中,融资和其他金融活动的过程安排及其运作机制是包括在金融机构的各种业务运作和各类金融市场的组织与运行之中,因此,金融中介又可从金融机构和金融市场两方面来定义,这是中等口径的定义法。由于金融市场有其复杂的组织方式和运行机理，特别是随着科技成果的广泛运用和各种复杂的金融工具定价方式的出现，金融市场已成为一个相对独立的研究范畴和专门的研究体系，因此，对金融中介又有了一个较窄的定义口径，即专指从事金融业务的各类金融机构，即英文文献中使用的 Financial Intermediary 或 Financial Institution。本条目采用窄口径定义法。在一般的行文中，金融中介、金融机构、金融中介机构基本上是通用的。

在目前所有的金融中介机构中，商业银行历史最悠久、规模和影响最大，它以接受存款、提供贷款和办理转账结算为基本业务，其他金融机构都是在商业银行发展和新兴业务发展基础上建立的，以致在历史上很长的时期内，"商业银行"或"银行"基本上是金融机构的代名词。

从中央银行货币控制角度出发，金融机构可分为存款货币机构和非存款货币机构，其中存款货币机构又可分为存款货币银行机构和特定存款机构。在中国人民银行颁布的《金融机构编码规范》中将存款货币机构分为银行业存款类金融机构（银行、城市信用合作社、农村信用合作社、农村资金互助社、财务公司）和银行业非存款类金融机构（信托公司、金融资产管理公司、金融租赁公司、汽车金融公司、贷款公司、货币经纪公司）。货币当局资产负债表与存款货币银行资产负债表合并形成货币概览，货币概览与特定存款机构资产负债表合并形成银行概览，一个国家的货币供应情况即可从货币概览和银行概览中得到反映。在国际货币基金组织的统计中，金融机构便是按这一标准分类。

从金融机构在金融活动中的业务特点和基本功能出发，可将金融机构划分为以下四大类：（1）商业银行及其他以融资业务为主的存款类金融中介机构，主要是商业银行、政策性银行、储蓄银行、城市信用合作社、农业信用合作社、财务公司、金融资产管理公司、金融信托投资公司、金融租赁公司等；（2）证券公司及其他以投资服务业务为主的投资类金融中介机构，主要有投资银行（证券公司）、投资基金管理公司、证券交易所等；（3）保险公司及其他以保障服务业务为主的保障类金融中介机构，主要指各类保险公司和养老基金等；（4）以金融信息咨询业务为主的信息咨询服务类中介机构，主要有信用评估公司、征信公司、会计师事务所、提供金融法律服务业务为主的律师事务所等。

参考文献：

［美］米什金：《货币金融学》，中国人民大学出版社1998年版。

［英］约翰·伊特韦尔等：《新帕尔格雷夫经济学大辞典》，经济科学出版社1996年版。

王广谦：《金融中介学》，高等教育出版社2011年版。

（马丽娟）

中央银行
Central Bank

中央银行是制定和执行货币政策、监督管理金融业、在金融体系中处于核心地位的特殊金融机构。

中央银行的历史起源，大致可以追溯到17世纪中后期。在此之前，习惯上称为商业银行的银行已经存在和发展了相当长的一个时期。此时，商品经济在欧洲已得到很大发展，货币关系与信用关系广泛存在于经济和社会体系之中。但这时的银行信用体系还很脆弱，银行券的分散发行由于其发行银行的经营和信誉问题使其被社会接受的程度差异很大，票据交换业务的迅速增长使其清算的速度减缓，许多银行因支付困难而破产倒闭使经济运行不断受到冲击，等等。一方面，这些矛盾的出现和不断积累为中央银行的产生提出了客观的内在要求。另一方面，国家对经济、金融管理的加强又为中央银行产生提供了外在动力。中央银行的产生便是这两种力量共同作用的结果。当国家通过法律或特殊规定对某家银行或新建一家银行赋予某些特权并要求其他所有银行和金融机构以及整个经济、社会体系接受该银行的这些特权时，中央银行制度便形成了，享有特定授权并承担特定责任的银行便成为中央银行。

在谈到最早的中央银行时，一般会提到瑞典银行和英格兰银行。瑞典银行成立于1656年，最初是一般的私营银行，1668年政府出面将其改组为国家银行，1897年，完成了向中央银行转变的关键一步。英格兰银行成立于1694年，虽然比瑞典银行的成立晚，按照中央银行的基本性质与特征及其在世界中央银行制度形成过程中的历史作用来看，英格兰银行则是最早全面发挥中央银行功能的银行。19世纪和20世纪初，在当时资本主义经济与金融比较发达的地区，出现了中央银行成立与发展的第一次高潮，许多国家的中央银行相继成立，法兰西银行、西班牙银行、德国国家银行、日本银行等就是成立于这一时期。1913年美国建立的联邦储备体系，是这一阶段最后形成的中央银行制度，同时也标志着中央银行初建阶段的基本结束。

从第一次世界大战开始到第二次世界大战结束的30多年间，一些新的国家走向独立，也有一些国家联为一体，因此中央银行的建立与重组亦随之变动较大。从1944年国际社会建立布雷顿森林货币体系到70年代初该体系解体的近30年间，中央银行制度的发展主要表现在两方面，一是欧美国家中央银行以国有化为主要内容的改组和加强，美洲少数前期未设立中央银行的国家在这一时期基本上也都建立了自己的中央银行；二是亚洲、非洲等新独立的国家普遍设立中央银行。这一时期新成立的中央银行绝大部分是由政府直接组建，并借鉴了欧美中央银行发展的经验，使中央银行直接具备了比较全面的现代中央银行的特征。经济和金融发展较晚的亚洲和非洲国家中央银行的普遍设立，完成了中央银行制度在全世界范围内的扩展。目前除极少数的殖民地、附属国外，几乎所有国家都设立了自己的中央银行，中央银行制度普遍成为世界各国的一项基本经济制度。

中国虽然在古代就有银钱业的发展，货币起源更可追溯至4000年前，但现代意义上的银行在中国却出现较晚，中央银行制度的萌芽也只能追溯到20世纪初。1904年清政府设立的户部银行，成为中国最早出现的具有部分中央银行职能的国家银行。1908年户部银行更名为大清银行，1912年改组为中国银行。1913年交通银行（1908年成立）也取得了法偿货币的资格以及"分理国库"的特权，实际上也就具有了部分中央银行职能。1924～1926年孙中山曾先后在广州和武汉成立过中央银行，但存在的时间都很短，并没有真正行使中央银行的基本职能。1927年南京国民政府成立，制定了《中央银行条例》，于1928年11月新成立了中央银行，同时对中国银行和交通银行进行了改组，规定中国银行为政府特许的"国际汇兑银行"，交通银行为政府特许的"发展全国实业之银行"。但这时中国银行和交通银行仍享有货币发行权。1933年成立的中国农民银行也具有发行兑换券的权力。1935年12月国民政府实行币制改革，规定以中央银行、中国银行、交通银行三家银行所发行的钞票为法定货币，其他商业银行的发行业务由这三家银行接收。中国农民银行虽未加入法币集团，但它发行的钞票仍准许与法币同时流通。法币改革在一定程度上确立了中央银行的特定职能，终结了中国货币同白银的联系，顺应经济发展的需要改行纸币，这是中国货币制度的一大进步。1937年7月，国民政府为应付战时金融紧急情况，成立了四行联合办事总处，1939年对四联总处进行了一次大的改组，由四行之间的联系机构改变为中国金融的最高决策机构。在这次改组中，中央银行的地位明显加强，1942年7月1日，四联总处对四家银行的业务又作了重新划分，货币发行权完全集中到了中央银行，代理国库、调剂金融市场，外汇储备和金银储备管理也集中到了中央银行。至此,中央银行的职能基本上健全起来。中国的中央银行制度得到了较大的发展。

在国民政府下中央银行制度发展的同时,共产党领导的革命根据地的中央银行也在建立和形成之中。1931年11月,在江西瑞金成立了中华苏维埃共和国临时中央政府,并于1932年2月成立了国家银行,该行享有发行货币的特权,并代理国库、代发公债及还本付息等中央银行及商业银行业务。在革命根据地建设中发挥了重要作用。

新中国的中央银行是中国人民银行。中国人民银行于1948年12月1日在原解放区的华北银行、北海银行和西北农民银行的基础上在石家庄建立,并在当日统一发行了第一套人民币。1949年2月,中国人民银行总行迁至北京,各解放区的银行逐步合并改组为中国人民银行的分行。中华人民共和国成立后,对国民政府时期的银行采取了不同的政策,由中国人民银行接管了原国家资本银行,取缔了外国在华银行的特权,整顿改造了民族资本银行,将全国的农业、工业、商业、短期信贷业务和城乡居民储蓄业务全部集中于中国人民银行,并在全国各地设立了中国人民银行的分支机构。作为发行的银行和政府的银行,中国人民银行成为新中国的中央银行。

中国人民银行成立和发展的过程中,经历了几个不同的历史阶段,新中国成立后不久至1978年年底以前,全国实际上只有中国人民银行一家银行,有些银行虽然在名义上存在,同时也还有农村信用社等金融机构,但这些银行和金融机构实际上没有独立的或真正意义上的银行业务,中国人民银行同时具有中央银行和商业银行的双重职能。1979~1983年,中国人民银行的双重职能开始逐步剥离,中央银行的职能逐步增强。1983年9月,国务院作出《关于中国人民银行专门行使中央银行职能的决定》,1984年1月1日,中国工商银行成立,中国人民银行承担的工商信贷、城乡储蓄等非中央银行业务划归工商银行,中国人民银行从双重职能转变为专门行使中央银行职能。1986年1月,国务院发布《中华人民共和国银行管理暂行条例》,首次以法规形式规定了中国人民银行作为中央银行的性质、地位与职能。1995年,《中华人民共和国中国人民银行法》的颁布实施,标志着中国现代中央银行制度正式形成并进入法制化发展的新阶段。

中央银行是特殊的金融机构。从中央银行业务活动的特点看,它是发行的银行、银行的银行和政府的银行。从中央银行发挥的作用看,它承担着监督管理普通金融机构和金融市场的重要使命,是货币供给的提供者和信用活动的调节者,负有重要的公共责任。因此,中央银行的性质既是为商业银行等普通金融机构和政府提供金融服务的特殊金融机构，又是制定和实施货币政策、监督管理金融业、规范与维护金融秩序、调控金融和经济运行的宏观管理部门。

中央银行的职责由中央银行的性质所决定，现代各国中央银行的职责大致相同。按照法律规定，中国人民银行履行下列职责：发布与履行其职责有关的命令和规章；依法制定和执行货币政策；发行人民币，管理人民币流通；监督管理银行间同业拆借市场和银行间债券市场；实施外汇管理，监督管理银行间外汇市场；监督管理黄金市场；持有、管理、经营国家外汇储备、黄金储备；经理国库；维护支付、清算系统的正常运行；指导、部署金融业反洗钱工作，负责反洗钱的资金监测；负责金融业的统计、调查、分析和预测；作为国家的中央银行，从事有关的国际金融活动；国务院规定的其他职责。

中央银行在履行自身职责时具有一定的独立性，即根据法律赋予的权力，在货币政策制定和实施中有一定的自主权。中央银行的独立性比较集中地反映在中央银行与政府的关系上。经过多年的争论和探讨，目前学术界对中央银行的独立性问题已逐步达成共识：中央银行应对政府保持一定的独立性，但这种独立性只能是相对的；与此同时中央银行还要处理好与各部门之间的关系。

参考文献：
黄达：《货币银行学》，中国人民大学出版社 2000 年版。
戴相龙：《中国人民银行五十年》，中国金融出版社 1998 年版。
盛慕杰：《中央银行学》，中国金融出版社 1989 年版。
黄达、刘鸿儒、张肖：《中国金融百科全书》，经济管理出版社 1990 年版。
［美］P. 金德尔伯格：《西欧金融史》，中国金融出版社 1991 年版。
［美］F. S. 米什金：《货币金融学》，中国人民大学出版社 1998 年版。
［美］本杰明·M·弗里德曼：《货币经济学手册》，经济科学出版社 2002 年版。

（王广谦）

商业银行
Commercial Bank

现代商业银行是以获取利润为经营目标、以多种金融资产和金融负债为经营对象、具有综合服务功能的金融企业。

早期的商业银行由于从事短期性商业融资而被称为"商业银行",但现代商业银行的业务范围早已超出工商业存、放款范畴。现代商业银行除经营传统的存款、贷款、汇兑业务外,还直接或间接经营证券、保险、信托等业务以及许多表外业务。商业银行逐渐成为综合性的"金融百货公司"。

现代商业银行是随着资本主义生产方式的产生和发展而逐步形成的。1694年英格兰银行的成立标志着现代商业银行的诞生。20世纪70年代以来,随着全球金融市场一体化趋势的增强,世界银行业竞争日益激烈,金融创新层出不穷,银行业务的传统界限逐渐被打破,很多国家对商业银行经营业务的限制趋于放松。现代商业银行在经济活动中发挥着信用中介、支付中介、信用创造、金融服务等基本职能,对整个社会经济生活发挥着重要的作用。

商业银行的业务基本上可以分为三类,即负债业务、资产业务和中间业务。负债业务是商业银行以自有资本为基础来吸收外来资金的业务,包括存款业务和借款业务(金融债券),其中最重要的业务是存款业务。商业银行存款业务按期限可分为活期存款、定期存款、储蓄存款三种类型。资产业务是商业银行运用自有资金和负债以获取收益为目的而开展的业务,主要由贷款和投资两部分组成,其中又以贷款业务为核心,商业银行贷款可分为短期贷款、长期贷款、抵押贷款、信用贷款等多种形式。中间业务是商业银行不运用自己的资金,代替客户办理款项收付和其他委托事项而收取手续费的业务。这三大类业务中,资金的存取贷放是商业银行最基本的业务,是其他各种业务的基础。

我国全国人大2003年12月通过修改的《商业银行法》第11条规定:"设立商业银行,应当经国务院银行业监督管理机构审查批准。未经国务院银行业监督管理机构批准,任何单位和个人不得从事吸收公众存款等商业银行业务,任何单位不得在名称中使用'银行'字样。"我国的金融业目前实行分业经营。商业银行不得从事信托投资和股票业务,不得投资于非自用不动产,不得向非银行金融机构和企业投资。

目前我国商业银行体系的构成大致有四类:一是国有大型商业银行,包括中国工商银行、中国农业银行、中国银行、中国建设银行以及交通银行;二是股份制商业银行,包括中信银行、光大银行、民生银行、招商银行等;三是城市商业银行,包括上海银行、北京银行、南京银行等;四是其他商业银行,主要有中国邮政储蓄银行、农村商业银行和外资银行等。

参考文献：

戴国强：《商业银行经营学》，高等教育出版社 2011 年版。

［美］彼得·S·罗斯、［美］西尔维亚·C·赫金斯：《商业银行管理》，机械工业出版社 2011 年版。

彭建刚：《商业银行管理学》，中国金融出版社 2009 年版。

（李俊峰）

股份制商业银行
Shareholding Commercial Bank

股份制商业银行指通过股份制方式筹集银行资本，并通过股份制公司形式进行经营管理的商业银行。在我国，主要是指与中国工商银行、中国建设银行、中国农业银行和中国银行这四大国有商业银行相区别的，在全国范围内开展业务的商业银行。

1986 年 7 月，国务院根据经济体制改革的需要，批准恢复设立交通银行。交通银行是我国第一家股份制商业银行。根据中国银行业监督管理委员会的统计标准，我国现有 12 家股份制商业银行，它们是中国光大银行、上海浦东发展银行、招商银行、华夏银行、中信银行、兴业银行、广东发展银行、深圳发展银行、中国民生银行、恒丰银行、浙商银行和渤海银行。

股份制商业银行体现了资本社会化性质，与社会主义市场经济体制相适应，与传统的国有商业银行相比，具备完善的公司治理结构，经营管理规范化。股份制商业银行从建立伊始，就脱离了各种行政隶属关系，以股东大会、董事会、监事会约束企业的经营行为，按照"自主经营、自担风险、自负盈亏、自我约束"的原则进行经营管理，在业务上不受或少受地方政府干预，具有很大的独立性。

我国股份制商业银行虽然起步较晚，但发展迅速，已成为我国银行体系中的重要组成部分，在金融系统的运作中发挥着填补国有银行资金利用空白、增强银行业竞争力、为中小企业融资、开拓多样化金融服务等重要的作用。

参考文献：

王力：《国有商业银行股份制改革》，社会科学文献出版社 2008 年版。

李浩：《股份制商业银行发展战略研究》，载于《金融研究》2005 年第 1 期。

（李俊峰）

城市商业银行
City Commercial Bank

城市商业银行是在城市信用合作社的基础上，由城市企业、居民和地方财政投资入股组成的股份制商业银行。其前身是城市合作银行。1995年9月，国务院发布了《国务院关于组建城市合作银行的通知》，开始在一些城市进行城市合作银行组建的试点工作，并明确提出城市合作银行的主要任务是"为本地区经济的发展，特别是城市中小企业的发展提供金融服务"。

之所以要在城市信用合作社的基础上组建城市合作银行，是基于当时存在的两种状况：一是伴随着市场经济体制改革的逐步推进，城市集体经济、个体经济实力不断发展壮大，但却缺乏正规金融的支持；二是当时全国有5000多家城市信用合作社，普遍存在规模小、风险大、资金成本高、业务经营违规多、经营管理混乱等问题，其中相当数量的城市信用合作社是由银行、政府或企事业单位组建的，合作性质十分淡薄，实质为面向社会经营的小型商业银行。在这种背景下，为解决城市信用合作社存在的问题，规避金融风险，发挥规模效应，国家决定在城市信用合作社清产核资的基础上，通过吸收地方财政、企业入股组建城市合作银行，依照商业银行经营原则为地方经济发展服务，为中小企业发展服务。组建后的城市合作银行实行"一级法人"体制，加入城市合作银行的城市信用合作社相应取消独立法人地位，成为城市合作银行的分支机构，其债权债务转为城市合作银行的债权债务。1998年，城市合作银行全部改名为城市商业银行。

城市商业银行在发展初期，普遍存在人员素质差、不良资产率高、经营不规范等问题，经营困难。通过多种方式处置不良资产、补充资本金、计提拨备、完善经营管理体制等一系列改革，城市商业银行的经营效益明显改善，抵御风险的能力有了较大的增强。经营地域的差异导致了城市商业银行的两极分化，北京、上海及江浙等发达城市的城市商业银行受惠于当地经济的良好与快速发展，规模扩展迅速，资产质量不断提高，其良好的经营状态又进一步促使其获得更多的资源与政策优惠，如北京银行2005年引进境外战略投资者、2006年获准跨区经营、2007年在上海证券交易所上市，之后，成立香港代表处、荷兰阿姆斯特丹代表处，发起设立国内首家消费金融公司——北银消费金融公司，合资设立中荷人寿保险公司等，截至2014年年底，北京银行资产总额达到1.52万亿元，不良贷款率为0.86%，在英国《银行家》杂志2014年最新公布的全球1000家大银行排名中，北京银行按一级资本排名第99位。但总体来说,与大型商业银行和股份制商业银行相比,城市商业银行仍普遍存在产品创新能力差、风险防范能力较弱等问题。

截至2014年年末,全国共有133家城市商业银行,资产总额为18.08万亿元,负债总额为16.84万亿元,所有者权益总额为1.25万亿元,城市商业银行已经成为我国商业银行体系的重要组成部分。

参考文献:
国务院:《国务院关于组建城市合作银行的通知》,1995年9月。
银行业监督管理委员会:《城市商业银行监管与发展纲要》,2004年11月5日。

(贾玉革)

农村商业银行
Rural Commercial Bank

农村商业银行是由辖内农民、农村工商户、企业法人和其他经济组织共同发起成立的股份制地方性金融机构。主要任务是为当地农民、农业和农村经济发展提供金融服务,促进城乡经济协调发展。农村商业银行是在农村信用社改革的背景下产生的,主要以农村信用社和农村信用社县(市)联社为基础组建。经中国人民银行批准,2001年11月,国内首家农村商业银行——张家港市农村商业银行正式挂牌营业。

2003年6月,国务院出台了《国务院关于印发深化农村信用社改革试点方案的通知》,正式启动了新一轮农村信用社改革,"在经济比较发达、城乡一体化程度较高、信用社资产规模较大且已商业化经营的少数地区,可以组建股份制银行机构。"2003年9月,中国银监会制定并发布了《农村商业银行管理暂行规定》,对农村商业银行的组建、经营管理和监管进行了规范。2004年8月,国务院下发《国务院办公厅关于进一步深化农村信用社改革试点的意见》,进一步明确了"在组织形式上,有条件地区的农村信用社可以改制组建农村商业银行"。2004年8月,深化农村信用社改革试点启动后第一家农村商业银行——江苏吴江农村商业银行成立,这也是中国银监会成立以来全国第一家改制组建的股份制农村商业银行。

根据《农村商业银行管理暂行规定》,设立农村商业银行应当具备下列条件:有符合本规定的章程;发起人不少于500人;注册资本金不低于5000万元人民币,资本充足率达到8%;设立前辖内农村信用社总资产10

亿元以上，不良贷款比例15%以下；有具备任职所需的专业知识和业务工作经验的高级管理人员；有健全的组织机构和管理制度；有符合要求的营业场所、安全防范措施和与业务有关的其他设施；中国银行业监督管理委员会规定的其他条件。农村商业银行高级管理人员任职资格条件比照城市商业银行高级管理人员任职资格规定执行。农村商业银行高级管理人员任职资格由中国银行业监督管理委员会批准。

经中国银行业监督管理委员会批准，农村商业银行可经营《中华人民共和国商业银行法》规定的部分或全部业务。农村商业银行资产负债比例管理按照《中华人民共和国商业银行法》规定执行。农村商业银行要将一定比例的贷款用于支持农民、农业和农村经济发展，具体比例由股东大会根据当地农村产业结构状况确定，并报当地省级银行监管机构备案。银行监管机构应定期对农村商业银行发放支农贷款情况进行评价，并可将评价结果作为审批农村商业银行网点增设、新业务开办等申请的参考。并规定农村商业银行执行国家统一的金融企业财务会计制度。

虽然农村商业银行是我国农村金融格局中的新生事物，但其经营业绩、社会声誉和知名度已经得到了前所未有的提高。农村商业银行与其他商业银行相比，进行差别化定位和差别化经营，立足于支持地方经济的发展，服务"三农"、服务中小企业和个体民营经济、服务优质客户。农村信用社实现制度变迁，建立股份制的商业银行组织，使其具有了新的发展机制和更大的发展空间。但是农村商业银行是在农村信用社的基础上组建起来的，其内部制度和外部政策环境都带有深刻的农村信用社痕迹，仍面临着诸多与股份制商业银行这一制度安排不相适应的困境和约束。因此，继续深化农村信用社的改革是农村商业银行发展的先决条件。

（李德峰）

政策性银行
Policy Bank

政策性银行是指由政府创立或担保、以贯彻国家产业政策和区域发展政策为目的、具有特殊的融资原则、不以营利为目标的金融机构。设立政策性银行的理论基础是"市场失灵"的存在——资金的趋利性使市场机制在配置资金时出现"马太效应"：资金由低效率地区、低收益领域向高效率地区和高收益领域流动，使发达地区、成熟产业、大企业资金供给更加充足，急需资金的不发达地区、农业等基础产业、小企业等反而出现资金流失。政策性银行是政府参与资金配置的特定方式与途径，是解决"市场失灵"问题的有效方法。

政府参与资金配置的规范途径主要有：一是政府通过预算安排，实现财政性资金流向市场失灵领域；二是政府可以设置政策性银行，通过一部分财政投入安排或者政府优惠政策，借助于市场化的运作机制，调动、引导更多的社会资金进入政府支持和鼓励发展的领域。这两种途径相比，预算途径的资金配置具有无偿性、强制性等特点，能够非常直接有效地服务于政策目标，但是资金规模会受到诸多限制，同时以预算拨款通过行政安排方式配置资金的效率在开发领域一般较为低下；而以政策性银行方式可以构建"政策性导向、市场化运作、专业化管理"的混合机制和放大机制，把不以营利为目的的政府资金以有偿而优惠的方式运用于市场失灵领域。就效率、规模和灵活性而言，政策性银行途径比财政直接投入方式更具优势（贾康、孟艳，2009）。由此可知，政策性银行的产生和发展是国家干预、协调经济的产物。20世纪30年代的经济萧条时期，美国、德国、法国、英国等国由政府出资先后在农业、进出口、小企业、住房等领域成立了各种形式的政策性银行；第二次世界大战之后到20世纪60年代，日本、韩国、印度等赶超型国家迅速建立了覆盖领域非常广泛的政策性银行体系，政策性银行被广泛应用于各国经济复兴计划或经济赶超战略，逐渐成为各国金融体系中不可或缺的组成部分。

作为特殊的金融机构，政策性银行具有不同于商业银行的特点：一是资本金多由政府财政拨付；二是具有双重经营目标：既有维护国家整体利益、社会效益的政策性目标，也有保本微利、坚持银行"三性"经营原则的市场性目标；三是主要依靠发行金融债券或向中央银行举债获得资金来源，一般不面向公众吸收存款；四是有特定的业务领域，不与商业银行争利。

双重经营目标是政策性银行的典型特征，也是其设立的立论基础。但是，双重经营目标却决定了政策性银行经营中的两难选择：市场性目标要求政策性银行在实现政策性目标过程中，首先必须遵循商业性贷款的基本原则，以资金的本金安全和贷款按期回收作为发放贷款的前提，但这很可能导致某些应该受到政策支持的产业和企业得不到相应资金支持，从而使政策性目标难以实现。但如果过于强调政策性目标，又可能导致政策性资金遭到无约束的占用，资金的循环利用机制难以建立，银行的业务经营难以为继。在现实的各国政策性银行发展过程中，普遍存在着或者过分倾向于市场性目标或者过分倾向于政策性目标的问题。过分倾向于市场性目标，会诱发政策性银行滥用政府提供的优惠条件，导致不公平竞争和金融市场混乱，典型的例子是美国的"两房"借助政府的信用大力发展房地产贷款抵押市场从中获取高额利润，但最终导致房地产贷款抵押市场出现泡沫，并引发"次贷危机"波及整个金融体系乃至实体经济；过分倾向于政策性目标，则产生政府的过度干预，导致政策性银行陷入财务危机，如菲律宾开发银行由于政府部门及政府官员对贷款业务插手过多，导致不良资产高达50%，被迫进行改组和整顿（贾康、孟艳，2009）。

双重经营目标的两难选择推动着政策性银行的变革。20世纪90年代以后，一些国家对本国的部分政策性银行进行了商业化改革。突出表现：将政策性银行的股权结构由单一政府股东转向多元化；扩大政策性银行经营的业务种类与范围；经营机制上引进现代公司治理制度，建立风险管理系统，注重稳健经营和提高效率；监管方式借鉴对商业银行的监管要求，促使政策性银行实现其财务可持续性等。需要说明的是，部分政策性银行的商业化改革并不意味着对政策性银行制度的全盘否定，"市场失灵"是政策性银行制度长期存在的客观基础，回顾政策性银行发展的近百年历史，也会发现伴随着经济发展阶段的变迁，政策性银行的业务领域也会相应出现顺序更替的演进过程，一些原有的政策性需求转为商业化，新的政策性需求产生。

1994年，适应经济发展需要，按政策性金融与商业性金融相分离的原则，我国相继设立了三家政策性银行，即国家开发银行、中国进出口银行、中国农业发展银行。国家开发银行的主要任务是筹集和引导境内外资金，向国家基础设施、基础产业和支柱产业的大中型基本建设和技术改造等政策项目及其配套工程发放贷款；中国进出口银行的主要任务是执行国家产业政策和外贸政策，为扩大机电产品和成套设备等资本性货物的出口提供政策性融资支持；中国农业发展银行则主要是筹集农业政策性信贷资金，支持农业和农村经济发展。中国政策性银行的发展历史比较短，政策性银行的内部治理结构、管理体制与运行机制都存在较多问题。随着我国现代市场经济体制的逐步确立，政策性银行所面对的外部环境发生变化，带有补贴性、政府指令的政策业务逐渐减少，我国的政策性银行也面临着改革。

2007年的全国金融工作会议正式确立了对三家政策性银行改革的原则和思路。2014年，三家政策性银行的改革方案得以确定：国家开发银行坚持开发性金融机构定位，依托信用支持、市场运作、保本微利的优势，进一步完善开发性金融运作模式，通过开展中长期信贷和投资等金融业务，为国民经济重大中长期发展战略服务；中国进出口银行进一步强化政策性职能定位，坚持以政策性业务为主体，充分发挥其在支持外贸发展、实施"走出去"战略中的功能与作用；中国农业发展银行支持以政策性业务为主体，通过建立规范的治理结构和决策机制，增强其可持续发展能力。政策性银行改革是个复杂的问题，中国的政策性银行改革需要结合中国的国情，实事求是地借鉴政策性银行改革的国际经验，有序推进。

参考文献：

贾康、孟艳：《政策性金融何去何从：必要性、困难与出路》，载于《财政研究》2009年第3期。

白钦先、谭庆华：《政策性金融功能研究：兼论中国政策性金融发展》，中国金融出版社2008年版。

贾康、孟艳：《政策性金融演化的国际潮流及中国面临的抉择》，载于《当代财经》2010年第12期。

（贾玉革）

储蓄银行
Savings Bank

储蓄银行是专门吸收居民小额储蓄存款，并用于发放各种抵押贷款的银行性机构。储蓄银行因其机构性质或业务性质的不同，又称为"互助储蓄银行"、"信托储蓄银行"、"住房储蓄银行"、"邮政储蓄"和"储蓄贷款协会"等。

储蓄存款的金额比较分散，但存款期限比较长，由于储蓄存款余额较为稳定，因此储蓄银行是长期信贷和长期投资市场上的主要资金提供者。在过去，储蓄银行的业务活动受到很多限制，如不能经营支票存款、不能经营一般工商贷款。但随着金融管制的放松，储蓄银行的业务不断扩大，有些储蓄银行已经可以经营商业银行的许多业务了。

储蓄银行的资金来源除了自身自有资本外，主要依靠吸收小额居民储蓄存款，各种存款占其总负债的比重达80%左右。此外，还通过同业拆借方式借入资金，其资产业务主要用于中长期的贷款，如发放中长期不动产抵押贷款，购入政府债券、公司债券与股票，向市政机构发放市政建设项目贷款等。近年来，储蓄银行开始涉足商业贷款与消费信贷。

我国专门办理储蓄业务的金融机构是中国邮政储蓄银行。我国的邮政储蓄业务在 1986 年恢复发展，经过 20 多年的发展，现已建成全国覆盖城乡网点面最广的个人金融服务网络。

参考文献：
喻晓帆：《中国邮政储蓄银行及其小额信贷业务》，经济科学出版社 2012 年版。
张维：《金融机构与金融市场》，科学出版社 2008 年版。

（李俊峰）

村镇银行
Village Bank

村镇银行是经中国银行业监督管理委员会依据有关法律、法规批准，由境内外金融机构、境内非金融机构企业法人、境内自然人出资，在农村地区设立的主要为当地农民、农业和农村经济发展提供金融服务的银行业金融机构。村镇银行作为我国新型农村金融机构中的一种，与小额贷款公司、农村资金互助社和贷款公司这三类新型农村金融机构一起发挥着服务农村金融、支持社会主义新农村建设的重要作用。

村镇银行的设立是由我国农村地区金融供给的状况决定的。广大农村地区面临银行业金融机构网点覆盖率低、金融供给不足、竞争不充分等问题。为了进一步推动农村金融改革的步伐，激活农村金融市场、增强市场竞争氛围，建立健全农村地区金融组织体系，2006 年 12 月，中国银监会发布了《中国银行业监督管理委员会关于调整放宽农村地区银行业金融机构准入政策更好支持社会主义新农村建设的若干意见》，提出要进一步调整和放宽农村地区银行业金融机构的准入门槛，推动农村金融市场进一步开放。在这一政策背景下，各种新型农村金融机构应运而生。2007 年 1 月，中国银监会制定并发布《村镇银行管理暂行规定》和《村镇银行组建审批工作指引》，为村镇银行的建立、规范经营和监督管理提供了依据。2007 年 3 月，全国第一家村镇银行——四川仪陇惠民村镇银行开业。

关于村镇银行的设立门槛，《暂行规定》要求在县（市）设立的村镇银行，其注册资本不得低于 300 万元人民币；在乡（镇）设立的村镇银行，其注册资本不得低于 100 万元人民币。村镇银行最大股东或唯一股东必须是银行业金融机构且最大银行业金融机构股东持股比例不得低于村镇银行股本总额的20%，单个自然人股东及关联方、单一非银行金融机构或单一非金融机构企业法人及其关联方持股比例不得超过村镇银行股本总额的10%。任何单位或个人持有村镇银行股本总额5%以上的，应当事前报经银监分局或所在城市银监局审批。村镇银行的名称由行政区划、字号、行业、组织形式依次组成，其中行政区划指县级行政区划的名称。

村镇银行以安全性、流动性、效益性为经营原则，自主经营，自担风险，自负盈亏，自我约束。经银监分局或所在城市银监局批准，村镇银行可经营下列业务：吸收公众存款；发放短期、中期和长期贷款；办理国内结算；办理票据承兑与贴现；从事同业拆借；从事银行卡业务；代理发行、代理兑付、承销政府债券；代理收付款项及代理保险业务。此外，村镇银行按照国家有关规定，还可代理政策性银行、商业银行和保险公司、证券公司等金融机构的业务。村镇银行应建立健全内部控制制度和内部审计机制，确保依法合规经营。村镇银行作为一种银行性金融机构，要执行国家统一的金融企业财务会计制度以及银行业监督管理机构的有关规定，建立健全财务、会计制度。有条件的村镇银行，可引入外部审计制度。村镇银行应建立信息披露制度，及时披露年度经营情况、重大事项等信息。

村镇银行开展业务，依法接受银行业监督管理机构监督管理。银行业监督管理机构依法审批村镇银行的业务范围和新增业务种类。银行业监督管理机构对村镇银行实施持续、动态监管，并根据监管评级结果，实施差别监管。

考虑到我国地区经济发展不平衡的实际情况，2009年7月，中国银监会下发了《新型农村金融机构2009~2011年总体工作安排》，决定实施村镇银行"东西挂钩、城乡挂钩"的双挂钩政策，旨在引导更多的村镇银行设立在贫困边远地区和中西部地区，更好地发挥村镇银行弥补农村金融服务空白点、提高金融服务覆盖率、支持"三农"发展建设的作用。

为做好小额贷款公司改制设立村镇银行工作，2009年6月，中国银监会发布了《小额贷款公司改制设立村镇银行暂行规定》，就小额贷款公司改制设立村镇银行进行了规范。

2011年7月，为支持优质主发起行发起设立村镇银行，有效解决村镇银行协调和管理成本高等问题，促进规模发展、合理布局，提高组建发展质量，进一步改进农村金融服务，中国银监会发布了《中国银行业监督管理委员会关于调整村镇银行组建核准有关事项的通知》，就村镇银行组建核准有关事项进行了调整：一是调整组建村镇银行的核准方式。由银监会负责指标管理、银监局确定主发起行和地点并具体实施准入的方式，调整为由银监会确定主发起行及设立数量和地点，由银监局具体实施准入的方式。二是完善村镇银行挂钩政策。在地点上，由全国范围内的点与点挂钩，调整为省份与省份挂钩；在次序上，按照先西部地区、后东部地区，先欠发达县域、后发达县域的原则组建。村镇银行主发起行要按照集约化发展、地域适当集中的原则，规模化、批量化发起设立村镇银行。

2012年5月，为贯彻落实《国务院关于鼓励和引导民间投资健康发展的若干意见》，鼓励和引导民间资本进入银行业，加强对民间投资的融资支持，中国银监会发布了《中国银行业监督管理委员会关于鼓励和引导民间资本进入银行业的实施意见》，支持民营企业参与村镇银行发起设立或增资扩股。并将村镇银行主发起行的最低持股比例由20%降低为15%。同时要求村镇银行的主发起行应当向村镇银行提供成熟的风险管理理念、管理机制和技术手段，建立风险为本的企业文化，促进村镇银行审慎稳健经营。村镇银行进入可持续发展阶段后，主发起行可以与其他股东按照有利于拓展特色金融服务、有利于防范金融风险、有利于完善公司治理的原则调整各自的持股比例。

村镇银行的成立对我国的农村金融改革意义深远，是实现农村金融组织多元化、完善我国农村地区金融体系的一项重大措施。村镇银行的建立有利于缓解和改善我国农村地区金融服务不足、竞争不充分、小微型企业融资难等现状，对投资多元化、种类多样、覆盖面广、服务高效的新型农村金融体系的形成也起到一定的推动作用。

（李德峰）

外资银行
Foreign Bank

外资银行是指由境外资本在本国境内注册建立的银行机构。外资银行从清朝末年开始进入我国，至今已有百余年历史。1949年中华人民共和国成立之初，汇丰银行、渣打银行、东亚银行和华侨银行四家外资银行被保留下来。我国外资银行从改革开放以来的发展大致经过了三个阶段：

1978～1993年，是我国进行社会主义经济路线的探索阶段，外资银行在当时只能以代表处的形式开设分支机构。当时监管机构对外资银行的监管非常严格，准入和经营都受到很大限制，只能经营外币，局限于经济特区，服务对象主要是外资企业和外国居民。截至1993年年底，我国共有外资银行机构76家，涉及城市13个，涉及资产总额89亿美元。

1994~2001年是外资银行迅速发展阶段。我国基本确立了社会主义市场经济地位，加速经济体制改革，倡导积极引入外资发展经济，进一步完善涉外经济法律法规，改善外商环境，加大外商来华投资支持力度，促进外资企业对我国经济的拉动作用。《中华人民共和国外资金融机构管理条例》、《上海浦东外资金融机构经营人民币业务试点暂行管理办法》有条件地放开部分人民币业务，扩大外资银行经营区域限制，规范外资银行发展。截至1997年年底，外资银行机构在华数目达到175家，资产总额增长了270多亿美元。

2001年12月，中国正式加入WTO，并承诺在五年内放开金融领域。2002~2006年为过渡期，外资银行可以经营所有客户的外汇业务；人民币业务地域扩大到全国所有地区；将中国企业和居民的人民币业务逐步纳入外资银行业务范畴；取消对外资银行在华经营的非审慎性限制，取消外资银行人民币负债不得超过外汇负债50%比例限制，放宽对外资银行在境内吸收外汇存款的比例限制，逐步放松对外资银行在华的经营限制；在承诺基础上给予外资银行国民待遇。2006年11月，国务院颁布《外资银行管理条例》，取消外资银行经营人民币业务的地域限制和客户限制，取消对外资银行在华经营的非审慎性限制，允许外资银行自主选择其形式的前提下，鼓励机构网点多、存款规模较大并准备发展人民币零售业务的外资银行分行转制为法人银行。转制后，外资法人银行在注册资本、设立分支机构、运营资金要求以及监管标准方面，完全与中资银行相同。截至2014年年底，外国银行在华已设立41家外资法人银行、97家外国银行分行和182家代表处。外资银行资产总额为2.65万亿元。

加入WTO以来，中外资银行在互利共赢的基础上展开多层次合作，不仅在资金清算、信贷融资、跨境结算、金融市场业务等方面进行广泛合作，还积极通过战略协作共同开拓市场、联手推出金融服务。一方面，外资银行差异化的市场定位、细致的客户选择标准、严格的风险回报要求、个性化的营销方式和积极的中间业务策略促进了中资银行经营理念的转变。另一方面，中资银行全面的综合服务体系、丰富的本地运营经验和稳定的客户关系也对外资银行优化业务策略及流程产生了积极影响。

参考文献：

姜鹏：《我国外资银行市场准入监管研究》，中国金融出版社2011年版。
张红军：《外资银行：进入与监管》，社会科学文献出版社2009年版。

（李俊峰）

中外合资金融机构
Sino-Foreign Joint Venture Financial Institution

中外合资金融机构是指由外国资本的金融机构同中国资本的金融机构合资经营的银行、财务公司、投资银行等金融机构。中外合资金融机构属于广义的外资金融机构。

根据《中华人民共和国外资金融机构管理条例》，合资银行的最低注册资本为3亿元人民币等值的自由兑换货币；合资财务公司的最低注册资本为2亿元人民币等值的自由兑换货币。

我国第一家中外合资金融机构是1988年在深圳成立的，由中国银行深圳分行、中国香港东亚银行、日本野村证券等五家金融机构共同出资设立的中国国际财务有限公司。

鼓励合资金融机构的设立，有利于推动金融体制改革。合资金融机构引进了多种经济成分，活跃了我国的金融市场，也引进了发达国家金融业先进的管理和经营经验，打破了国内银行尤其是国有商业银行一统天下的局面，有利于促进我国金融体制改革，完善金融体系内的竞争机制，带动我国现代金融体系和金融制度的形成。中外合资金融机构的设立，为中资金融机构引进了国外战略投资者，改变了单一的股权结构，实现了投资主体多元化，有助于完善中资银行的公司治理结构。对于外资银行来说，在参股中资银行中占据控股地位，有利于调动外资银行开拓中国市场的积极性，提高外资银行在中国的竞争力。

参考文献：

姜鹏：《我国外资银行市场准入监管研究》，中国金融出版社2011年版。
吕耀明：《中外合资银行：变迁、反思与前瞻》，中国金融出版社2007年版。

（李俊峰）

三资银行
Foreign-Funded Bank

三资银行是我国对设在大陆的华侨资本银行、中外合资银行和外商独资银行的简称。其中，外商独资银行指全部由外商独资创建的银行。侨资银行是指由华侨资本创建的银行，广义的侨资银行还包括合资方中有侨资的中外合资银行、侨资法人银行和具有侨资性质的外国银行。

根据《中华人民共和国外资金融机构管理条例》，中外合资银行指外国的金融机构同中国的公司、企业在中国境内合资经营的银行。合资银行属于广义范围内的"外资银行"。根据《中华人民共和国外资银行管理条例》，合资银行控股股东必须是外国商业银行。中外合资银行的最初萌芽，是外国银行中的华裔付股。这种活动首先出现在总行设在中国的英商汇丰银行。北洋政府时期，中外合办银行在中国大量出现，业务范围从早期的国际汇兑为主，扩展到了包括国际汇兑、存贷款业务、发行钞票、经办中国政府外债等各个领域。旧中国时期外国银行在华的经营客观上促进了中国金融市场和旧中国银行业的发展，但是不平等的竞争带给外国银行的巨大利益要远远超过其带给中国经济和社会发展的积极贡献。1985年11月，新中国第一家中外合资银行——厦门国际银行成立，之后，中国又陆续设立了福建亚洲银行、浙江商业银行、华商银行、青岛国际银行、华一银行、中德住房储蓄银行等中外合资银行。2001年，中国加入WTO，同时承诺5年内向外资银行全面开放银行业务。在此背景下，部分中外合资银行开始进行转型，通过一系列并购重组活动，或者成为中资控股银行，如福建亚洲银行2003年被平安保险集团和香港上海汇丰银行收购，并于2004年更名为平安银行；或者成为外资独资银行，如华商银行2005年成为中国工商银行（亚洲）有限公司（"工银亚洲"）的全资控股机构。

参考文献：
房汉庭：《中国外资金融机构分析》，载于《管理世界》1997年第1期。
吕耀明：《中外合资银行：变迁、反思与前瞻》，中国金融出版社2007年版。

（李俊峰）

手机银行
Mobile Banking

手机银行也称移动银行，是商业银行通过移动通信网络，为客户办理相关业务的新一代电子银行服务。手机银行是一种结合货币电子化与移动通信的全新服务，该业务使人们办理银行业务时不再受时间和空间的限制，使银行能以便利、高效而又较为安全的方式为客户提供传统和创新的服务。

1996年9月，捷克斯洛伐克推出了世界上首个商业性手机银行产品，此后，美国银行、富国银行、德意志银行等国际著名金融机构也相继展开了针对手机银行的业务创新。

手机银行业务发展经历了三个阶段：一是短信手机银行（2000~2003年），由手机、GSM短信中心和银行系统构成。用户通过SIM卡上的菜单对银行发出指令后，SIM卡根据用户指令生成规定格式的短信并加密，然后指示手机向GSM网络发出短信，GSM短信系统受到短信后，按相应的应用或地址传给相应的银行系统，银行对短信进行预处理，再把指令转换成主机系统格式，银行主机处理用户的请求，并把结果返回给银行接口系统，接口系统将处理的结果转换成短信格式，短信中心将短信发给用户。通过短信手机银行，客户可以使用账户查询、缴费等简单的金融服务。

二是WAP手机银行（2004~2009年），这一时期移动互联网门户蓬勃发展，银行业随之开发了基于WAP技术标准的手机银行产品。与短信手机银行相比，WAP手机银行具有图形化操作界面和加密机制，产品功能更加丰富。

三是客户端手机银行（2009年至今），随着智能手机的研发、普及以及"手机PC化"的潮流，一些著名的金融机构相继开发出针对手机的金融应用软件，即客户端手机银行。客户端手机银行为客户提供更为灵活、便捷的贴身金融服务，具有高度差异化、以服务为导向的特征。手机银行通过终端和通信网络实现客户需求，无须依赖银行网点，可以节省大量的资源和成本。通过客户端手机银行，客户可以办理以下业务：（1）查缴费业务，包括账户查询、余额查询、账户的明细、转账、银行代收的水电费、电话费等；（2）网上购物，指客户将手机信息与银行系统绑定后，通过手机银行平台进行购买商品；（3）理财业务，包括炒股、炒汇、买卖贵金属等。

中国银监会颁布了《电子银行业务管理办法》和《电子银行安全评估指引》，这两项规定将手机银行业务、个人数字辅助银行业务纳入监管体系，进一步加强了手机支付的交易安全保证。

参考文献：
史建平：《商业银行管理》，北京大学出版社 2011 年版。
戴小平：《商业银行学》，复旦大学出版社 2012 年版。
蔡鸣龙：《商业银行业务经营与管理》，厦门大学出版社 2012 年版。

(李俊峰)

网上银行
Internet Banking

网上银行又称在线银行，是指商业银行利用电脑和 Internet 技术，通过网络在线方式，向世界各地的客户提供的一系列金融服务，如查询、对账、行内外汇款转账、信贷、网上证券交易、投资理财等，客户可以足不出户就能够便捷地管理活期和定期存款、支票、信用卡等传统金融服务，而且突破了银行经营的行业界限，深入到证券投资、保险甚至是商业流通等领域。与有具体办公场所的实体银行相比，属于虚拟银行。通常情况下，网上银行均有一个所属的实体银行。

网上银行业务与传统银行业务相比有许多优势：（1）从一定意义上降低银行经营成本，有效提高银行盈利能力。开办网上银行业务，主要利用公共网络资源，无须设置物理的分支机构或营业网点，减少了人员费用，提高了银行后台系统的效率。（2）无时空限制，有利于扩大客户群体。网上银行业务打破了传统银行业务的地域、时间限制，能在任何时候、任何地方、以任何方式为客户提供金融服务，这既有利于吸引和保留优质客户，又能主动扩大客户群，开辟新的利润来源。（3）有利于服务创新，向客户提供多种类、个性化服务。通过银行营业网点销售保险、证券和基金等金融产品，往往受到很大限制，主要是由于一般的营业网点难以为客户提供详细的、低成本的信息咨询服务。利用互联网和银行支付系统，容易满足客户咨询、购买和交易多种金融产品的需求，客户除办理银行业务外，还可以很方便地进行网上买卖股票债券等，网上银行能够为客户提供更加合适的个性化金融服务。

网上银行业务的主要种类包括三方面：（1）涉及资金的交易服务，包括个人业务和公司业务两类。这是网上银行业务的主体。个人业务包括转账、汇款、代缴费用、按揭贷款、基金买卖和外汇买卖等。公司业务包括结算业务、信贷业务、国际业务和投资银行业务等。银行交易服务系统服务器与银行内部网络直接相连，无论从业务本身或是网络系统安全角度，均存在较大风险。（2）不涉及资金交易的客户服务，包括电子邮件、账户查询、贷款申请、档案资料（如住址、姓名等）定期更新。该类服务使银行内部网络系统与客户之间保持一定的链接，银行必须采取合适的控制手段，监测和防止黑客入侵银行内部网络系统。（3）信息服务，主要是宣传银行能够给客户提供的产品和服务，包括存贷款利率、外汇牌价查询，投资理财咨询等。这是银行通过互联网提供的最基本的服务，一般由银行一个独立的服务器提供。这类业务的服务器与银行内部网络无链接路径，风险较低。

信息技术保证是网上银行业务发展最为重要的条件。网络具有虚拟性、开放性和普遍性的特点，客观上对利用网络建立的网上银行及其业务开展提出与传统金融服务不同的技术要求。这个技术要求是指网上银行的信息技术保证，即必须首先做好客户的网上认证工作，重点解决好数据传输过程中的泄密问题，并努力使防火墙技术成熟、完善。在科学技术日新月异的今天，网络技术上的不完善有可能给网上银行造成损失。因此，与传统银行业务相比较，网上银行业务更需要及时更新与网络有关的一切新技术、新装备，保证各类网上业务都能够得到当前最好的后台技术支持。网络银行的安全性包含三个内容：物理安全、密钥安全、数据通信安全。

目前我国各商业银行普遍开办网上银行业务。1996年6月，中国银行在国内率先设立网站，向社会提供网上银行服务。其后，招商银行、建设银行、工商银行、农业银行等商业银行也先后开办网上银行业务。与此同时，在华外资银行，如渣打银行、汇丰银行和花旗银行也开办了网上银行业务。目前，我国中资银行开办的网上银行业务以转账、支付和资金划拨等收费业务为主，还未开办经营风险较大、直接形成银行资产或负债的业务，如网上发放贷款等。

加强网上银行用户的身份管理，采用CA认证（身份认证）的方式来预防用户身份的泄露，是当前公认的预防网上银行安全隐患的最有效措施。目前，国内多数网上银行的专业版都采用数字证书作为客户身份认证，一是确保交易的真实性，二是有效防止用户身份的泄露。因为即使黑客盗取了客户密码，没有证明身份的数字证书，同样无法操作，无法盗取资金。在CA认证机构的选择上，我国银行以采用第三方认证机构为主。

参考文献：

马丽娟：《商业银行业务与经营》，中国财政经济出版社 2009 年版。

(马丽娟)

中国银联
China Union Pay

中国银联是 2002 年经中国人民银行批准以股份有限公司形式成立的我国唯一一家银行卡联合组织，总部设在上海。其主要功能是建立和运营中国银行卡跨行交易清算系统，借以实现银行卡跨行、跨地区和跨境使用。中国银联的成立对我国银行卡产业的快速发展发挥着重要的基础性作用，在银行卡产业的发展中居于核心和枢纽地位。

我国的银行卡产业起步于 20 世纪 80 年代，各家商业银行各自发卡、各自布放受理终端的发展模式导致不同银行间的银行卡和终端标准不统一，致使银行卡不能跨行、跨地区使用，既浪费资源，又降低了银行卡的使用效率。为改变这种局面，1993 年我国启动"金卡工程"，开始建立银行卡信息交换中心。2002 年，在合并银行卡信息交换中心的基础上，中国银联成立，通过制定和推广银联跨行交易清算系统入网标准，统一银行卡跨行技术标准和业务规范，形成银行卡产业的资源共享和自律机制，有力地推动了我国银行卡产业集约化、规模化发展，同时联合商业银行，创建了"银联卡"品牌。截至 2014 年年末，全国累计发放银联卡 49.36 亿张，联网商户 1203.4 万户，联网 POS 机具 1593.5 万台，ATM 机 61.49 万台。2014 年，银行卡消费金额达到 42.38 万亿元。银联卡成为重要的非现金支付工具。

在国内银行卡市场快速发展的同时，中国银联启动了国际化发展战略，积极展开国际受理网络建设，积极推动境外发行银联卡。截至 2014 年年底，银联卡受理网络已经延伸至境外 150 多个国家和地区，银联卡在我国港澳地区和新加坡等国已成为境内持卡人境外用卡首选品牌，已有 10 多个国家和地区的金融机构正式在境外发行了当地货币的银联卡，中国银联已经成为在国际上具有一定竞争力和影响力的国际性银行卡组织。

万事达卡、维萨两大国际信用卡组织作为国际性的综合支付服务公司，向其持卡人提供全方位的支付产品和服务，中国银联的未来发展将面临这两大公司的激烈竞争。与此同时，中国银联的快速发展，尤其是在国内人民币支付领域的规模快速扩张也制约了这两大国际信用卡组织在中国业务的发展，以至于为应对中国银联的竞争，2010年6月VISA向其全球会员银行发函，要求从当年8月起，各银行在处理VISA与银联共同发行的联名卡国际支付交易时不要使用中国银联的网络，同时将对境外违规收单银行采取惩罚措施；9月，VISA又向世界贸易组织提起诉讼，指控中国银联的市场垄断地位。

中国的电子支付市场将会越来越开放。随着电子商务的快速发展和各类非金融支付机构在支付市场的参与度不断深化，2011年，中国人民银行分批分次地为非金融支付机构发放了支付业务许可证。电子支付渠道经过产业各方的不断探索创新，已由ATM、POS传统受理渠道，扩展到了以POS消费、ATM取现为基础，以互联网支付、手机支付、固定电话支付、智能电视支付、自助终端支付以及其他各类新兴支付方式为补充的综合性、立体化支付渠道体系，产业规模快速扩大，并逐步形成了以银行卡为载体的电子支付网络和电子支付产业链。这既为中国银联的未来发展提供了新的空间，也带来了新一轮的挑战。

（贾玉革）

农村资金互助社
Rural Mutual Funds Cooperative

农村资金互助社是指经银行业监督管理机构批准，由乡（镇）、行政村农民和农村小企业自愿入股组成，为社员提供存款、贷款、结算等业务的社区互助性银行业金融机构。2006年12月，为解决农村地区银行业金融机构网点覆盖率低、金融供给不足、竞争不充分等问题，中国银监会发布了《中国银行业监督管理委员会关于调整放宽农村地区银行业金融机构准入政策 更好支持社会主义新农村建设的若干意见》，适度调整和放宽了农村地区银行业金融机构准入政策，降低了准入门槛。农村资金互助社就是在这种背景下出现的一种新型农村金融机构。2007年1月，中国银监会颁布了《农村资金互助社管理暂行规定》和《农村资金互助社组建审批工作指引》。2007年2月，中国银监会办公厅发布了《农村资金互助社示范章程》，为农村资金互助社的组建、规范运营和监督管理提供了依据。2007年3月，全国第一家农村资金互助社——吉林省梨树县闫家村百信农村资金互助社正式开业。

农村资金互助社

农村资金互助社在农村地区的乡（镇）和行政村以发起方式设立，其名称由所在地行政区划、字号、行业和组织形式依次组成。在乡（镇）设立的，注册资本不低于30万元人民币，在行政村设立的，注册资本不低于10万元人民币，注册资本应为实缴资本。农村资金互助社不得设立分支机构。

农村资金互助社是独立的企业法人，对其财产享有占有、使用、收益和处分的权利，并以其财产对债务承担责任。社员以其社员股金和在本社的社员积累为限对该社承担责任。符合入股条件的农民及农村小企业，通过向农村资金互助社入股，就可以成为农村资金互助社的社员；单个社员持股比例不得超过农村资金互助社股金总额的10%，超过5%的应经银行业监督管理机构批准。农村资金互助社实行社员民主管理，以服务社员为宗旨，谋求社员共同利益。

农村资金互助社的资金主要来源于吸收社员存款、接受社会捐赠资金和向其他银行业金融机构融入资金；这些资金主要用于向社员发放贷款，满足社员贷款需求后如果有富余可以存放到其他银行业金融机构，也可以购买国债和金融债券。农村资金互助社还可以办理结算业务，并且在经过属地银行业监管机构及其他有关部门批准后，可以开办各种类型的代理业务。但是，农村资金互助社不能向非社员吸收存款、发放贷款和办理其他金融业务，不得以该社的资产为其他单位或个人提供担保。

农村资金互助社作为一种银行性金融机构，要执行国家有关金融企业的财务制度和会计准则；并且其经营活动应遵守有关法律法规和国家金融方针政策，诚实守信，坚持审慎经营的原则，严格进行风险管理，接受银行业监督管理机构的持续动态监督。银行业监督管理机构根据农村资金互助社的资本充足和资产风险状况，采取差别监管措施。此外，农村资金互助社的合法权益和依法开展经营活动受法律保护，任何单位和个人不得侵犯。

农村资金互助社可以较好地利用熟人社会的激励约束机制，减少资金供求双方的信息不对称，降低资金借贷的交易成本，增加农村金融有效供给，促进农民组织化生产和经营，提高农民生产经营水平，增加农民收入，增强农民信用意识和互助合作精神，促进乡风文明建设，提高农民生活水平，实现农村和谐快速可持续发展。

（李德峰）

农村信用社
Rural Credit Cooperative

农村信用合作社，是由社员入股组成、实行民主管理、主要为社员提供金融服务的农村金融合作机构。与一般的商业银行不同，农村信用合作社主要为它的社员（即出资人）提供金融服务，而非为社会公众提供金融服务。

德国是合作金融事业的发源地，历史悠久，在合作制的制度、规范建设方面成绩显著。19世纪初期，普鲁士政府发布命令，在农村解放农奴，进行土地改革，允许土地自由买卖。这些改革措施促进了农业的社会化大生产。但是农村许多自耕农，因为资金困难而濒临破产。为了维护自己的利益和地位，农民建立起了自我帮助、自我管理的合作社。1859年雷发巽信用合作社成立，它的成立使得农民免受高利贷的剥削，并且促进了农业生产和防止农业灾荒。雷发巽农村信用合作社的建立，不仅促进了德国农村合作运动的蓬勃发展，而且对世界农村信用合作运动也产生了深远的影响。

1923年，中国第一家农村信用社在河北香河成立，开创了中国信用合作事业发展的先河。新中国成立后，面临恢复国民经济，解放农村生产力和发展工业的历史任务，我国政府将发展合作经济作为一项重要措施。1950年3月，中国人民银行召开第一届全国金融工作会议，决定试办农村信用合作社。经过典型试办，逐步推广，在1956年基本实现农村信用合作化。1957年，国家对信用合作社的发展原则进行了完善，其中包括：增加社员享受"股金分红"的权利；确定农村合作信用社的任务是帮助农户解决生产、生活困难，支持农业生产合作组织发展农副生产及消灭高利贷剥削；农村信用合作社在国家银行的指导和支持下独立经营业务等。农村信用合作社在这一时期发挥了一定的积极作用：一是支持了农业生产的发展，促进了农村生产力的提高；二是限制和打击了高利贷剥削；三是配合国家，稳定了农村金融市场。但是，在农村信用合作制度供给安排中，政府处于主导地位，存在控制农村信用合作社的意愿和能力。

1958年，随着人民公社化运动的开展，国家把农村信用合作社和银行基层营业所合并下放给人民公社，称为公社的信用社，同时也把人权和资金管理权下放给公社管理。1959年银行营业所从公社收回，仍由中国人民银行领导和管理。1962年中国人民银行明确提出农村信用合作社是农民的资金互助组织，是中国社会主义金融体系的重要组成部分，农村信用合作社得到了恢复和发展。"文化大革命"爆发后，在极"左"思潮的影响下，信用

农村信用社

合作事业再次遭到严重破坏。1966年信用合作社再次被下放给人民公社，由"贫下中农管理"，走所谓的"亦工亦农"道路。1970年，由于信用社管理混乱，又基本废止了由贫下中农来管理的办法，信用社干部由中国人民银行任命。1977年，国务院在《关于整顿和加强银行工作的几项规定》中指出：农村信用社既是集体金融组织，又是国家银行在农村的基层机构，采取一套人马、两块牌子、两本账分别核算的办法。信用社人员统一调配，资金统一安排。农村信用合作社严重脱离了社员群众，完全丧失了合作金融的特性，成了国家银行的基层机构。

1979年以后，农村信用合作社主要交给中国农业银行管理。较人民公社时期，农村信用合作社在中国农业银行的领导下，业务得到了一些恢复。但是，由于中国农业银行管得过多、过死，农村信用合作社的发展受到约束，自主权受到伤害。1984年，国务院批准了中国农业银行《关于改革信用合作社管理体制的报告》。这次改革的主要内容是：恢复和加强农村信用合作社的群众性和民主性，变"官办"为"民办"；实行民主管理；加强信用合作社经营上的灵活性；允许信用合作社实行浮动利率；实行独立经营、独立核算、自负盈亏；建立信用合作社县联社；加强和改善中国农业银行对农村信用合作社的领导。1990年10月，中国人民银行发布《农村信用合作社管理暂行规定》，强调农村信用合作社信贷资金管理的基本原则是以存定贷、自主运用、比例管理，另外还对农村信用合作社的性质、任务、机构管理、业务管理、资金管理、利率管理、劳动管理、财务管理、民主管理、行政管理等做了明确规定。这一时期，农村信用合作社"三性"原则有所恢复，开始发挥农村金融主力军的作用，一定程度缓解了"三农"融资问题，促进了农业发展、农民增收和农村稳定。但是由于中国农业银行与农村信用社存在目标函数不一致，农村信用社的外部经营环境恶化，业务经营出现困难。

为了解决农村信用社在经营中出现的困难，1996年国务院颁布了《关于农村金融体制改革的决定》，改革的核心是把农村信用合作社逐步改为由农民入股、社员民主管理、主要为入股社员服务的合作性金融组织。1998年11月国务院办公厅转发《中国人民银行关于进一步做好农村信用社改革整顿规范管理工作意见》，要求对农村信用社进行清产核资，按合作制进行规范改造。1999年4月中国人民银行召开全国农村信用社工作会议，会议提出，根据需要，逐步组建（市）联社，承担行业管理和服务职能；在全国各省建立信用合作协会，主要职能是对信用社提供联络、指导、协调、咨询、培训等方面的服务。2002年3月中共中央、国务院联合发布《关于进一步加强金融监管，深化金融企业改革，促进金融业健康发展的若干意见》，提出农村信用社改革的重点是明确产权关系和管理责任，强化内部管理和自我约束机制，进一步增强为"三农"服务的功能，充分发挥农村信用社支持农业和农村经济发展的金融主力军和联系农民的金融纽带作用。这一时期，农村信用社与农业银行脱离行政关系后，内部管理得到了一定程度的规范，资产质量及经营状况有所好转。但是这次农村信用合作社改革仍然没有摆脱强制性变迁的路径依赖，改革也没有解决农村信用社的根本问题。改革中"合作"成分淡化，"商业"氛围增浓，非农化特征日趋明显。但这一时期，江苏农村信用社的改革取得了一定成效，为新一轮改革的全面推广打下了制度基础。

2003年6月，国务院印发了《国务院关于印发深化农村信用社改革试点方案的通知》，在吉林、山东等8省市进行试点改革。改革按照"明晰产权关系、强化约束机制、增强服务功能、国家适当支持、地方政府负责"的总体要求，加快农村信用社管理体制和安全制度改革，把农村信用社逐步办成由农民、农村工商户和各类经济组织入股，为农民、农业和农村经济发展服务的社区性地方金融机构，充分发挥农村信用社农村金融主力军和联系农民的金融纽带作用，更好地支持农村经济结构调整，促进城乡经济协调发展。2003年9月，中国银监会发布《中国银行业监督管理委员会关于农村信用社以县（市）为单位统一法人工作的指导意见》和《农村信用社省（自治区、直辖市）联合社管理暂行规定》，对改革工作做了进一步部署。

2004年8月，国务院下发《国务院办公厅关于进一步深化农村信用社改革试点的意见》，进一步深化农村信用社改革，坚持市场化的改革取向，以服务"三农"为宗旨，按照"明细产权关系、强化约束机制、增强服务功能、国家适当支持、地方政府负责"的总体要求，在国家监管机构依法实施监管的基础上，由地方政府负责对农村信用社的管理，管理权下移至地方政府。2007年8月，随着最后一家省级合作社——海南省农村信用社联合社的正式挂牌，我国新的农村信用社经营管理体制框架已经在全国范围内建立起来。这次改革在产权和管理权方面有很大的突破。首先是强调信用社的商业化、市场化，其次是将信用社的管理权下放给了省级政府。权力的下放有利于因地制宜，但也增加了政府对信用社的行政性控制，同时容易引发信用社的道德风险。

此次农村信用社改革在产权制度方面采取多样化方针，允许各地区根据自身发展水平以及信用社自身状况来选择以下三种不同的产权模式：农村信用社制度框架内重组模式、股份制农村商业银行模式和农村合作银行模式。

相比较以前农村信用社改革，此次改革取得了重大进展和阶段成果。但是，由于多方面因素的影响和制约，农村信用社一些深层次的体制机制问题还没有根本解决，有待进一步深化改革。

参考文献：
李德峰：《中国农户资金互助合作研究》，中央财经大学博士论文，2007年。
李恩慈：《合作金融概论》，西南财经大学出版社2000年版。
卢汉川：《中国农村金融历史资料（1949~1985）》，湖南出版事业管理局1986年版。

（李德峰）

财务公司
Financial Company

财务公司是以加强企业集团资金集中管理和提高企业集团资金效率为目的，为企业集团成员单位提供财务管理服务和金融服务的非银行金融机构。

财务公司的产生和发展与我国经济体制和金融体制的改革和发展密切相关。1987年为了增强国有大中型企业的活力，盘活企业内部资金，增强企业集团的融资能力，支持大型企业集团的发展，探索具有中国特色的产业资本与金融资本结合的方式，中国人民银行批准设立了我国第一家财务公司——东风汽车工业财务公司，至1991年年底共批准设立了17家财务公司。几年的试点表明财务公司对搞活国有企业内部资金融通，促进产业结构调整，支持国有企业集团的发展具有积极的意义，1992年财务公司进入了快速发展的阶段，至1995年年底全国共有财务公司65家，涵盖了我国大部分重点行业。1996年中国人民银行发布了《企业集团财务公司管理暂行办法》，从机构设立、业务范围、财务会计、监督管理等方面对财务公司的经营进行了全面规定，对规范财务公司经营，促进其健康发展发挥了积极作用。

随着中国加入WTO进程的加快，财务公司面临巨大的竞争压力，为了明确财务公司在我国金融体系中的地位和作用，加强对财务公司的风险控制和业务监管，2000年中国人民银行颁布了《企业集团财务公司管理办法》，将财务公司定位为"为企业集团成员单位技术改造、新产品开发及产品销售提供金融服务，以中长期金融业务为主的非银行金融机构"；确定了财务公司的市场准入标准；强化了对财务公司的监管，突出了集团公司及股东单位对防范和化解财务公司风险的责任，提出了资本充足率要达到10%的较高要求；等等。中国银行业监督管理委员会建立以后承担了对财务公司的监管职责，2004年8月中国银监会正式发布了修订后的《企业集团财务公司管理办法》，调整了企业集团财务公司的市场定位；降低了市场准入标准；调整了财务公司业务范围；允许财务公司设立分支机构。新的管理办法使更多的企业集团能够设立财务公司，到2014年年底我国企业集团财务公司达到186家。

中国银监会《企业集团财务公司管理办法》规定了申请设立财务公司的企业集团应当具备的条件：符合国家的产业政策；申请前一年，母公司的注册资本金不低于8亿元人民币；申请前一年，按规定并表核算的成员单位资产总额不低于50亿元人民币，净资产率不低于30%；申请前连续两年，按规定并表核算的成员单位营业收入总额每年不低于40亿元人民币，税前利润总额每年不低于2亿元人民币；母公司成立2年以上并且具有企业集团内部财务管理和资金管理经验；母公司近3年无不良诚信记录等。申请设立财务公司，母公司董事会应当作出书面承诺，在财务公司出现支付困难的紧急情况时，按照解决支付困难的实际需要，增加相应资本金，并在财务公司章程中载明。设立财务公司的注册资本金最低为1亿元人民币；财务公司的注册资本金应当是实缴的人民币或者等值的可自由兑换货币；经营外汇业务的财务公司，其注册资本金中应当包括不低于500万美元或者等值的可自由兑换货币；财务公司的注册资本金应当主要从成员单位中募集，并可以吸收成员单位以外的合格的机构投资者的股份。合格的机构投资者是指原则上在5年内不转让所持财务公司股份的、具有丰富行业管理经验的外部战略投资者。2006年中国银行业监督管理委员会将此款修改为："本条所称的合格的机构投资者是指原则上在3年内不转让所持财务公司股份的、具有丰富行业管理经验的战略投资者"。

财务公司可以设立分公司，分公司不具有法人资格，其民事责任由财务公司承担。财务公司申请设立分公司，应当符合下列条件：确属业务发展和为成员单位提供财务管理服务需要；财务公司设立2年以上，且注册资本金不低于3亿元人民币，资本充足率不低于10%；拟设立分公司所服务的成员单位不少于10家，且上述成员单位资产合计不低于10亿元人民币，或成员单位不足10家，但成员单位资产合计不低于20亿元人民币；财务公司经营状况良好，且在 2 年内没有违法、违规经营记录；财务公司分公司的营运资金不得少于 5000 万元人民币。财务公司拨付各分公司的营运资金总计不得超过其注册资本金的 50%。

财务公司业务经营范围包括：对成员单位办理财务和融资顾问、信用鉴证及相关的咨询、代理业务；协助成员单位实现交易款项的收付；经批准的保险代理业务；对成员单位提供担保；办理成员单位之间的委托贷款及委托投资；对成员单位办理票据承兑与贴现；办理成员单位之间的内部转账结算及相应的结算、清算方案设计；吸收成员单位的存款；对成员单位办理贷款及融资租赁；从事同业拆借。具备相关条件的财务公司，可以向中国银行业监督管理委员会申请从事下列业务：经批准发行财务公司债券；承销成员单位的企业债券；对金融机构的股权投资；有价证券投资；成员单位产品的消费信贷、买方信贷及融资租赁。相关条件是指：财务公司设立 1 年以上，且经营状况良好；注册资本金不低于 3 亿元人民币，从事成员单位产品消费信贷、买方信贷及融资租赁业务的，注册资本金不低于 5 亿元人民币。财务公司不得从事离岸业务，不得从事任何形式的资金跨境业务；财务公司不得办理实业投资、贸易等非金融业务。财务公司分公司不得办理下列业务：担保业务；同业拆借业务；发行财务公司债券；承销成员单位的企业债券；对金融机构的股权投资；有价证券投资；成员单位产品的消费信贷、买方信贷及融资租赁。

《企业集团财务公司管理办法》还明确了对财务公司的监督管理和风险控制。规定财务公司经营业务，应当遵守下列资产负债比例的要求：资本充足率不得低于 10%；拆入资金余额不得高于资本总额；担保余额不得高于资本总额；短期证券投资与资本总额的比例不得高于 40%；长期投资与资本总额的比例不得高于 30%；自有固定资产与资本总额的比例不得高于 20%。财务公司应当按照中国人民银行的规定缴存存款准备金，并按有关规定提取损失准备，核销损失；应遵守中国人民银行有关利率管理的规定；经营外汇业务的，应遵守国家外汇管理的有关规定。财务公司对单一股东发放贷款余额超过财务公司注册资本金 50% 或者该股东对财务公司出资额的，应当及时向中国银行业监督管理委员会报告；财务公司的股东对财务公司的负债逾期 1 年以上未偿还的，中国银行业监督管理委员会可以责成财务公司股东会转让该股东出资及其他权益，用于偿还其对财务公司的负债。财务公司应当按规定向中国银行业监督管理委员会报送资产负债表、损益表、现金流量表、非现场监管指标考核表及中国银行业监督管理委员会要求报送的其他报表，并于每一会计年度终了后的 1 个月内报送上一年度财务报表和资料。财务公司应当在每年的 4 月底前向中国银行业监督管理委员会报送其所属企业集团的成员单位名录，并提供其所属企业集团上年度的业务经营状况及有关数据。中国银行业监督管理委员会根据审慎监管的要求，有权依照有关程序和规定采取下列措施对财务公司进行现场检查：进入财务公司进行检查；询问财务公司的工作人员，要求其对有关检查事项作出说明；查阅、复制财务公司与检查事项有关的文件、资料，对可能被转移、藏匿或者毁损的文件、资料予以封存；检查财务公司电子计算机业务管理数据系统。

参考文献：
中国金融年鉴编辑部：《中国金融年鉴》（1988～2011 年），中国金融出版社 1989～2012 年版。

（左毓秀）

保险公司
Insurance Company

保险公司是金融机构体系中专业经营保险业务的非银行金融机构。

60 多年来我国保险公司经历了曲折的发展阶段。新中国成立初期，国内保险市场由官僚资本保险公司、民族资本保险公司和外资保险公司垄断。1949 年 10 月 20 日中国人民保险公司在北京开业，随后通过接管、清理、改造和限制等措施，旧的保险公司逐渐消失，中国人民保险公司成为国内唯一的保险机构。成立之初，中国人民保险公司不仅经营各种保险业务同时又兼有领导和监督中国保险业务的职能。1950 年 1 月，由中国人民银行负责对保险机构的监督管理，中国人民保险公司成为专职经营保险业务的金融机构。中国人民保险公司最早开办的业务是火灾保险，1951 年开始办理公民财产保险、物资运输保险和人身自愿保险。1950 年试办农业保险，但 1953 年年底停办。1951 年开办财产强制保险；船舶强制保险；铁路车辆强制保险；轮船、铁路和飞机旅客意外伤害强制保险业务。1957 年所有强制保险业务停办。1959 年国内保险业停办，中国人民保险公司专营涉外保险业务，主要经营进出口货物运输保险、远洋船舶保险、国际航线飞机保险、再保险和海外业务。1961 年中国人民保险公司机构精简，"文化大革命"期间保险从业人员减少到 13 人，机构并入中国人民银行。

改革开放后，中国保险公司进入了一个新的发展阶段。1979年经国务院批准，中国人民保险公司恢复了停办20年的国内保险业务，1984年1月1日，中国人民保险公司正式从中国人民银行中分立出来，但仍然接受中国人民银行的领导、管理、监督和稽核。1986年之前，中国人民保险公司是我国唯一的保险机构，独家垄断中国保险市场。1985年国务院发布《保险企业管理暂行条例》，规定只要符合一定的条件即可设立新的保险公司。1986年中国人民银行批准设立"新疆生产建设兵团农牧业生产保险公司"，专门经营种养两业保险，后更名为"中华联合财产保险公司"，转为全国性财产保险公司。1987年交通银行开设保险部，经营保险业务，1991年以此为基础组建了中国太平洋保险公司，这是继中国人民保险公司之后的第二家全国性商业综合性保险公司。1988年平安保险公司在深圳成立，这是新中国第一家股份制保险公司，1997年更名为"中国平安保险股份有限公司"，成为中国第三家全国综合性保险公司。1994年由20多家大型企业合资组建的天安保险股份有限公司成立，是中国第一家企业出资组建的股份制保险公司。1992年10月美国友邦保险获准在上海经营寿险和非寿险业务，成为改革开放后进入中国的第一家外资保险公司。1996年由加拿大宏利人寿保险公司和中国对外经济贸易信托投资公司合资组建了中国第一家中外合资人寿保险公司：中宏人寿保险公司。一个以国有保险公司为主体，中外保险公司并存的多元化保险机构体系初步形成。

1996年我国保险公司机构体制开始进行重大改革。依据1995年颁布的《保险法》关于产、寿险分业经营的原则，保险公司不能同时经营财产险和人身险，保险公司开始实施产、寿险分业经营体制的改革。1996年中国人民保险公司改制成立中国人民保险（集团）公司，下设中保财产保险有限公司、中保人寿保险有限公司、中保再保险有限公司。1998年，三家公司成为独立法人，分别更名为中国人民保险公司、中国人寿保险公司和中国再保险公司，中国人民保险公司专门经营人寿保险以外的保险业务，中国再保险公司成为中国第一家独立的专业再保险公司。与此同时，保险公司监管体制也进行了改革，新中国成立初期，中国人民银行和财政部行使对保险业的领导和管理职能，1998年中国保险业监督管理委员会成立，标志着我国保险监管转向了专业化阶段。2003年开始，我国保险公司开始利用资本市场筹集资金，改革经营体制。2003年中国人民保险公司改为中国人保控股公司，发起设立中国人保资产管理有限公司和中国人民财产保险股份有限公司，2003年11月6日中国人民财产保险股份有限公司在香港联交所主板市场以 H 股成功挂牌上市，发行股票 34.55 亿股，募集资金 62.2 亿元。是内地第一家完成股份制改造的国有金融机构和第一家在境外上市的金融机构。中国人寿保险公司也进行了改制重组，2003 年和 2004 年分别成立了中国人寿保险（集团）公司、中国人寿保险股份有限公司和中国人寿资产管理公司。中国人寿保险股份有限公司分别于 2003 年 12 月 17 日、18 日在美国纽约证交所和中国香港联交所成功挂牌上市，是第一家在美国纽约和中国香港两地上市的国内金融机构，公开发行融资 34.75 亿美元，创造了当年全球资本市场融资额的最高纪录。2003 年 12 月以中国再保险公司重组改制为中国再保险（集团）公司，发起设立了中国财产再保险股份有限公司和中国人寿再保险股份有限公司。2001 年 12 月，以中国人民保险公司和中国进出口银行出口信用保险部为基础组建的中国出口信用保险公司成立，这是我国第一家政策性保险公司。2004 年全国首家服务"三农"的专业农业保险公司上海安信农业保险股份有限公司成立，2005 年全国首家相互农险公司阳光农业相互保险公司在黑龙江开业。至此，一个以保险管理机构和经营机构分离，商业保险机构和政策性保险机构并存，以股权投资为主的保险集团公司和经营具体保险业务的保险公司并存，财产保险、人寿保险和再保险"分业经营"，保险自身业务与资金运用业务专业化运作的完善的保险机构体系形成。截至 2010 年年末，保险法人机构达到 142 家。其中，保险集团和控股公司 8 家，财产险公司 54 家，人身险公司 61 家，再保险公司 9 家，资产管理公司 9 家，出口信用保险公司 1 家。

  在机构体系发展的同时，我国保险公司的业务运作和风险监管也日益完善。按照产、寿险分业经营的原则，我国各类保险公司可以选择经营以下保险业务：第一，人身保险业务，包括人寿保险、健康保险、意外伤害保险等保险业务；第二，财产保险业务，包括财产损失保险、责任保险、信用保险、保证保险等保险业务；第三，再保险业务，包括分出保险和分入保险。保险公司的资金运用限于下列形式：银行存款；买卖债券、股票、证券投资基金份额等有价证券；投资不动产等。保险公司在进行上述投资时必须稳健，遵循安全性原则。同时保险公司应当按照其注册资本总额的 20% 提取保证金，存入指定金融机构，除公司清算时用于清偿债务外，不得动用。保险公司对每一危险单位，即对一次保险事故可能造成的最大损失范围所承担的责任，不得超过其实有资本金加公积金总和的 10%；超过的部分应当办理再保险。2014 年我国保险业资金运用余额 9.3 万亿元。其中，银行存款 2.53 万亿元，占保险资金运用总额的 27.12%；债券投资 3.56 万亿元，占比38.15%；股票与证券投资基金1.03万亿元，占比11.06%。

目前保险公司作为我国金融体系的重要构成部分，在社会经济发展中充分发挥了转移风险、分散风险、融通资金、提供经济保障的功能，成为市场经济条件下风险管理的基本手段和社会保障体系的重要组成部分。2014年，全国实现保费收入20235亿元。保险密度达到1480元，保险深度为3.18%。

参考文献：

中国金融年鉴编辑部：《中国金融年鉴》（1986～2014年），中国金融出版社1987～2015年版。

（左毓秀）

信托投资公司
Financial Trust and Investment Company

信托投资公司是金融机构体系中主要经营信托业务的非银行金融机构。所谓信托业务是指信托公司以营业和收取报酬为目的，以受托人身份承诺信托和处理信托事务的经营行为。

新中国成立至今，我国信托投资机构的发展经历了曲折的过程。新中国成立初期，通过对国民党政府经营的信托机构和民营信托机构进行接管和改造，信托机构成为新中国金融机构体系中的一部分。随着"大一统"金融体系的建立，信托机构陆续停止营业。1979年经济体制的改革使得单一银行信用难以满足经济发展对融资形式和融资渠道多元化的需求，信托业务开始恢复，信托机构随之产生。1979年中国银行成立信托咨询部，同年中国国际信托投资公司成立。1980年中国人民银行发布《关于积极开办信托业务的通知》，各地纷纷设立信托机构。1982年底，全国各类信托机构达620家，其中中国人民银行设立的信托部为186家，中国建设银行、中国农业银行和中国银行设立信托机构383家，地方设立信托公司50多家。1982年国务院开始对信托机构进行第一次整顿，清理了非金融机构设立的信托公司，信托业务统一由银行办理。1983年年初，中国人民银行颁布了《关于办理信托业务的若干规定》，首次明确了信托业务的发展方向和范围等问题，信托机构应主要从事"委托、代理、租赁、咨询"业务。但是由于信托公司管理不规范，加剧了当时的固定资产投资膨胀，1985年国务院对信托业进行了第二次整顿，整顿的重点是信托机构办理的信托贷款和投资等业务。

1986年4月，中国人民银行发布《金融信托投资机构管理暂行规定》，明确由中国人民银行负责管理监督信托机构，并对信托公司的业务方向、经营范围和机构的设置审批等方面进行了具体规定。1988年由中国人民银行批准设立的信托公司达745家，信托公司开办了信托、委托、代理、租赁、投资、担保、房地产、证券、咨询等诸多业务，在国民经济中的作用也不断增大。但是与此同时受当时经济和金融秩序混乱的影响，信托公司的业务活动也在一定程度上偏离了国家宏观经济调控的要求，违规违法经营严重，因此在1988年信托业开始了第三次整顿，重点是业务清理与行业整顿，实行银行与信托分业管理，将信托公司的数量由745家撤并为377家。1993年在全国金融秩序整顿中，中国人民银行对信托业进行了第四次整顿，重申银行和信托投资公司"分业管理、分业经营"的政策，强调商业银行经营的银行业务和信托业务必须分别经营，严禁信托公司业务银行化，信托公司应主要经营信托性业务，对一般性投资、放款、证券和房地产投资要加以严格限制；同时清理违规越权批设的金融机构，对1993年7月以后越权批设的信托公司一律撤销，共撤销专业银行信托公司新设分支机构和地方信托公司的分支机构416家。1999年，中国人民银行对信托业进行了第五次清理整顿，目标是实现信托业与银行业、证券业的分业经营、分业管理，减少信托机构数量，关闭规模小、经营混乱的信托公司，使信托公司成为真正从事信托业务、规范运作的金融机构，同时健全监管，化解信托业风险。整顿前全国239家信托公司，资产规模6000多亿元，整顿后信托公司减至64家，资产规模1000多亿元。2001年《中华人民共和国信托法》颁布，中国人民银行制定的《信托投资公司管理办法》颁布，我国信托公司进入依法经营发展的阶段，2002年依据《信托投资公司管理办法》最终获得重新登记的信托公司为59家。银监会建立后，信托公司由银监会监督管理，2007年1月，银监会颁布《信托公司管理办法》，信托公司成为名副其实的"受人之托，代人理财"的金融机构。通过并购重组、增资扩股，信托公司形成了新的行业发展特色。2009年我国金融集团控股类信托公司9家，中央企业控股类信托公司14家，地方政府控股类信托公司9家，地方国企控股类信托公司19家，其他控股类信托公司6家。2010年8月银监会颁布《信托公司净资本管理办法》，将信托公司管理的信托资产规模与其净资本直接挂钩，对信托公司的监管进入精细化阶段。截至2014年年底，68家信托公司管理信托资产13.98万亿元，存续信托项目37762个，支付投资者收益4831亿元。

目前我国信托公司的设立、经营和监管等事项依然以2007年银监会颁布的《信托公司管理办法》为依据。《信托公司管理办法》详细规定了信托公司经营的业务范围：资金信托；动产信托；不动产信托；有价证券信托；其他财产或财产权信托；作为投资基金或者基金管理公司的发起人从事投资基金业务；经营企业资产的重组、购并及项目融资、公司理财、财务顾问等业务；受托经营证券承销业务；居间、咨询、资信调查等业务；代保管及保管箱业务；公益信托业务等。信托公司的业务方式可以采用多种形式。在管理运用或处分信托财产时，可以依照信托文件的约定，采取投资、出售、存放同业、买入返售、租赁、贷款等方式进行。但是信托公司不得以卖出回购方式管理运用信托财产。同时，信托公司固有业务项下可以开展存放同业、拆放同业、贷款、租赁、投资等业务。投资业务限定为金融类公司股权投资、金融产品投资和自用固定资产投资。信托公司不得以固有财产进行实业投资。相对于其他银行业金融机构，信托公司的负债业务受到较大限制，除同业拆入业务以外，信托公司不得经营其他负债业务，且同业拆入余额不得超过其净资产的20%；信托公司办理担保业务时对外担保余额不得超过其净资产的50%。

　　由于信托公司的特殊性质，《信托公司管理办法》对信托公司的经营规则做了详细规定。要求信托公司从事信托活动，应遵守法律法规的规定和信托文件的约定，不得损害国家利益、社会公共利益和受益人的合法权益；信托公司管理运用或者处分信托财产，必须恪尽职守，履行诚实、信用、谨慎、有效管理的义务，维护受益人的最大利益；信托财产不属于信托公司的固有财产，也不属于信托公司对受益人的负债。信托公司终止时，信托财产不属于其清算财产；信托公司在处理信托事务时应当避免利益冲突，在无法避免时，应向委托人、受益人予以充分的信息披露，或拒绝从事该项业务；信托公司应当亲自处理信托事务；信托公司对委托人、受益人以及所处理信托事务的情况和资料负有依法保密的义务；信托公司应当将信托财产与其固有财产分别管理、分别记账，并将不同委托人的信托财产分别管理、分别记账；对信托业务与非信托业务分别核算，并对每项信托业务单独核算；信托公司的信托业务部门应当独立于公司的其他部门，其人员不得与公司其他部门的人员相互兼职，业务信息不得与公司的其他部门共享。信托公司开展信托业务，不得有下列行为：利用受托人地位谋取不当利益；将信托财产挪用于非信托目的的用途；承诺信托财产不受损失或者保证最低收益；以信托财产提供担保；信托公司开展固有业务，不得有下列行为：向关联方融出资金或转移财产；为关联方提供担保；以股东持有的本公司股权作为质押进行融资。信托公司以信托合同形式设立信托时，信托合同应当载明以下事项：信托目的；委托人、受托人的姓名或者名称、住所；受益人或者受益人范围；信托财产的范围、种类及状况；信托当事人的权利义务；信托财产管理中风险的揭示和承担；信托财产的管理方式和受托人的经营权限；信托利益的计算，向受益人交付信托利益的形式、方法；信托公司报酬的计算及支付；信托财产税费的承担和其他费用的核算；信托期限和信托的终止；信托终止时信托财产的归属；信托事务的报告；信托当事人的违约责任及纠纷解决方式；新受托人的选任方式；信托当事人认为需要载明的其他事项。以信托合同以外的其他书面文件设立信托时，书面文件的载明事项按照有关法律法规规定执行。

参考文献：

中国金融年鉴编辑部：《中国金融年鉴》（1986~2011年），中国金融出版社1987~2012年版。

金建栋、马鸣家：《中国信托投资机构》，中国金融出版社1992年版。

（左毓秀）

金融租赁公司
Financial Leasing Company

金融租赁公司是指由中国银行业监督管理委员会监管的、以经营融资租赁业务为主的非银行金融机构。金融租赁公司是在改革开放以后出现在我国金融机构体系中的新型金融机构，我国金融租赁公司的设立、监管和发展经历了曲折的过程。

我国第一家金融租赁公司产生于20世纪80年代中期，由中国人民银行批准设立。在当时的金融租赁公司中，有些是直接作为金融租赁公司成立的，有些则最初是作为内资融资租赁公司设立，后来才取得金融租赁公司牌照的。如原深圳租赁有限公司是在1984年12月经深圳市人民政府批准成立的，1985年10月，原中国人民银行深圳分行依据当时的《深圳经济特区非银行性质国营金融机构暂行管理办法》，正式将其定性为非银行金融机构。原中国租赁有限公司是在1981年7月由中信公司和国家物资总局合资组建的全国第一家内资融资租赁公司，1987年转为金融租赁公司。20世纪90年代我国金融租赁公司经历了发展中的第一个鼎盛时期，商业银行等各类金融机构都参与设立金融租赁公司，1996年全国共有金融租赁公司16家。但是当时大部分金融租赁公司并未将融资租赁业务作为主业经营，管理混乱，效益低下，形成了大量的不良资产。1997年中国人民银行决定商业银行与金融租赁公司实行分业经营，金融租赁公司不得直接从商业银行获得信贷资金，金融租赁公司随后进入了萎缩阶段。2000年7月，中国人民银行颁布《金融租赁公司管理办法》，允许民营资本入股设立金融租赁公司，金融租赁公司迎来了一个重组发展的高潮。但是民营资本的进入并未将金融租赁公司带入良性发展的轨道，不少金融租赁公司成为大股东"圈钱"的工具，金融租赁公司的经营重新陷入困境。2003年中国银监会建立以后，金融租赁公司的设立、退出和经营监管都由银监会负责。2007年3月1日，由中国银监会修订颁布的《金融租赁公司管理办法》正式施行，管理办法规定商业银行可以作为主要出资人设立金融租赁公司，我国金融租赁公司进入了一个新的发展时期。2007年底由中国工商银行、中国建设银行和中国交通银行出资设立的金融租赁公司正式挂牌营业，此后，国内主要的大中型商业银行或通过出资设立新的金融租赁公司，或通过对现有金融租赁公司重组的方式陆续将金融租赁公司纳入商业银行整体发展版图中。除了商业银行之外，各种企业集团也入股组建金融租赁公司。截至2014年年底，我国共有金融租赁公司27家。

金融租赁公司属于我国金融机构体系中的非银行金融机构，在我国目前分业经营的环境下，为了保证金融租赁公司正常发挥其特定的功能，即以融物的方式进行融资，为企业经营和发展提供固定资产资金来源，银监会对金融租赁公司的业务范围做了明确的界定。根据中国银监会《金融租赁公司管理办法》规定金融租赁公司的主要资产业务应当是融资租赁业务：出租人根据承租人对租赁物和供货人的选择或认可，将出租人从供货人处取得的租赁物按合同约定出租给承租人占有、使用，向承租人收取租金的交易活动。并且规定适用于融资租赁交易的租赁物为固定资产。对金融租赁公司的负债业务也做了规定，金融租赁公司获取资金来源的方式应当不同于商业银行，不能以吸收公众存款的方式筹集资金，金融租赁公司的资金来源主要应通过以下方式获得：一是吸收股东1年期（含）以上定期存款，但是银监会又同时规定：金融租赁公司不得吸收银行股东的存款；二是接受承租人的租赁保证金；三是发行金融债券；四是进行同业拆借；五是向金融机构借款；六是利用境外外汇借款。除了上述业务之外，金融租赁公司还可以经营向商业银行转让应收租赁款业务、经营租赁物品残值变卖及处理业务以及从事经济咨询业务等。

在金融机构体系中，金融租赁公司经营的主业融资租赁业务具有较强的专业性。因为融资租赁业务是以出租固定资产的形式运作的，一项融资租赁业务会涉及与固定资产有关的各个方面，比如固定资产的性能、固定资产的购买、固定资产的管理、折旧、税收等，需要经营人员具备专业背景和知识，因此银监会对金融租赁公司的出资人资格进行了特别的规定。《金融租赁公司管理办法》把金融租赁公司的出资人分为主要出资人和一般出资人。主要出资人是指出资额占拟设金融租赁公司注册资本50%以上的出资人。一般出资人是指除主要出资人以外的其他出资人。设立金融租赁公司，应由主要出资人作为申请人向中国银行业监督管理委员会提出申请。金融租赁公司的主要出资人主要包括三类机构：商业银行、租赁公司和大型企业。

作为非银行金融机构，金融租赁公司在日常经营中必须接受银监会的监管，遵守银监会的监管要求。银监会对金融租赁公司的监管主要集中在以下几个方面：第一，资本充足率监管。规定金融租赁公司资本净额不得低于风险加权资产的8%。第二，单一客户融资集中度监管。规定金融租赁公司对单一承租人的融资余额不得超过资本净额的30%。计算对客户融资余额时，可以扣除授信时承租人提供的保证金。第三，单一客户关联度监管。金融租赁公司对一个关联方的融资余额不得超过金融租赁公司资本净额的30%。第四，集团客户关联度监管。金融租赁公司对全部关联方的融资余额不得超过金融租赁公司资本净额的50%。第五，同业拆借比例监管。金融租赁公司同业拆入资金余额不得超过金融租赁公司资本净额的100%。除此之外，《金融租赁公司管理办法》针对金融租赁公司经营的售后回租业务进行了专门的监管规定。售后回租业务，是指承租人将自有物件出卖给出租人，同时与出租人签订融资租赁合同，再将该物件从出租人处租回的业务，是承租人和供货人为同一人的融资租赁方式，与抵押贷款有异曲同工之效。为了防止企业利用虚假售后回租套取资金，控制业务风险，银监会规定：售后回租业务必须有明确的标的物，标的物应当是适宜于融资租赁业务的固定资产。同时售后回租业务的标的物必须由承租人真实拥有并有权处分。金融租赁公司不得接受已设置任何抵押、权属存在争议或已被司法机关查封、扣押的财产或其所有权存在任何其他瑕疵的财产作为售后回租业务的标的物。在售后回租业务中，金融租赁公司对标的物的买入价格应有合理的、不违反会计准则的定价依据作为参考，不得低值高买。并且从事售后回租业务的金融租赁公司应真实取得相应标的物的所有权。标的物属于国家法律法规规定其产权转移必须到登记部门进行登记的财产类别的，金融租赁公司应进行相关登记等。最后，与其他金融机构一样，金融租赁公司应实行风险资产五级分类制度，按照有关规定制定呆账准备制度，及时足额计提呆账准备。未提足呆账准备的，不得进行利润分配。

参考文献：
中国金融年鉴编辑部：《中国金融年鉴》（1986～2011年），中国金融出版社1987～2012年版。

（左毓秀）

汽车金融公司
Auto Financing Company

汽车金融公司指经中国银行业监督管理委员会批准设立的，为中国境内的汽车购买者及销售者提供金融服务的非银行金融机构。

改革开放以来，我国的汽车生产和汽车消费发展迅猛，汽车产业在经济发展中的作用不断扩大，已经成为我国国民经济中的支柱性产业。2003年中国银监会发布《汽车金融公司管理办法》，鼓励汽车企业发起设立汽车金融公司。2004年8月18日，上海通用汽车金融有限责任公司正式成立，这是《汽车金融公司管理办法》实施后中国出现的首家汽车金融公司，此后丰田、福特、大众、戴姆勒、标致雪铁龙、沃尔沃、菲亚特和东风日产等汽车巨头都在我国建立了汽车金融公司。2008年银监会颁布了新的《汽车金融公司管理办法》，2009年我国《汽车产业调整和振兴规划》发布，规划指出要"支持符合条件的国内骨干汽车生产企业建立汽车金融公司，促进汽车消费信贷模式的多元化，推动信贷资产证券化规范发展，支持汽车金融公司发行金融债券"，为汽车金融公司的发展创造了良好的政策环境。截至2014年年末，中国共有汽车金融公司19家。

根据银监会《汽车金融公司管理办法》的规定，目前我国汽车金融公司的业务范围包括：接受境外股东及其所在集团在华全资子公司和境内股东3个月（含）以上定期存款；接受汽车经销商采购车辆贷款保证金和承租人汽车租赁保证金；经批准发行金融债券；从事同业拆借；向金融机构借款；提供购车贷款业务；提供汽车经销商采购车辆贷款和营运设备贷款，包括展示厅建设贷款和零配件贷款以及维修设备贷款等；提供汽车融资租赁业务；向金融机构出售或回购汽车贷款应收款和汽车融资租赁应收款业务；办理租赁汽车残值变卖及处理业务；从事与购车融资活动相关的咨询、代理业务；

经批准从事与汽车金融业务相关的金融机构股权投资业务；等等。

按照《汽车金融公司管理办法》的要求，目前我国汽车金融公司的出资人应是中国境内外依法设立的企业法人，其中主要出资人须为生产或销售汽车整车的企业或非银行金融机构。商业银行不能作为主要出资人设立汽车金融公司。在汽车金融公司的出资人中至少应有1名出资人具备5年以上丰富的汽车金融业务管理和风险控制经验。汽车金融公司注册资本的最低限额为5亿元人民币或等值的可自由兑换货币。注册资本为一次性实缴货币资本。

汽车金融公司设立之后，在日常经营过程中应当按照中国银监会有关银行业金融机构内控指引和风险管理指引的要求，建立健全公司治理和内部控制制度，建立全面有效的风险管理体系。具体来说，汽车金融公司应遵守以下监管要求：（1）资本充足率不低于8%，核心资本充足率不低于4%；（2）对单一借款人的授信余额不得超过资本净额的15%；（3）对单一集团客户的授信余额不得超过资本净额的50%；（4）对单一股东及其关联方的授信余额不得超过该股东在汽车金融公司的出资额；（5）自用固定资产比例不得超过资本净额的40%。同时汽车金融公司还应该按照有关规定实行信用风险资产五级分类制度，并且建立审慎的资产减值损失准备制度，及时足额计提资产减值损失准备。未提足准备的，不得进行利润分配。

汽车金融公司是我国金融机构体系中的新型金融机构，完善了我国金融机构体系的构成，丰富了我国消费信用形式，增加了融资渠道。但是受我国汽车产业结构的影响，在我国目前的汽车金融公司中，外商独资和中外合资汽车金融公司占有重要的份额，中资汽车金融公司主要有两家，即2009年成立的奇瑞徽银汽车金融有限公司和2010年成立的三一汽车金融有限公司。

参考文献：

中国金融年鉴编辑部：《中国金融年鉴》（2003～2011年），中国金融出版社2004～2012年版。

（左毓秀）

证券公司
Securities Company

在现代金融中介体系中，证券公司（在欧美则一般称为投资银行）是一类以金融市场为业务平台、专门从事相关证券承销、经纪以及财务顾问等证券服务业务的金融机构。从其业务构成看,当前投资银行或证券公司的主要业务大致可分为三大类,即:(1)(传统)投资银行业务,涵盖了为企业和政府安排权益、债券或可转债等融资和兼并收购顾问等两种业务。(2)交易业务,涵盖了客户交易和自营交易两大业务,其中客户交易指证券公司作为客户代理人,充当各类证券交易的中介、向客户提供研究报告和投资建议以及权益和固定收益、商品及货币交易部的业务,而自营交易则指的是证券公司从事的影响自身资产负债表的投资活动(不包括代理客户),其投资对象集中在权益(含公开和私募)、债券、可转换债券以及衍生品以及私募股权基金和对冲基金等。(3)资产管理业务,指证券公司向零售或机构客户提供权益、固定收益、货币市场投资产品以及对冲基金、私募股权基金或其他可出售基金等另类投资渠道。

从功能层面考察,证券公司在现代市场经济中,借助于以其为核心的独特信息市场及其信息优势,创造了一个"超越法律"的信息市场和使用合约以及相应的合约"自我实施"机制,进而为经济主体提供与信息高敏感度证券资产相关的各种金融服务(莫里森和维尔勒姆,2011)。历史地看,这一功能定位在早期的证券公司身上表现得最为明显——尽管19世纪的银行业是一个比今天广泛得多的概念,进而导致了诸多横跨银行和证券的大银行的出现,但无论是对于英国的商人银行还是美国的合伙制私人银行中的投资银行家而言,直到20世纪二三十年代,其业务范围都较为狭窄,一般都专注于传统的投资银行业务,进而基于银行与客户之间长期关系所形成的信息优势成为其开拓市场的关键所在。1933年的《格拉斯—斯蒂格尔法案》第一次明确了商业银行和投资银行的分野,并将当时主宰美国金融业的摩根(J. P. Morgan)公司限制于商业银行领域,而其证券业务部则独立出来,成立了摩根士丹利(Morgan Stanley)公司,专营股票和债券业务。一般认为,这一法规在实践中进一步强化了证券公司的独特机构与功能定位,使其更专注于专业技能信息的创新和传承,进而与商业银行表现出极为明显的差异,进而成为现代证券公司诞生的标志。

进入20世纪70年代以来,随着内外部经济环境的不断变化,尤其是放松管制、信息通信技术以及金融理论创新的不断深入,证券公司和商业银行、保险公司等其他金融中介机构之间的界限日益模糊,来自市场的激烈竞争压力与自身追求利润的创新动力使得投资银行得以介入更为广阔的业务活动,相应的其业务重点也从80年代早期之前的专注咨询与中介等传统低风险业务开始转向自营以及客户财富管理等高风险业务。事实上,到2000年,美国的独立投行已经演变为提供全能服务的金融机构，超过半数的收益来源于80年代才出现的技术性交易业务。从实践来看，在2007年金融危机爆发之前的20余年间，机构业务重点的转移再加上其自身杠杆率的不断增加尽管从根本上改变了独立大型投资银行的业务及收益模式并有效地维持了长期的极高资本回报率，但不可避免地这一业务转型也使其承担了与高利润相伴随的巨额业务风险。因此，当由2007年规模仅5000亿美元次级抵押贷款市场崩溃所引发的全球金融风暴袭来之际，以摩根士丹利（Morgan Stanley）、高盛（Goldman Sachs）、美林（Merrill Lynch）、罗曼兄弟（Lehman Brothers）、贝尔斯登（Bear Stearns）等为代表的美国独立大型投资银行突然发现其所面临的风险导致的亏损已经超出了自身资本所能承受的范围，除了宣告破产或被收购之外只能通过组织模式转型为银行控股公司接受联储的救助来渡过难关，进而导致严格独立法人意义上的投资银行在美国成为了历史。

与美欧投资银行基于市场的漫长历史演变不同，证券公司作为一类非银行金融机构在中国是伴随着1978年的改革开放，尤其是20世纪80年代资本市场的重新恢复及发展逐步得以创设和发展的。总体而言，中国证券公司不仅发展历史颇为短暂，且在相当长一个时期内由于计划经济和国有经济双重约束，没有赋予其明确的功能定位，再加上中国资本市场制度性缺陷导致的诸多约束，导致在几经起伏的今天，尽管中国证券业已初步形成了一个机构体系——据中国证券业协会的统计，2014年年底，中国证券公司总计119家，行业总资产4.09万亿元，净资本6791.6亿元，但相对而言，不仅其总体规模仍显得极为有限（占中国金融机构总资产的规模不到2%），社会影响力及功能在中国远逊于商业银行，且整体上看，行业创新能力不强，业务或盈利模式较为单一，同质化现象较为突出。

历史地看，随着金融管制措施以及内外部环境的变迁，中国证券公司的发展大致经历了四个阶段，即萌芽起步阶段（1987~1995年）、稳健提升阶段（1996~2000年）、治理整顿阶段（2001~2005年）和规范发展阶段（2005年至今）。

1987~1994年可以视作中国证券公司的萌芽起步期。自1987年9月深圳经济特区证券公司掀开序幕之后，以1988年万国、申银、海通三家证券公司在上海的先后设立为标志，伴随着1990年上海和深圳证券交易所的创设，这一时期证券公司如雨后春笋般在全国普遍出现，迅速构成了一个行业体系：1990年年底中国证券公司达44家，资产72亿元，而1995年年底就分别达到了97家和831亿元，短短5年资产增长就达10余倍。但可惜的是，由于这一时期中国证券公司多采用了国有独资公司的组织模式，实际上可以视为依附发起机构（多为专业银行）的一类附属金融机构，普遍缺乏独立的机构定位。

鉴于20世纪90年代初期的中国专业银行体系出现了较为严重的资金运用问题，相当一部分银行通过其全资或参股的证券公司、信托投资公司，将信贷资金和同业拆借资金挪用、投放到证券市场或房地产市场，增大了银行的经营风险，助长了投机行为和泡沫经济，造成了通货膨胀等极为严峻的宏观冲击。在这样一种背景下，1995年相继颁布实施的《中国人民银行法》、《商业银行法》和《保险法》确立了我国金融体制"分业经营"的基本格局，证券公司在1996~2001年进入了一个新的稳健发展阶段。在这个时期，尽管中国证券公司数量整体稳定，但随着机构分离或股权结构的规范治理，中国证券公司取得了独立机构定位（相应的有限责任公司制成为主流，且1998年后部分证券公司在资本市场快速发展背景下出于增资扩股的目的，尝试改制为"股份有限公司"）的同时，证券公司整体盈利能力普遍增强，海通、君安等一批资本实力雄厚的大型证券公司迅速崛起。

2001年6月中国证券市场的大幅结构性调整在引致连续4年股市低迷，进而证券公司业绩滑坡的同时，也导致证券业风险的集中爆发，结果促成了一次中国证券业最为严格的治理整顿。据统计，自2002年鞍山证券处置开始，到2006年3月底中国共有31家证券公司因严重违规（如挪用客户保证金和国债、违规委托理财、向社会发放个人柜台债以及操纵市场等）和面临巨大风险（如严重资不抵债、存在较大资金黑洞等）而被处置（形式包括政府救助、停业整顿、责令关闭和撤销、并购重组、行政接管、破产等），占证券公司总数的22.7%。此外，值得一提的一点是随着中国加入WTO的相关安排，这一时期中国证券业的开放走出了重要一步，中外证券机构之间的合作成为现实。

在治理整顿取得阶段性效果的同时，2005年4月启动的股权分置改革重新激发了市场的信心。而在市场转暖的同时，2005年8月中国证券投资者保护基金有限公司的成立以及2007年7月证券公司分类管理制度的出台，使得中国证券公司迎来了一个新的发展阶段，期间证券公司整体资本实力不断增强，资产规模不断扩大，业务范围不断拓展，产品种类不断丰富，经营业绩稳步提升，表现出了良好的发展态势。

现实地看，尽管中国证券公司在中国证券市场发展，推动国有企业股份制改造以及盘活社会资产存量，提升国民经济运行质量等方面发挥了历史性的重要作用，但鉴于中国经济转型的特殊环境以及资本市场的诸多制度性限制，加之监管缺陷以及专业人才的缺乏等因素的存在，中国证券公司在过去20余年间暴露出缺乏行为制约进而损害投资者利益乃至市场公信力、创新动力不足等缺陷，积累了相当规模的不良资产（或金融风险），和国外同行相比仍存在较为明显的差距，急需在未来一个时期内通过"内外并举"提升自身的核心竞争力来迎接金融全球化时代的挑战。

参考文献：

［美］查理斯·R·盖斯特：《华尔街投资银行史》，中国财政经济出版社2005年版。

［美］阿兰·莫里森、［美］小威廉·维尔勒姆：《投资银行：制度、政治和法律》，中信出版社2011年版。

中国证券监督管理委员会：《中国资本市场二十年》，中信出版社2012年版。

Carosso Vincent, *Investment Banking in America*: *A History*, Harvard University Press, 1970.

Hayes Samuel and Philip Hubbard, *Investment Banking*: *A Tale of Three Cities*, Harvard University Press, 1990.

Williamson J. Peter ed., *The Investment Banking Handbook*, John Wiley & Sons, 1988.

（应展宇）

证券登记结算公司
Securities Depository and Clearing Corporation

证券登记结算公司指的是证券市场中为证券交易提供集中的登记、托管与结算服务且不以营利为目的的中介机构。证券登记清算公司在中国目前主要有两种形式：一种是专门为证券交易所提供集中登记、集中存管、集中结算服务的专门机构，即中国证券登记结算有限责任公司；另一种是代理中国证券登记结算有限责任公司为地方证券经营机构和投资者提供登记、结算及其他服务的地方机构，即地方登记结算机构。

2001年3月30日，按照《证券法》关于证券登记结算集中统一运营的要求，经国务院同意、中国证监会批准，中国证券登记结算有限责任公司在北京组建成立，总资本12亿元人民币，上海证券交易所和深圳证券交易所两个股东各占 50%。同年 9 月，中国证券登记结算公司上海和深圳分公司正式成立。从 2001 年 10 月 1 日起，中国证券登记结算公司承接了原来隶属于上海和深圳证券交易所的全部登记结算业务，标志着全国集中统一的证券登记结算体制的组织架构基本形成。

中国证券登记结算公司的发展宗旨是构建一个符合规范化、市场化和国际化要求，具有开放性、拓展性特点，有效防范市场风险和提高市场效率，能够更好地为中国证券市场未来发展服务的集中统一的证券登记结算体系。按照中国《证券法》和《证券登记结算管理办法》等相关规定，中国结算目前主要履行的职能包括：证券账户、结算账户的设立和管理；证券的存管和过户；证券持有人名册登记及权益登记；证券和资金的清算交收及相关管理；受发行人的委托派发证券权益；依法提供与证券登记结算业务有关的查询、信息、咨询和培训服务以及中国证监会批准的其他业务。在中国证监会主管下，公司实行董事会领导下的总经理负责制，目前下设上海、深圳和北京三家数据技术分公司。

自成立以来，中国证券登记结算有限责任公司与中国证券市场共同成长，随着开放式基金、QFII、上市开放式基金、中小板、股权分置改革、ETF、融资融券以及跨市场 ETF 等市场创新而不断地完善与登记结算服务相关的软硬件技术建设，积极推进行业数据中心和行业标准服务中心的各项建设工作，为市场的健康发展提供了重要的技术支持。截至 2014 年年底，中国证券登记结算公司管理的证券账户达 1.84 亿户，登记存管的证券 6330 只，登记存管的证券总市值达 40.57 万亿元，全年处理过户笔数达 778052.9 万笔，处理过户金额达 5032516 亿元，结算总额达 5413609.6 亿元，结算净额达 237922 亿元。

（应展宇）

基金管理公司
Fund Management Company

作为证券市场中基金的组织者和管理者，基金管理公司不仅负责基金的投资管理，而且承担着产品设计、基金营销、基金注册登记、基金估值、会计核算以及客户服务等多方面的职责，成为在整个基金的运作中发挥核心作用的一类金融中介机构。基金管理公司一般由证券公司、信托投资公司发起设立，具有独立的法人地位。鉴于基金管理公司的主要业务是发起设立基金和管理基金，其面对的客户通常是人数众多的中小投资者，因此，为了保护中小投资者的合法利益，各国监管当局对基金管理公司的设立都有着严格的资格和准入规定——尽管各国相关规定有所差异，但一般都要求基金管理公司符合以下条件：符合公司法的有关规定；实收资本不低于规定的数额；有合格的基金管理人才；有完善的内部控制制度以及法律、行政法规和相关监管机构规定的其他条件等。

从实践来看，尽管在没有相关专业性法规的约束下，中国首家专业化的基金管理公司——深圳投资基金管理公司早在1992年10月就已成立，其设立和运用很不规范，但随着《证券投资基金管理暂行办法》（1997年）、《证券法》（1999年）、《证券投资基金法》（2004年）等一系列法规的颁布实施，目前中国对基金管理公司实行较为严格的市场准入管理——依据相关法规，不仅基金管理公司的注册资本不低于1亿元人民币，而且其主要股东（出资额占公司注册资本的比例最高且不低于25%的）还必须满足从事证券经营、证券投资咨询、信托资产管理或者其他金融资产管理的金融机构，注册资本不低于3亿元人民币、经营业绩良好等规定，其他股东的注册资本、净资产也不低于1亿元人民币的同时，公司必须在较为严格界定的范围内开展相关业务，不得擅自拓展。

自1998年规范意义上的基金管理公司以及证券投资基金创设以来，随着证券市场的不断发展，中国资金管理公司实现了较为稳健的增长。从1998年的6家起步，在经历了2001~2006年的快速发展期（各年新增公司数分别为5家、7家、13家、11家、8家和5家，2006年总数达到58家）之后，从2007年后进入了缓慢增长期（新增数2007年仅1家，2008年为2家，2009年为0家，2010年为3家），2011年以后这一态势有所变化，2014年年末，基金管理公司总数达到95家，基金管理的资产总规模为6.68万亿元人民币。值得指出的是，相对其他金融中介而言，基金管理公司是中国金融服务业对外开放步伐较快、国际化程度颇高的一类机构，中外合资基金管理公司自2002年以来，截至2014年年底已达46家，接近基金管理公司总数的50%。

从市场结构看，当前中国基金管理公司的行业内部分化现象非常严重，马太效应非常明显。如果按管理资产规模的区间划分，2011年年底中国有23家基金公司的资产管理规模徘徊于100亿元以下，占比超过1/4；而在100亿~200亿元的"盈亏平衡"区间内，分布着11家基金公司；20家公司规模处于200亿元以上500亿元以下，超过500亿元的公司仅有15家

（其中超过 1000 亿元的仅 5 家）；如果按市场集中度看，资产规模排名前十的中国基金管理公司的市场份额总和达到 48.75%，总计 10555.03 亿元（其中前三名华夏基金、嘉实基金和易方达基金的规模分别为 1790.88 亿元、1374.66 亿元和 1347.85 亿元），几乎占据整个行业资产管理规模的半壁江山；而在排名的另一端，规模最小的前十家基金公司其资产管理规模之和仅占市场总量的 0.79%（若剔除新近成立的几家基金公司，当年末规模最小的基金公司资产管理规模仅 9.7 亿元）。

就中国基金管理公司的主要业务而言，尽管最初其主要局限于证券投资基金的募集和管理，但随着市场的发展，目前除该业务之外，中国基金管理公司已被允许从事特定客户资产管理（又称"专户理财"，指基金管理公司向特定客户募集资金或接受特定客户财产委托承担资产管理人，为委托人利益运用委托财产从事证券投资）、（面向 QFII、境内保险公司及其他依法设立运作的机构等特定对象提供）投资咨询、全国社保基金管理及企业年金管理以及 QDII 等多元化的业务，呈现出向综合资产管理机构转变的发展态势。

参考文献：

中国证券监督管理委员会：《中国资本市场二十年》，中信出版社 2012 年版。
中国证券监督管理委员会：《中国资本市场发展报告》，中国金融出版社 2008 年版。

（应展宇）

资产管理公司
Asset Management Company

资产管理公司是各国在对陷入困境银行的救助过程中采纳分离银行资产负债表这一不良资产处置方式后的特殊制度性产物。鉴于银行业存在的基础是信誉，因此，为维持公众对银行的信心，就得把这些银行资产负债表中的"坏资产"分离出去，而分离出去的"坏资产"则需要一个金融中介来经营和管理，但考虑到这类中介机构尽管功能定位非常明确但其性质却颇为独特（既不以营利为目的，又不类似于以纠正市场缺陷为宗旨的政策性金融机构，故很难纳入传统金融机构的分类体系），一般统称为"资产管理公司（AMC）"从世界范围看，美国的 RTC，德国的托管银行，日本的过渡银行，法国的 CDR，瑞典的 AMC 都属于此类机构，而转轨经济体中的匈牙利、波兰、捷克和新兴市场经济体中的墨西哥以及亚洲金融危机爆发后的韩国、泰国、马来西亚、菲律宾也都曾成立过类似 AMC 的机构来处理成因各异的银行坏账。从实际运行的结果看，美国、德国、瑞典、匈牙利、波兰、捷克、墨西哥已在 20 世纪末取得了成功，AMC 均已完成使命而解散。因此，AMC 模式确是世界范围内一种银行不良资产处置较为有效的方式。

从各国的情况看，AMC 的基本形式大致可分为两类：集中式和分散式，以集中式为主。集中式的资产管理就是由一个专门机构接管参加重组的各银行的不良贷款，集中进行处置，而分散式的资产管理则没有这种专门机构，各银行的不良贷款由各银行自己设立专门机构进行处置。作为一类性质特殊的中介机构，AMC 的主导业务基本可分为两类：融资权和处置权。处置不良资产是 AMC 的使命，而在处置过程中，必要发生资金支出，这就需要有融资权。当然，各国 AMC 由于所处具体情况各异，开展这两项业务的机构权限及方式也存在较大的差异。

尽管在中国通过设立中介机构来解决国有银行不良资产问题的想法早在 1990 年初就已提及（如周小川，1993；刘遵义和钱颖一，1994 等），但其真正被采纳并得以实施的契机是亚洲金融危机：在危机爆发并不断蔓延、国内外针对"中国银行业已处于技术性破产"的声音甚嚣尘上的背景下，以补充资本金和剥离不良资产为核心的国有银行财务重组就成为 1998 年中国政府夯实国有银行运营基础，恢复进而强化市场信心，弱化长期累积的系统性金融风险爆发的可能性，避免出现类似泰国、印度尼西亚、马来西亚等国出现的重大金融冲击的当务之急，而与 AMC 相关的"好银行/坏银行"模式则被确定为国有银行不良资产处置的基本方式。当 1998 年财政部利用特种国债向四家国有银行注资 2700 亿元之后，为了剥离国有银行长期积累的巨额不良资产，1999 年由财政部出资 400 亿元人民币（通过向 AMC 出售债券获得）独资创建了华融、长城、东方、信达 4 家资产管理公司（每家 AMC 的资本金为 100 亿元），分别用于购买工、农、中、建四行的不良资产。

但问题是，对于 4 家 AMC，相对工、农、中、建四行长期累积的巨额不良资产规模而言，400 亿元资本金显然是无法完成收购任务的，于是为了完成第一轮来自 4 家银行、面值高达约 1.4 万亿元人民币的不良资产处置，AMC 在向人民银行贷款 6340 亿元的同时还向 4 家国有银行定向发行 8580 亿元 10 年期债券，作为其按账面价值收购不良资产的支付对价。之所以这次处置中发行的 AMC 债券期限被定为 10 年，是因为在当时的决策者看来，

AMC仅仅是一个暂时处置不良资产的过渡性机构,当不良资产处置完毕损失得以冲销之际,AMC就应该自然消失,而最初设想的不良资产处置周期就是10年。

显然,考虑到四大国有银行曾长期在中国经济转轨中所肩负的特殊历史作用,第一轮的1.4万亿元资产绝非AMC需要处置不良资产的全部。因此,当2003年新一轮国有银行改革进程启动的时候,AMC再次承担了收购和处置不良资产的重任,且其面对的对象也不仅限于四大国有银行,而是包含了交行、股份制商业银行甚至其他非银行金融机构,而这一轮不良资产的账面价值规模超过1.6万亿元,所幸的是面对这部分不良资产,这一次AMC不再按照100%账面价值购买,而是通过拍卖等较为市场化的方式来确定对价。AMC为收购这一轮不良资产,此间再次获得了来自中国人民银行的6195亿元再贷款。这样仅在2000~2005年,中国4家AMC就承担了账面面值共计3万余亿元人民币的不良资产,在AMC的账面估价接近2万亿元,而其融资额也达到2.1万亿元。

对于AMC而言,其不良资产处置的方式及质量显然是确保中国银行业,尤其是国有银行财务重组至关重要的问题之一。时至今日,接近5000余亿元的AMC债券仍在国有银行的资产负债表内,而这意味着剥离了不良资产的国有银行仍直接暴露在AMC的经营风险之中。但问题是,对于在2000年按100%面值购买了1.4万亿元不良资产的AMC而言,既然这些不良资产的市场价值远低于账面价值,按AMC登记账面值回收不良资产也就成为一个几乎无法完成的任务。截至2006年年末,当第一轮剥离的不良资产近80%处置完毕时,公开报道的资产回收率只有20%左右(近1.16万亿元不良资产只回收了2300亿元),几乎无法支付各种债券的贷款利息,而即便2004~2005年通过拍卖获得的第二轮不良资产处置回收率较之前有很大的提升(如35%),加上第一轮剩余不良资产的部分回收(按10%),所有的处置收益再减去AMC承担的债务利息以及自身的运营成本(约10%),AMC资产组合的损失可能接近80%,约1.5万亿元。一方面,即便财政部对部分AMC进行了增资,但其资本金仍在数百亿元的规模,如此庞大的资产组合损失显然是其无法承担的。另一方面,考虑到国有银行仍有数千亿元AMC债券的风险暴露,如果在2009年AMC债券到期之际就宣告其消亡,中央财政将承担极大的资金规模压力。也正是在这样一个特殊的背景下,AMC的转型近年来成为中国金融改革颇为重要的事件之一。事实上,目前除长城公司外,信达、东方、华融3家AMC已转型成为金融控股公司,获得了多类金融牌照,广泛涉足证券、保险、信托等多个金融业务领域。

之所以 AMC 的机构功能定位在时隔 10 年之后会出现这样的转变,在我们看来大致有以下几个原因:

首先,制度变迁的路径依赖。从当前中国金融机构体系中的功能定位来看,AMC 业已被视为各类机构转移不良资产、摆脱历史包袱最为便捷的制度设计,在中国金融改革仍处于深化阶段,多类金融机构面临潜在巨额不良资产剥离动机的今天,其存续显然是一种必然。此外,即便不考虑未来的需求,但就 AMC 当前所处的资产负债状况而言,一旦当时选择关闭就意味着中央财政必须一次性地提供数以万亿元人民币计的资金来解决历次财务重组的历史欠账,而这一资金规模决定了这种做法在现实中无法采纳,国家必须通过延长存续期限的方式来避免重大冲击,期待在未来通过经济规模的不断增长消化这一问题。

其次,尽管早在 2005 年 10 月,党的十六届五中全会通过的"十一五"规划建议中就明确提出:"加快金融体制改革……稳步推进金融业综合经营试点",并在随后几年国家也逐步推出了系列以市场深化和放松管制为基调的改革措施,但不可否认的一点是始于 2007 年夏并于 2008 年 9 月雷曼破产引发的全球金融危机在很大程度上动摇了中国决策层对美国式金融模式的信心,进而对之前 10 余年间以美国模式为蓝本的众多金融改革措施(包括不良资产剥离,长期坚持的"分业经营、分业管理"等)的现实性和有效性产生了质疑,而在有些人看来,以德国为代表的欧洲大陆全能银行模式似乎更适合中国并且也更具有现实性,进而加快了中国金融机构综合化试点的步伐。在当前中国银行组织目标模式尚处于争论的背景下,包括国有银行、股份制银行乃至转型中的 AMC 在内的各类金融机构都带有极强的扩张动机,尝试尽可能地多获得业务牌照,扩展业务范围。

最后,对于 AMC 而言,其转型更为现实的一个背景是在过去 10 余年的不良资产处置过程中,不仅承担了来自各类银行的不良资产,而且还承担了一批处于破产状况的证券公司、租赁公司、财务公司、保险公司以及商品期货公司的债务。尽管在之前中国人民银行主导的这些金融机构重组过程中,初衷是通过债务重组把债权转变为股权进而试图通过向第三方(含境外机构和公司)的股权出售来进行处置,但实际运营的情况却是在大量债权并没有完成原定的重组,仍然停留在 AMC 的账面同时,这些破产机构也没有被清算关闭。这样,简单地通过机构更名,在保留雇员及其他资产的情况下,这些原本已陷入破产的金融机构就转变成 AMC 的子公司,而 AMC 就成为具有金融控股性质的全新金融机构。

现在看来,尽管中国 AMC 在 2009 年的存续并不意外,但一个极为现实的问题是,对于注册资本仅以百亿元人民币计、国有独资的 AMC 而言,一旦转变为具有营利性质的经营性金融机构,鉴于其控制的名义资产账面价值已经极为庞大(作为不良资产,其实际价值显然远低于账面价值),这导致其在极高的杠杆上开展业务。对于金融机构而言,杠杆率过高一方面极有可能引发管理层道德风险行为,过多地涉足风险过高的金融业务,进而在是财政增加弥补缺口压力的同时危及市场对国有银行资本充足率的信心。另一方面也会内生出一个如何消化其自身不良资产,降低杠杆率的要求。显然,AMC 如何成功地实现这一点,将在极大地考验未来中国政府决策层能力的同时,也可能成为中国金融体制改革进一步推进进程中的一个不可忽视的影响因素。

参考文献:
周小川:《企业与银行关系的重建》,载于《改革》1996 年第 6 期。
刘遵义、钱颖一:《关于中国的银行与企业财务重组的建议》,载于《经济与社会体制比较》1994 年第 5 期。
黄金老:《中国的资产管理公司:运营与前景》,载于《国际金融研究》1999 年第 11 期。
[英] 约翰·伊特韦尔等:《新帕尔格雷夫货币金融大辞典》,经济科学出版社 1996 年版。

(应展宇)

期货公司
Futures Company

期货公司指的是在期货市场中接受客户委托,并按照客户的指令、以自己的名义为客户进行期货交易并收取手续费的一类金融中介机构。在期货市场中,尽管众多的交易者出于套期保值、投机或者套利等自身考虑,希望直接进入期货市场进行交易,但期货交易内在的高风险性却决定了期货交易所只能通过严格的会员制度来限制直接参与交易的主体范围(非会员不得入场交易),客观上导致了严格的会员交易制度与吸引更多交易者、扩大市场规模之间的现实矛盾,而期货公司这类中介机构的出现和发展则是化解这一矛盾的制度设计——从实践来看，期货公司充当了期货交易者和期货交易所之间的桥梁和纽带，其职能不仅限于接受客户交易委托、充当客户的代理，还承担着为客户管理资金、控制交易风险以及提供市场信息，进行交易咨询、充当客户交易顾问等角色，进而是实现期货市场顺畅运行的关键环节之一。

从全球范围看，不同的期货公司因其在期货市场中的业务、交易权限或服务对象等不同而种类繁多，名称也不尽相同——换句话说，期货公司是一个包括期货佣金商、介绍经纪人、商品交易顾问、商品基金经理、经纪商代理人、场内经纪人等在内的期货服务机构体系的统称（当然，不同的期货服务机构之间也可能存在交叉关系），其中：（1）期货佣金商指的是在期货市场中那些既从事客户招揽，也直接接受和处理商品购买或卖出指令的公司或个人，其基本职能是代表非交易所会员的利益，代理客户下达交易指令，征缴并管理客户履约保证金，管理客户头寸，提供详细的交易记录和会计记录，传递市场信息，提供市场研究报告，充当客户的交易顾问和对客户进行期货和期权交易及制定交易策略的培训，还可以代理客户进行实物交割。要想获得期货佣金商的资格，其必须在相应的期货监管机构（美国则是国家期货协会和商品期货交易委员会）注册。（2）商品交易顾问，通过直接或间接形式（包括对客户的账户实行交易监管或通过书面刊物或其他报刊发表）建议为他人提供是否进行期货交易、交易何种合约、如何进行交易以及资金管理等方面建议或实际上代表客户进行交易的主体。为他人进行交易的商品交易顾问必须拥有一个其作为交易顾问以来业绩的注册跟踪记录。（3）商品基金经理，指的是对商品资金池进行管理或招揽相关资金的个人或组织，一般亲自分析市场，制定交易策略并直接下指令。（4）介绍经纪人，指那些经过注册、负责招揽客户和维护账户但却不能执行或清算交易的证券经纪公司。介绍经纪人往往将执行与清算交易的责任转移给期货佣金商或商品基金经理，只收取介绍费，不收客户保证金和佣金。（5）经纪商代理人，即作为期货佣金商、介绍经纪人、商品交易顾问或商品基金经理的代表，在期货市场中招揽委托订单、顾客或是客户基金的人，可以是任何销售人员。（6）场内经纪人，又称出市代表，指在交易池中代理任何其他人从事指令执行活动的交易所会员。

历史地看，由于中国期货市场发展的相对滞后，期货（经纪）公司在中国属于起步较晚的金融机构之一——在1990年10月中国郑州粮食批发市场经国务院批准，以现货交易为基础引入期货交易机制以及1992年深圳有色金属交易所（1月）和上海金属交易所（5月）先后开业之后的1992年10月，中国第一家期货经纪公司——广东万通期货经纪公司才成立。同年年底，中国国际期货经纪公司开业。但问题是，尽管期货公司在中国的起步较晚，由于当时人们认识上的偏差，尤其是受部分和地方利益驱动，在缺乏统一管理的情况下，随着期货交易所数目的快速增加，中国期货经纪机构在此后1年多时间内迅猛增加，1993年年底已发展到近千家，无论是期货市场还是期货公司都基本陷入无序混乱发展状态，市场风险迅速累积。针对当时中国期货市场的这种盲目发展局面，中国政府从1993年年底开始进行清理整顿，在确立期货市场监管架构的同时，对期货经纪公司进行了重新审核，清理关停了一大批机构的同时还严格限制其业务范围，取缔了当时所有查出的非法期货经纪公司和地下期货经纪机构。到1995年年底，只有330家期货经纪公司获得《期货经纪业务许可证》。此后3年间，中国证监会又陆续注销了一批违规违法和财务状况差、潜在风险大的期货经纪公司的经营资格（1996~1998年中国期货经纪公司的数量依次减少到329家、294家和278家），并在1999年颁布的《期货交易管理暂行条例》把期货经纪公司的最低注册资本门槛提升到3000万元人民币，以增强机构的抗风险能力，改善财务状况的同时，对其设立及业务范围做了较为明确的规定。监管架构确立后规范治理的直接后果是中国期货经纪公司数量的进一步减少——在1999年年底已减少到213家的基础上，2000年年底公司的总数就只有178家了，但此后有所反复，2001年、2002年、2003年、2004年和2005年分别为200家、179家、186家、188家和183家，2006年年底的数目则和2005年持平，仍为183家。

2007年3月《期货交易管理条例》颁布之后，鉴于条例对中国期货公司的定位、业务范围等进行了新的调整，原有"期货经纪公司"名称中的"经纪"两个字被删去，改为"期货公司"，可以认为中国期货公司进入了一个新的发展阶段。目前中国的期货公司由中国证监会主管，实行业务许可制度，由中国证监会按照其商品期货、金融期货业务种类颁发许可证。期货公司除申请经营境内期货经纪业务外，还可以申请经营境外期货经纪、期货投资咨询以及国务院期货监督管理机构规定的其他期货业务。此外，条例明确规定，在中国从事期货投资咨询以及为期货公司提供中间介绍等业务的其他期货经营机构，同样应当取得中国证监会批准的业务资格。

如果仅就公司数目而言，2007年至今中国期货公司仍延续了之前的态势，通过合并收购等途径其数目不断减少，2010年年底为164家，2014年年底为152家。而从业务许可范围看，目前中国期货公司仍主要从事国内商品期货的经纪业务，但值得注意的是，随着2010年4月16日股指期货在中金所的正式上市交易，可以预计金融股指期货的经纪业务将可能成为中国期货公司未来的业务重点。

参考文献：
中国证券监督管理委员会：《中国资本市场二十年》，中信出版社2012年版。
中国证券监督管理委员会：《中国资本市场发展报告》，中国金融出版社2008年版。

（应展宇）

私募股权
Private Equity

从投资方式角度看，私募股权（基金）指的是通过非公开方式向少数特定投资者筹集资金后对私有企业（即非上市企业）进行权益性投资的一类金融中介，其在交易过程中一般会附带考虑将来的退出机制，即通过上市、并购或管理层回购等方式出售股权来获利。私募股权（基金）在实践中有广义和狭义之分，广义的私募股权不仅涵盖了企业首次公开发行前生命周期各阶段的权益投资（即对处于种子期、初创期、发展期、扩展期、成熟期和Pre-IPO各个时期企业所进行的投资），其名称随投资进入阶段不同而各异，如风险投资（Venture Capital，旨在为新兴企业提供融资支持）、成长资本（Growth Capital，作为成熟企业的少数股东权益，为其业务拓展、重组以及进入新市场提供资金支持）、杠杆收购基金（Leveraged Buyout，为兼并现有企业服务）、夹层资本（Mezzanine Capital，以投资次级债或优先股方式为公司发展提供资金支持）、重振资本（Turnaround）、Pre-IPO资本（如过桥融资，Bridge Finance），而且还包括上市后私募投资（Private Investment in Public Equity，PIPE）等；狭义的私募股权则把风险投资排除在外，主要指对已经形成一定规模的，并产生稳定现金流的创业投资后期或者成熟企业的私募性股权的投资，在美国最为典型的形态是杠杆收购基金。

作为一类定位较为特殊的金融中介，私募股权基金具有一些颇为鲜明的特征：一是该金融中介的资金并非由管理者或发起者自身提供，而是通过非公开发行的方式向大型养老基金、人寿保险基金等特定机构投资者或个人筹集而得（这意味着仅使用自有资本的天使投资人和私募投资公司一般并不能视为私募股权基金）；二是基金的投资对象要么是非上市公司，要么是在有退市或私有化设想的前提下暂行性地购买上市公司股权（杠杆收购基金），绝少一般性地投资上市公司的股票（这一点不仅使私募股权基金有异于共同基金和对冲基金，而且直接导致其投资一般流动性较差，往往在持续3~5年的整个股权投资持有期界内无法通过交易所交易变现）；三是与共同基金这样的消极机构投资者不同，私募股权基金的管理者在股权持有期间对其所投资的企业要给予非常积极的监控、关注和辅导。之所以如此，是因为私募股权投资风险极高，通常只有10%~20%的私募股权投资项目能带给投资者丰厚的回报，其余的要么亏损、要么持平，进而投资者一般不会一次性注入所有投资，而是采取分期投入方式，每次投资以企业达到事先设定的目标为前提，这就需要管理者监控所投公司的运营，并在必要时提供管理支持和辅导，协助实现企业发展；四是基金的首要目标是通过未来的股权出售、兼并收购、管理层LBO或IPO等方式实现退出来获得财务回报。

尽管欧洲是创业投资最早的发源地——15世纪英国和西班牙投资者投资创建远洋贸易企业即被视为世界创业投资的起源，而1945年英国成立的"3I"公司被视为世界最早的创业投资基金，但私募股权基金这一概念起源于美国，也盛行于美国。仅以狭义层面的私募股权基金发展来看，尽管1955年美国就完成了第一次LBO，且20世纪60年代在巴菲特和佩尔茨的几次成功的LBO后引发了一次杠杆收购的浪潮，但一般认为私募股权基金这一投资模式确立的标志是1976年3位投资银行家发起的Kohlberg Kravis and Roberts（KKR）公司的创设。此后，随着1979年美国劳工部对1940年《投资公司法》中"谨慎人原则"的重新澄清——在良好的风险分散的投资组合策略中，高风险投资是合法的，大型的退休金和人寿保险基金得以投资一些高风险的金融中介之后以及垃圾债券市场的出现和发展，美国的私人股权市场得到了迅猛的发展：1980年，美国私人股权市场的筹集总额就达50亿美元，1999年则发展到1750亿美元，几乎相当于与当时世界第五大经济体意大利的全年投资额。此外，在美国纯粹LBO基金管理的资产规模从1985年的80亿美元增长到2008年的12490亿美元的同时，2002~2007年，美国私募股权基金完成了一大批超过300亿美元的LBO，其中仅2006年私募股权基金就花费3750亿美元收购了654家美国公司。2007年夏次贷危机爆发后，美国私募股权基金的发展受到了很大的冲击。总体上看，私人股权市场在美国的迅猛发展拓宽了直接和间接的融资渠道，在提高整个金融市场运行效率的同时,也为企业的成长提供了新的支撑制度。

从组织架构上看,美国私募股权公司多采用管理层合伙或有限合伙公司的形式,并往往会利用控股公司架构来掌控若干只由一般合伙人管理的私募股权基金。美国最大的私募股权公司一般有 20~40 个一般合伙人——这些人不仅自己投入部分资金,而且承担了向机构投资者或高净值个人筹资(这些主体以有限合伙人身份介入)的任务。对于私募股权公司的一般合伙人而言,其收益来源大致可分为三个部分:一是向有限合伙人每年收取基金管理资产总值 1%~3% 的管理费;二是从基金创造的利润中收取部分(一般为 20%)作为"起息"(值得注意的是,和对冲基金不同,由于私募股权在持有期结束未退出之间往往并没有实现真实的利润,这部分收益只能待退出且利润货币化后收取,而不是每年收取);三是股权退出后按投资比例获得扣除相关支出的货币化利润。私募股权公司中一般合伙人和有限合伙人之间的合伙协议期限通常为 10 年或 15 年。但对于成功的私募股权公司而言,为了继续拓展相关业务每 3~5 年会筹集一笔新的资金,且这笔资金一般被期望在 5 年内投资完毕,并在初始投资完成后的 3~7 年内实现退出。

私募股权基金在中国的出现和发展时间并不长。但从实践来看,目前的中国已成为亚洲最活跃的私募股权投资市场。2006 年以来,随着 2004 年中国中小企业板的创设,尤其是 2009 年 10 月创业板的正式推出,中国私募股权呈现出较为迅猛的发展态势。据清科公司的统计,2006~2011 年,中国私募股权的新募基金数(括号内为人民币基金数)分别达到了 40(3)只、64(10)只、51(20)只、30(21)只、82(71)只和 235(209)只,募资额(括号内为人民币基金募资额)分别为 141.96 亿(9.47 亿)美元、355.84 亿(33.05 亿)美元、611.53 亿(213.28 亿)美元、129.58 亿(87.28 亿)美元、276.21 亿(106.78 亿)美元和 388.58 亿(234.08 亿)美元,年度投资额分别为 129.73 亿美元、128.17 亿美元、96.06 亿美元、86.52 亿美元、103.81 亿美元和 275.97 亿美元,投资案例数分别为 129 个、177 个、155 个、117 个、363 个和 695 个。2014 年,共有 2903 家私募股权投资基金,管理人在中国基金业协会进行登记备案,管理基金 2699 只,管理基金规模 12745 亿元人民币。

中国私募股权基金的组织形式多样,既有采取投资公司或信托方式的,也有采取有限合伙公司模式的。从基金类型看,与欧美成熟国家不同,中国近年设立的私募股权基金以成长基金为主,房地产基金和夹层资本分列其后,收购基金所占的比例极低。从基金管理者看,尽管早期中国的私募股权基金均带有外资色彩，但近年来，随着大型本土机构投资者陆续获准从事股权投资，更多优质合格投资者被引入市场，在本土机构发起的基金数明显上升，PE市场投资者结构进一步优化的同时，呈现出"外资机构本土化"和"本土机构国际化"的发展态势，其主要表现就是部分本土和外资机构计划采取双币种基金并行的方式。

参考文献：

［美］拉古拉迈·拉詹、［美］路易吉·津加莱斯：《从资本家手中拯救资本主义》，中信出版社2004年版。

华雷、李长辉：《私募股权基金前沿问题：制度与实践》，法律出版社2009年版。

Andrew Metrick and Ayako Yasuda, The Economics of Private Equity Funds, *Review of Financial Studies*, Vol. 23（6），2010.

George W. Fenn, Nellie Liang, Stephen Prowse, The Private Equity Market：An Overview, *Financial Markets*, *Institutions & Instruments*, Vol. 6（4），1997.

（应展宇）

合格境外机构投资者
Qualified Foreign Institutional Investor（QFII）

合格境外机构投资者特指在那些存在资本项目管制的新兴市场国家或地区中，经其证券监管以及外汇管理部门批准，允许符合特定标准的境外基金管理机构、保险公司、证券公司以及其他资产管理机构等机构投资者在一定规定或限制下汇入特定额度的外汇资金并以当地货币形式通过严格监管的专门账户投资当地证券市场，其投资的资本利得、股息等经审核后，可转为外汇汇出的过渡性制度安排。

自20世纪90年代初开始，QFII制度曾在中国台湾、印度、韩国、巴西等众多新兴市场国家或地区得以实施。作为推进金融开放，尤其是资本市场国际化的重要措施之一，QFII制度在中国推出的标志是2002年11月中国证监会和中国人民银行联合发布《合格境外机构投资者境内证券投资管理暂行办法》。2002年12月1日，国家外汇管理局发布《合格境外机构投资者境内证券投资外汇管理暂行规定》（简称《外汇规定》），进一步体现了严格资金管理政策的各项细节，比如单个合格投资者申请的投资额度不得低于等值5000万美元的人民币，不得高于等值8亿美元的人民币，合格投资者应当而且只能在托管人处开立一个人民币特殊账户等。2003年5月，瑞士银行和野村证券正式获得中国证监会对其QFII资格的批复，6月4日，这两家机构分别获外汇管理局3亿美元和0.5亿美元的额度批复。到了2003年7月9日，随着QFII第一单交易的确认，QFII制度真正落到了实处，正式登陆中国资本市场。

从中国的实践看，QFII作为一种制度安排，实际上是在资本项目实现完全开放之前，对进入内地证券市场的外资所进行的一套管理办法，其主要目的在于：一是维护证券市场的稳定，防止大规模境外资金自由进出带来的冲击，降低市场风险；二是为了方便控制汇率，减轻大量资金流动和兑换带来的汇率压力。从制度设计原则导向及内容上看，相比其他国家和地区，《暂行办法》中的中国QFII制度有以下六个特点：(1) 没有采用渐进的"海外基金"（即开放境内投资信托公司募集海外基金投资于内地市场）或"开放性国际信托基金"等间接形式，而是一步到位，直接引入了合格境外机构投资者；(2) 合格境外机构投资者的范围较广，涵盖了境外基金管理机构、保险公司、证券公司、商业银行以及其他资产管理机构等；(3) 不仅对基金管理机构、保险公司、证券公司和商业银行等各类合格境外机构投资者资产规模等条件设置的初期要求非常严格，而且对其经营时间、实收资本、管理证券资产的规模或者排名都提出了具体标准，而几乎所有的标准都远远超过了其他国家或地区；(4) 将吸引中长期外资投资放在突出位置，在希望能够吸引境外机构进行中长期投资，维护市场中长期稳定的政策导向的同时，引进对中国经济发展和证券市场具有长期看好的投资信心的资金，培育国内市场投资价值的长期投资理念；(5) 投资对象和持股比例与国内基金近乎同享国民待遇，但范围有所区别——在就单个上市公司的持股比例而言，单个境外机构的投资限额与国内基金一样不得超过该公司总股份的10%，而全部境外机构对单个上市公司的持股上限为20%的同时，QFII的投资范围受《外商投资产业指导目录》的限制；(6) 资金管理政策严格，对本金及利得汇出设置的门槛较高——在本金汇出时间要求上，封闭式中国基金要求汇入满3年后方能汇出，其他境外投资者须满1年方能汇出。

随着内地证券市场的不断成熟以及开放步伐的进一步加快，近年来中国QFII制度的相关规定有了一定的变化，其核心是准入门槛的降低和管制的不断放宽。2006年9月1日《合格境外机构投资者境内证券投资管理办法》的实施，在基金管理机构、保险公司申请内地QFII的资格门槛显著降低——基金管理机构、保险公司等长期资金最近一个会计年度管理的证券资产规模由原先的 100 亿美元下调到 50 亿美元，保险公司取消了实收资本限制，成立年数的要求也由 30 年降到 5 年的同时，不仅养老基金、慈善基金会、捐赠基金、信托公司、政府投资管理公司等也获得了申请资格，且养老基金等长期资金锁定期则从 1 年以上减少至 3 个月。在 2009 年 9 月国家外汇管理局《合格境外机构投资者境内证券投资外汇管理规定》发布后，不仅单家 QFII 机构申请投资额度的上限提高（由 8 亿美元增至 10 亿美元），而且允许账户分立，明确了开放式中国基金的管理原则，规范和简化了审批程序和手续，为 QFII 的进一步发展提供了条件。进入 2011 年，随着中国证监会《合格境外机构投资者（QFII）参与股指期货交易指引》的公布，明确 QFII 可介入股指期货交易，但其参与期指只能从事套保交易，不得利用股指期货在境外发行衍生品，每个 QFII 可分别委托三家境内期货公司进行期指交易，QFII 在中国的投资范围进一步得以拓宽。

尽管 QFII 的门槛及相关管制进一步放宽，但为了掌控其潜在的市场冲击，到目前为止，中国仍对 QFII 实行严格的额度管理。截至 2014 年年底，中国证监会共批复 274 家境外机构获得 QFII 资格。

现实地看，QFII 曾一度成为 A 股市场的重要机构投资者之一。2006 年年末，52 家 QFII 持有 A 股的总市值已经达到 971 亿元，占沪深两市 2006 年末流通总市值的比例达到 3.88%，一跃成为 A 股市场仅次于基金的第二大机构投资者。但可惜的是此后，一方面由于审批的停滞（2006 年 10 月之后有近 17 个月的暂停期），另一方面则由于 2008 年国际金融危机的爆发导致的市场低迷，QFII 持股规模不断下降，2007 年、2008 年末其占 A 股流通股份额下降到 1.7% 和 0.5%，2009 年随市场回暖则略有回升，到 2014 年年末，QFII 持有已上市流通 A 股市值的 1.71%。

值得一提的是，在近年来 QFII 得到稳健发展的同时，2011 年年底推出的"人民币境外合格投资者"（RMB Qualified Foreign Institutional Investors，RQFII）标志着中国 QFII 外延进一步拓宽，内地证券市场开放度不断增加的同时，人民币国际化进程也有了新的试点。

所谓的 RQFII，指的是境外机构投资人可将批准额度内的人民币资金投资于境内的证券市场。2011 年 12 月中国证监会、人民银行、外管局联合发布《基金管理公司、证券公司人民币合格境外机构投资者境内证券投资试点办法》，允许符合条件的基金公司、证券公司香港子公司作为试点机构开展 RQFII 业务。按照《试点办法》的规定，RQFII 主要面向香港，在业务初期试点额度约200亿元人民币,经批准的试点机构可以在经批准的投资额度内投资于人民币金融工具,但为控制风险,试点初期其不少于募集规模80%的资金应投资于固定收益证券,而投资于股票及股票类基金的资金不超过募集规模的20%。

尽管RQFII推出的时间较为短暂,但中国香港的机构申请者颇为活跃,到2012年年初200亿元额度已经分配完毕,共有21家金融机构(其中9家基金系机构,12家证券系机构)获得相关额度。

客观地说,作为中国内地证券市场开放的一个重要试点,QFII(含RQFII)在过去的10年间已经获得了较快的发展。而在大批国际知名金融机构得以通过QFII这一通道进入了内地证券市场的大背景下,诸多QFII一方面已成为改变内地证券市场投资者结构尤其是市场投资理念的一支重要力量;另一方面,也成为迫使内地证券市场在开放进程中重新审视市场功能定位,进一步加快市场制度规范性变革的动力之一。

参考文献:

中国证券监督管理委员会:《中国资本市场二十年》,中信出版社2012年版。

中国证券监督管理委员会:《中国资本市场发展报告》,中国金融出版社 2008年版。

高翔:《QFII制度:国际经验及其对中国的借鉴》,载于《世界经济》2001 年第11期。

(应展宇)

合格境内机构投资者
Qualified Domestic Institutional Investor (QDII)

QDII是一种与QFII对应,在存在资本项目管制的国家或地区,经相关监管部门批准,有控制地允许本地投资者前往海外证券市场从事证券投资的过渡性制度安排。

中国推出QDII制度的直接目的是为了进一步开放资本账户,以创造更多外汇需求,使人民币汇率更加平衡、更加市场化,并鼓励国内更多企业走出国门,从而减少贸易顺差和资本项目盈余,直接表现为让国内投资者直接参与国外的市场,并获取全球市场收益。而之所以有如此的目的表述,首先,是因为在中国当前实行利率、汇率、资本账户三位一体的管制制度约束下，内地居民不仅无法获得市场化的储蓄存款收益，也被禁止买卖境外证券。但与此同时，随着中国国民经济总量的快速增长以及国民收入分配结构的调整，涌现出了一批相当数量的高资产净值人群，其调整个人金融资产结构进而对外投资的欲望不断增强，已成为经济社会中一个无法回避的现实问题。进而为了满足来自市场的这一内在需求，就需要中国政府设计一种既符合资本管制原则，又能疏通内地居民投资海外证券市场渠道的机制，QDII便是其中一项制度性创新。其次，自 2004 年以来，在人民币汇率形成机制成为国内外关注焦点且与外汇储备迅猛增长相伴随的外汇占款成为央行货币投放的主要途径的背景下，央行资产负债表规模急剧扩张，货币冲销的压力不断增强，成本急剧攀升，国家急需寻求新的渠道缓解这一压力，以外汇境外投资为内核的 QDII 也成为一种新的探索。最后，随着中国加入 WTO 5 年宽限期的结束，中国经济金融全球化程度日益加深，急需提升境内金融机构参与国际金融服务竞争的核心竞争力，以"走出去"为内核的 QDII 制度则可以为内地众多金融机构提供一个全新的尝试机会。

从制度设计理念上看，QDII 机制是在目前中国各项金融管制格局不发生大的变化情况下，在外汇管制中所创设一条特殊通道（在外管局开立一种特殊的可自由兑换的、进出数额相互关联的子账户，而各个获得认可的境内机构投资者再在各子账户下开设二级账户，所有账户均须接受相关监管当局的实时监控），再利用这一通道由境内机构投资者通过面向内地居民公开募集资金，并将部分或全部资金以资产组合方式（可借助境外投资顾问）进行境外证券投资管理的安排。

历史地看，QDII 制度并非中国内地的自发性产物。这一概念最初是中国香港政府有关部门在 2001 年上半年提出的。在经历了 2003 年开始的 QFII 制度试点之后，随着内地机构投资者队伍的不断扩展以及国民经济总量的扩张，时隔近 5 年之后开展机构性的海外证券投资逐渐为中国政府所认可，于是 2006 年 3 月全国社保基金成为国内第一个允许开展海外投资的机构。2006 年 4 月，中国银监会发文允许商业银行开展海外投资业务，并在 2007 年 5 月对其海外投资证券范围做了进一步拓宽（允许其投资权益和基金类产品）；2007 年 4 月，中国证监会通过《合格境内机构投资者境外证券投资管理试行办法》，允许证券公司和基金公司发起 QDII 基金，开展海外证券投资业务，标志着内地 QDII 制度进入了一个新的发展阶段。

与 QFII 类似，中国针对 QDII 的管理采取了额度审批制度，必须获得相关管理机构和外管局的额度审批后方可进行海外证券投资。根据管理机构的差异，中国当前的 QDII 可分为基金系、券商系和银行系三大类。从实践来看，尽管 QDII 这一制度创新在中国推出的时间并不长，时机也很难说非常恰当（2007 年就适逢美国次贷危机，而后则是至今仍在延续的全球性金融危机的爆发），中国各类 QDII 机构及其产品在过去 5 年间还是获得了较快的发展，截至 2011 年年底，获得证监会批复的 QDII 资格并得到外管局外汇额度审批的各类金融机构 96 家，其中包括基金公司、证券公司以及资产管理公司在内的证券类机构 37 家（其中基金 30 家，证券公司 5 家，资产管理公司 2 家，外汇额度总计为 444.0 亿美元），保险公司 26 家（获批外汇额度 195.87 亿美元），中外商业银行 26 家（获批外汇额度 91.6 亿美元），信托公司 5 家（获批外汇额度 18 亿美元），总额度为 749.47 亿美元。但问题是，鉴于中国内地众多 QDII 产品是在国内股市暴涨、外汇储备急增进而严重影响货币政策的时机下推出的，再加上境内机构缺乏足够的风险控制能力同时也对境外市场缺乏了解，QDII 制度近年来的运营普遍未达到预期效果，其收益状况很不理想，极大地影响了市场信心和参与度。2007~2008 年基金系 QDII 产品净值普遍亏损，规模也不断缩减趋势；银行系 QDII 产品主要集中在外资银行系产品，其收益也极不理想，据统计，2008 年 9 月，231 个银行系 QDII 产品仅 9 只收益为正，占比仅 3.9%，222 只亏损，即便在 2009 年市场大幅回暖的背景下，到 2010 年 2 月，正在运行的 248 款银行系 QDII 产品中，累计收益率为正的理财产品有 75 款（占比仅 30%）。2010 年，得益于海外市场的持续回暖，基金系 QDII 有了较为明显的提升，2010 年前成立的 9 只基金平均回报率达到 3.04%，几个投资新兴市场的次新 QDII 基金的收益甚至超过了 10%；与此同时，银行系 QDII 产品在保持分化的同时也出现了改善迹象，2010 年在近半数银行 QDII 产品仍然浮亏的同时，在 229 款可比银行系产品中，净值平均增长幅度为 10.38%，仅有 23 款年末净值低于年初。进入 2011 年，由于全球金融危机尚未结束，欧洲主权债务危机不断深化，中国 QDII 产品的表现仍不尽如人意，其中 QDII 基金收益均为负数。

现实地看，作为金融证券领域对外开放的一种全新尝试，QDII 在中国尽管在过去的 5 年间在规模和种类上有了长足的发展，但就诸多 QDII 产品的市场表现看其远未实现既定的政策初衷，主要原因是境内机构投资者资产管理业务的核心竞争力不强，以及近年来全球市场所受的诸多外部系统性冲击。从长远来看，鉴于资本项目管制仍然有可能在未来相当长的一个时期存在，因此 QDII 制度不仅仍是未来一个时期中国境内居民从事海外证券投资的首选，而且考虑到中国高资产净值群体的潜在需求，可以认为 QDII 在中国未来一个时期具有极大的发展空间。

参考文献：
中国证券监督管理委员会：《中国资本市场二十年》，中信出版社 2012 年版。
中国证券监督管理委员会：《中国资本市场发展报告》，中国金融出版社 2008 年版。

（应展宇）

小额贷款公司
Micro-Credit Company

　　小额贷款公司是由自然人、企业法人与其他社会组织投资设立，不吸收公众存款，经营小额贷款业务的有限责任公司或股份有限公司。小额贷款公司是企业法人以其全部财产承担民事责任。出资人以出资额为限承担有限责任，并依法享受收益权、参与决策等股东权利。小额贷款公司的资金来源于股东缴纳的资本金、捐赠资金以及来自不超过两个银行业金融机构的融入资金，且融入资金余额不得超过资本净额的 50%；单一自然人、企业法人、其他社会组织及其关联方持有的股份，不得超过小额贷款公司注册资本总额的 10%。小额贷款公司在坚持为农民、农业和农村经济发展服务的原则下自主选择贷款对象，按照市场化原则进行经营，主要从事贷款业务，也可以从事中间业务、资产租赁、信用担保等业务。小额贷款公司发放贷款坚持"小额、分散"的特点，同一借款人的贷款余额不得超过小额贷款公司资本净额的 5%，其中无担保、无抵押的信用贷款或者保证贷款比重较高，从而在一定程度上缓解了借方的担保难问题。

　　小额贷款这个概念始于 20 世纪 70 年代的孟加拉乡村银行，该银行由穆罕穆德·尤努斯创建，主要业务是向贫民发行无须担保的小额贷款。孟加拉乡村银行提供的小额贷款模式，经过实践证明了其在扶贫方面的有效性，因此得到各国的借鉴。2005 年，即国际"小额信贷年"，中国人民银行按照"投资者自愿、地方政府自愿"的原则，在国内山西、陕西、四川、贵州和内蒙古五省区各选一个市，开展了小额贷款公司的试点工作。2008 年 4 月，中央人民银行与银监会联合发布了《关于村镇银行、贷款公司、农村资金互助社、小额贷款公司有关政策的通知》，同年 5 月两部门再次联合发布《关于小额贷款公司试点的指导意见》，这两份文件同意将小额贷款公司的试点工作从局部扩展到了全国。在短短 3 年多时间内，小额贷款公司的数量、从业人数到放款规模都有较大幅度的上升。2008 年全国各地的小额贷款公司不到 500 家，2009 年年底，达到了 1334 家，各项贷款余额仅仅 766.41 亿元，占整个金融机构人民币贷款的比重也只有 0.19%。而中国人民银行发布的统计报告显示，截至 2014 年年末，全国共有小额贷款公司 8791 家，贷款余额 9420 亿元。

小额贷款公司设立初衷是为了扶持农村和欠发达地区的经济，正如《关于小额贷款公司试点的指导意见》中指出的，小额贷款公司的目的是"引导资金流向农村和欠发达地区，改善农村地区金融服务，促进农业、农民和农村经济发展，支持社会主义新农村建设"，但在地方政府的《小额贷款公司试点实施办法》中，几乎都明确加入了对"中小企业"的扶持。作为金融市场的有益补充，小额贷款公司对中小企业和需要燃眉资金的农民开辟了新的融资渠道，尤其是面对国际金融危机、欧债危机和填补乡镇金融服务空白，其在解决困难企业和农民贷款难的问题上发挥了重要作用。

我国小额贷款业务和小额贷款公司在飞速发展的过程中，也出现了很多问题，形成了制约小额贷款发展的瓶颈，如资金渠道瓶颈导致资金不足、多头监管导致监管缺位以及其自身风险控制能力弱等。地方政府在加强对小额贷款公司监管的同时，应进一步创造条件，赋予小额贷款公司合法化的身份，加强小额贷款公司风险控制意识，推进小额贷款公司的信用环境建设，提升小额贷款公司的发展空间。同时，关于小额贷款公司改制为村镇银行的相关规定只有《小额贷款公司改制设立村镇银行暂行规定》，因此相关部门应进一步出台改制村镇银行法律法规，以解决具体操作层面问题。

参考文献：

王家传、冯林：《小额贷款公司发展态势的现实考量》，载于《金融发展研究》2011 年第 9 期。

王洪斌、胡玫：《中小金融机构研究：基于小额贷款公司发展的实践分析》，载于《经济问题》2009 年第 16 期。

刘沫茹、罗猛：《我国小额贷款公司可持续发展的路径选择》，载于《学术交流》2012 年第 10 期。

周迟：《小额信贷国内外研究现状及发展动态》，载于《生产力研究》2012 年第 5 期。

汪合黔：《创新与发展中的小额贷款公司》，安徽大学出版社 2010 年版。

杜晓山等：《中国小额信贷十年》，社会科学文献出版社 2005 年版。

（李建军　雷雅钦）

"大一统"金融体系
Unified Financial System

"大一统"金融体系，是指从新中国成立到 1978 年改革开放前，与当时高度集中统一的计划经济体制和财政信贷管理体制相适应的，由中国人民银行统揽一切金融业务的金融体系。

新中国成立后，按照社会主义公有制的原则和要求，国家接管了官僚资本银行，整顿私营金融业，将金融资源集中起来，其目的是配合并保证计划经济的实现。在这种体系下，中国人民银行作为政府金融管理机构和金融企业的混合体而存在，既行使中央银行职能，又履行商业银行功能，是全国唯一的信贷中心和结算中心。在中央银行职能方面，中国人民银行承担着发行法定货币，代理国家财政金库，管理金融行政的任务；在商业银行功能方面，中国人民银行统揽国内信用业务，负责各地单位存款和企业贷款业务。在管理体制方面按行政区划实行总分行制，依次设置各级管理机关，通过行政手段递次管理分支机构的经营行为。例如，在信贷管理上实行统存统贷，各级银行吸收的存款全部集中于人民银行总行，由总行统一调配使用；贷款由总行统一核批指标，各级机构严格执行。外汇、保险业务虽然分别由中国银行、中国人民保险公司经营，但这两个机构对内是中国人民银行的一个部门，不具有严格意义上的独立法人资格。交通银行也先后由财政部和中国人民银行管理。中国农业银行的前身农业合作银行于 1951 年成立，1952 年撤销；1955 年作为中国人民银行的直辖行成立中国农业银行总行，两年后合并入人民银行；1963 年中国农业银行作为国务院的直属机构再次成立，两年后与中国人民银行合并；直到改革开放后的 1979 年中国农业银行才第四次恢复建立。中国建设银行的前身中国人民建设银行是 1954 年成立的，隶属于财政部专门负责国家基本建设拨款与财务管理的专业银行，基本上不具有现代商业银行的属性。可以说，"大一统"金融体系是以人民银行为主体，高度集中统一的，以行政管理为主的单一的国家银行体系结构。

这一时期的银行性质属于行政机构，银行业务服从并依附于财政，中国人民银行、中国银行、交通银行、中国人民建设银行基本属于财政的会计、出纳机构，按指令性计划向社会供应资金，并不是自主经营、自负盈亏的银行实体。银行事实上是各级政府实现经济计划、组织调解现金流通的工具和实现财政收支平衡的手段。

"大一统"的金融体系使国家迅速掌握了金融、财政、物资等资源，可以集中资金投入重大工程的建设，有力地推动了新中国成立初期的工业化建设进程，奠定了新中国工业的基础。该体系有助于国家经济政策贯彻、协调与统一，保证了计划经济的有效运行。但是，在这种体制下中国人民银行作为央行缺乏独立性，政府的金融抑制过重，金融机构难以有效发挥其功能。同时，由于信用形式单一，整个金融系统缺乏活力和效率，没有资本市场、货币市场，金融产业发展困难。

随着1978年第十一届三中全会改革开放政策的确立，我国的金融体制改革逐步展开，金融体系逐渐打破了单一国家银行的"大一统"模式。中国人民银行从财政部分离出来，并于1983年9月开始专门行使中央银行职能，现代中央银行制度逐渐形成。中国农业银行、中国银行、中国建设银行先后恢复独立设置，增设了中国工商银行，交通银行获得重建，中信实业银行、深圳发展银行等全国性股份制银行依次组建；全国性保险公司、农村信用合作社、城市信用合作社、信托投资公司、证券公司、租赁公司等金融机构逐步发展起来。资本市场、货币市场先后投入运行，"一行三会"的分业监管模式逐步确立，"大一统"的金融体系转向了金融机构与金融市场全面发展，货币政策与金融监管相互协调的，充满生机与活力的多元竞争型的现代金融体系。

参考文献：

杨双奇：《"大一统"银行的理论与改革》，载于《农村金融研究》1987年第S1期。

赵桂芬：《"大一统"要比"小一统"好》，载于《金融研究》1990年第7期。

朱海城：《接管与改造：建国初期浙江金融业的大变革》，载于《福建金融管理干部学院学报》2012年第1期。

尚明：《新中国金融50年》，中国财政经济出版社2000年版。

中国人民银行：《中国人民银行六十年：1948~2008》，中国金融出版社2008年版。

宋士云：《中国银行业（1979~2006）》，人民出版社2006年版。

（李建军　赵琪）

民间金融
Informal Finance

民间金融也称为"非正规金融",是指在政府批准并进行监管的金融活动(正规金融)之外所存在的游离于现行制度法规边缘的金融活动行为,泛指非金融机构的自然人、企业以及其他经济主体(财政除外)之间以货币资金为标的的价值转移及本息支付。民间金融的行为主体一般是指那些并未在工商部门登记注册,没有被纳入国家金融管理体系的从事资金融通活动的个人或组织,具有非官方性质和非国有性质。

我国民间金融存在了4000年,历史悠久,繁荣一时。从公元前2000多年的夏商时期到秦朝统一货币直至中国盛唐,伴随着国家统一,经济发展,民间借贷经济形式出现,民间金融发展日益昌盛。到明清时期,钱庄、票号的兴起,民间金融从单一的借贷发展为借贷与汇兑相结合的新金融形式,从而促进了资金的跨地区流通,中国民间金融发展进入鼎盛时期。从辛亥革命到新中国成立期间,民间金融一直在官僚资本与帝国主义国家外来金融机构的夹缝中生存,并逐渐衰落。而在高度集中的计划经济时期,民间金融由于缺乏存在的基础,仅存在自然人之间的互助性借贷。随着有计划的商品经济和社会主义市场经济的发展,民间金融以其灵活、便捷的优势满足了中小企业、个体工商户和农户的融资需要,从而再次活跃在中国经济的舞台上。

民间金融作为制度内金融市场化创新的产物,它所承载的不仅是新生经济现象的简单表述,而是从局部到整体的诱致性制度变迁转变过程,是对经济制度"路径依赖"的打破。改革开放30多年来,我国正规金融体系经过不断改革和培育发展,已经初步形成了与市场经济发展相适应的金融体系,但金融抑制并未根本消除,金融寻租空间依旧存在。在这样的背景下,民间金融继续存在并发展有其必然性,民间金融可以补充正规金融的不足,在多层次信贷市场体系中发挥基础性作用。在我国,传统的民间金融组织形式主要是合会和互助基金,包括标会、台会等,互助基金主要形式是农村资金互助合作社与互助合作基金。近年来随着我国经济形势的发展和宏观经济政策的变化,民间金融的形式也不断地创新和发展,出现了新的金融组织形式,如带有信用合作转移机制的商会和企业家俱乐部、由银行职员和一些拥有信贷资源的专营组织所形成的信贷经纪人和快速放贷组织、以互联网络为平台的民间借贷、企业向特定少数人私下募集资金等的形式以及借贷型私人钱庄与汇兑型私人钱庄。这些不断变化的民间金融资金借贷形式,适应了社会各类主体融资的需要，也促进了竞争型金融市场的形成，推动了金融深化与发展。当然，由于民间金融游离于金融监管体系之外，其更易产生风险。民间金融活动过程中，契约形成的基础是亲缘、友缘与地缘纽带，而缺乏这些纽带的借贷关系需建立在高利率（风险补偿较高）的基础上，这无疑给借款者造成比较大的还款压力，一些企业高息集资，最后陷入还债危机，有的破产倒闭，造成了局部社会不稳定。同时，民间金融活动中存在的信息不对称、行为不规范和规则不健全等问题也阻碍了民间金融的良性发展。因此，逐步健全金融法律法规，规范民间金融行为，合理引导民间资金进入可监管、可监测的信用体系，构建民间金融和正规金融公平竞争的制度环境，推动民间金融的合法化，对于维护金融稳定和金融安全至关重要。

参考文献：

高晋康：《民间金融法制化的界限与路径选择》，载于《中国法学》2008年第4期。

宋东林、徐怀礼：《中国民间金融的兴起与发展前景：温州案例》，载于《北方论丛》2005年第1期。

姜旭朝、邓蕊：《民间金融合法化：一个制度视角》，载于《学习与探索》2005年第5期。

武翔宇：《中国农村正规金融与民间金融关系研究》，中国农业出版社2008年版。

Meghana Ayyagari, Asli Demirgüç-Kunt, Vojislav Maksimovic, Formal versus Informal Finance: Evidence from China. Policy Research Working Paper, The World Bank Development Research Group Finance and Private Sector Team, January 2008.

（李建军　赵承宇）

地方政府融资平台
Local Government Financing Platform

地方政府融资平台是由地方政府及其部门和机构、所属事业单位等通过财政拨款或注入土地、股权等资产设立，具有政府公益性项目投融资功能，并拥有独立企业法人资格的经济实体，包括各类综合性投资公司，如建设投资公司、建设开发公司、投资开发公司、投资控股公司、投资发展公司、投资集团公司、国有资产运营公司、国有资本经营管理中心等，以及行业性投资公司，如交通投资公司等。地方政府融资平台的口径在不断拓宽：2010年6月，国务院下发《关于加强地方政府融资平台公司管理有关问题的通知》，其中将地方政府融资平台定义为公司性机构；2010年8月，财政部、发改委、央行、银监会发布了《关于贯彻国务院加强地方政府融资平台公司管理有关问题的通知相关事项的通知》，将事业性机构加进了地方政府融资平台的范围；2011年6月审计署发布的第35号审计公告中，又加进了行政性机构。地方政府融资平台本质上是经济实体，是政府直接或间接设立的符合融资标准的公司，这类公司依靠政府信用给予隐性担保，必要时以财政补贴等作为还款承诺开展融资。正是因为地方政府融资平台与地方政府之间存在隐性的担保关系，其债务就成为地方政府的或有负债。地方政府融资平台的出现是对我国法律中关于地方政府不能作为独立的发债主体的限制的一种规避，是我国经济转轨的特殊产物。

早在1988年，国务院发布《关于投资管理体制的近期改革方案》，基本建设项目资金来源由拨款改为贷款，在中央政府层面成立了六大专业投资公司，在省级层面组建了建设投资公司，这是融资平台的雏形。20世纪90年代，在国务院治理金融环境的大背景下，省级地方政府融资平台进入调整整顿时期。1998年以后，在城市化和工业化的需求下，由国家开发银行牵头倡导成立，地方政府融资平台建设进入新时期，出现了"银政合作"，比较有效地满足了地方政府融资的需要，但同时也造成了地方政府债务链条的增长和延长。为了控制风险，国家发改委、财政部、建设部、中国人民银行和银监会五部门在2006年联合发布《关于加强宏观调控，整顿和规范各类打捆贷款的通知》，地方政府融资平台发展受到限制。

受美国金融危机的影响，为了满足中央政府4万亿元投资地方融资配套需要，2009年年初，中国人民银行和银监会联合发布《关于进一步加强信贷结构调整促进国民经济平稳较快发展的指导意见》，提出"支持有条件的地方政府组建投融资平台，发行企业债、中期票据等融资工具，拓宽中央政府投资项目的配套资金融资渠道"。地方融资平台得到了金融监管部门的支持与肯定，国内各级地方政府再度掀起发展平台的高潮。按照国家审计署2011年6月27日发布的第35号审计公告，截至2010年年底，全国省、市、县三级政府共设立融资平台公司6576家，其中：省级165家、市级1648家、县级4763家；有3个省级、29个市级、44个县级政府设立的融资平台公司均达10家以上。从这些公司的经营范围看，以政府建设项目融资功能为主的3234家，兼有政府项目融资和投资建设功能的1173家，还进行其他经营活动的2169家。

地方政府融资平台的主要职能一般包括以下四项：一是融资，即从多渠道筹集资金用于城市基础设施建设，再通过转贷或直接投资方式为基础设施项目提供资金；二是投资，平台在政府的指令下投资、经营和管理城市资产，并负责资产保值；三是土地开发，指对政府在城市规划地区划拨的土地进行先期开发、管理和经营；四是项目建设与管理，这要求平台作为城市建设项目的发起人并负责参与到项目建设管理中。在新一轮的经济建设中，地方政府融资平台作为投资主力，加快了城市基础设施建设，有效地将经营性资产、非经营性资产、国有企业资产和自然资源整合起来，提高了公共资源使用效率，改善了居民生活环境。同时，大量地方融资平台的涌现，使得城市基础设施建设项目的运作更加市场化和专业化。

但随着各级地方政府凭借融资平台举债融资规模的迅速扩大，地方政府融资平台暗含的风险也逐渐显现，并且引起管理层的高度关注。据审计公告显示，截至2010年年底，融资平台公司政府性债务余额49710.68亿元，占地方政府性债务余额的46.38%，其中：政府负有偿还责任的债务31375.29亿元、政府负有担保责任的债务8143.71亿元、其他相关债务10191.68亿元，分别占63.12%、16.38%、20.50%。为此，2010年6月，国务院下发《关于加强地方政府融资平台公司管理有关问题的通知》，在要求对融资平台公司及其债务进行核实、清理的同时，还要求加强银行业金融机构对融资平台公司的信贷管理。同时地方融资平台还存在着缺乏规范的管理制度，部分公司法人治理结构不完善，内部管理级次多、链条长，资本金到位率低等问题。

尽管地方政府融资平台产生了挤出效应和捆绑了财政风险和金融风险的负面效应。但其作为地方投资主力，在拉动内需、促进经济发展、加快地方基础设施建设、优化资源配置和推进经济转型等方面仍然发挥了重大作用。

参考文献：

巴曙松：《地方投融资平台的发展及其风险评估》，载于《西南金融》2009年第9期。

曹大伟：《关于地方政府融资平台公司融资的分析与思考》，载于《商业研究》2011年第4期。

程俊杰、唐德才：《地方政府融资平台成因与对策研究》，载于《现代管理科学》2011 年第 6 期。

唐洋军：《财政分权与地方政府融资平台的发展：国外模式与中国之道》，载于《上海金融》2011 年第 3 期。

马若微、原鹏：《我国地方政府融资平台运行情况探析》，载于《经济纵横》2012 年第 10 期。

（李建军　王芳）

地方金融办公室
Local Financial Office

地方金融办公室是由各省、自治区、直辖市政府或省政府办公厅主管，主要负责服务和联系中央金融机构，协助"一行三会"执行金融监管，积极推动当地金融发展并履行地方金融管理职责的金融协调机构。

20 世纪 90 年代以后，中国金融体制不断深化，"一行三会"和国有金融机构均加强了"纵向垂直管理"体制改革。在这种垂直管理的过程中，面向地方政府和区域金融产业发展的矛盾逐渐凸显出来。以银行为例，为防范和化解金融风险，国有商业银行 1998 年开始上收地方分支机构的信贷审批权，地方业务不断收缩，导致地方金融服务越来越薄弱。1998 年，随着亚洲金融危机的爆发，我国金融体制进行了重大改革，中国人民银行建立了跨省区九大分行，"大区行"的设置保证了金融监管的独立性，减少了地方政府对金融政策的干预，随后以金融监管为工作核心的"一行三会"分业监管体制确立，保证了金融监管部门在各自行业范围内行使监督职能。然而"大区行"的设置和分业监管体制却使得监管部门之间缺乏统一有效协调，也使得地方政府原本由人行省分行组织全省金融机构支持地方经济、发展金融产业的任务失去了担当者。此外，近年发展起来的民间金融、小额贷款公司、担保公司等地方性影子信用体系已经成为"一行三会"的监管死角，发挥这些机构对经济发展的积极作用已经成为地方政府必然要承担的重要职能之一。加之，经济快速发展对金融服务的需求不断强烈，以及经济生活中不断增加的金融违法事件处置任务繁重，地方金融办公室应运而生，以填补当前金融监管体系的监管空白，协调宏观监管与地方金融发展的关系。

自 2002 年 9 月和 12 月上海市金融服务办公室和北京市金融工作办公室正式挂牌以来，截至 2011 年年底，全国 31 个省级行政区划单位（不包括港澳台）都相继成立了金融办，全国 283 个地级以上的城市有 222 个成立了金融办。地方金融办公室设立之初，被定义为议事协调机构，并不在政府序列，也不具备行政审批权，主要任务是联系并配合"一行三会"及全国性金融机构在当地的工作。在随后的较长一段时间内，地方金融办权责有限，在某些省份，地方金融办被列为省办公厅或者发改委的下属部门。2008年，随着新一轮地方机构改革的深入，全国省、市两级政府普遍加大了金融办建设力度，并在各地掀起了金融办改革浪潮，开始着手扩充其机构职能、部门设置和人员编制。其中北京市金融办于2009年3月在全国率先升格为金融局，独立成为政府工作部门。此次机构改革之后，大部分金融办的地位得到了提升。在组织形式上，副省级城市的金融办以正局级建制为主，地市级城市金融办大多改为政府直属机构。

根据全国各省金融办的"三定"方案，地方金融办的工作主要体现为"两个基本点"：一是要为地方经济社会发展服务，二是要为金融机构的发展服务。具体来讲，地方金融办的职责定位可以归纳为"制定规划、协调机构、市场建设和监管指导"四个方面。制定规划，就是根据当地经济发展的战略定位、发展目标和主要任务，制定推动本地区金融业发展的中长期规划和年度工作计划，完善地方金融业空间布局，加强对金融功能区的服务和指导。协调机构，即协调金融机构综合运用各种金融工具和平台为当地经济建设提供融资支持服务，协调金融监管机构和政府部门做好信息交流工作，建立金融监管协调机制和金融风险处理机制。市场建设，指鼓励和吸引国内外金融机构集聚当地，推进企业上市和并购重组，协调推动企业发行公司债券、短期融资券和中期票据等债务融资工具，指导和推动创业投资、股权投资基金规范发展。监管指导，表现为监管地方新型融资型机构，如负责小额贷款公司的审批和监管、承担当地集体改制企业上市的产权确认职责，指导地方金融业的改革和发展，提出地方性金融机构改革建议及方案。

近年来，特别是在国际金融危机的特殊历史背景下，地方金融办异常活跃，开展了大量卓有成效的工作。金融管理已经成为地方政府行政管理的重要内容，地方金融工作已经成为全国整个金融体系的重要组成部分。但由于中央金融管理派出机构和地方金融管理体制的边界不是十分清晰，金融办与中央金融派出机构的职能可能产生交叉和重叠，容易产生国家宏观调控政策与地方经济发展局部利益之间的不协调，不利于金融机构的稳健和自主经营。因此，在完善地方政府金融管理体制的过程中，需要进一步推动中央与地方金融管理体制的协调运行，通过地方与中央之间的尊重、沟通和配合，促进辖内金融发展，增强金融支持地方经济发展的力度，确保金融安全的强大合力。

参考文献：

杨勇、滕西鹏：《关于金融办组建的历史背景与使命任务》，载于《西部金融》2011年第8期。

中国人民银行西安分行金融研究处：《对部分省（市、区）设立金融服务办公室的调查与思考》，载于《西安金融》2006年第11期。

程方泽：《地方金融办监管职能探讨》，载于《时代金融（下旬）》2011年第7期。

承列：《中央与地方金融管理体制协调运行思考》，载于《青海金融》2011年第9期。

刘永刚、魏华：《金融办秘史》，载于《中国经济周刊》2012年第2期。

吴智慧、张建森：《我国地方金融发展促进策略研究》，载于《开放导报》2010年第6期。

（李建军　秦砚之）

港澳台金融
Financial Systems of Hong Kong, Macao and Taiwan in China

港澳台金融是指中国香港、澳门和台湾地区的金融体系及其运行机制状况。金融体系一般由金融机构、金融市场、金融监管、中央银行与货币政策等部分组成。由于特殊的历史和自然环境条件，港澳台地区的金融体系发展形成了各自鲜明的特色。香港是重要的国际金融中心，台湾地区的金融市场也是远东地区具有一定影响力的金融市场。

香港的金融机构主要包括银行和保险机构。银行业实行三级制，即持牌银行、有限制持牌银行和接受存款公司，统称为认可机构。截至2014年年底，香港共有认可机构266家，其中持牌银行159家，有限制持牌银行21家，接受存款公司30家，银行类代表处63家，银行业本外币资产总额约为18.4万亿港元。香港的保险业比较发达，国际大型保险公司在港设有分支机构，据香港保险业监理处统计，截至2015年6月30日，香港共有158家获授权保险公司，其中95家经营一般业务，44家经营长期业务，19家经营综合业务。2013年，香港保险业的毛保费总额为2995亿港元，占本地生产总值的14%。香港保险业高度国际化，是亚太区主要保险业中心之一。

香港的金融市场主要包括股票市场、债券市场与货币市场。香港回归15年来，社会经济稳步发展，在内地经济强劲增长的推动下，股票市场发展迅速。到2014年底，香港交易所共有上市公司1752家，总市值为250718亿港元。债券市场形成于20世纪70年代，近年来取得较快的发展，成为香港交易所中重要的板块。香港的货币市场主要是短期存款市场、同业拆借市场、商业票据市场和外汇基金票据市场。在短期存款市场上，持牌银行占有绝对优势。同业拆借市场是认可财务机构相互拆借资金的市场，是批发市场。通过这一批发市场拆放或借入资金，各认可机构可以灵活调节资金余缺。同业拆借市场是香港货币市场中发展最早和最具规模的部分。外汇市场是香港成交量最大、与银行业关系最密切的金融市场。香港外汇市场发展迅速，国际化程度很高，已成为全球24小时外汇市场的重要一环。

香港的金融监管机构由香港金融管理局、保险业监理处、证券及期货事务监察委员会组成。香港金融管理局成立于1993年4月1日，其前身是1935年根据《外汇基金条例》成立的外汇基金，它集中了货币政策、金融监管及支付体系管理等中央银行的基本职能。香港金融管理局的职能主要有：在联系汇率制度下，通过外汇基金的健全管理、货币政策运作及其适当的措施来维持货币的稳定；通过监管银行业务和接受存款业务，以及监管认可机构，确保银行体系的安全及稳定；促进金融体系的效率、完整性及发展，尤其是支付和结算的安排。香港保险业监理处依据《保险公司条例》对香港保险业实行审慎监管。香港证券及期货事务监察委员会是对香港证券、金融投资及商品期货买卖实行审慎监管工作的最高机构，它不隶属于政府部门，财务上与政府独立。它的主要工作包括：监管上市公司资料的披露及收购与合并工作；执行与上市公司有关的证券法律条例等；监管交易所；监察投资经理及顾问的业务操守等。

香港没有中央银行，回归前，中央银行的职能由港英政府和英资商业银行共同行使。香港是世界上由私营商业银行发行钞票的极少数地区之一。长期以来，由汇丰银行、渣打银行执行发行货币职能。从1994年5月开始，中国银行参与在香港发钞。香港曾实行过多种汇率制度，1983年10月15日起，开始实施与美元固定挂钩的联系汇率制度。其核心是对港元发钞安排的规定，发钞银行在发行港元钞票时，须按照1美元兑7.8港元的固定汇率向外汇基金购买无息的负债证明书，作为发钞的法定准备。由于实施联系汇率制度，资本市场对外开放，香港的货币政策自主性比较弱。

澳门的金融机构主要包括银行、保险公司、财务公司等。邮政储金局是澳门特区政府邮电司属下的一个信用机构,成立于1917年,是唯一可以办理存放款业务而由官方经营的非银行金融机构,属非营利性质。澳门还有多家找换店与银号,作为银行兑换业务的补充,为顾客和居民提供方便。澳门没有货币市场,也没有有形的资本市场、期货市场和贵金属市场。有关金融活动都要通过银行或金融公司在香港办理,银行间的拆借活动主要通过无形市场进行。澳门特别行政区实行与港元挂钩的联汇制,货币政策的目标主要是维持澳门元与港币之间固定汇率的稳定,从而达到提高澳门元信用和可兑换性以及确保金融稳定等目标。

澳门金融监管的范围很小,主要是银行和保险两大行业,由澳门金融管理局实施。澳门金融管理局是一个自治机构,不在政府架构内,但金融管理局主席由特别行政区行政长官任命。其主要职能有:协助特别行政区政府制定和实施货币、金融及保险等方面的政策;规范、指导、统筹及监管金融、外汇及保险业,确保其正常运作;确保货币的内部稳定及其对外支付能力,确保其可兑换性;行使类似中央储备库的职能,负责管理澳门外汇储备及其他对外支付工具;推动澳门货币的使用;维护澳门金融体系的稳定。

澳门是不设立中央银行的地区,长期以来,通过委托银行或指定代理银行的形式代行印制和发行货币的职能。从1905年起,澳葡政府一直委托大西洋银行在澳门印制和发行澳门元(PATACA)。1995年10月,中国银行澳门分行开始参与澳门元的发行。按照规定,发钞行在发行澳门币时必须向澳门监理署交缴相应数额的外汇。1977年4月前,澳门元与葡萄牙货币埃斯库多固定联系。从1977年到1983年期间,澳门元与港元固定联系,通过中介货币——港元,与美元和其他外币自由浮动,间接地完成了浮动机制。1983年之后,澳门元与港元固定联系(103澳门元兑换100港元),由于港元钉住美元,因此澳门元与其他外币的汇率也是固定的,并实行自由兑换。

台湾的金融机构主要有商业银行、合作金库、信托机构、保险公司、票券金融公司、证券金融公司等。商业银行分为本地一般银行、中小企业银行、外资银行及其办事处等。基层合作金融机构由合作金库、信用合作社、农会信用部以及渔会信用部组成。合作金库是基层金融机构的中枢机构,收受基层金融机构的余裕资金,并调节其资金余缺。邮政储金汇业局只能经办储蓄、汇兑等业务,不能从事贷款、保证、信托等其他一般金融机构的业务。自1992年开始,该局所吸收的存款可以自由转存其他行库或购买"公债"等,但是不能直接用于放款。台湾经营信托投资业务的机构包括信托投资公司与各银行附设的信托部，附设银行的信托部为独立单位，其资本、营运及会计必须与银行独立。保险公司分为人寿保险公司和财产保险公司，专业型保险公司数量很少。票券金融公司业务包括买卖"国库券"、可转让银行定期存单、银行承兑汇票、商业本票以及其他短期债务凭证，或担任商业票据的承销人或经纪人、保证人、背书人及签证人。证券金融公司的主要业务包括证券融资、融券等。

台湾的金融市场大致可分为货币市场、资本市场和外汇市场。货币市场可以分为票券市场和同业拆款市场两部分。票券市场又由"国库券"市场、商业本票市场、银行可转让定期存单、银行及商业承兑汇票市场等组成。资本市场由股票市场和债券市场组成。债券市场主要交易"公债"、公司债券、金融债券等。台湾外汇市场形成于1979年2月，当时市场上最重要的美元汇率由5家外汇指定银行与"中央银行"共同制定，其他外币汇率由外汇指定银行自行决定。从1989年4月起，台湾当局废除了长达10年之久的机动汇率和加权中心汇率制度，改用浮动汇率制度。

金融监管方面，"财政部"为银行的主管机关，负责银行的审批、业务项目核定及监管、银行资本额核定、勒令停业等。"中央银行"负责审批外汇、外币、金银经营权，确定存款准备率和再贴现利率等。"财政部"除负责监管银行等货币机构外，还负责证券、保险等非货币机构的监管。"财政部证券管理委员会"是资本市场及期货市场的主管机关。保险市场则由"财政部保险司"负责管理。

在货币政策方面，台湾当局货币政策的最终目标为：促进金融稳定，健全银行业务，维护对内及对外币值的稳定，并在上述目标范围内，协助经济发展。以货币供应量为中间目标，自1984年1月起，当局将狭义货币供应量M_1一分为二，即M_1A（通货净额＋支票存款＋活期存款）和M_1B（M_1A＋活期储蓄存款）两个指标，并把M_1B作为货币供给额的监控指标。货币政策工具分为一般性信用控制工具和选择性信用控制工具两类。一般性信用控制工具主要包括传统的三大货币政策工具，即存款准备金比率、再贴现率和公开市场操作。选择性信用控制工具是指"中央银行"对金融业的某些领域实行区别对待的信用控制政策，主要包括规定流动资产比率以及直接信用分配等。

参考文献：
廖宗亮：《走进澳门金融》，载于《金融经济》2004年第8期。

帅晋瑶、陈晓剑：《澳门银行业发展研究：现状、监管和借鉴》，载于《预测》2006年第4期。

李春平：《台湾金融自由化改革及启示》，载于《上海经济研究》2006年第5期。

冯邦彦：《香港金融业百年》，东方出版中心2007年版。

朱磊：《台湾产业与金融研究》，九州出版社2012年版。

于宗先等：《台湾金融体制之演变》，联经出版事业股份有限公司2005年版。

（李建军）

影子银行体系
Shadow Banking System

影子银行体系也称影子银行（Shadow Bank），是在美国"次贷危机"爆发后出现的概念，并很快引起国际社会的广泛关注。国外就影子银行体系内涵的界定主要有三个标准：第一，监管标准，指游离于监管体系之外的与商业银行相对应的金融机构与信用中介业务；第二，机构标准，指持有复杂衍生金融工具的非银行金融机构；第三，功能标准，即具有信用转换、期限转换与流动性转换的信用中介。

2007年8月，在美联储年度讨论会上，美国太平洋投资管理公司（PIMCO）执行董事保罗·麦克库雷（Paul McCulley）提出了"影子银行体系"概念，他专指那些游离于监管体系之外的，与传统、正规、接受中央银行监管的商业银行相对应的金融机构（保罗·麦克库雷，2009）。此后不久，他又将影子银行的范围扩大到非银行金融机构体系和信用衍生品两部分。保罗·克鲁格曼（Paul Krugman）于2008年将影子银行描述为通过财务杠杆操作，持有大量证券和复杂金融工具的非银行金融机构，其组成主要是投资银行、经纪商、私募股权、对冲基金、保险公司、货币市场基金、结构性投资工具及非银行抵押贷款机构。纽约联储银行的经济学家佐尔坦·鲍兹等（Zoltan Pozsar et al.）于2010年将影子银行界定为通过广泛的证券化与抵押融资技术工具，如资产支持商业票据（ABCP）、资产支持证券（ABS）、抵押债责（CDOs）与回购协议（Repos）来调节信用的中介。影子银行在信用转换、期限转换、流动性转换方面与商业银行类似。2011年4月12日，金融稳定理事会（FSB）发表的《影子银行：内涵与外延》报告中，从广义角度定义了影子银行体系：指游离于传统银行体系之外的信用中介组织和信用中介业务，其期限与流动性转换，有缺陷的信用风险转移和杠杆化特征增加了系统性金融风险或监管套利风险。

就中国影子银行范畴而言，前两个标准定义的影子银行并不全面。从监管角度看，有些非银行金融机构是受到监管的，如信托公司、证券公司、保险中介等，但这些机构金融创新日益提速，监管规避和监管套利不容忽视，影子银行特征越发明显；从机构角度分析，商业银行的理财业务及其他一些表外业务发挥影子银行流动性转化、信用转化和期限转化的功能，且接受的监管相对较弱，不应该排除在影子银行系统之外。比较而言，功能角度界定更为全面，即发挥流动性转换、期限转化及信用转换功能，具有高杠杆特点，而未接受严格审慎监管的提供信用中介职能的实体和活动。按照这一标准，银行的表外理财业务，信托公司与银行、证券公司合作的理财业务，信贷资产证券化业务、保险公司投连险业务，以及债券市场回购业务，都发挥一定的流动性、期限和信用转化的功能，同时在一定程度上游离于监管之外，可纳入影子银行的范畴。

2014年1月，国务院办公厅下发了《关于加强影子银行监管有关问题的通知》，明确规定中国影子银行的范围，主要包括三类：一是不持有金融牌照、完全无监管的信用中介机构，包括新型网络金融公司、第三方理财机构等；二是不持有金融牌照，存在监管不足的信用中介机构，包括融资性担保公司、小额贷款公司等；三是机构持有金融牌照，但存在监管不足或规避监管的业务，包括货币市场基金、资产证券化、部分理财业务等。该文件只是列出中国影子银行的类型，并未对影子银行内涵作出清晰界定。尽管如此，监管部门至少可以从形态上认识影子银行的类型，为制定相应的监管政策奠定了基础。

参考文献：

［美］保罗·麦克库雷：《影子银行系统和海曼明斯基的经济旅程》，载于《科学与财富》2009年第9期。

Krugman, Paul., Partying Like It's 1929, *New York Times*, March 21, 2008.

Pozsar Zoltan., Adrian, Tobias., Ashcraft, Adam., Boesky, Hayley., Shadow Banking, *Federal Reserve Bank of New York Staff Reports*, 2010 (7).

Tucker, Paul., Shadow Banking, Financing Markets and Financial Stabilit, 2010.

FSB. Shadow Banking, Scoping the Issues. Background Note of the Financial Stability Board, 2011.

(李建军)

互联网金融
Internet Finance

互联网金融是一个有别于过去的"网络金融"的新型概念，自 2012 年出现并随着实践的快速发展而引起人们的关注。但是，互联网金融尚没有一个得到广泛共识的定义。

互联网金融的本质是金融，它是依托互联网信息技术形成的一种金融模式，所发挥的依旧是金融的支付结算、动员储蓄、转化投资、财富管理等基本功能。这种模式与传统的金融模式有一定的区别。有学者（谢平，2012）认为，它是一种既不同于商业银行间接融资，也不同于资本市场直接融资的第三种金融模式。在这种模式下，支付便捷，市场信息不对称程度非常低；资金供需双方直接交易，银行、券商和交易所等金融中介都不起作用；可以达到直接融资和间接融资一样的资源配置效率，并在促进经济增长的同时，大幅度减少交易成本。

从功能角度分析，互联网金融是依托现代信息科技进行的金融活动，具有融资、支付和交易中介等功能（宫晓林，2013）。互联网金融在功能上凭借信息技术以及组织模式的优势，与传统金融模式相比其效率会更高且交易成本与风险成本都会更低（曾刚，2012）。

从技术角度分析，互联网金融是利用互联网技术和移动通信技术等一系列现代信息科学技术实现资金融通的一种新型金融服务模式。互联网"开放、平等、协作、分享"的精神渗透到传统金融业态，对原有金融模式产生根本影响及衍生出来的创新金融服务方式，具备互联网理念和精神的金融业态及金融服务模式统称为互联网金融（罗明雄等，2013）。

从发展的角度分析，传统金融植根于经济的发展，是由商务活动过程中产生的资金汇兑、支付结算、融资与投资管理等需求推动的。经济交易对金融服务最主要的要求是便捷准确，效率高且成本低。近代银行的萌芽、交易所的出现、中央银行制度的建立等金融形态与模式的发展与演进，都具有这样的规律。互联网金融同样是以支付为先导，它率先出现在电子商务活动领域，以第三方支付的形式，较好地解决了传统银行与电商、消费者之间支付信用难题。1998 年在美国出现的 Paypal，2004 年在中国诞生的阿里巴巴支付宝（Alipay）就是电子商务活动应运而生的第三方支付服务，它依托互联网技术，有效解决了电子商务的支付瓶颈问题，大大拓展了电子商务的发展空间。

伴随着云存储、云计算、移动互联网、物联网和大数据挖掘技术的发展，金融功能在互联网领域的实现更加便利，率先创新的阿里小贷。凭借电子商务平台的交易账户和物流信息优势，以及阿里电子商务生态圈的透明化信用约束机制，阿里巴巴于2007年与中国工商银行合作推出针对阿里电子商务平台客户的小额贷款；2010年阿里巴巴成立自己的小额贷款公司，为客户提供50万元以下的贷款。互联网技术有效地解决了借贷双方的信息不对称问题，使得贷款审核方法周期大大缩短。传统的民间借贷也借助互联网技术，将个人之间的放贷转移到互联网上，催生了一批P2P（Peer to Peer）公司，如2006年出现的"宜信（Creditease）"、2010年成立的"人人贷"等公司具有一定的代表性。平安集团设立的陆家嘴金融资产交易所是金融企业集团设立的P2P网络交易平台，依托其担保优势，业务发展迅速。这类机构有的从事的是债权转让业务，面向债务人提供贷款服务，同时将债权标准化转让给个人投资者；有的是提供个人之间借贷的中介信息服务，不提供信用担保，风险由借贷双方自担。

互联网金融领域还出现了小额权益类融资，一般称为"众筹"（Crowdfunding），是筹资者或筹资项目采用"团购"加"订制"的形式，向互联网的网民投资者募集项目资金的一种直接融资模式。这种模式充分利用了互联网与社交性网络（SNS）快速传播的特性，让小企业、艺术家或个人对公众展示他们的创意，获取社会的关注和公众的支持，筹集到所需的资金。与私募股权或私募债权相比，众筹带有公募的色彩；与IPO或公募债相比，众筹的规模小，没有严格的上市审批程序，在服务小微经济方面具有灵活便利等优势。

互联网金融是依托信息与数据技术的金融创新形态，具有解决信息不对称、降低交易成本等优势。随着技术的不断进步，互联网金融形态还将有新的模式出现。在互联网金融快速发展对整个金融业产生极大影响的同时，也对金融业的监管提出了新的挑战。

参考文献：

谢平、邹传伟：《互联网金融模式研究》，载于《金融研究》2012年第12期。

曾刚：《积极关注互联网金融的特点及发展——基于货币金融理论视角》，

载于《银行家》2012 年第 11 期。

宫晓林：《互联网金融模式及对传统银行业的影响》，载于《南方金融》 2013 年第 5 期。

罗明雄、唐颖、刘勇等：《互联网金融》，中国财政经济出版社 2013 年版。

（李建军）

金融市场

货币市场
Money Market

货币市场也称"短期资金市场"、"短期金融市场"，指 1 年期以内短期信用工具的发行与转让市场的总称。货币市场有以下特点：（1）交易期限短。最短交易期限只有半天，最长不超过一年（西方国家有的工具可能长达 13 个月）。（2）交易目的是解决短期资金周转的需要。资金主要来源于暂时的闲置资金，一般用于弥补流动资金的临时不足。（3）所交易的金融工具有较强的货币性，流动性（变现力）强。（4）风险较小，货币市场上的信用工具主要由政府和商业银行发行，信誉好，具有很高的安全性。

货币市场上常见的交易对象是一年以内的短期证券，如国库券、商业票据、银行承兑票据、可转让存单、欧洲美元存款、联邦机构短期证券、联邦基金、市政债券、货币市场共同基金、外汇掉期等。货币市场的参与者主要有中央银行、商业银行、保险公司、金融公司、证券经营商、工商企业及个人，他们既是资金的借给者，又是资金的需求者。

货币市场的功能主要有：（1）为经济部门调节其资金流动性提供便利，为企业部门随时调整资产结构、变现手中持有的非货币资产提供交易市场；（2）为短期资金的运用提供投资场所，提高资金使用效率；（3）为实施宏观货币政策操作提供基础。中央银行一方面通过再贴现率和法定准备率的调整，影响银行同业拆借利率，进而调节利率水平，起到紧缩和放松银根的作用；另一方面，中央银行通过直接参加货币市场短期信用工具的买卖，增加或减少流通中的货币供应量。大多数国家的政府都不仅是货币市场上重要的作为贷款人，也是重要的借款人，并利用其地位影响货币供应量和货币的利率，以实现其货币政策目标。

货币市场在不同国家、不同经济发展阶段的表现不同。从欧美及亚洲国家发展金融市场的情况来看，由于各国在不同时期有着不同的经济发展背景，在货币市场与资本市场的发展策略上就有不同表现，往往在一国经济高速发展需要大量资本作为依托时该国就偏重于发展资本市场，而一国货币市场的发达程度则与该国中央银行制度的完善及货币政策的实施程度相关。另外政府的政策主张和态度也会对这两个市场的发展产生很大影响。

我国货币市场的起步相对资本市场来说较晚，同业拆借市场始于1986年，总体上看货币市场在1995年之前处于相对滞后的状态，之后才逐渐得到规范和发展。

参考文献：

何盛明：《财经大辞典》上卷，中国财政经济出版社1990年版。

李琮：《世界经济学大辞典》，经济科学出版社2000年版。

聂庆平：《货币市场》，引自《中国大百科全书（财政 税收 金融 价格）》，中国大百科全书出版社1993年版。

（潘席龙）

资本市场

Capital Market

资本市场也称"长期金融市场"、"长期资金市场"，这一市场的交易对象偿还期通常在1年以上，长的可达20~30年，甚至是没有期限的（股票）。资本市场有以下特点：（1）交易期限长。资本市场所交易的金融工具期限至少在一年以上，最长的可达数十年。其中股票没有偿还期，可以长期交易。（2）交易的目的主要是为解决长期投资性资金的需求。资本市场所筹措的长期资金主要用于补充固定资本、扩大生产能力，如开办新企业、更新改造或扩充厂房设备、投资于国家长期建设性项目。（3）资金借贷量大，一般受到各国金融监管机构，如中国的证券监督管理委员会（CSRC），英国金融服务管理局（FSA）或美国证券交易委员会（SEC）的严格监管，以保护投资者利益，打击欺诈行为。以满足长期投资项目的需要。（4）风险较大。用于资本市场融资交易的有价证券，其收益较高而流通性差，价格变动幅度大，有一定的风险性和投机性。

资本市场流通的工具，主要有政府的中长期公债、公司股票、公司债及抵押贷款证券化的长期债券等。

资本市场的参与者主要是商业银行、投资放款协会、保险公司、投资公司、信托公司、金融公司等金融机构，以及居民个人和养老金基金会和慈善与教育基金等各类基金组织、各国政府、工商企业、房地产经营商等。通常，政府和企业是资金的需求者。

资本市场的主要职能是：（1）筹资功能。利用社会上可以动员的资金，为工商企业生产经营、中央政府弥补财政赤字或地方政府某些特定用途所需提供一年以上的中长期资金借贷；（2）为长期资金的运用提供投资场所，提高资金使用效率；（3）为实施宏观经济政策操作提供基础。资本市场具有财政货币政策传导功能，货币政策的资本市场传导机制主要借助于投资渠道、财富效应渠道、资产负债表渠道和流动性渠道实现，财政政策的传导机制往往是通过政府支出和税收来影响经济增长的，而在这一过程中资本市场的功能不容忽视。

西方国家的资本市场从19世纪中叶开始得到迅速发展，主要表现为企业股票和政府中长期公债等有价证券发行量的剧增，股票交易所的建立，以及交易量的猛增。之后资本市场在20世纪30年代世界经济大危机中所暴露出的各种弊端，导致了各国政府相继颁布证券法规对资本市场进行严格的管理，为各国资本市场的发展创造了良好的条件。70年代以后由于资本的相对过剩和投资收益的递减，资本市场日趋成熟，发展减缓。

我国从1981年发行国库券（5年期）到20世纪80年代末发行股票，并于1990年、1991年成立了沪深两大证券交易所，到现在为止资本市场发展已相对成熟，但仍然存在一些问题。

参考文献：

黄达、刘鸿儒、张肖：《中国金融百科全书》上，经济管理出版社1990年版。

刘树成：《现代经济词典》，江苏人民出版社2005年版。

应展宇：《资本市场》，引自胡代光、高鸿业：《西方经济学大辞典》，经济科学出版社2000年版。

黄汉江：《投资大辞典》，上海社会科学院出版社1990年版。

O'Sullivan and Steven M. Sheffrin, *Economics: Principles in Action*, Upper Saddle River: Pearson Edition, 2007.

（潘席龙）

同业拆借市场
Interbank Lending Market

同业拆借市场是金融机构同业之间进行短期临时性资金融通的市场，是各国货币市场的核心组成部分。同业拆借市场主要是满足金融机构在日常经营活动中经常发生的头寸盈缺调剂的需要，那些存款增长相对大于贷款增长需求的银行可以通过这一市场向处于相反状况的银行提供资金。

同业拆借市场通常只允许金融机构参加，非金融机构不能参与拆借业务。在金融市场开放的国家，外国中央银行及商业银行也可以参加同业拆借市场。

同业拆借市场源于存款准备金政策的实施。存款准备金是为防止商业银行经营风险，预防存款挤兑及清算资金不足而向中央银行缴纳的资金储备，这是现代银行制度的一个显著特点。商业银行的法定准备率必须与其存款负债保持中央银行所规定的最低比例。通常，西方国家的中央银行对准备金存款不支付利息，而我国则有所不同。由于商业银行的负债结构及负债余额是不断变化的，其法定准备金数额也不断变化，这样，其在中央银行的存款准备金就会经常高于或低于法定准备率。低则必须及时补足，否则会受到中央银行处罚；高则应及时将超额部分运用出去，否则银行收益会受到损失。这就产生了银行同业之间相互拆借资金的条件。许多银行还把同业拆借市场与其负债管理计划联系起来，以同业拆借市场的资金来源扩大资产业务，这一方面增加了资金的需求，刺激了供给；另一方面也增加了同业拆借市场的参加者，大大促进了同业拆借市场的发展。

同业拆借市场按组织形式可以分为有形和无形两市场：（1）有形拆借市场，拆借业务通过专门的拆借经纪公司来媒介交易，但不普遍。（2）无形拆借市场，拆借双方直接达成交易或者由经纪人传递信息或代理资金拆借业务，通过电话、电传等电信方式联系成交，迅速方便。例如：电子金融服务（EBS）和汤森·路透3000Xtra是电子经济平台中两家主要的竞争对手，连接有1000家以上的银行。

同业拆借市场具有以下一些特点：（1）同业拆借的期限通常在7日之内，一般不超过一个月，期限最短的甚至只有半日；（2）拆入资金一般不需要缴纳存款准备金，但要支付利息，即"拆息"，其利率由交易双方自定，拆息变动频繁，通常能灵敏地反映资金的供求情况；（3）同业拆借每笔交易的数额较大；（4）日拆一般无抵押品，单凭银行间的信誉；（5）拆借双方均能得益，拆出银行能取得利息收益，而拆入行尽管要支付利息，但与临时被迫变现营利资产来抵补法定准备金的状况相比较，其实际成本小得多。

不同国家的拆借市场有不同的运作模式。美国联邦资金市场是美国主要的拆借市场。从运作形式看美国联邦资金市场是一个无形的电话市场，没有专门的机构组织来中介联邦资金的大量的交易活动，主要是由愿意买卖联邦基金的金融机构通过其在联邦储备系统开设的账户进行直接交易。日本的拆借市场上短资公司是资金交易的中介者所以短资公司又被称为资金经纪人。目前在日本受大藏大臣的指定进行营业的短资公司有7家。短资公司既是拆借市场的中介者又是中央银行宏观金融调控操作的中介者在促进日本货币市场乃至整个金融体系的平稳运行方面发挥了十分积极的作用。

中国的同业拆借市场是随着我国经济体制改革和金融体制改革的不断深化而产生和发展的，最早可追溯至1981年。这一年中国人民银行首次提出开展同业拆借业务，1984年10月中国人民银行总行颁布《信贷资金管理办法》制定了"统一计划，划分资金，实贷实存，相互融通"的信贷资金管理体制，事实上承认了通行于商业银行间的同业拆借市场。但是，直到1986年国务院颁布《银行管理暂行条例》，规定"专业银行之间的资金可以相互拆借"，中国的同业拆借才真正启动并逐渐发展成为我国短期金融市场的主体。1996年，人民银行建立了全国银行间同业拆借市场，将同业拆借交易纳入全国统一的同业拆借网络进行监督管理，同年6月1日，中国人民银行取消了对同业拆借利率的上限管理，同业拆借利率由交易双方根据市场资金的供求状况自行确定，开始了我国同业拆借市场市场化改革，我国银行间同业拆借市场也步入了不断完善的阶段。

同业拆借市场的形成和发展能够充分利用资金的地区差、时间差、行际差，对加速资金周转，提高资金利用率，沟通横向经济往来，均具有重要的作用。其职能表现在：（1）拆借市场是中央银行进行宏观金融调控的基础性市场，是中央银行政策意图的关键性传导环节。拆借市场上的资金供求状况及其变化直接影响着中央银行的金融调控决策。中央银行控制货币供应量的种种措施通过拆借市场传导和反映到经济运中去。（2）拆借市场是货币市场和整个金融市场体系的重要组成部分。在一定意义上可以说拆借市场直接影响并反映着一个国家货币市场的发展水平对于货币市场乃至整个金融市场的发展发挥着基础性的作用。（3）拆借市场是金融机构进行头寸调剂和准备金管理的主要渠道。一家追求利润最大化的商业银行其理性的经营行为必然是在不影响其支付能力的基础上尽可能降低准备金水平扩大资产的收益。从经济功能来说这一市场促使商业银行有效地运用准备金以及超额储备从而无须持有过多的低收益超额储备还能够维持足够的支付能力。另外拆借市场还是金融机构之间进行短期资金融通的重要手段。

参考文献：

赵志君：《同业拆借市场》，引自刘树成：《现代经济词典》，江苏人民出版社 2005 年版。

应展宇：《同业拆借市场》，引自胡代光、高鸿业：《西方经济学大辞典》，经济科学出版社 2000 年版。

巴曙松：《拆借市场发展的国际经验以及我国拆借市场发展的思路》，载于《浙江学刊》1997 年第 4 期。

朱从玖：《同业拆借市场》，引自《中国大百科全书（财政 税收 金融 价格）》，中国大百科全书出版社 1993 年版。

（潘席龙）

证券回购市场
REPO Market

证券回购交易是指在卖出（或买入）证券的同时，事先约定到一定时间后按规定的价格买回（或卖出）这笔证券，是一种附有购回（或卖出）条件的证券交易。证券回购市场就是办理此类业务的市场，是一种现货市场与远期市场的结合。广义的回购市场既包括正回购交易，即交易者在卖出某种证券的同时，确定于未来某一日再以事先约定的价格将同种证券购回的交易，也包括逆回购交易，即投资者在买进某种证券的同时，约定于未来某一时日以预定价格再将该种证券卖给最初出售者的交易。证券回购交易的对象主要是国库券、政府债券或其他有担保债券，也可使用其他货币市场工具，如大额可转让定期存单、商业票据等。证券回购的期限一般都较短，属于一种短期资金流通方式，因而证券回购市场也相应成为货币市场的重要组成部分之一。

证券回购市场对于证券交易商和商业银行而言，增加了债券的运用途径和资金的灵活性。证券交易商可以通过回购交易融入短期资金，也可以通过逆回购交易获得证券以满足自己或顾客的需要，有的证券商甚至利用证券回购市场开展空头交易，实现套利目的。商业银行作为国库券等高等级债券的持有者，在调整资产流动性时，常常会以手中持有的债券进行回购交易，以融入资金满足流动性要求。对于投资者而言，证券回购市场能够灵活修正证券，尤其是债券的实际到期日，以满足不同投资者的到期日需要。此外，证券回购有助于投资者避免债券价格变动的风险，获得直接购买证券无法得到的收益。中央银行也是证券回购市场的重要参与者。证券回购是中央银行进行公共市场业务的重要工具，中央银行通过证券回购可以有效地控制货币供应，以加强宏观经济管理，采用卖出回购交易是扩张性货币政策，采用买入回购交易是紧缩性货币政策。

证券回购交易是在第二次世界大战以后才产生并逐渐发展起来的。最初的证券回购是证券商（主要是非银行的证券商）借入资金的渠道之一，其出现的直接原因是替代利率水平上升导致成本提高的抵押贷款。证券回购交易自产生之日起，便获得了飞速的发展，20世纪60年代初，美国的证券商通过回购方式融通的资金占其总融资量的65%。自20世纪70年代以来，商业银行也开始大规模参与证券回购，将其作为重要的借款来源，以补充短期资金头寸的不足。进入80年代，回购继续以年17%的速度高速发展，迄今融资规模已经超过4000亿美元。目前，证券回购在以美国为代表的西方国家已日趋成熟，同时，各新兴的发展中国家也在积极引入这一交易方式，以促进本国货币市场的发展。

1993年12月19日，上海证券交易所开办了债券回购交易，规定当时在该交易所上市的五个债券品种，均作为回购业务的基础债券。由此，债券回购作为一种新的金融交易方式，便正式地融入到了我国的金融市场之中。我国早期的回购交易主要是质押式回购。为了规范发展我国的证券回购市场，1995年，财政部、证监会和中国人民银行联合发出《关于坚决制止国库券卖空行为的通知》和《关于重申对进一步规范证券回购业务有关问题的通知》，对证券回购的交易主体、场所、券种、期限和证券保管进行严格规定。1996年4月9日，中国人民银行正式在公开市场业务中启动以短期国债为工具的回购交易。1997年6月，全国银行间债券回购市场启动运行。该市场利用全国银行间同业拆借中心的交易网络，由中央国债登记结算有限责任公司（前身为SI，AQ系统）负责债券托管和结算。2004年5月，中国人民银行在银行间债券市场推出债券买断式回购业务；2004年底，上海证券交易所在大宗交易系统上进行国债买断式回购的试点，并于2005年3月21日起在公开竞价交易系统上进行国债买断式回购。

参考文献：
李伟民：《金融大辞典》二，黑龙江人民出版社 2002 年版。
黄达、项怀诚、郭振乾：《中国证券百科全书》，经济管理出版社 1993 年版。
魏振瀛、徐学鹿、郭明瑞、钱明星、李仁玉等：《北京大学法学百科全书》，北京大学出版社 2004 年版。
许施智、吴革：《现代企业与金融市场》，湖北科学技术出版社 1998 年版。

（潘席龙）

票据市场
Commercial Paper Market

票据是约定由债务人按期无条件向债权人或持票人支付一定金额，并可以转让流通的债务凭证。票据市场是流通转让票据的场所。

按照票据的种类，票据市场可划分为商业票据市场和银行承兑、贴现汇票市场。商业票据，是指以大型工商企业为出票人，到期按票面金额向持票人付现而发行的无抵押担保的远期本票。这种票据不是基于商品买卖或劳务供应等原因而产生的票据关系，而是发行人与投资者成为一种单纯的债权债务关系，商业票据上不用列明收款人，只需签上付款人而成为单名票据，票面金额也是整齐划一的标准单位，期限最长在一年之内。银行承兑、贴现汇票市场，是以银行汇票为媒体，通过汇票的发行、承兑、转让及贴现而实现资金融通的市场。换言之，它是以银行信用为基础的市场。银行汇票是银行受汇款人委托而签发的汇款支付命令，汇款人可将此汇票寄给或自身携带给异地收款人，凭此兑取汇款的票据。银行承兑汇票是指出票人以银行作为付款人，命令其在确定的日期，支付一定金额给收款人，经付款银行承兑的汇票。汇票经付款银行承兑后，承兑银行就承担到期付款的不可撤销的责任，持票人则可凭承兑银行的付款信用保证，请求任何银行对汇票贴现、重贴现，出票人与正当持票人之间就可获得资金融通。

以美国为例：美国票据市场的客体主要是银行承兑汇票和商业票据。美国的商业票据是美国卓著的金融公司、银行持股公司和工商企业为筹措短期资金而以贴现方式发行的一种短期无担保本票，其投资者多为保险公司或银行信托部、非金融企业、投资公司、中央和地方政府、私人养老基金、公益基金和个人。该市场早在 18 世纪就已创立，20 世纪 60 年代以后，初级市场发展迅速，但二级市场并不发达。美国银行承兑汇票市场诞生于 20 世纪初，美国政府为了发展对外贸易和将纽约建成能够与伦敦竞争的国际货币市场，采取了一系列措施，积极刺激银行承兑汇票市场的发展。第二次世界大战时期由于受战争的影响，承兑汇票市场一度萎缩，至20世纪50年代后期再度发展。1973年爆发世界性石油危机，为扩大石油进口，石油进口商多以成本较低的银行承兑汇票筹资，此后使银行承兑汇票市场得到了快速发展。1982年10月，美国国会通过了《银行出口服务法》（Bank Export Service Act），大大放宽了对银行承兑汇票的限额，致使市场竞争加剧，承兑手续费下降，银行承兑交易额上升。由于美国为银行承兑汇票市场提供了一种非常有吸引力的短期资金融资方式，故吸引了大量的外国借款人。同时外资银行也开始参与美国银行承兑汇票市场上的竞争，促进了银行承兑汇票市场的持续发展。

在旧中国，由于经济发展的畸形和票据的不发达，票据市场的形成十分缓慢。19世纪末，钱庄开始办理票据贴现。20世纪初，虽然银行的营业项目中也列有"各种期票的贴现"，但一直到1936年上海的银行票据承兑所成立，才标志着近代中国的贴现市场在上海步入雏形阶段。新中国成立以后，政府曾一度限制票据的使用。改革开放之后，票据在中国才重新启用，国家允许银行发行汇票和本票，允许企事业单位签发商业汇票和支票，允许个人使用支票。随着我国市场经济体制的建立，我国的票据制度得到了确定，票据的使用范围得到了扩大，也逐渐形成了票据市场。1994年，中国人民银行在"五行业、四品种"领域大力推广使用商业汇票，票据市场开始以较快的速度发展。票据市场交易成员逐步扩展为商业银行、政策性银行、城乡信用社、企业集团财务公司等金融机构和各类企业。目前，以中小城市为依托，以商业银行票据专营机构为主体的区域性票据市场基本形成，它为缓解中小企业融资难发挥了重要作用。

参考文献：
黄汉江：《投资大辞典》，上海社会科学院出版社1990年版。
刘树成：《现代经济词典》，凤凰出版社、江苏人民出版社2005年版。
刘定华等：《中国票据市场的发展及其法律保障研究》，中国金融出版社2005年版。

（潘席龙）

企业短期融资债券
Enterprise Short Term Financing Debenture

企业短期融资债券是指企业为解决临时性或季节性资金需要面向社会公开发行的期限在9个月以内的债券。根据人民银行规定，企业短期融资债券主要是为一些经济效益好，具有出口创汇能力，属优异产业型的大中型企业解决流动资金短缺的矛盾。因此，它规定发行单位必须是工业企业，发行额度在500万元以上，筹资用途是流动资金，并须经评估公司评估，债券的偿还资信等级在A级以上的，才有资格委托证券经营机构代理发行。

企业短期融资债券的特点是：第一，企业发行短期融资债券所筹的资金只能用于解决企业临时性、季节性流动资金不足，不得用于企业的长期周转和固定资产投资；第二，企业短期融资债券的发行额度，必须控制在人民银行批准的额度以内，根据国家的产业政策和调整经济结构的要求掌握发放，按余额控制，周转使用；第三，期限最长不得超过一年，其发行一般不受政府债券发行的影响。

我国企业短期融资债券的发行条件包括：企业短期融资债券的期限多为3个月、6个月和9个月三种，大部分以平价发行，少部分采用贴现发行，债券利率可在套算的同期居民储蓄利率的基础上浮40%，每次发行限额在100万元以上到3000万元以下，同时企业已发行的债券和这种短期融资债券的总额不能超过企业自有资产净值。企业短期融资债券由投资者自愿认购，由企业委托银行或非银行金融机构代销或包销，债券发行后可上市转让。

中国企业短期融资债券的发行始于1988年，当时仅在江苏、浙江、重庆等地进行试点，当年累计发行额达10亿元。1988年第4季度，国家采取紧缩银根政策。1989年初，企业流动资金短缺矛盾十分突出，中国人民银行于1989年2月27日发出的《关于发行企业短期融资券有关问题的通知》规定，允许企业在中国人民银行批准的前提下发行企业短期融资债券，并将发行规模纳入全国资金计划，发行额度由中国人民银行总行年初一次下达，各地区人民银行分行实行余额控制，企业可委托金融机构承销发售。企业短期融资债券的发行对象为企业、事业单位和个人，并规定企业、事业单位只能用其可自行支配的自有资金认购，债券期限为3个月、6个月和9个月三种类别，利率可在同期银行储蓄利率的基础上浮10%，债券发行期满后，可以交易转让。1989年4月4日，中国人民银行又发出《关于发行企业短期融资券问题的补充通知》，进一步规定，企业短期融资债券利率可在同期银行储蓄存款利率的基础上浮40%，由此，这种债券在全国展开，发行额逐年有所增加，但1994年后，在整顿金融秩序的过程中，其发行受到了严格限制，发行量也明显下降。

参考文献：
戴相龙、黄达：《中华金融辞库》，中国金融出版社1998年版。
黄达、项怀诚、郭振乾、李茂生等：《中国金融百科全书》下，经济管理出版社1990年版。
李春亭等：《企业债券融资韬略》，河南科学技术出版社1993年版。
邱玉华、杨志发：《企业与银行经济业务往来指南》，山东人民出版社1993年版。

（潘席龙）

外汇市场
Foreign Exchange Market

外汇市场是经营外币和以外币计价的票据等有价证券买卖的市场，是一个分散于全球各地用于交易货币的市场，是金融市场的组成部分。外汇市场的存在，解决了各国在贸易、投资、旅游等经济往来中，由于各国货币制度不同而产生的本国货币与外国货币的兑换问题。外汇市场上的主要交易有即期外汇交易、远期外汇交易、套利业务、套汇业务、掉期外汇交易、外汇期货交易和外汇期权交易、利率互换与货币互换等。

外汇、外币以及用外币表现的用于国际结算的支付手段，是外汇市场上的市场工具。外汇市场的中心是汇率，即两种货币的兑换比率，也叫汇价。汇价既是各种外汇交易活动的结果，又是外汇交易的指示讯号。它表现了各种货币的软硬变化及趋势，决定着交易各方的利害得失，支配着市场交易活动的方向及其平衡，是外汇市场稳定与否的重要标志。

外汇市场的参与者主要有外汇交易商、外汇经纪人、中央银行、外汇投机者和外汇实际供应者和实际需求者（包括进口商、出口商、国际投资者、跨国公司和旅游者等）。其中，中央银行为执行外汇政策，影响外汇汇率，经常买卖外币。在外汇交易中，外汇实际供应者向从事外汇买卖的商业银行或专营外汇业务的银行卖出贸易等活动所得外汇，实际需求者则向商业银行买入外汇以满足对外支付活动需求。在这里，银行起到了外汇经纪人的作用。同时，银行可以及时在外汇市场上抛售或补进，以避免汇率变化所带来的损失，也可以独自进行套汇交易，以及远期外汇交易等。

按照组织形态，外汇市场可以分为有形的外汇市场和无形的外汇市场两种。前者是指为外汇交易专门设立的固定场所，通常位于世界各国金融中心，参加者于一定时间集合于一定地点买卖外汇，如法国巴黎、德国法兰克福、比利时的布鲁塞尔等汇市；后者又称柜台交易方式，通常没有固定的交易地点，买卖双方通过电话、电传、电报或其他通信手段进行交易。无形市场是外汇交易的主要市场，当今世界三大外汇市场——伦敦、纽约和东京汇市，都是无形外汇市场。根据经营外汇的，外汇市场还可分为即期外汇市场和远期外汇市场。

外汇市场的市场作用主要有：（1）实现购买力的全球转移，这是外汇市场的主要功能和作用；（2）为国际间经济往来提供的支付手段和清算手段，这是外汇市场的最基本作用；（3）提供借贷融通，由于银行经营外汇业务，它就有可能利用外汇收支的时间差为进出口商提供贷款；（4）提供套期保值场所，在浮动汇率制度下，减少或转移汇率风险；（5）为投机者提供机会，即投机者通过预期价格变动而买卖外汇，获取收益。

随着全球经济一体化的发展，各国间金融体系联系密切程度与日俱增，国际外汇市场成为全球金融市场中最活跃、最开放的组成部分。根据国际清算银行（Bank for International Settlements）每三年一次对国际外汇市场的调查数据分析得出，目前全球外汇交易量巨大且上涨趋势明显，且相对于外汇衍生品在市场上占据的绝对优势，即期交易的重要性有所下降；从全球外汇市场的分布格局来看，尽管亚洲市场也占有一定交易份额，但外汇交易主要集中于欧洲与美国；在国际外汇市场的各交易主体中，报告交易商占据主导地位，其他金融机构的地位也日趋上升，外汇交易集中化程度不断提高，大银行市场地位越来越强。

我国外汇市场的发展经历了三个阶段：1980～1985年，外汇调剂市场的萌芽与起步，严格来说，外汇调剂市场并不是真正的外汇市场，只是不同市场主体之间外汇使用权的有偿转让；1986～1993年，外汇调剂市场的形成阶段，1992年建立了调剂价格及成交情况的信息网络，运用了更多市场机制；1994年至今，中国外汇交易中心成立且发展迅速，交易主体不断增加，交易品种不断丰富，业务范围不断扩大，服务时间不断延长。1994年4月5日增设港币交易。1995年3月1日开办日元交易。2002年4月1日增加欧元交易。2003年10月1日起，允许交易主体当日进行买卖双向交易。2005年5月18日开办了8种外币对交易。2005年8月15日推出远期外汇交易。2006年1月4日开始，即期交易增加询价方式，并正式引入做市商制度。2006年4月24日，推出人民币与外币掉期业务。2006年8月1日起增设英镑交易。在增加交易品种的同时，交易时间进一步延长。2003年2月8日开始，即期竞价交易时间从9：20～11：00延长到9：30～15：30；2006年10月9日起收市时间进一步延长到17：30，与询价交易的交易时间保持一致。自2005年7月21日起，我国开始实行以市场供求为基础、参考一篮子货币进行调节、有管理的浮动汇率制度。以汇改为契机，中央银行连连推出系列举措。场外交易的正式启动，改变了长期以来集中撮合交易一统天下的市场格局，较大幅度地降低了机构的交易成本，活跃了人民币对外币的资金交易。在场外交易模式下，做市商的交易制度是推动市场运行和价格形成的根本动力，因而被称为"报价驱动"机制。人民币汇率形成机制的更加市场化，是外汇衍生品发展的现实基础。在继远期结售汇业务两次扩大试点后，人民币与外币掉期业务也开始走入人们的视野，这必将从供需两方面促进外汇衍生市场的发展。外汇市场向广度和深度的拓展，使人民币汇率的市场化进程日益加快。

参考文献：
陈乐怡：《国际外汇市场的最新发展及启示》，载于《新金融》2006年第1期。
黄达、刘鸿儒、张肖：《中国金融百科全书》上，经济管理出版社1990年版。
何盛明：《财经大辞典》上卷，中国财政经济出版社1990年版。
张龙平："外汇市场"，引自余秉坚：《中国会计百科全书》，辽宁人民出版社1999年版。

（潘席龙）

结售汇制度
Exchange Settlement and Sales System

结售汇制度是结汇制和售汇制的统称。其中，结汇制指我国境内机构和个人获得的全部外汇收入必须到外汇指定银行结算，由外汇指定银行兑给人民币的制度；售汇制指我国境内机构和个人根据用汇需要，到指定外汇指定银行办理手续，由外汇指定银行售与外汇的制度。结汇制与售汇制同步实行，合称结售汇制度。外汇指定银行必须把高于国家外汇管理局头寸的外汇在银行间市场卖出。在这一制度里，央行是银行间市场最大的接盘者，从而形成国家的外汇储备。

结汇制的主要内容是：（1）境内所有企事业单位的外汇收入，包括出口或转口货物及其他交易行为取得的外汇，交通运输、邮电、旅游、保险业等提供服务和政府机构往来取得的外汇，境外劳务承包以及境外投资应调回境内的外汇，都要按银行挂牌汇率卖给外汇指定银行；（2）境外法人或自然人作为投资汇入的外汇，境外借款、发行债券或股票取得的外汇，劳务承包公司境外工程合同期内调入境内的工程往来款项，经批准具有特定用途的捐赠外汇，外国驻华使领馆、国际组织及其他境外法人驻华机构的外汇收入，个人所有的外汇，可以在外汇指定银行开立现汇账户。

我国实行结汇制度的目的是将我国企业的外汇收入及时足额地汇入外汇储备，为进口支付外汇提供保障，通常在外汇储备规模较小时，主要采取强制结汇方式，即指所有外汇收入必须卖给外汇指定银行，不允许保留外汇；随着外汇瓶颈的解除，间接管理更适合采用意愿结汇，即外汇收入可以卖给外汇指定银行，也可以开立外汇账户保留，结汇与否由外汇收入所有者自己决定。

根据我国目前的外汇收支状况，我国同时采用强制结汇和限额结汇两种方式，即对一般中资企业经常项目外汇收入实行强制结汇；而年进出口总额和注册资本达到一定规模、财务状况良好的中资企业以及外商投资企业可以开立外汇账户，实行限额结汇。在银行结汇制度下，特别是在强制结汇制度下，外汇指定银行比较被动地从企业和个人手中购买外汇，无法对外汇币种、数量进行选择，由此形成的外汇头寸特别容易遭受外汇风险。

售汇制的主要内容是：（1）一般贸易用汇，只要有进口合同和境外金融机构的支付通知，就可以到外汇指定银行购汇；（2）对实行配额、许可证和登记的贸易进口，只要凭相应的合同和凭证，就可以购汇；（3）对于非贸易项下的经营性支付，凭支付协议（或合同）和境外机构的支付通知书办理购汇。

结售汇制是我国外汇管理体制改革的一项重要内容，是向人民币迈向完全可兑换过程中的重要一步。我国1994年进行外汇管理体制改革，开始实行银行结售汇制度，根据当时的国际收支状况和体制环境，对外汇指定银行实行结售汇周转头寸外汇限额管理，规定银行用于结售汇业务周转的外汇资金不得超过核定的区间，否则须进入银行间外汇市场进行平补。各外汇指定银行以中国人民银行公布的当日汇率为依据,在规定的浮动幅度范围内自行持牌,对客户提供外汇买卖业务。实行银行结售汇制后,原来实行的企业外汇留成、外汇上缴和额度管理等外汇管制被取消。1996年,将外商投资企业也纳入结售汇体系,实行全面的银行结售汇制度。2005年8月,国家外汇管理局大幅度提高了境内机构经常项目外汇账户限额,使境内机构可以更大限度地按自己的意愿保留经常项目外汇收入。2006年4月,外汇局又发布通知,进一步提高企业经常项目外汇账户限额,并将个人购汇额度扩大到每年2万美元,并首次放行QDII,允许银行、保险公司、基金公司投资于境外金融市场。2006年8月,央行发布《人民币汇率形成机制改革平稳实施一周年》的总结报告里提出,将逐步由经常项目强制结售汇制度向意愿结售汇制度过渡。外汇管理制度改革的有序推进,目的是解决当前中央银行政策操作中面临的困境,配合人民币汇率形成机制改革,实现"藏汇于民",最终实现完全的意愿结汇和售汇。

参考文献:
袁钢明:《结售汇制度》,引自刘树成:《现代经济辞典》,江苏古籍出版社 2005年版。
赵玲华、王林:《汇率风险管理手册》下,中国轻工业出版社2006年版。

(潘席龙)

A股、B股、H股
A Share, B Share, H Share

我国股票按不同发行对象、上市地区划分,主要有A股、B股、H股、N股、S股等类型。

A股正式名称是"人民币普通股票",由中国境内的中资公司发行并由中国境内中资机构和中国公民认购投资的以人民币计价的记名式普通股股票。在中国股份有限公司的股份中,除了外资股以外,国家股、法人股、社会公众股所采取的股票形式,均为A种股票。A股交易在上海和深圳证券交易所及证券交易中心进行,以无纸化电子记账,实行"T+1"交易制度,当日买进的股票,要到下一个交易日才能卖出,有涨跌幅限制(10%),超过该范围的报价视为无效,不能成交。

1990年12月19日A股市场随着上海证券交易所开业而正式运行,A

股交易范围仅限中国大陆内，投资者在认购时须凭合法的证件（如法人机构的营业执照，居民身份证等），外国和中国香港、澳门、台湾地区的投资者不得购买。随着我国资本市场的逐步开放，中国境外基金管理机构、保险公司、证券公司以及其他资产管理机构，按照自2006年9月1日起施行的《合格境外机构投资者境内证券管理办法》（证监会令第36号）的规定，在具备相关条件并经中国证券监督管理委员会和国家外汇管理局批准后，允许投资于中国A股市场。

B股正式名称是"人民币特种股票"，又称"境内上市外资股"。由在我国注册的公司在境内发行的记名式人民币特种股票，它是以人民币标明面值，以外币认购和买卖，在境内证券交易所上市交易的外资股。B股公司的注册地和上市地都在境内（上海、深圳证券交易所），投资者在外国或在中国香港、澳门及台湾地区。境外投资者认购时，以当时当地外汇市场价折合成外币付款；发行公司向投资者分派的股利先以人民币计价，再按当时当地的外汇市场价折合成外币支付；其交易价格随行就市，在上海证交所，以美元标价，在深圳证交所，以港元标价。

B股交易以无纸化电子记账，实行"T+3"交易制度，有涨跌幅限制（10%）。它的投资人限于：外国的自然人、法人和其他组织，中国香港、澳门、台湾地区的自然人、法人和其他组织，定居在国外的中国公民，中国证监会规定的其他投资人。现阶段B股的投资人，主要是上述几类中的机构投资者。2001年2月19日后B股市场对境内投资者开放，即持有合法外汇存款的大陆居民也可开立B股账户进行投资交易。

中国B种股票的发行始于1991年11月30日，由上海真空电子股份有限公司委托上海申银证券公司代理发行了第一张B种股票。1992年2月21日，上海证券交易所B股开始挂牌上市。后来中国还在B股衍生产品及其他方面作了一些有益的探索。例如，1995年深圳南玻公司发行了B股可转换债券，蛇口招商港务在新加坡进行了第二市场上市，上海、深圳两地的4家公司还进行了将B股转为一级ADR在美国场外市场进行交易。为了更好地反映中国B股的股市行情，上海和深圳证券交易所在编制"上证指数"、"深证指数"的同时，还专门编制并发布了B股分类股价指数和A、B股综合指数。1999年起中国外汇储备迅速增加，人民币显现出升值的压力，外汇短缺成为历史，B股市场的融资功能逐渐丧失。

H股又称"国企股"，由中国境内公司发行的以人民币标明面值，供海外投资者用外币认购，并在香港联合交易所上市交易的记名式普通股股票。

它以人民币为面值单位，但以港币进行认购及交易。"H"取自于"Hong Kong"的第一个字母。H股上市公司不但必须遵守香港证券法规，受香港证券监督机构监管，还须遵守中国法律法规，受中国证券监管机构的监管，即H股的发行、交易，受中国和中国香港的证券管理部门双重监管。H股实行"T+0"交易制度，无涨跌幅限制。投资者主要限于中国地区机构投资者、国际资本投资者。

H股的意义和作用在于：一方面，H股是我国企业通过香港这个国际资本市场进行筹资的主要工具，是我国企业解决资金问题、管理经营与国际接轨的重要途径，因此H股又称"国企股"；另一方面，H股作为香港证券市场的组成部分，既有利于国际投资者深入了解中国内地企业和宏观经济，也有利于香港证券市场吸引国际投资者，进一步奠定国际金融中心地位。简而言之，境内企业赴港上市，扩大了中国企业的融资渠道，也为国际投资者提供了更多的投资选择，增强了港股的吸引力。

参考文献：

戴相龙、黄达：《中华金融辞库》，中国金融出版社1998年版。

王铁军：《中国企业香港H股上市》，中国金融出版社2004年版。

祁小伟、宋群超：《中国A股市场18年（1990～2008年）》，中国财政经济出版社2009年版。

证监会：《合格境外机构投资者境内证券投资管理办法》，中国证监会网站，2006年8月24日。

（潘席龙）

首次公开发行
Initial Public Offerings（IPO）

首次公开发行也叫首次公开募股、首次公开招股，是拟上市公司首次在证券市场公开发行股票募集资金并上市的行为。通常，首次公开发行是发行人在满足必须具备的条件，并经证券监管机构审核、核准或注册后，通过证券承销机构面向社会公众公开发行股票并在证券交易所上市的过程。通过首次公开发行，发行人不仅募集到所需资金，而且完成了股份有限公司的设立或转制，成为上市公众公司。

根据中国证监会2006年5月发布实施的《首次公开发行股票并上市管

理办法》的规定，首次公开发行股票应符合以下条件：（1）主体资格。发行人应当是依法设立且合法存续的股份有限公司，持续经营时间应当在三年以上，但经国务院批准的除外。发行人的注册资本已足额缴纳，发起人或者股东用作出资的资产的财产权转移手续已办理完毕，主要资产不存在重大权属纠纷。生产经营要符合法律、行政法规和公司章程的规定，符合国家产业政策。最近三年内主营业务和董事、高级管理人员没有发生重大变化，实际控制人没有发生重大变更。（2）独立性。发行人应当具有完整的业务体系和直接面向市场独立经营的能力。主要表现在其资产的完整性、人员独立、财务独立、机构独立和业务独立等方面。（3）规范运行。发行人已经依法建立健全股东大会、董事会、监事会、独立董事、董事会秘书制度，相关机构和人员能够依法履行职责。董事、监事和高级管理人员已经了解与股票发行上市有关的法律法规，知悉上市公司及其董事、监事和高级管理人员的法定义务和责任。发行人的内部控制制度健全且被有效执行，能够合理保证财务报告的可靠性、生产经营的合法性、营运的效率与效果。公司章程中已明确对外担保的审批权限和审查程序，不存在为控股股东、实际控制人及其控制的其他企业进行违规担保的情形。发行人有严格的资金管理制度，不得有资金被控股股东、实际控制人及其控制的其他企业以借款、代偿债务、代垫款项或者其他方式占有的情形。（4）财务会计要求。发行人资产质量良好，资产负债结构合理，盈利能力较强，现金流量正常。内部控制有效，会计基础工作规范，由注册会计师出具了无保留结论的内部控制鉴证报告和审计报告。发行人编制财务报表应以实际发生的交易或者事项为依据，在进行会计确认、计量和报告时应当保持应有的谨慎，对相同或者相似的经济业务，应选用一致的会计政策，不得随意变更。发行人应完整披露关联关系并按重要性原则恰当披露关联交易，关联交易价格公允，不存在通过关联交易操纵利润的情形。发行人应依法纳税，各项税收优惠符合相关法律法规的规定。不存在重大偿债风险，不存在影响持续经营的担保、诉讼以及仲裁等重大或有事项。（5）募集资金运用要求。上市公司募集资金应当有明确的使用方向，原则上应当用于主营业务。除金融类企业外，募集资金使用项目不得为财务性投资，不得直接或者间接投资于以买卖有价证券为主要业务的公司。募集资金数额和投资项目应当与发行人现有生产经营规模、财务状况、技术水平和管理能力等相适应。募集资金投资项目应当符合国家产业政策、投资管理、环境保护、土地管理以及其他法律法规和规章的规定。发行人董事会应当对募集资金投资项目的可行性进行认真分析，确信投资项目具有较好的市场前景和盈利能力，有效防范投资风险，提高募集资金使用效率。募集资金投资项目实施后，不会产生同业竞争或者对发行人的独立性产生不利影响。发行人应当建立募集资金专项存储制度，募集资金应当存放于董事会决定的专项账户上。

首次公开发行股票的原则：（1）"三公"原则，即"公开、公平、公正"原则。发行人和主承销商按中国证监会对股票发行的有关精神和规定，应公开本次股票的认购方法、认购地点、认购时间等，利用公共传播媒介进行宣传，给每一位投资者提供平等认购股票的机会，坚决杜绝各种营私舞弊行为。（2）高效原则。在整个发行过程中，发行人和主承销商应周密计划发行方案和发行方式，灵活组织，严格管理，认真实施，保证社会秩序的稳定。（3）经济原则。发行过程中，发行人忽然主承销商应采取各种措施，最大限度地降低发行成本。股票承销活动中违反以上原则出现重大问题时，主承销商应立即向中国证监会报告。如果承销商在承销过程中违反有关法规、规章，中国证监会将依据情节轻重给予处罚，直至取消股票承销资格。

首次公开发行股票的发行方式：（1）上网申购方式。上网申购是指通过交易所交易系统采用资金上网申购方式公开发行股票。上海证券交易所规定每一申购单位为1000股，申购数量不少于1000股，超过1000股的必须是1000股的整数倍；而深圳证券交易所规定申购单位为500股，每一证券账户申购数量不少于500股，超过500股的必须是500股的整数倍。（2）向询价者配售股票的发行方式。股票发行申请经中国证监会核准后，发行人应公告招股意向书，开始进行推介和核准。招股意向书除不含发行价格、筹资金额以外，其内容与格式应与招股说明书一致，并与招股说明书具有同等法律效力。此外，首次公开发行股票还存在其他一些发行方式，如"全额预缴款、比例配售、余额即退"方式、"全额预缴款、比例配售、余额转存"方式、"与储蓄存款挂钩"方式、上网竞价方式和市值配售方式等。与其他发行方式相比，上网竞价发行可以充分发挥证券市场的价格发现功能。上网竞价的过程实际上是一个广泛询价的过程，每个证券投资者都可以充分表达其申购愿望和价格取向，发行价格在此基础上形成，更能体现市场化原则。但在投资者不成熟及市场供求关系严重失衡时是难以形成合理价格的。

2009年至今，证监会已经启动了五轮IPO改革：第一轮改革伴随着IPO的第七轮重启，开启了询价制度完善之旅。随后的2010年，监管层推出第二轮IPO改革，主要举措包括取消新股发行定价窗口指导，完善报价和配售约束机制，加强公众监督和约束，加强新股认购风险提示，主承销商自主推荐并扩大网下询价范围，重视中小投资者申购新股意愿等。

然而，尽管历经两轮改革尝试，还是没有改变 IPO 投资者短线操作、新股上市初期可流通比例较低、发行人和中介机构责任不够清晰等问题。2012年，第三轮 IPO 改革启动：个人投资者参与网下询价的引入、老股转让带来的新股流通量增加、预披露提前至发审会前一个月等，都是重大的创新突破。2013年6月7日，第四轮新股发行体制改革启动。此次改革主要围绕推进新股市场化发行机制、强化发行人及其控股股东等责任主体的诚信义务、进一步提高新股定价的市场化程度、改革新股配售方式、加大监管执法力度五方面。2013年11月，《中共中央关于全面深化改革若干重大问题的决定》明确指出，完善金融市场体系，推进股票发行注册制改革，多渠道推动股权融资。这标志着以注册制为导向的第五轮 IPO 改革正式起航。证券发行注册制又叫"申报制"或"形式审查制"，是指政府对发行人发行证券，事先不作实质性审查，仅对申请文件进行形式审查，发行者在申报申请文件以后的一定时期以内，若没有被政府否定，即可以发行证券。在证券发行注册制下，证券机关对证券发行不作实质条件的限制，证券主管机关不对证券发行行为及证券本身作出价值判断，其对公开资料的审查只涉及形式，不涉及任何发行实质条件。

参考文献：

葛正良：《证券市场学》，立信会计出版社2008年版。
项俊波：《现代金融市场知识手册》，中国金融出版社2007年版。
吴晓求：《证券市场概论》，中国人民大学出版社2001年版。

（周凯）

证券交易所
Stock Exchange

证券交易所指政府特许专门进行证券交易的场所，是一个有组织、有固定地点的、集中进行证券交易的二级证券市场。证券交易所集合有价证券的买卖者，经过经纪人在投资者和券商之间活动而完成交易，其功能是为买卖双方提供一个进行公开交易的场所，使交易能迅速合理地成交。投资者能随时在市场上买进或卖出证券，使现金可以随时买进证券，或证券可以随时变卖成现金，其次是及时准确地传递有关上市公司的财务状况、经营业绩等方面的信息，以及由交易所随时公布的市场成交数量、金额、价格等信息，作为投资者决策的参考。各国对证券交易所的设立都有严格的规定，并须经政府批准。证券交易所须有完备的组织章程和管理规则。其章程和细则应按有关法律拟定，经政府有关部门批准后，方可付诸实施。

最早的证券交易所是1531年在比利时安特卫普设立的。16世纪在法国里昂出现了另一个证券交易所。随着资本主义的发展，企业股票和公司债券的交易增多，各国证券交易所相继成立。17世纪初，荷兰阿姆斯特丹证券交易所成为重要的交易中心。在中国，最早的证券交易所是1905年由外商建立的上海众业公所和1918年设立的北京证券交易所。目前，以伦敦和纽约的证券交易所为世界最大。

在西方发达国家，对证券交易所的管理遵循两个原则：一是完全公开的原则。政府要求所有申请将其发行的证券在交易所上市的企业，必须定期将其经营与财务情况完全公开，包括资本结构、资金运用、资产负债、损益、财产目录、成本、开支等，除报告政府主管部门外，还应公开发表，供投资者决策参考。二是防止背信的原则。政府禁止并防止有欺诈、垄断、操纵或其他非法行为的发生，为此对交易所会员的经营及财务状况进行监督与管理。

证券交易的组织形式主要有公司制和会员制两种。公司制证券交易所是按股份制原则设立的、由股东出资组成的组织，是一个以营利为目的的法人团体。其特点是本身不参加证券买卖，只为证券商提供交易场地、设施和服务。公司制证券交易所一般采取股份有限公司的组织形式，在公司章程中明确规定参与该所作为股东的证券经纪商和证券自营商的名额、资格和公司的存续期限，规定由股东大会选举管理机构。公司制证券交易所的最高权力机关是股东大会，股东大会从股东中选任董事组成董事会，另设监事会，负责对公司的业务和财务状况进行调查和监督。公司制证券交易所的参加者主要有证券经纪商和证券自营商两大类，它们与交易所是合同关系。进场买卖证券的证券商要与交易所签订合同，并缴纳营业保证金，交易所依法收取证券上市时的上市费和交易时的手续费。

会员制证券交易所是由成为其会员的证券商自愿出资共同组成的、不以营利为目的的法人团体。交易所的会员必须是出资的证券经纪人或自营商，同时只有会员才能参加证券交易。交易所由会员共同经营，实行高度的自我管理。会员与交易所不是合同关系，而是自治自律关系。会员主要包括佣金经纪商、证券自营商、交易厅经纪商、零数自营商等几种，在美国的证券交易所中，还有一种兼具经纪商和自营商双重身份和职能的专业证券商。会员制证券交易所的最高权力机关是会员大会，下设理事会，理事会由全体会员选举产生，理事会中必须要有部分理事由非会员担任，代表公众利益。交易所的会员遵照交易所制定的规章制度在所内参加交易，对于违反法令或所内规定者，由交易所给予处罚，包括罚金、暂停营业和取消会员资格三种。

证券交易所是商品经济发展的产物，是证券流通市场的重要组成部分。它的产生和发展为证券的买卖创立了一个常设市场，成为筹集社会资金、调节资金投向和转换的中心。改革开放之后，我国证券市场开始恢复和发展，当时最主要的市场活动是国债发行。1990年12月19日，我国第一家证券交易所——上海证券交易所挂牌成立，深圳证券交易所成立于1991年7月3日。经过20多年发展，目前这两大交易所都取得了长足发展，逐步走向成熟。

1990年上海证券交易所成立时，在该所挂牌交易的只有八只股票，而几乎同时成立的深圳证券交易所也仅有五只股票挂牌，至1991年年底，两地交易所的上市公司总数为14家，总市值为109.19亿元。经过20多年发展，特别是2005年中期启动股权分置改革，以及2006年工商银行、中国银行等一批大型蓝筹国企的登陆，大大拓展了市场规模，截至2014年12月末，在上海、深圳证券交易所挂牌的上市公司总数为2613家，股票点发行股本4.36万亿股，流通股本3.91万亿股。股票有效账户数1.42亿户。2014年年末，股票市场总市值约为37.25万亿元，流通市值为31.56万亿元，较20年前的上市公司总数和股票总市值，规模明显扩大。此外，交易产品逐步多元化，交易系统达到世界先进水平，国际发展初见成效也是两大证券交易所在发展过程中呈现的重要特征。

参考文献：

汪玲：《资本市场》，电子工业出版社2003年版。

金建栋、吴晓求、朱仁学：《股票债券全书》，北京理工大学出版社1992年版。

贺强：《证券投资教程》，中国经济出版社1998年版。

任淮秀：《证券投资与管理》，中国人民大学出版社1999年版。

张亦春、郑振龙：《证券投资理论与技巧》，厦门大学出版社2000年版。

（周凯）

中小企业板
Small and Medium Enterprises Board

中小企业板于 2004 年 5 月推出，是深圳证券交易所为了鼓励自主创新而专门设置的中小型公司聚集板块。板块内公司普遍收入增长快、盈利能力强、科技含量高，而且股票流动性好，交易活跃，被视为中国未来的"纳斯达克"。中小企业板是在吸取了国外创业板成功的经验和失败的教训、结合我国现有实际情况推出的，是我国政府根据经济建设和社会发展的客观需要作出的重大战略决策。

中小企业板设立独立的指数，代码不同于主板中其他股票的代码，交易结算独立进行。中小企业板主要面向已符合现有上市标准、成长性好、科技含量较高、行业覆盖面较广的各类公司。

一般来讲，广义的中小企业，一般是指除国家确认的大型企业之外的所有企业，包括中型企业、小型企业和微型企业。狭义的中小企业则不包括微型企业。由国家计委、国家统计局、国家经贸委和财政部共同设立的《大中小型企业划分标准》规定：我国的特大型企业要求年销售收入和资产总额在 50 亿元以上；大型企业要求年销售收入和资产总额均在 5 亿元及以上；其余为中小企业。因此，中小企业是与所处行业的大企业相比，人员规模、资产规模以及经营规模都比较小的经济单位。中小企业板设立的基本思想可以概括为"两个不变、四个独立"，"两个不变"是指所遵循的法律、法规和部门规章与主板市场相同；上市公司符合主板市场的发行上市条件和信息披露要求。"四个独立"是指运行独立、监察独立、代码独立、指数独立。

中小企业板的推出体现了证券市场改革的力度、发展的速度和市场承受程度的统一，是分步推出创业板市场建设的实际步骤。中小企业板推出后几年来的运行实践表明，上市公司的成长性是中小企业板市场发展的核心，是衡量企业和市场发展的主要条件，是未来创业板市场发展的基础，也决定着创业板市场发展的成败。

我国中小企业板的行业分布集中于制造业，涵盖高新技术及传统产业。进入中小企业板块交易的股票主要是已经通过发审委审核的、流通规模较小的公司股票，以"小盘"为最突出的特征。中小企业板块的股票还有流通股与非流通股之分，与主板市场中其他股票相同，但由于总股本较小，比较适合进行金融创新的实验，板块中的股票很有可能作为非流通股减持的试点对象。中小企业板的上市对象主要是成长型的中小企业，定位于高成长性的中小企业融资市场，为中小企业融资提供平台，同时肩负着完善我国资本市场结构的使命，改善资本市场结构，有效发挥资本市场优化资源配置的功能。2004年5月17日，经国务院批准，中国证监会正式发出批复，同意深圳交易所在主板市场内设立中小企业板，酝酿已久的"分步推出创业板市场建设"终于迈出了实质性的一步，这也标志着我国向培育多层次资本市场迈出了坚实的一步。中小企业板的设立，拓宽了中小企业直接融资渠道，投资者可以更多地分享我国经济增长成果，对我国推进多层次资本市场建设意义深远。

参考文献：

［英］路透：《股票市场导论》，北京大学出版社2001年版。

吴琳芳：《中小企业板上市公司成长性评价分析》，载于《中小企业管理与科技》2011年第6期。

岳川：《中小企业板块的成长性及制度完善》，载于《中国金融》2004年第22期。

（周凯）

创业板
Growth Enterprise Board，ChiNext Stock Market

创业板又称二板市场，即第二股票交易市场。在中国，主板市场指的是沪、深股票市场。而创业板是指主板市场之外的专为暂时无法上市的中小企业和新兴公司提供融资途径和成长空间的证券交易市场，它是对主板市场的有效补充。

创业板的出现主要是解决相比大型企业而言的中小型企业的融资问题。19世纪末期，一些不符合大型交易所上市标准的小公司只能选择场外市场和地方性交易所作为上市场所。到了20世纪，众多地方性交易所逐步消亡，而场外市场也存在着很多不规范之处。因此，自60年代起，以美国为代表的北美和欧洲等地区为了解决中小型企业的融资问题，开始大力创建各自的创业板市场。直至1971年，美国建立了纳斯达克市场，培育了微软等世界500强企业，成为创业板市场的典型。美国纳斯达克市场的成功促使法国、德国等国家也开始纷纷建立创业板市场。由于国内证券市场发展不够成熟，中国的创业板市场建立比较晚。虽然在1999年11月25日，香港创业板已经正式建立,而到了 2009 年 10 月 23 日,深圳交易所才建立创业板,而建立初期总共有 28 家公司在创业板上市。

创业板可以分为三种形式。第一种是独立运作模式。和主板市场一样,创业板市场有自己独立的交易管理系统和上市标准,也就是说创业板市场完全是另外一个市场。目前世界上采用这种模式的有美国的 NASDAQ、日本的 JAS-DAQ、我国台湾地区的场外证券市场(ROSE)等,我国建立的创业板市场也属于这种模式。第二种是附属市场模式。在这种模式下,创业板附属于主板市场,虽然与主板市场具有不同的上市标准,但和主板市场拥有相同的交易系统,并且部分和主板市场拥有相同的监管标准和监察队伍。因此,其独立性弱于第一种模式,同时,创业板和主板之间不存在转换关系。采用这种模式的主要有中国香港的创业板和新加坡、马来西亚、泰国等国的二板。第三种是新市场模式。在现有证券交易所内设立的一个独立的为中小企业服务的交易市场,上市标准低。上市公司除须有健全的会计制度及会计、法律、券商顾问和经纪人保荐外,并无其他限制性标准。如伦敦证券交易所的替代投资市场(AIM),加入 AIM 市场两年后如果没有出现较大的经营或者财务问题,即可申请在伦敦股票交易所挂牌。这种模式的创业板和主板之间是一种从低级到高级的提升关系。

随着创业板的建立,它为中小企业融资提供了一些机遇:(1)创业板为中小企业提供了直接融资平台。与主板市场相比,创业板市场对上市企业要求较低,这便有利于企业通过股权融资获得资金,产生新股上市的溢价效应,使原始投资迅速增值。同时,创业板激发了民间资本投资热情,有利于中小企业吸收民间资本。(2)利于企业间接融资。一方面由于监管机构对上市公司的严格要求和它本身具有的良好成长盈利能力,企业通过创业板市场进一步增强了自身信用等级,更加利于从银行筹措资金。另一方面担保行业不仅经营担保业务,同时对好的项目进行一定额度的投资,即保投结合的中间融资模式。创业板的推出,能吸引更多的资本加入到担保行业中,这些资本按照担保倍率放大,将在一定程度上解决中小企业融资难的问题。(3)产生了供应链融资渠道。虽然通过创业板上市来进行融资的中小企业只占很小一部分,但企业业务经营包括产品开发、采购、生产、分销、财务和客户服务等环节,各个环节并非孤立存在于企业内部,而与外部企业有着联系,企业相互间形成的网络,即为供应链。于是,上市企业便存在于供应链之中,它可能通过对其上下游企业提供资金支持和信用担保等方式促进融资。与此同时,创业板还提高了中小企业融资效率。首先,上市企业可以作为股权融资主体，相比其他形式的融资方式而言，所筹集到的资金约束较小、自由度大，并且没有到期偿还本金的风险。其次，股权融资机制可以使资金流向高成长性和高生产效率的企业，促进企业在由初创到成熟的过程中快速成长，提高资本使用效率。

创业板在一定程度上解决了中小企融资难的问题。但在创业板上市的企业多是中小型创新企业，它们具有高成长性的同时也存在高投资风险、高创业失败率等特点。与此同时，创业板和主板市场相比，上市规则、申报程序和监管制度等多方面都存在显著差异，上市要求更低，易导致管理不规范和发展不成熟。中国发展创业板两年多来，很多问题也显现出来，比如上市中小型企业数量有限、存在发行上市风险和创业板退市风险等，甚至出现了，首富头衔频频易主且至少有超过1200人曾经一夜之间身家超过千万、高管闪电辞职潮和至今未有退出机制等怪异现象。因此，加强创业板的市场退出机制，积极探寻各种有用的风险监管制度，如英国的AIM保荐制度等，是十分必要的。

参考文献：
黄运武：《新编财政大辞典》，辽宁人民出版社1992年版。
项俊波：《现代金融市场知识手册》，中国金融出版社2007年版。

（周凯）

股指期货
Stock Index Futures

股指期货全称是股票价格指数期货，也可以叫做股价指数期货、期指，股指期货的交易双方需要按照事先确定的股价指数的大小，在将来某个时刻进行标的指数的买卖。它是一种标准化的期货合约，与一般期货相比，其不同点是以股价指数为标的物。股指期货的出现最初是为了满足套期保值的需求，由于股指期货以整个市场股指作为标的物，于是在整个股票市场波动较大的时候，它便成了投资者进行套期保值的首选工具。1982年2月24日，美国堪萨斯期货交易推出了第一份股票指数期货合约——价值线综合指数期货合约。到20世纪80年代末和90年代初，许多国家和地区都推出了各自的股票指数期货交易，1990年至今股指期货更是进入了蓬勃发展的时期。中国的沪深300股指期货合约也于2010年4月16日起正式上市交易。

股指期货有几项基本制度：（1）保证金制度。股指期货的买卖双方都是采用的集中对手交易，即双方都是和一个对手交易，因此不用考虑合约的买方或者卖方自身的信用水平，这样有利于交易的顺利进行，而作为集中交易对手的清算所为了保证交易的安全性，要求交易的双方需要缴纳交易合约一定金额的现金，即保证金。例如：一项合约的保证金率为10%，合约乘数为300，按首日结算价3000点计算，那么需要支付的保证金应该为：$3000 \times 300 \times 0.1 = 90000$元。（2）价格限制制度。也叫涨停板制度。这样做的目的主要是为了防止价格过度波动，按照规定，一个交易日内，股指期货的以上一个交易日的价格为准，涨幅和跌幅限制设置为10%，这个制度和股票的涨停板制度是一致的。（3）持仓限额制度。持仓限额制度是交易所为了防范市场操纵和少数投资者风险过度集中的情况，对会员和客户手中持有的合约数量上限进行一定的限制。（4）逐日盯市制度。也就是每天都要对股指期货进行价格清算，并根据交易双方的盈亏状况，把现金从一方的保证金账户划入另一方的保证金账户中。（5）强行平仓制度。所谓平仓即是结束此项合约，一般当交易者保证金中的金额不能满足要求或者交易者持有的交易量超过了规定的需求，为了降低风险，保证市场的有效进行，交易所可以进行强制平仓。（6）大户报告制度。当投资者的持仓量达到交易所规定的持仓限额时，应通过结算会员或交易会员向交易所或监管机构报告其资金和持仓情况。（7）现金结算制度。由于股指期货的标的物为股票指数，如果采用实物交割的话，那么交割实物的一方应该要交割构建出股指的股票组合，这样做非常麻烦且不利于股指期货的推广，现实操作中，股指期货合约往往以现金进行结算。

股指期货就最初的目的而言，主要是用于套期保值，主要原理是利用期货市场和现货市场走势的基本一致，从而在两个市场上持有不同的头寸以达到套期保值的目的。但是，随着期货市场的发展，它还产生了投机和套利行为。就投机而言，简单的投机策略是利用股市指数期货预测市场走势以获取利润。若预期市场价格下降，投资者便卖出期货合约并预期期货合约价格将下降，与投资股票相比，它的交易成本较低、杠杆比率较高，使股票指数期货更加吸引投资者。而套利行为则是指股指期货与股指现货之间、股指期货不同合约之间的不合理关系进行套利的交易行为。

自2007年5月《期货交易管理条例》颁布后，我国期货市场规模稳步扩大，市场功能逐渐发挥出来，经历4年的扎实筹备，股指期货终于于2010年4月16日成功上市。金融界和学术界对股指期货的研究逐渐增多，国内学者对股指期货的研究包括对比国内国外股市风险、股指期货推出对股票市场的作用以及从波动率、系统风险和正反馈交易三个角度来研究 S&P500、法国 CAC、日经 225 等全球 12 个市场的股指期货推出对稳定股市的作用等。上述研究要么是以国外较为成熟的股市作为研究对象，要么以研究股指期货推出前后的波动率和系统风险为主。而我国证券市场尚处于新兴发展阶段，金融市场环境不同于国外发达证券市场，因此针对国外市场实证研究得出的结论未必适用于国内。投资者在投资的过程中承受和关注的则是股市的整体风险，研究股指期货推出前后的市场风险对投资者而言具有更强的参考价值。

参考文献：
胡志勇：《英汉金融新词汇》，上海科学技术文献出版社 2007 年版。
黄斌元：《新编英汉路透金融词典》，中国金融出版社 2009 年版。

（周凯）

融资融券
Securities Margin Trading

融资融券又称证券信用交易，是指投资者向具有交易所会员资格的证券公司提供一定担保物，借入资金买入证券或借入证券并卖出的行为。具体主要包括金融机构对券商的融资、融券以及券商对投资者的融资、融券业务。融资是借入资金购买证券，称为"买空"，证券公司借款给客户购买证券，客户到期偿还本息；融券是借入证券来卖，称为"卖空"，然后以证券归还，证券公司出借证券给客户出售，客户到期返还相同种类和数量的证券并支付利息。目前国际上流行的融资融券模式基本有四种：证券融资公司模式、投资者直接授信模式、证券公司授信的模式以及登记结算公司授信的模式。融资融券业务最早起源于美国，我国于 2010 年 2 月 12 日开始在上海证券交易所进行融资融券的试点，2011 年 11 月 25 日，经中国证监会批准，《上海证券交易所融资融券交易实施细则》正式发布，并自发布之日起施行。意味着融资融券业务将由"试点"转为"常规"。

融资融券业务有一些基本的规定：证券公司与投资者约定的融资融券期限最长不得超过 6 个月，并且投资者信用证券账户不得用于买入或转入除担保物及本所公布的标的证券范围以外的证券。与此同时，在进行业务时还规定有初始保证金比例和维持担保保证金比例。初始保证金比例是指投资者交付的保证金与融资、融券交易金额的比例。具体而言：融资保证金比例＝保证金/（融资买入证券数量×买入价格）×100%；融券保证金比例＝保证金/（融券卖出证券数量×卖出价格）×100%。对维持担保比例而言，指客户担保物价值与其融资融券债务之间的比例。其中客户收取的保证金以及客户融资买入的全部证券和融券卖出所得的全部价款，全部作为客户对会员融资融券所生债务的担保物，当这个比例低于规定时，证券金融公司将通知券商补交保证金，否则将强行卖出抵押证券，券商的保证金可以是现金，也可以是符合条件的证券。就目前中国规定，初始保证金比例不能低于60%，而维持担保保证金比例不得低于130%，只有维持担保比例超过300%时，客户可以提取保证金可用余额中的现金或充抵保证金的有价证券，但是提取后维持担保比例不得低于300%。

融资融券业务的开展对于市场具有重大的影响。正面影响包括：首先，可以为投资者提供融资，必然给证券市场带来新的资金增量，这会对证券市场产生积极的推动作用。其次，活跃市场，完善市场的价格发现功能。融资交易者是市场上最活跃的、最能发掘市场机会的部分，对市场合理定价、对信息的快速反应将起促进作用。欧美市场融资交易者的成交额占股市成交总量的18%~20%，中国台湾市场甚至有时占到40%，而卖空机制的引入将改变原来市场单边市的局面，有利于市场价格发现。最后，融资融券的引入为投资者提供了新的盈利模式。融资使投资者可以在投资中借助杠杆，而融券可以使投资者在市场下跌的时候也能实现盈利。这为投资者带来了新的盈利模式。负面影响包括：首先，融资融券可能助涨也可能助跌，增大市场波动，进而可能助长市场的投机气氛。其次，可能增大金融体系的系统性风险。融资可能导致银行信贷资金进入证券市场，如果控制不力，将有可能推动市场泡沫的形成，而在经济出现衰退、市场萧条的情况下，又有可能增大市场波动，甚至引发危机。

我国证券市场自1990年年底成立以来，就明确规定禁止市场买空卖空交易行为，投资者都只能通过采取股价下跌时低买、股价上涨时高卖才能赚钱的单边做多方式获取收益。2008年10月5日，我国证监会正式宣布启动融资融券业务试点工作，并初步奠定了我国融资融券交易制度运行的基本模式、微观运行基础、宏观监管体系及监管机制，这标志着我国融资融券制度的推行进入实质性操作阶段。2010年3月31日融资融券业务试点正式在我国国内市场运行，这对我国证券市场来说是具有里程碑式意义的改革，它标志着我国证券市场从此告别了20年以来的"单边做市"时代，开启了新的信用交易时代。投资者不仅可以做多获利，在股价下跌时也可以通过融券交易机制做空获利。从而为投资者提供新的交易模式和更加丰富的盈利渠道。融资融券制度的引入对我国证券市场以及融资融券交易的参与各方都产生了深远的影响，截至2012年2月29日，融资融券业务在我国内已运行近两个年头了，从沪深两市运行情况来看，无论是融资买入额、融券卖出量，还是融资融券余额、交易规模都呈快速增长趋势。尤其是在试点业务转常规以及融资融券标的范围扩大以后，融资融券业务规模进一步的扩大。到目前为止，先后被批准参与融资融券业务试点的证券公司已有三批，共有25家证券公司，2200多家证券营业部，市场投资者参与的积极性也在不断高涨。

融资融券信用交易机制的引入对于完善我国证券市场的交易机制具有重要意义，从理论经验来看，融资融券业务能增强市场流动性、抑制股市波动，最终起到稳定市场的功能。但由于其本身的财务杠杆效应，在放大收益和亏损的同时，也潜藏着风险。由于融资融券业务在我国刚开展不久，其对我国股票市场产生的影响还需要进行更深入的研究。

参考文献：

刘鸿儒：《简明金融词典》，改革出版社1996年版。

黄斌元：《新编英汉路透金融词典》，中国金融出版社2009年版。

（周凯）

市盈率与市净率
P/E Ratio and P/B Ratio

市盈率（P/E），是在一定期间内（一般为12个月）普通股每股市价与每股收益的比率（市盈率=每股市场价格÷每年每股盈利）。在计算每股收益的时候，要扣除优先股的股利。我们假设某股票的市价为20元，而过去一年的每股盈利为2元，则市盈率为20/2=10。该股票被视为有10倍的市盈率，即在假设该企业以后每年净利润和去年相同的基础上，回本期为10年，折合平均年回报率为10%（1/10），投资者每付出10元可分享1元的企业盈利。

投资者计算市盈率，主要用来比较不同股票的价值。低市盈率通常是那些已经发展成熟的，成长潜力不是很大的公司股票的特点，此外还有蓝筹股和正在面临或将要面临困境的公司。如果低市盈率是由于低迷的销售、经济增长缓慢或投资者看空等暂时的市场状况造成的，股票的价值可能被低估，低市盈率很可能是买价的标志。但同时，低市盈率也有可能是公司破产的一种征兆。在购买低市盈率的股票以前，应该对公司安全性和财务稳定性进行查看。而高市盈率是成长型公司股票的特点。对于市场中存在的高速发展的企业，为了积累资金用于业务拓展，它便会给股东发较少的红利，从而导致有很高的市盈率，但这并不能说这家公司的股票不值得投资；相反，由于这样的公司处在高速成长期，一旦企业成功便会给投资者带来巨大的收益，从某种程度而言，是很值得投资的股票。高市盈率通常意味着高风险，高风险意味着可能会有高回报。并且市盈率高，在一定程度上反映了投资者对公司增长潜力的认同，从这个角度去看，投资者就不难理解为什么高科技板块的股票市盈率接近或超过 100 倍，而摩托车制造、钢铁行业的股票市盈率只有 20 倍了。

市净率（P/B），是指普通股每股市价和每股净资产的比率，它反映了普通股股东愿意为每 1 元净资产支付的价格，表示了市场对该公司资产质量的评价。而在计算每股净资产时，我们应该排除优先股股权。净资产的多少是由公司经营状况所决定，公司经营状况越好，那么股票净值越高。一般而言，公司每股含净资产值高而每股市价不高的股票，即股票市净率越低，那么它具有的投资价值越高；相反，则投资价值越低。

市净率可以用于投资分析。每股市价是由市场供求关系决定的现有价值，而每股净资产是股票的账面价值，以成本核算。当市价高于账面价值时企业资产质量较好，有发展潜力，反之则资产质量较差，没有发展前景。在用市净率时，一定要注意动态去看。由于会计制度的不同使得净资产在国内和国外之间存在较大差异，更为重要的是，净资产的概念是静态的，存在一定变数，去年亏损会减少每股净资产，如果今年盈利则会增加每股净资产。同时，每股净资产的构成基数不同也可能造成不同结果。比如某家企业的每股净资产较高，但若其构成中含有大量的应收账款，一旦计提坏账准备，那么每股净资产就会大幅下降。

市盈率和市净率都是影响股价的重要指标，当然，除此之外还有政策、市场、分红等多方面的因素，但是这两种指标仍是值得关注的。

参考文献：
洪阳：《经济与金融词典》，中国金融出版社 1995 年版。

张亦春、郑振龙:《金融经济学》,高等教育出版社 2008 年版。

(周凯)

企业债券
Corporate Bond

企业债券又称为公司债券,是企业依照法定程序发行,约定在一定期限内还本付息的债券。企业债券代表着发债企业与投资者之间的一种债权债务关系。债券的持有人即为企业的债权人,但不是其所有者,无权参与或干涉企业的经营管理决策,但债券持有者有权按期收回本金和利息。债券的求偿次序要先于股票,不论公司业绩如何都应先于股票偿还债券的本金和利息,因而其风险小于股票,但高于政府债券。公司债券的品种繁多,不同的公司发行不同的公司债,即使是同一家公司发行的债券,在期限、利率、清算次序、抵押担保方式等方面也存在着很大的差异。在债券市场比较发达的国家,公司债券可以达到上万个品种。

第一,按利率不同可以将公司债券分为固定利率债券、浮动利率债券、指数债券和零息债券。固定利率债券是指事先确定利率,每半年或 1 年付息一次,或一次还本付息的公司债券,是一种最常见的公司债券。浮动利率债券是在某一基础利率之上增加一个固定的溢价,以防止未来市场利率变动可能造成的价值损失。指数债券是通过将理论与通货膨胀率挂钩来保证债权人不因物价上涨而遭受损失的公司债券。零息债券是以低于面值的贴现方式发行,到期按面值兑现,不再另付利息的债券,与短期国库券类似,其价格对利率的变动极为敏感。

第二,按抵押担保状况可以将公司债券分为信用债券、抵押债券、担保信托债券和设备信托证。信用债券是指完全凭公司信誉,不提供任何抵押品而发行的债券。这种债券大多由信用良好的大公司发行,期限较短,利率较高。抵押债券是以土地、房屋等不动产为抵押品而发行的一种公司债,也称固定抵押公司债。如果公司不能按期还本付息,债权人有权处理抵押品以资抵债。担保信托债券是以公司持有的各种动产或有价证券为抵押品而发行的公司债券,也称为流动抵押公司债。用作抵押品的证券必须交由受托人保管,但公司仍保留股票表决及接受股息的权利。设备信托证是指公司为了筹资购买设备并以该设备为抵押品而发行的公司债券。此种债券常用于铁路、航空或其他运输部门。

第三,按内含选择权可以将公司债券分为可赎回债券、偿还基金债券、可转换债券和带认股权证的债券。可赎回债券是指公司债券附加提前赎回和以新偿旧条款，允许发行公司选择于到期日之前购回全部或部分债券。偿还基金债券是要求发行公司每年从盈利中提取一定比例存入信托基金，定期从债券持有人手中购回一定量的债券以偿还本金。这种债券与可赎回债券相反，其选择权为债券持有人所有。可转换债券是指发行人按法定程序发行的，赋予债券投资者在发行后的特定时间内，按自身的意愿选择是否按照约定的条件将债券转换为股票的权利的一种公司债券。可转换公司债券不仅有利于发行公司融资和投资者投资，也丰富和完善了金融市场。

随着社会生产力的高度发展，资金社会化的要求越来越激烈，直接融资成为社会化大生产筹集资金的重要手段。我国经济体制改革不断深入，为了适应企业体制改革，进行股份制试点，提高企业运行效率和完善市场体系，建立资金市场，通过发行企业债券筹集企业所需资金是一项不可或缺的选择。我国企业债券市场从20世纪80年代开始发展以来，虽然经历了1992年繁荣，但总体上看，发展速度明显慢于股票市场和国债市场，在市场规模、交易品种、流动性等多方面，都存在着较大的差距，使整个资本市场看起来更像一个"跛足"市场。与国外成熟市场相比，我国债券市场存在较大差距。今后，还需在以下几个方面进一步完善企业债券市场：首先，进一步将企业债券发行计划纳入国民经济管理和计划轨道，使之与投资规模协调发展；其次，适当增加企业债券的发行规模，以满足社会和经济效益好的企业的资金需求；再次，促进全国统一的企业债券市场形成，加强资金的横向流通；最后，加强企业债券市场的法规建设、提高服务质量，以保证企业债券资金的合理使用和按期兑付，防止资金的挤占挪用。

参考文献：

蒋屏：《中国企业债券融资》，对外经贸大学出版社2000年版。

[美] 斯蒂芬·G·切凯蒂：《货币、银行与金融市场》，北京大学出版社2008年版。

（周凯）

金融债券
Financial Bond

金融债券是指金融机构发行的有价证券。这些金融机构包括政策性银行、商业银行、企业集团财务公司及其他金融机构。在英、美等欧美国家，金融机构发行的债券归类于公司债券。在我国及日本等国家，金融机构发行的债券称为金融债券。

1985年，为筹集资金用于发放城镇集体企业和乡镇企业特种贷款，中国工商银行和中国农业银行首次发行了金融债券，面值有20元、50元、100元三种，期限1年，年利率9%，共发行8.2亿元，其中中国工商银行发行3.52亿元，中国农业银行发行4.68亿元。以后其他专业银行（包括交通银行）及各种非银行金融机构也相继发行金融债券。随着经济金融体制改革的不断推进，金融债券的发行主体和方式越来越多。目前，各国商业银行等存款类金融机构已把发行金融债券作为改善资产负债期限结构的主动负债工具，近些年来，许多商业银行还把发行次级金融债券作为商业银行补充附属资本的一条途径。2014年，国家开发银行等三家政策性银行在银行间债券市场发行债券2.3万亿元，商业银行等金融机构发行金融债券5460亿元。

参考文献：

［美］约翰·道恩斯：《金融与投资》，上海财经大学出版社1998年版。

［美］兹维·博迪：《金融学》，中国人民大学出版社2000年版。

Hicks, J. R., *Value and Capital*, Oxford University Press, 1946.

Macaulay, F. R., Some Theoretical Problems Suggested by the Movement of Interest Rates, Bond Yields, and Stock Prices in the U. S Since 1856, *National Bureau of Economic Research*, 1938.

（周凯）

政府债券
Government Bond

政府债券是政府或者政府有关机构为了筹措资金，而向投资者发行的承诺在一定时期支付利息和到期还本的债务凭证。根据发行主体的不同，政府债券可以分中央政府债券、地方政府债券和政府机构债券。

中央政府债券也叫做国债，是以政府的国家信用为后盾并由一国的中央政府发行的债券。其所筹集的资金一般用于弥补财政赤字或进行公共建设。由于国债有着政府的支持，通常只要政府能够正常运行便能够保证国债的支付，因此，虽然国债收益较低，但其较高的安全性使其成了一些投资者比较热衷的投资工具之一。而像美国和欧盟等发行的国债更是成为许多国家外汇储备投资的重要组成部分，比如中国的外汇储备中，美国国债便占据了相当一部分份额。由于国债的高安全性，人们往往也把国债利率视为无风险利率。此外，国债也成为一国政府控制经济中流通货币的强有力的手段，当经济中的货币供应量较多时，央行可以卖出手中的国债以回收一部分货币，从而减少经济中流通的货币。同样，当经济中的货币供应量较少时，央行可以买入国债从而释放一部分货币，以使经济中的货币量能够满足人们的需求。

地方政府债券是地方政府为了发展地方经济而发行的债券，比如用于基础设施、社会福利等。地方政府的债券发行是以地方政府的信用为保证，其偿债来源主要是地方税收或项目收益。在美国，地方政府债券也被称作市政债券，其收入具有免税的特性，因此即使安全性相比国债来说要稍微低一点却依然受到广大投资者的青睐。中国在1995年1月1日起实施了预算法，明确规定地方政府不得发行地方政府债券。直到2009年，为了应对国际金融危机，破除地方政府融资难难题，中国在现行预算法基础上有所突破，通过中央财政代发地方政府债券的形式，当年发行2000亿元地方债，并将其纳入地方预算构成地方债券，并在此后两年每年以此方式发行2000亿元地方债，并于2012年将额度增加至2500亿元。

政府机构债券是政府所属的公共事业机构、公共团体机构或公营公司所发行的债券。这些债券的收支偿付均不列入财政预算，而是由发行单位自行负责。政府机构债券整体来看发行规模较少，也是国债和地方政府债券的有效补充。

参考文献：

[美] 约翰·道恩斯：《金融与投资》，上海财经大学出版社1998年版。

财政部财政科学研究所课题组：《中国政府债券市场存在的问题及政策建议》，载于《经济研究参考》2012年第19期。

Dyer, L. J. and Jacob, D. P., Guide to Fixed Income Option Pricing Models, In F. J. Fabozzi, *The Handbook of Fixed-Income options*, Probus Publishing, 1989.

Fabozzi, F. J. and Modigliani, F., *Capital Markets: Institutions and Instruments*, Englewood Cliffs, Prentice-Hall, 1992.

Hicks, J. R., *Value and Capital*, Oxford University Press, 1946.

（周凯）

债券收益率
Bond Yield

债券收益率就是衡量债券投资收益通常使用的一个指标，是债券收益与其投入本金的比率，通常用年利率表示。

债券收益率主要有票面收益率，当期收益率，持有期收益率和到期收益率。

$$票面收益率 = (票面额 - 发行价)/发行价 \times 债券期限 \times 100\%$$

$$当期收益率 = (债券面额 \times 票面收益率)/债券市场价格 \times 100\%$$

$$持有期间收益率 = (出售价格 - 购入价格) + 利息总额/购入价格 \times 持有期间 \times 100\%$$

计算到期收益率的方法是求解含有折现率的方程，即：购进价格＝每年利息×年金现值系数＋面值×复利现值系数，公式为 $V = I \cdot (p/A, i, n) + M \cdot (p/s, i, n)$（其中：V 为债券的价格，I 为每年的利息，M 为面值，n 为到期的年数，i 为折现率）。

债券收益率的构成主要是基础利率和风险溢价。基础利率是投资者所要求的最低利率，一般使用无风险的国债收益率作为基础利率的代表，并应针对不同期限的债券选择相应的基础利率基准。风险溢价为债券收益率与基础利率之间的利差，反映投资者投资于非国债的债券时面临的额外风险。可能影响风险溢价的因素包括：（1）发行人种类。不同的发行人种类代表了不同的风险与收益率，他们以不同的能力履行其合同义务。例如，工业公司、公用事业公司、金融机构、外国公司等不同的发行人发行的债券与基础利率之间存在一定的利差，这种利差有时也称为市场板块内利差。（2）发行人的信用度。债券发行人自身的违约风险是影响债券收益率的重要因素。债券发行人的信用程度越低，投资人所要求收益率越高；反之则越低。（3）提前赎回等其他条款。如果债券发行条款包括了提前赎回等对债券发行人有利的条款，则投资者将要求相对于同类国债来说较高的利差；反之，如果条款对债券投资者有利，则投资者可能要求一个小的利差。（4）税收负担。债券投资者的税收状况也将影响其税后收益率。（5）债券的预期流动性。债券的交易有不同程度的流动性，流动性越大，投资者要求的收益率越低；反之则要求的收益率越高。（6）到期期限。由于债券价格的波动性与其到期期限的长短相一致。

债券收益率具有重要的意义，对于投资者而言，可以用来作为预测债券的发行投标利率、在二级市场上选择债券投资券种和预测债券价格的分析工具；对于发行人而言，可为其发行债券、进行资产负债管理提供参考。

参考文献：
王墨春、赫守俭：《中国证券市场大全》，东北大学出版社1993年版。
张亦春、郑振龙：《证券投资理论与技巧》，厦门大学出版社2000年版。

（周凯）

股权分置改革
Split-Share Structure Reform

股权分置现象指的是中国A股市场的上市公司股份按照能否在证券交易所上市交易，分为非流通股和流通股。这是中国经济体制转型过程中出现的特殊问题，有其历史的必然性和合理性。首先，中国发展股票市场的初衷是为了给经营效率低下、缺乏资金进行改革的国企解困，而理论界与实务界普遍担忧国企上市流通将导致国有资产私有化、流失等问题。其次，《股份制试点企业国有股权管理的实施意见》规定："关于特定行业和特定企业以及在本地区经济中占有举足轻重地位的企业，要保证国家股（或国有法人股，该国有法人单位应为纯国有企业或国家独资公司）的控股地位"。因此，为了保持国家控股不因企业上市流通而改变，为了避免国有资产因企业上市流通而流失，中国A股市场做出了"国有存量股份不动，增量股份筹集转让"的股权分置制度安排。

股权分置初期的确达到了该制度设计的初衷，即为国企筹资。但随着改革的深化，股权分置所导致的股票市场价格扭曲、大小股东共同利益基础缺乏、内部人控制严重等弊端愈发明显，逐渐成为制约中国资本市场发展的瓶颈，股权分置改革势在必行。

2004年1月30日，国务院发布《国务院关于推进资本市场改革开放和稳定发展的若干意见》，提出"积极稳妥解决股权分置问题。规范上市公司非流通股份转让行为，防止国有资产流失。稳步解决目前上市公司股份中尚不能上市流通股份的流通问题。在解决这一问题时要尊重市场规律，有利于市场的稳定和发展，切实保护投资者特别是公众投资者的合法权益。"2005

年4月29日,中国证监会发布《关于上市公司股权分置改革试点有关问题的通知》,正式拉开了股权分置改革的序幕。2005年5月9日,上海证券交易所、深圳证券交易所、中国证券登记结算有限责任公司联合颁布《上市公司股权分置改革试点业务操作指引》,标志着股权分置改革进入具体实施阶段。

经过第一、第二批企业试点,市场形成了股权分置改革的稳定预期,股权分置改革的操作原则及方案也得到了市场的初步认可。在经验总结的基础上,2005年8月,五部委(中国证监会、国务院国资委、财政部、中国人民银行、商务部)联合颁布《关于上市公司股权分置改革的指导意见》,对下一步上市公司股权分置改革进行指导。2005年9月5日,中国证监会颁布《上市公司股权分置管理办法》。2005年9月7日,上海证券交易所、深圳证券交易所、中国证券登记结算有限责任公司联合颁布《上市公司股权分置改革业务操作指引》。2005年9月10日,国务院国资委颁布《关于上市公司股权分置改革中国有股股权管理有关问题的通知》。一系列文件的颁布为全面积极稳妥地推进股权分置改革建立了完整的法制框架,启动了上市公司股权分置改革全面推进阶段。

股权分置改革的目的是实现上市公司股份的全流通,非流通股股东和流通股股东应在平衡双方利益的前提下共同协商改革方案,设计选择非流通股股东向流通股股东支付"对价"以换取非流通股上市流通权的方式。股权分置改革的实施方案大致有以下几种:股份对价、现金对价、权证对价、资产重组。影响股改对价的主要因素包括:非流通股比例、公司业绩和成长性、流通股股权集中度、公司治理水平等。

参考文献:

姚颐、刘志远、王健:《股权分置改革——机构投资者与投资者保护》,载于《金融研究》2007年第11期。

郑志刚、孙艳梅、谭松涛、姜德增:《股权分置改革对价确定于我国上市公司治理机制有效性的检验》,载于《经济研究》2007年第7期。

曹红辉、刘华钊:《股权分置改革绩效评价:对大股东行为模式影响的分析》,载于《经济学动态》2009年第5期。

张慧莲:《股权分置改革前后股指波动性测度及原因分析》,载于《金融研究》2009年第5期。

汪昌云、孙艳梅、郑志刚、罗凯:《股权分置改革是否改善了上市公司治理机制的有效性》，载于《金融研究》2010年第12期。

唐国正、熊德华、巫和懋：《股权分置改革中的投资者保护与投资者理性》，载于《金融研究》2005年第9期。

廖理、张学勇：《全流通纠正终极控制者利益取向的有效性——来自中国家族上市公司的证据》，载于《经济研究》2008年第8期。

张俊喜、王晓坤、夏乐：《实证研究股权分置改革中的政策与策略》，载于《金融研究》2006年第8期。

晏艳阳、赵大玮：《我国股权分置改革中内幕交易的实证研究》，载于《金融研究》2006年第4期。

中国人民银行、中国银行业监督管理委员会：《商业银行次级债券发行管理办法》，2004年6月。

（王擎）

国有股减持
Reduction of State-Owned Shares

国有股的减持，指代表国家投资的部门或机构减少其直接或者间接持有的国有股的数量。国有股即国有股权，由国家股和国有法人股组成。其中，国家股指有权代表国家投资的部门或机构以国有资产向公司投资形成的股份，包括以公司现有国有资产折算成的股份。国有法人股，是指具有法人资格的国有企业、事业单位以及其他单位以其依法占用的法人资产向独立于自己的股份公司出资形成或依法定程序获取的股份。

在中国股票市场成立之初，中国的经济体制突出地表现为公有制的"主体地位"。由国有企业改制的上市公司，国家会牢牢掌握上市公司的国有股股权，形成国有股"一股独大"的现象。这部分股权在总股本的比例中占有绝对优势，而且不能流通。

对于国有股"一股独大"的弊端，学术界首先从国家所有权的代理行使问题没有得到妥善的解决角度进行分析。大多数国有控股公司采取由授权投资机构（控股公司、国有资产经营公司、集团公司等）全权代理行使国有股权的办法。由于"授权投资机构"一旦建立，就会有自己区别于国家这个最终所有者利益的独立利益，同时，这些机构又是以国家所有者的全权代表的身份出现的，因而这些机构的领导人就有可能运用他们握有的控制权追求自身的利益。于是，就出现了授权投资机构的"代理风险"或"内部人控制"问题（吴敬琏，2001）。也就是说，作为国家所有权受托人（代理人）的"授权投资机构"离开委托人要求的目标，甚至不惜为了本机构或者本机构领导人的利益，损害作为最终所有者的国家的利益（郑江淮，2002）。

其次，国有股"一股独大"，也会造成中国股市市场的不公平。由于国有股不能流通，造成证券市场中同股不同权、同股不同利和同股不同价。通过溢价发行、配股和增发使国有股净资产大量增值，发行价越高增值越多（曹凤岐，2002）。国有股东获得的这部分溢价收入，是由其他股东无偿贡献的。

最后，国有股"一股独大"，也会使投资主体多元化和产权约束无法实现。国有股股东利用大股东的特权，与上市公司进行关联交易，或通过借款和担保等形式，占用甚至掏空上市公司的资金，把上市公司当成了"提款机"，严重损害了其他股东和上市公司的权益（曹凤岐，2002）。

党的十五届四中全会明确指出，国家将从战略上调整国有经济布局，在总体不削弱国有经济主体地位的前提下，除了在关系国民经济命脉的重要行业和关键领域保持国有经济的控股地位外，国有经济要逐步从一般性竞争领域中退出。

2001年6月22日，《减持国有股筹集社会保障资金管理暂行办法》出台，办法规定为了充实全国社会保障基金，国有股减持主要采取国有股存量发行的方式。凡国家拥有股份的股份有限公司（包括在境外上市的公司）向公共投资者首次发行和增发股票时，均应按融资额的10%出售国有股；股份有限公司设立未满3年的，拟出售的国有股通过划拨方式转由全国社会保障基金理事会持有，并由其委托该公司在公开募股时一次或分次出售。国有股存量出售收入，全部上缴全国社会保障基金。该方案的出台给资本市场带来强大的冲击，股市一路下跌。2001年10月22日，证监会报告国务院，决定暂停执行《减持国有股筹集社会保障资金管理暂行办法》中关于"国家拥有股份的股份有限公司向公共投资者首次发行和增发股票时，均应按融资额的10%出售国有股"的规定，国有股减持改革暂时搁浅。2002年6月24日，国务院发出通知，对国内上市公司停止执行《减持国有股筹集社会保障资金管理暂行办法》中关于利用证券市场减持国有股的规定。

此后的国有股减持另辟蹊径，与股权分置改革紧密联系起来。股权分置改革的进行为国有股减持提供了客观条件。通过股权分置改革，原有的国有股股东通过向中小股东支付对价，在限售期后可以在二级市场上自由流通。

国有股与原先流通股实现同股同权。2008年4月20日，证监会出台《上市公司解除限售存量股份转让指导意见》，规定持有解除限售存量股份的股东预计未来一个月内公开出售解除限售存量股份的数量超过该公司股份总数的1%，应当通过证券交易所大宗交易系统转让所持股份。通过这个平台，大宗解禁后的国有股实现减持。

2009年6月19日，国务院出台《境内证券市场转持部分国有股充实全国社会保障基金实施办法》，规定股权分置改革新老划断后，凡在境内证券市场首次公开发行股票并上市的含国有股的股份有限公司，除国务院另有规定的，均须按首次公开发行时实际发行股份数量的10%，将股份有限公司部分国有股转由社保基金会持有。目前国有股减持的工作仍在进行中，任重而道远。

参考文献：

吴敬琏：《控股股东行为与公司治理》，载于《上海证券报》2001年6月8日。

曹凤岐：《论国有股减持与流通——八论社会主义条件下的股份制度》，载于《北京大学学报（哲学社会科学版）》2002年第7期。

郑江淮：《国有股减持中的代理冲突、股权价值与路径依赖》，载于《管理世界》2002年第1期。

国务院：《减持国有股筹集社会保障资金管理暂行办法》，2001年6月。

证监会：《上市公司解除限售存量股份转让指导意见》，2008年4月。

财政部、国资委、证监会、社保基金会：《境内证券市场转持部分国有股充实全国社会保障基金实施办法》，2009年6月。

（王擎）

战略投资者
Strategic Investor

战略投资者主要是指在符合国家法律、法规和规定要求的框架下，与被投资企业处于同一或近似的行业，并且与产业和业务关系密切，资本实力与产业背景比较雄厚、积极参加公司治理、谋求企业的长期战略利益为目的，对于区域经济发展中的产业结构调整、产业升级发挥重要作用的有影响力的法人投资者。对于上市公司发起人而言，战略投资者是指与发行人具有合作关系或合作意向和潜力并愿意按照发行人配售要求与发行人签署战略投资配售协议的法人。在我国，新股发行引入战略投资者的过程中，允许战略投资者在发行人发行新股中参与申购。主承销商负责确定一般法人投资者，每一发行人都应在股票发行公告中给予其战略投资者一个明确的界定。

改革开放之后，伴随我国在经济领域的对外开放不断深化，积极引入战略投资者帮助我国经济发展的政策一直都在延续。目前，已有相当多一批各个行业的企业成功引进了战略投资者。引入方式主要是通过首次公开募股、增资扩股或出售国有股权三种方式，从而实现增强企业实力，提高产品水平，扩大企业规模，不断发展壮大的目标。

在引入境外投资者实践中，涉及案例数量最多、金额巨大、影响深远的"重头戏"当属银行业。不少学者认为，外资入股我国银行业大致可分为三个阶段：第一阶段是1999~2000年，中资银行中引进境外战略投资者的较少，引进境外资本的规模较小，境外战略投资者参股比例较小，对中资银行经营管理的影响也较小。第二阶段是2001~2004年，境外投资者的入股对象已扩展到我国国内的股份制银行，外资在中资银行中的持股比例显著提高，在经营管理中的话语权显著增强。第三阶段是2003年至今，国有大型商业银行、股份制商业银行为了冲刺上市而巨额引入国外战略资本，城商行也积极探索，扩大引入战略投资者的范围。

在战略投资者对公司治理及公司绩效及价值的影响方面，国内的学者进行了相应的论证。姚峥和汤彦峰（2009）以美国新桥投资收购深发展为例，考察引入战略投资者后银行公司治理和公司价值的变化，发现新桥投资控股后深圳发展银行的公司治理和公司价值有了一定程度的提升。王咏梅（2009）从财务价值和回报价值两个角度考察研究引入境外战略投资者的价值，结果显示：境外战略投资者的进入领域和持股特征显示了一定的长期战略投资倾向，境外战略投资者并没有明显改善上市公司的财务绩效，但却明显提升了上市公司的市场回报，说明战略投资者有利于通过增强资本市场的认同度，提升投资者对上市的信心来增加上市公司的投资价值。田国强、王一江（2004）提出国有、外国战略投资者和非国有法人三种股份的合作与监督，形成了稳定的三方相互制衡体系，这将提高银行的经营水平。李石凯（2006）从宏观角度分析境外战略投资者对中东欧8国银行业转型与发展的影响，认为由于境外战略投资者的示范作用，其先进的金融管理、技术和产品能够在东道国得到广泛传播与运用，促使银行业的现状得到根本性改变，既改善了中东欧八国的宏观经济金融环境，也带动了本土银行的发展。该结论对于研究我国商业银行引入境外战略投资者的长期效应具有借鉴和思考的价值。朱盈盈、曾勇、李平、何佳（2008）认为短期内，引进境外战略投资者对中资银行盈利能力和资本充足率的影响不明显，但对资产质量的提高有明显的正向效应。

部分战略投资者选择退出。战略投资者在投资了相关企业一定的期限（一般至少是 5 年）以后，由于已经投入了各种资金、技术、管理等资源，且股权也得到了相当程度的价值增值，所以，部分战略投资者此时进行了一定程度的减持退出。特别地，当金融危机、欧债危机这种系统性危机爆发时，对于遇见重大经营困难或需要断臂求生的战略投资者来说，出售已经有丰厚账面浮盈的优质股权必然是最好的解决路径之一。

参考文献：
王咏梅：《境外战略投资者的价值研究》，载于《中国软科学》2009 年第 3 期。
李石凯：《境外战略投资者对中东欧 8 国银行产业转型与发展的影响》，载于《国际金融研究》2006 年第 9 期。
姚峥、汤彦峰：《商业银行引进境外战略投资者是否提升了公司价值——基于新桥投资收购深发展的案例分析》，载于《管理世界》2009 年第 S1 期。
田国强、王一江：《外资银行与国有商业银行股份制改革》，载于《经济学动态》2004 年第 11 期。
证监会：《关于进一步完善股票发行方式的通知》，1999 年。
朱盈盈、曾勇、李平、何佳：《中资银行引进境外战略投资者：背景、争论及评述》，载于《管理世界》2008 年第 1 期。

（王擎）

大小非解禁
Unlocking of the Nontradable Shares

"大小非"是股权分置改革的历史产物。2005 年 9 月证监会颁布了《上市公司股权分置改革管理办法》（以下简称《管理办法》），限制了一些上市公司的部分股票上市流通的日期。其中，大非指的是占总股本 5% 以上大规模的限售流通股，小非指的是占总股本 5% 以下小规模的限售流通股。所谓的"大小非"就是大规模和小规模限售流通股的简称。

解禁，即解除非流通股票禁止上市流通的权力，允许其上市流通。《管理办法》规定股权分置改革后公司原非流通股股份的出售，自改革方案实施之日起，在12个月内不得上市交易或者转让；持有上市公司股份总数5%以上的原非流通股股东，在前项规定期满后，通过证券交易所挂牌交易出售原非流通股股份，出售数量占该公司股份总数的比例在12个月内不得超过5%，在24个月内不得超过10%。

随着大量获得解禁的限售股逐步上市交易，中国A股市场迎来了大规模的扩容时代。2009年，随着众多上市公司的大规模限售流通股即"大非"的解禁流通，将"大小非解禁"推向一个新的高潮。总限售股解禁量达11505亿股，市值达88453.6亿元，从而使得二级市场的可流通股票数量急剧扩张。

国内学者对"大小非"减持给市场带来的效应进行了相应的研究。郦金梁、廖理、沈红波（2010）发现限售股解禁以后，随着股票供给的增加，股票价格面临向下波动的压力。廖理、刘碧波、郦金梁（2008）发现解禁前后股改限售股存在-13%的累积异常收益，价格下跌主要发生在解禁40天之前。

在股票减持过程中，大股东特别是控股股东的行为也会对股票市场产生影响。俞红海、徐龙炳（2010）通过对控股股东在减持过程中的相关数据进行实证分析后发现，公司治理水平越好，控股股东现金流越好，外部投资机会越好，控股股东最优减持比例越高；市场平均资本回报率越高，控制权私利越大，控股股东最优减持比例越低。此外，由于调整成本的存在，控股股东减持是一个持续向目标减持比例靠近的动态调整过程。吴育辉、吴世农（2010）研究证实了大股东，尤其是控股股东会通过操控上市公司的重大信息披露来掏空中小股东利益。具体而言，大的控股股东可以通过提前披露被减持上市公司的好消息，借此来推高被减持上市公司的股价；或延迟被减持上市公司的坏消息，从而减少股价下跌对减持收益的不利影响。

参考文献：

赵自兵、卫新江、朱玉杰：《IPO锁定期解除效应的实证分析》，载于《保险研究》2010年第1期。

廖理、刘碧波、郦金梁：《道德风险、信息发现与市场有效性——来自于股权分置改革的证据》，载于《金融研究》2008年第4期。

俞红海、徐龙炳：《终极控股股东控制权与全流通背景下的大股东减持》，载于《财经研究》2010年第1期。

何诚颖、卢宗辉：《沪深股市限售股制度安排及流通效应分析》，载于《管理世界》2009 年第 4 期。
吴育辉、吴世农：《股票减持过程中的大股东掏空行为研究》，载于《中国工业经济》2010 年第 5 期。
赵自兵、徐金明、卫新江：《中国 A 股股票需求弹性——基于全流通 IPO 锁定期解除效应的实证分析》，载于《金融研究》2010 年第 4 期。
证监会：《上市公司股权分置改革管理办法》，2005 年 9 月。
郦金梁、廖理、沈红波：《股权分置改革与股票需求价格弹性——基于供给需求的理论框架和经验证据》，载于《中国工业经济》2010 年第 2 期。

（王擎）

借壳上市
Back-Door Listing

借壳上市是指非上市公司通过对上市公司的收购兼并，取得上市公司控制权以达到上市目的的一种股权或产权交易行为。广义的借壳上市既包括母子公司之间的借壳上市行为，又包括非母子公司之间的买壳上市行为。借壳与买壳之间唯一的区别就是壳公司是否与拟借壳方已经存在实质关系。

美国自 1934 年已开始实行借壳上市，其主要特点是待上市的公司在股市收购一家无业绩、无债务、无法律诉讼、保持上市公司身份的空壳公司，待上市的公司在完成了与壳公司合并后自然成为上市公司，继而销售股票融资。

作为企业兼并收购的一种方式，借壳上市在我国的运作首先是被用于购并中国香港企业，以达到在香港上市的目的。国企在香港借壳上市最早可追溯到 1984 年，这段时间主要是注资购买财政上出现问题的香港上市公司。20 世纪 80 年代与 90 年代初，大陆企业借壳上市主要是以香港为试验田。此后，便转移到了内陆沪、深两地证券市场。大陆首例借壳上市发生于 1993 年深宝安借壳延中实业。此后，越来越多的非上市公司通过借壳实现了上市。

借壳上市之所以如此迅速的盛行，是由于宏观上有利于社会生产要素的合理流动，调整产业结构和加速资本集聚，微观上还能给借壳上市企业带来潜在的增量收益。企业借壳上市的正面效应主要有以下几个方面：（1）融资成本低。首次公开发行上市（IPO）是传统的直接上市方式，借壳上市与其相比具有上市成本明显降低、所需时间少以及成功率高等优势。（2）获取更多的融资机会。企业在借壳上市后可以通过增发新股或者配股的方式再融资，即通过扩大股本数，从股票市场上募得现金；倘若资本运作得当，获得二次融资的速度与成本会低于首发上市，这也是众多企业为何热衷于买壳上市的原因。（3）优化配置企业生产要素。从帕累托最优原则及边际效用对平均效用的影响角度看，借壳上市后，股市多了一家盈利企业，而少了一家亏损企业，则整个股市的上市公司平均业绩相对上升，即借壳企业的优质资产注入将逐步改善股市状况。（4）品牌效应好。并购重组所引起的戏剧性改朝换代方式，远比正常的上市运作更能引起投资者和消费者的关注。（5）取得协同效应。并购重组剥离不良资产后，上市公司维系多年的客户关系、金融关系、营销体系、管理体系等软性资产会立即承接到并购者的经营管理链上。

正因为借壳上市的上述优势，加之中国严格的上市准入制度、证券交易所对上市公司严格的基本条件规定以及需要上市融资的企业众多等因素导致越来越多的企业，尤其是民营中小企业热衷于以这种方式达到上市融资的目的。

目前我国企业尤其是中小企业可选择的借壳上市的市场主要有中国内地、中国香港和美国。客观地说，国内企业选在这三地借壳上市各有利弊。

在中国内地资本市场借壳上市，政府的大力支持保证了上市公司的壳资源不流失，也带来了良好的社会效益，为企业的持续快速发展创造了契机；但是许多重组自始至终都得到地方政府和中国证监会的大力支持，其实资产重组应该也必须是一种市场行为，因此政府在其中起关键性作用不利于企业的长期发展。

倘若内地企业在中国香港资本市场借壳上市，不仅可以筹集到资金，还可以通过市场以及香港证券监管部门的严格管控提升企业的管理水平和财务透明度。但是有利仍有弊，在香港借壳上市一般会有以下弊端：（1）市盈率低。港股市的市盈率很低，许多行业的市盈率值都在 10 倍以下。（2）维持费用高。香港上市公司年度维持费至少每年 700 万港币以上。（3）再融资能力小。香港股市资金容量有限，上市企业二次融资能力不足。

自 1999 年年底国内企业美国上市的一波浪潮之后，2002 年下半年开始，出现了国内民企海外借壳上市的又一波热潮。新亚洲食品、山东宏智、托普、蓝带啤酒、天狮国际、中国汽车系统、四方信息等企业纷纷通过借壳登陆海外资本市场。为了利用境外资本市场实现融资需求，我国中小企业选择了美国的 OTCBB（Over-The-Counter Bulletin Board）市场买壳上市融资。

OTCBB市场是全美证券商协会设立并管理、由做市商主导的证券报价市场。对于中国中小企业是否应该在OTCBB买壳上市，理论界有很大分歧。

对于企业而言，借壳上市正如一把双刃剑，有利也有弊，既是机遇又是挑战，在是否进行借壳上市以及境内境外资本市场的选择时，企业必须对自身情况，包括企业的财务状况、产品市场前景、竞争者的情况以及可能存在的风险有一个清楚、全面的了解，才能作出最后的抉择，以便发挥资本市场的作用。

参考文献：

卢阿青：《借壳上市》，企业管理出版社1998年版。
刘世锦、张军扩：《资本市场新论——与企业重组相适宜的资本市场》，中国发展出版社2001年版。
叶育甫、沈卫：《借壳上市与风险控制》，载于《学术论坛》2002年第5期。
肖敏：《企业借壳上市的资本市场选择》，载于《财会通讯》2007年第5期。
郎咸平：《警惕海外买壳上市骗局》，载于《国际金融》2004年第9期。

（王擎）

国库券
Treasury Bill

国库券是国家财政当局为弥补国库收支不平衡而发行的一种政府债券。在国际市场上，国库券是短期国债的常见形式，它是由政府发行用于弥补临时收支差额的一种债券，偿还期限为1年或1年以内。我国20世纪80年代以来也曾使用国库券的名称，但它与发达国家所指的短期国债不同，偿还期限大多是超过一年的，实际上是中长期国债。

国债制度由来已久，"在中世纪的热那亚和威尼斯就已产生"（马克思，1975）。国库券是1877年由英国经济学家和作家沃尔特·巴佐特发明，并首次在英国发行。沃尔特认为，政府短期资金的筹措应采用与金融界早已熟悉的商业票据相似的工具。1877年，英国财政部根据《1877年财政部证券法》发行国库券，美国财政部根据《1917年第二自由公债法》于1929年开始发行国库券。

国库券因期限较短，一般采用贴现方式发行。国库券通常实行招标发行制，银行等金融机构和其他大额投资机构，通常以"竞争性投标"的方式购买，个人和其他小额投资者主要采取"非竞争性投标"的方式，即按照竞争投标平均中标价格购买。

国库券风险极小，而且期限短、流动性高。在一些国家，其收益还可享受税收方面的优惠，是一般金融机构热衷于投资的对象，因而成为各国中央银行开展公开市场业务、实施货币政策的有效工具，在货币市场上占有重要地位。国库券的信用工具功能，使财政信用作用与银行信用作用连接起来，并使财政运行体制发生根本性变化（钱津，1994），这也使得短期国债市场（国库券市场）成为最主要的货币市场之一。

1949 年新中国成立以后，我国国债发行基本上分为两个阶段：20 世纪 50 年代是第一阶段，80 年代以来是第二阶段。

20 世纪 50 年代，我国发行过两种国债。一种是 1950 年发行的"人民胜利折实公债"，其募集与还本付息，均以实物为计算标准，其单位定名为"分"。每分公债应折合的金额由中国人民银行每月公布一次。1950 年公债的发行拉开了中国发行国库券的序幕。另一种是 1954~1958 年发行的"国家经济建设公债"。到了 1958 年，国家的经济秩序由于"大跃进"、"浮夸风"被打乱，国债发行被迫暂停。

进入 20 世纪 80 年代以后，中央政府于 1981 年再次发行国债实物券，并借鉴了美国国债的名字，正式定名为"国库券"，由财政部根据《中华人民共和国国库券条例》，每年定期发行。1981~1994 年，面向个人发行的国债一直只有无记名国库券（实物券）一种。1994 年我国面向个人发行的债种从单一型（无记名国库券）逐步转向多样型（凭证式国债和记账式国债等），逐渐采用不印制债券实物的形式发行"非实物国库券"，并且将其首次作为信用工具发行。随着 2000 年国家发行的最后一期"中华人民共和国国库券"实物券（1997 年 3 年期债券）的全面到期，无记名国债宣告退出国债发行市场的舞台。2006 年财政部研究推出新的储蓄债券品种——储蓄国债（电子式）。

目前我国发行的普通国债品种中：记账式国债是由财政部面向全社会各类投资者、通过无纸化方式发行的、以电子记账方式记录债权并可以上市和流通转让的债券。凭证式国债是由财政部发行的、有固定票面利率、通过纸质媒介记录债权债务关系的国债。其发行一般采用填制"中华人民共和国凭证式国债收款凭证"的方式，通过部分商业银行和邮政储蓄柜台，面向城乡居民个人和各类投资者发行，是一种储蓄性国债。储蓄国债（电子式）是财政部面向境内中国公民储蓄类资金发行的、以电子方式记录债权的不可流通的人民币债券。

我国的国库券最初发行时不允许流通转让,从 1985 年起,允许个人持有的国库券向银行贴现,单位持有的国库券可作为抵押品向银行借抵押贷款。但由于种种不合理的规定,在实行过程中并未达到预期效果。1988 年 4 月,国家决定允许个人持有的 1985 年、1986 年两个年度的国库券上市买卖,这是我国国债交易市场开放和开始形成的标志(曹凤岐,1992)。国债流通性的提高,可以 1990 年上海证券交易所成立并开设国债交易系统为界线,自此开辟了新的、市场化的国债发行和流通渠道(中国国债协会"国债市场化"课题组,2002)。

参考文献:
马克思:《资本论》,人民出版社 1975 年版。
钱津:《国库券与现代市场经济调控》,载于《经济研究》1994 年第 4 期。
[美] 米什金、[美] 埃金斯:《金融市场与金融机构》,机械工业出版社 2008 年版。
[美] 马杜里著,何丽芬译:《金融市场与机构》,高等教育出版社 2005 年版。
殷孟波、曹廷贵:《货币金融学》,西南财经大学出版社 2007 年版。
财政部国债司:《1994 年国库券发行、流通、兑付的新特点》,载于《财政》1994 年第 5 期。
曹凤岐:《论社会主义证券市场》,载于《北京大学学报(哲学社会科学版)》1992 年第 6 期。
中国国债协会"国债市场化"课题组:《国债的流通性与增发空间》,载于《经济研究》2002 年第 5 期。

(王擎)

国家重点建设债券
Priority Construction Treasury Bond

国家重点建设债券是我国国家债券的一种,它是由银行代理财政部发行的一种用于生产性项目的专项政府债券,该债券所筹集资金全部用于计划内能源、交通、原材料等重点建设项目。

国家重点建设债券是中国第一次发行的明确项目和用途的政府债券,只在 1987 年发行过一次。1987 年我国发行的国家重点建设债券绝大部分面对企事业单位发行，采取分配任务和自愿认购相结合的办法，由中央、国务院各部委及直属企事业单位，地方政府及全民所有制和集体所有制企业、机关团体和事业单位用预算外资金认购；一小部分对城乡个人发行，采取自愿认购的办法。国家重点建设债券由财政部委托银行代理发行。对单位发行部分由中国人民银行统一组织，由中国人民建设银行（现中国建设银行，下同）、中国工商银行、中国农业银行、中国银行及其所属机构办理；对个人发行部分由中国人民建设银行及其所属机构办理。1987年，国家重点建设债券共发行55亿元，其中对单位发行50亿元，对个人发行5亿元。这笔资金作为"拨改贷"专项资金，由中国人民建设银行按照国家重点建设项目安排，负责具体实施投放。国家重点建设债券偿还期3年，对单位发行的年利率为6%，对个人发行的年利率为10.5%，免征个人所得税；该债券一律不计复利。单位购买的从1987年7月1日起开始计息，个人购买的从购买之日起开始计息，到期后由财政部一次偿还本息，逾期不另计息，面额分别是50元和100元两种。国家重点建设债券对单位发行的可以抵押，不准转让，对个人发行的可以转让、继承，不能作为货币流通。

国家重点建设债券作为筹集建设资金而专项发行的债券，在国外也有类似的尝试，如日本的建设国债。日本的建设国债所筹资金主要用于公共工程的建设，其发行规模一般是根据国家投资需要与预算安排资金之间的缺口来确定，须经国会批准，由大藏省发行。1965年，由于经济的萧条，日本政府在第二次世界大战后首次发行了长期性的建设国债。

国务院于1987年发行的国家重点建设债券，是运用经济手段压缩预算外固定资产投资规模，调整投资结构，更好地集中资金保证国家重点建设的一项重要措施。一方面，国家重点建设债券的发行保证国家重点建设的需要，1987年，我国国家建设资金的供求矛盾比较突出，国家预算内资金不足，而国家重点建设任务很重，投资缺口比较大；另一方面，预算外资金有了较大的增长，一些地区和企业投资热情很高，搞了不少非急需的加工工业和非生产性建设项目，这不仅扩大了自筹固定资产投资规模，而且进一步扩大了已经十分紧张的能源、交通、原材料的需求。针对这一情况，必须加强对整个固定资产投资规模的控制，调整投资结构，适当压缩预算外投资，集中一部分资金保证国家的重点建设。1987年发行国家重点债券就是为实现这一目标而采取的比较积极妥善的办法。同时，发行国家重点建设债券有利于长期资金市场的发展。国家重点建设债券意味着对我国国家重点建设项目筹资开拓了一条发行债券的渠道，是对我国长期资金发行市场的一大促进，并为长期资金二级市场的发展创造了条件。1987年发行的国家重点建设债券有利于打破当时我国长期资金单纯依靠银行贷款和财政拨款的体制，也有利于金融体制改革的深化。

（王擎）

基本建设债券
Basic Construction Treasury Bond

基本建设债券是由国家有关部门发行的债券，其债券的发行机构为债务人，所筹资金和还本付息均不列入国家预算，是一种国家代理机构债券。

1988年，我国成立了能源、交通、原材料、轻纺、机械电子、农业六大专业投资公司，为充实国家投资基金，1988年和1989年由国家能源、交通、原材料3家投资公司和石油部、铁道部共发行基本建设债券94.6亿元。其中，1988年发行基本建设债券80亿元，期限5年，年利率7.5%，分配给各专业银行按1987年储蓄存款增加额的一定比例认购，债券到期后，由国家专业投资公司和石油部、铁道部还本付息。1989年，由国家计委和中国人民银行共同组织工商银行、建设银行、农业银行、中国银行和其他金融机构代理国家能源投资公司、国家原材料投资公司、国家机电轻纺投资公司、中国石油天然气总公司和铁道部统一发行基本建设债券14.59亿元，期限3年，利率比银行3年期定期储蓄利率高1个百分点，加保值补贴率，由城乡居民自由购买，债券本息由上述公司和铁道部偿还。另外1991年发行了基本建设债券0.02亿元。截至1991年，共发行基本建设债券94.61亿元人民币。1992年，基本建设债券与重点企业债券合并为国家投资公司债券，基本建设债券不再单独发行。

参考文献：

中国人民银行、国家计委：《关于发行1988年基本建设债券的通知》，1988年3月21日。

中国人民银行、国家计委：《关于发行1989年基本建设债券的规定》，1989年5月3日。

中国建设银行：《关于国家专业投资公司债券资金管理的暂行规定》，1989年9月1日。

（王擎）

次级债券
Subordinated Bond

次级债券是指持有人在公司破产或清算时，拥有的债务要求权排在其协议规定的要求权较高的债券之后的一类债券。次级债券的第一次公开发行是在1936年通用金融公司发行的10年期债券（Johnson，1955）。之后，次级债券的应用在金融和工业部门等其他领域开始展开。

次级债券保持了债券的流通性和筹资功能，同时又与股票一样有较高的收益。布莱克和考克斯（Black and Cox，1976）提出了随着企业价值的增加，次级债券对企业价值由凸性函数逐渐变为凹性函数。即当企业的价值接近偿还排序靠前的证券价值时，次级债券的有效部分则是剩余要求权，此时的次级债券与净资产相似，有可能出现违约风险；但是如果企业的价值很高，即使次级债务的偿还顺序不很靠前，也能得到充分的偿还保障，具有完全的债务性质，违约风险小。

法玛和米勒（Fama and Miller，1972）以及史密斯和华纳（Smith and Warner，1979）都提出了拥有次级债券会减少股票持有人侵占债券持有人的可能性。因为一般新债的发行加大了企业破产的可能性，因此先前的债权人就处于不利地位，其旧债价格可能下跌。相对而言净资产持有人就处于有利地位了——他们支付给旧债的利息率要低于他们如果一次性同时发债的利息率。后来的很多学者（如Kim，McConnell，Greenwood，1977）确实发现了财富从债券持有人向股票持有人转移的证据。

次级债券的发行主体在我国主要是各大商业银行，发行资金用于补充资本充足率。2004年7月7日中国银行在银行间债券市场上成功发行了100亿元"2004年中国银行债券（第一期）"，并追加发行了40.7亿元。此次成功发行标志着商业银行次级债券正式进入中国资本市场。由于次级债券的发行承销成本低，商业银行开始越来越频繁使用其作为补充资本金的手段。但是由于次级债券的资本属性有限，并非银行自有资本且需要偿还，因此次级债券并不能从根本上解决银行资本充足率不足的问题。同时，除非银行破产或清算，否则次级债券不能用于冲销银行的坏账，次级债券也因此被划为附属资本的范畴。在我国，银监会负责对商业银行发行次级债券资格进行审查，并对次级债券计入附属资本的方式进行监督管理；中国人民银行对次级债券在银行间债券市场的发行和交易进行监督管理。银行次级债券的发行有公募和私募两种方式，均需要达到一定的条件，需要聘请证券信用评级机构进行信用评级，还需要定期进行信息的披露等。我国以充实银行资本为目的的次级债务具有期限长于 5 年、偿还顺序靠后、无担保等金融特性。

出于对偿还顺序的让步，商业银行次级债券的风险高于一般债券，债券持有人对银行经营风险的关注程度相应更高，出于风险收益匹配的考虑，次级债券持有人往往会通过价格信号直接或间接来影响商业银行经营行为，确保商业银行稳健经营。这一目标与金融监管部门的关注点趋于一致，因此，次级债券也常常被作为一种重要的市场监管手段来防范和控制商业银行风险。喻鑫、庄毓敏、李威（2009）采用我国次级债券价格和银行风险指标对次级债券市场约束有效性趋势问题进行了第一次实证，研究显示次级债券收益差与存贷比例呈负相关。但是通常而言，商业银行存贷比越高说明商业银行流动性风险越大。由于目前我国次级债券投资者主要是金融机构，在强大的隐性担保的风险约束下，机构投资者更关注次级债券的收益，忽略"次级清偿"的风险补偿；其次我国目前商业银行存贷利差的单一收入方式，让市场投资者会以商业银行的高存贷比例推断其良好的营利性。但之后，随着我国商业银行股份制改革步伐加速以及证券投资基金、企业年金、各类理财产品等集合性资金和境外合格投资者等债券投资者主体的丰富，2006 年后发行的次级债券收益率差与银行自身风险因素相关性明显增强。

我国次级债券的定价也还处于不成熟的阶段。米黎钟、毕玉升和王效俐（2007）通过对建设银行与华夏银行次级债券的实证分析，表明这两家银行的次级债都存在价值被高估的问题，也即中标利率远低于理论收益率。旷绍春和鄢密（2010）也分析了次级债券的"次级"没在其利率上充分体现而出现的一些次级债券的利率甚至低于国债的"倒挂现象"。究其原因，两篇文章都提到了当前的次级债券主要被银行间互相持有的现象。银行成为次级债的主要投资者，那么银行必然对次级债的发行定价施加影响，降低发行利率，从而降低银行间互相融资的成本，形成银行互惠、多赢的默契局面；其次我国的次级债券刚刚起步，还缺乏类似金融债券品种的定价参考。对于银行间互持次级债券的现象，毕玉升、林建伟等（2010）在其文章中指出通过互持次级债券，银行显著提高了自身的资本充足率，但是会压低债券的发行价格，引发巨大的信用风险传染可能性，特别当互持次级债券中的一方发生违约（或破产），将使另一家银行的违约概率骤然增大，甚至破产，从而使违约风险在银行之间迅速蔓延。监管当局也高度重视这个问题，并在《商业银行次级债券发行管理办法》中指出商业银行发行的次级债券不得超过其核心资本的 20%，且商业银行持有其他银行的次级债券按照 100% 风险权重计算风险资产。

参考文献：

中国人民银行、中国银行业监督管理委员会：《商业银行次级债券发行管理办法》，2004年6月。

喻鑫、庄毓敏、李威：《我国银行次级债券市场约束效应趋势分析》，载于《管理世界》2009年第11期。

米黎钟、毕玉升、王效俐：《商业银行次级债定价研究》，载于《管理科学》2007年第4期。

旷绍春、鄢密：《我国商业银行次级债券发行分析——基于中国银行的案例分析》，载于《经营管理者》2010年第9期。

毕玉升、林建伟、任学敏、姜礼尚、王效俐：《银行间互相持有次级债券的风险分析》，载于《管理科学学报》2010年第5期。

Black, F. and Cox, J., Valuing Corporate Securities: Some Effects of Bond Indenture Provisions, *Journal of Finance* 31 (2), 1976.

Fama, E. F. and Miller, M. H., *The Theory of Finance*, Holt, Rinehart and Winston, 1972.

Johnson, R. W., Subordinated Debentures: Debt that Serves as Equity, *Journal of Finance*, 10, 1955.

Kim, E. H., McConnell, J. J. and Greenwood, P. R., Capital Structure Rearrangements and Me-first Rules in an Efficient Capital Market, *Journal of Finance* 32, 1977.

Smith, C. W. and Warner, J. B., On Financial Contracting: An Analysis of Bond Covenants, *Journal of Financial Economics*, 7, 1979.

Winton, A. J., Costly State Verification and Multiple Investors: the Role of Subordination, Ch. 2 of Three Essays on Information, Contracting, and Financial Intermediation, Ph. D. Thesis, University of Pennsylvania, Philadelphia, 1990.

（王擎）

中小企业集合票据
SMEs' Collection Notes

中小企业集合票据是指2个（含）以上、10个（含）以下具有法人资格的企业,在银行间债券市场以统一产品设计、统一券种冠名、统一信用增进、统一发行注册方式共同发行的,约定在一定期限还本付息的债务融资工具。它是中国人民银行与中国银行间市场交易商协会为了方便中小企业融资推出的创新金融产品。

众所周知,中小企业的融资问题是一个世界性难题,对于如我国这样金融市场不成熟且企业信用记录不完善的发展中国家更是如此。从 2008 年 6 月开始,中国银行间市场交易商协会对中小企业直接债务融资问题进行调研,发现中小企业通过发债融资的活动中主要存在着单个企业独立发行规模小、流动性不足、承担的发行费率相对较高、规模不经济与金融机构参与意愿不强等问题。在这种情况下,中小企业集合票据这种"抱团融资"式的金融创新产品应运而生,并于 2009 年 11 月 25 日成功发行全国首只中小企业集合票据——北京市顺义区中小企业 2009 年度第一期集合票据。根据中国债券信息网数据进行统计,截至 2012 年 2 月 9 日,国内共发中小企业集合票据(不含中小企业区域集优票据)43 只,有 191 家(次)企业实现融资 124.66 亿元,发行数量最多的省市为北京、江苏、山东、上海等东部沿海省市。中小企业集合票据有效地规避了中小企业发债主体资格不够、发行规模偏小、发行成本过高等弱点,使中小企业发行债券成为可能,为解决中小企业融资难的问题提供了新的途径。

近年来,中小企业集合票据已经有了一种创新形式——区域集优票据。中国银行间市场交易商协会于 2011 年 10 月底发布《银行间债券市场中小非金融企业区域集优票据业务规程(试行)》,标志着酝酿已久的新融资工具正式推出。区域集优票据在中小企业集合票据的基础上更进一步,创造性地将地方政府引入了参与主体,发挥了地方政府是最有协调各方主体和调配各种资源的能力,使集合内中小企业拥有政府偿债基金的支持。自此,中小企业集合票据又有了一个重要的发展方向。

参考文献:

王峰娟、安国俊:《集群融资——中小企业应对金融危机下融资困境的新思路》,载于《中国金融》2009 年第 21 期。

刘超:《中小企业集合票据法律问题研究》,中国政法大学硕士论文,2011 年。

中国人民银行南昌中心支行货币信贷处:《对中小企业开展集合债券融资的可行性探讨》,载于《金融与经济》2008 年第 10 期。

(王擎)

开放型基金和封闭型基金
Open-End Fund and Closed-End Fund

证券投资基金是一种投资人和管理人利益共享、风险共担的集合投资方式，具体而言是管理人发行基金份额，集合投资人的资金，由基金托管人托管，由基金管理人管理和运用资金，从事证券投资。根据基金规模在约定期限内是否固定和份额交易方式的不同，证券投资基金分为开放型基金和封闭型基金。

开放型基金的规模不固定，基金公司可以发行新份额，投资人也可以要求基金管理人赎回份额。投资者在买卖开放型基金时，需要支付申购费和赎回费。开放型基金的基金单位的买卖价格是以基金单位对应的资产净值为基础，不会出现折价现象。投资开放型基金的收益则主要来自赎回价与申购价之间的差价，其风险也仅为基金管理人能力的风险。因为要面对不确定的赎回，所以基金管理人必须进行流动性管理，长期投资会受到一定限制。另外，开放型基金的投资组合等信息披露的要求也比较高。

封闭型基金的规模在发行前已经确定，一般情况下在发行完毕后的规定期限内，基金规模固定不变，特殊情况下封闭型基金可以进行扩募，但扩募应具备严格的法定条件。基金投资人持有的份额只能通过证券交易场所与其他基金投资人进行交易，在合同约定的基金存续期内不得向基金管理人申请赎回；投资者在买卖封闭型基金时，在基金价格之外要支付证券交易的手续费；封闭型基金的交易价格受基金份额净值和市场供求关系的影响；封闭型基金的风险也就来自二级市场以及基金管理人的风险。封闭型基金条件下，管理人没有随时要求赎回的压力，基金管理人可以实行长期的投资策略；封闭型基金的信息披露要求明显低于开放型基金（何孝星，2003）。

从开放型基金和封闭型基金在全球的发展历程来看，在发展初期，各国基本都首先发展封闭型基金。主要原因有三方面：证券市场初期流动性不足；封闭型基金的管理难度低于开放型基金；国家的政策导向。待各国证券市场整体流动性增强并积累一定经验后，逐渐过渡到封闭型基金和开放型基金并存，最终实现开放型基金占主导地位。18世纪60年代成立的英国投资信托是全球第一只封闭型基金，1893年波士顿个人财产信托的建立则标志着美国第一只封闭型基金问世。美国证券基金投资市场的发展路径在全球证券投资基金的发展历程中具有典型意义，其发展大致可以分为以下几个阶段：

1893~1924年，证券投资基金起步阶段，都为封闭型基金，规模很小。

1924~1940年，开放型基金诞生并得到初步发展。1924年3月，由200名哈佛大学教授在波士顿成立的"马萨诸塞投资信托基金"是全球第一只现代意义的开放型基金。到1940年封闭型基金仍为市场主体，开放型基金的资产规模只有封闭型基金的2/3。在此期间，规范证券投资基金尤其是开放型基金行为的法律得到完善，其中代表性的法律为《证券法》（The Securities Act of 1933）、《证券交易法》（Securities Exchange Act of 1934）、《投资公司法》（The Investment Company Act of 1940）和《投资顾问法》（The Investment Advisers Act of 1940）。

20世纪40年代至80年代后半期，开放型基金资产规模快速增长，产品创新不断发展，并成为基金的主流形式。1950年，开放型基金的资产已经增长为封闭型基金资产的近3倍。开放型基金快速增长的趋势一直延续到20世纪80年代后半期。

从20世纪80年代后半期至90年代初，由于证券市场的国际化和新兴市场的兴起，流动性要求低的封闭型基金重新获得发展。

从20世纪90年代后半期至今，封闭型基金的增长速度逐渐放缓，而开放型基金增长速度开始上升，但次贷危机导致了整体基金规模的30%左右的大幅下降（李曜，2007；胡琦，2010）。

中国大陆的第一批封闭型基金为1998年3月27日设立的"基金开元"和"基金金泰"。随后4年多时间里，共计推出了54只封闭型基金。在这期间封闭型基金无论基金数目，还是资产规模都占有绝对优势。但是，2000年和2001年相继爆发的"基金黑幕"和"银广夏事件"，大大降低了投资者对封闭型基金的信任度。在此背景下，管理层将证券投资基金发展重心从封闭型基金转移到开放型基金。从2002年8月起，5年时间里都没有发行新的封闭型基金，直到2007年我国才恢复了封闭型基金的发行，但是创新型封闭型基金发展速度不快，发行规模也相对较小。与封闭型基金发展受阻形成鲜明对比的是我国的开放型基金发展迅速，从2001年华安创新的出现到2003年底，经过短短2年多的发展，开放型基金的净资产规模达到854亿元，与封闭型基金的862亿元相当。此后，开放型基金更是快速增长，数量和资产净值都远远超过封闭型基金，截至2011年8月末，我国大陆证券市场封闭型基金42只，开放型基金796只。封闭型基金份额1154亿元，开放型基金份额23163亿元。封闭型基金的份额占比不足5%，逐渐被"边缘化"（何德旭，2003）。

面对产品种类如此丰富的各类开放型基金和封闭型基金产品，如何选择？如何权衡风险与收益？一般理论认为投资者会根据自身的期望报酬和风险承受能力来选择相应的基金产品。大卫·W·哈利斯和史蒂文·P·彼得森（David W. Harless and Steven P. Peterson）分析的结论是：投资者选择基金时依据的是收益回报，而不在乎系统性风险和费用成本（David W. Harless and Steven R. Peterson，1998）。

大量的实践表明，开放型基金和封闭型基金管理者的行为存在较为明显的交易行为的"羊群特征"，拉科尼肖克、施莱弗和维什尼（Lakonishok，Shleifer and Vishny，1992）曾通过对美国341家基金公司经理在1985年到1989年的投资行为进行调查来研究羊群行为的实际作用。沙尔夫斯坦和施泰因（Scharfstein and Stein，1990）的声誉模型认为各个基金经理因害怕"不从众"，而导致业绩落后，背负业绩落后于整体行业其他经理的声誉责任，因此在投资上选择了"从众"策略。

我国和国外封闭型基金的交易价格往往存在先溢价后折价的价格波动规律，业界称为"封闭基金折价之谜"。王擎（2004）认为影响因素为理性预期成分和噪声成分，其中主要是噪声成分，股票市场噪声交易程度大于基金市场噪声交易程度是封闭型基金折价的主要原因。

参考文献：

何德旭：《中国投资基金制度变迁分析》，西南财经大学出版社2003年版。
胡琦：《美国基金市场发展与启示》，深交所研究报告，2010年。
何孝星：《中国证券投资基金发展论》，清华大学出版社2003年版。
李曜：《证券投资基金》，上海财经大学出版社2007年版。
王擎：《再析中国封闭型基金折价之谜》，载于《金融研究》2004年第5期。
David W. Harless, Steven R Peterson, Investor Behavior and the Persistence of Poorly-Performing Mutual Funds, *Journal of Economic Behavior & Organization*, Vol. 37, 1998.
Lakonishok, Josef, Andrei Shleifer, and Robert W. Vishny, The Impact of Institutional Trading on Stock Prices, *Journal of Financial Economics*, 32, 1992.
Scharfstein, David S., and Jeremy C. Stein. Herd Behavior and Investment, *American Economic Review*, 80, 1990.

（王擎）

货币市场基金
Money Market Fund

货币市场基金是指投资于货币市场短期有价证券的一种投资基金。货币市场基金只有一种分红方式——红利转投资。货币市场基金每份单位始终保持在1元，超过1元后的收益会按时自动转化为基金份额，拥有多少基金份额即拥有多少资产。

货币市场基金最早于1972年出现在美国。当时的美国政府出台了限制银行存款利率的Q条例，存款的收益性受到重大影响，银行存款对投资者的吸引力骤然下降。因此，投资者急于为自己的资金寻找新的能够获得货币市场利率水平收益的投资渠道，货币市场基金就在这种情况下应运而生。自美国之后，欧洲经济发达国家以及日本、中国香港地区的货币市场基金也逐渐产生和发展起来，并在证券投资基金中占有重要地位。发展到现在，发达市场经济国家中货币市场基金在全部基金中所占的比例较大。与国际货币市场基金发展相比，我国的货币市场基金业务还处于起步阶段。2003年12月，国内第一批货币市场基金——"华安现金富利"、"招商现金增值"和"博时现金收益"三只准货币市场基金问世。三只准货币市场基金的出现，受到了社会公众的热烈欢迎，从此货币市场基金发展规模不断增大，基金品种不断增多。

（王擎）

可转让支付命令账户
Negotiable Order of Withdrawal Account (NOW)

可转让支付命令账户（NOW）又可称付息的活期存款，是一种既可支付利息，同时又能转账结算的存款账户。

可转让支付命令账户，与支票相同，可自由转让流通，提款需要使用相应的支付命令，年利率略低于储蓄存款。它是一种特殊的支票账户，用支付命令来代替支票。开立这种存款账户，其存款可计息，因此这种账户具有储蓄账户的意义。与此同时，存户又可随时开出支付命令书，或直接向第三者支付，或提取现金。通过这种账户，商业银行在为客户提供便利支付的同时，又能支付利息，从而带来大量存户，增加存款。可转让支付命令账户一般都仅限于非营利性团体和个人开立。

可转让支付命令账户一大优势，就是存款余额可以生息。同时可转让支付命令账户是参加存款保险的。

可转让支付命令账户允许不限数量的第三方支付和其他交易，被列为 D 条例下的交易账户。如同"储蓄存款"，存款机构必须保留任何时间都可以要求 7 天之内得到转让命令的书面通知的权利，以此来将账户列为可转让支付命令（实务中，这种权利即使有，也很少）。然而，与"储蓄存款"不同，可转让支付命令账户只对个人、政府单位、企业、合伙企业、协会以及涉及宗教、慈善、博爱的非营利组织。

在美国 20 世纪 60 年代末期市场利率上升，致使金融机构为规避存款利率限制，开始创造新型支票存款品种。当时"Q 条例"规定活期存款不准支付利息，定期存款的利息也存在上限。在利率上升之时，大量资金转投向了高利率的金融投资工具，这导致互助储蓄银行、储蓄贷款协会等存储机构遭受了重大的损失。1970 年，一家位于马萨诸塞州的互助储蓄银行发现"Q 条例"的漏洞，于是创造了可转让支付命令账户。客户签发支付命令书后，就可以让储蓄银行付款，同时支付命令也可以背书转让，这种实质上的支票在法律上却不作为支票账户，因此储蓄银行可以不受相关支票账户法规的种种限制。可转让支付命令账户为储蓄银行吸收了大量存款。1972 年 5 月，马萨诸塞州批准的互助储蓄银行发行支付利息的 NOW 账户，同年 9 月，新罕布什尔州的法院也认可了可转让支付命令账户的合法性。之后国会曾于 1974 年 1 月通过法令，只确认可转让支付命令账户在新英格兰各州之内的合法性，最终法律还是在 1980 年允许全美各地的银行开办可转让支付命令账户。

近年来，可转让支付命令账户得到很大发展，同时又有所创新。如超级可转让支付命令账户（Super NOW），它与普通可转让支付命令账户的不同之处是：如同普通支票账户，可以不断地签发支付命令；拥有比普通可转让支付命令账户更高的利率，但有最低余额限制；它的成本比普通货币市场存款账户要高，因此所付利息要比货币市场存款账户低。

参考文献：

Mishkin, Frederics, *The Economics of Money, Banking, and Financial Markets* (*Alternate Edition*), Addison Wesley, 2007.

Board of Governors of the Federal Reserve System, Regulation D：Reserve Requirements for Depository Institutions.

（胡颖毅）

对冲基金
Hedge Fund

对冲基金是指采用各种交易手段进行对冲、降低风险来赚取高额利润的金融基金。对冲基金可采用的交易手段通常有卖空、杠杆操作、程序交易、互换交易、套利交易、衍生品种等。

20世纪50年代初，对冲基金在美国产生，第一只对冲基金是琼斯对冲基金。当时的对冲基金利用期货期权等衍生工具和与其相关的股票进行风险对冲，达到规避和降低证券投资风险的目的。从20世纪80年代开始，对冲基金才开始进入快速发展期，20世纪90年代随着金融工具的多样化和世界经济的稳定，对冲基金高速发展。

对冲基金本来的目的是通过投资组合设计来对冲掉风险，以获得风险比较小的利润收益。但是，由于对冲基金本身所具有的操作隐蔽和监管宽松的特点，对冲基金已经不仅是进行风险对冲了。现在，对冲基金已成为一种新的投资模式，这种模式利用不同金融工具的杠杆作用，承担较高风险、追求较高收益。现在的对冲基金特点有：投资越来越复杂，利用高杠杆，多采用私募来筹集资金，具体操作比较隐蔽。

参考文献：

巴曙松：《对冲基金信息披露的两难》，载于《证券时报》2003年7月13日第13版。

温天纳：《认清对冲基金的真面目》，载于《证券时报》2005年12月22日第16版。

司斌、肖瑾：《对冲基金机器在中国的发展》，载于《经济论坛》2012年第1期。

（胡颖毅）

场内市场和场外市场
Floor Market and OTC Market

场内市场即交易所场内市场，是有组织的进行有价证券的转手交易的场所固定的市场。比如国际上著名的纽约证券交易所、伦敦证券交易所和法兰克福证券交易所、我国的上海证券交易所和深圳证券交易所。进入一个交易所进行交易的经纪商与交易商必须具备一定的资格，并持有交易所席位方可入场交易。此外，交易所内的交易商必须随时按照客户要求买入与卖出证券，为客户提供证券的即时性交易。在交易所内，交易是由代理人面对面地进行的，由买方与卖方同时递价，并以最高的买价和最低的卖价撮合交易。

证券交易所是指经国家批准有组织、专门集中进行有价证券交易的有形场所。证券交易所实行"公平、公开、公正"的原则，交易价格由交易双方公开竞价确定，实行"价格优先、时间优先"的竞价成交原则。

场外市场又称柜台交易市场，是指交易对手双方直接进行股票、债券、商品和衍生工具等金融工具的交易。这个市场的组织人不提供即时性交易，场外市场的交易商也不负有稳定市场的义务。场外市场的交易有两种形式，一种是在证券商的柜台进行（称这种市场叫柜台市场），另一种通过计算机网络和电话进行交易，这种通过通信设备使分散在全国各地的经纪人与交易商互相保持联系而形成的市场称为无形交易市场，如全美证券交易商自动报价系统纳斯达克及我国的法人股交易系统 STAQ 和 NET 市场。在场外市场上市的公司一般是资产规模较小的公司，特别是成长型公司的股票一般在这个市场上交易，一些规模大的公司为了避免注册成本也愿意在这个市场上交易。场外市场主要交易未在证券交易所上市的证券，在交易中既可通过经纪人，也可由交易双方直接交易。交易价格的确定也有两种方式，一是交易双方协商议定，二是可以像场内市场那样公开竞价。

随着"新三板"（全国中小企业股份转让系统）扩容的一步到位，以地方股权交易市场为主的场外市场发展迅速。目前，天津股权交易所、齐鲁股权交易中心、重庆股权交易中心、广州股权交易中心等区域性股权交易市场在为中小企业提供股权、债券等融资方式中发挥着重要作用。

参考文献：

中国证券业年鉴编委会：《中国证券业年鉴》，新华出版社 1997 年版。

《中华人民共和国证券法》，2005 年 10 月 27 日第十届全国人民代表大会常务委员会第十八次会议修订。

《美国 1934 年证券交易法》。

［美］兹维·博迪、［美］罗伯特·C·莫顿、［美］戴维·L·克利顿：《金融学》，中国人民大学出版社 2010 年版。

（胡颖毅）

多头交易与空头交易
Bull Transaction and Bear Transaction

多头交易与空头交易是相互对应的两种证券交易方式。

多头交易即为"买空",交易者预期价格为上涨,现在利用资金买入证券,在未来一段时间内高价卖出,期望获得收益。一般而言,其主要通过保证金账户进行。交易者也可以先缴纳部分保证金,向券商借入资金,购买股票期货。如果股价上涨,投资者则会高价卖出股票,归还证券公司款项。但是股价在未来下跌,那么投资者损失惨重,在交易的过程中,投资者并没有股票经手,但在市场上却出现了股票买卖交易,故而称为"买空"。

买空方在交易的过程中,除了支付少量的保证金外,其购买股票的大部分资金则有证券公司垫付,要靠借入资金交易。买空交易的全过程是由先买入后抛售股票两次交易构成。

空头交易与多头交易相对,即是证券公司给交易者借出证券,交易者卖出,在未来的一段时间买入相同的证券还给证券公司,获取利益。在现代证券市场上,卖空交易同样是利用保证金账户来进行的。这样的情况是交易者预期股价会下降,如果市场股价的走向与交易者的预测相背,那么卖空者非但无利可图,并且将遭受损失。在交易中,交易者本身没有任何股票经手,却在市场上进行卖出股票的交易,故称为"卖空"交易。

在实际操作中,通常由卖空投资者的经纪公司贷出证券用于卖空,因为经纪公司以转让记名的形式持有了大量其他投资者的各类证券(即经纪人以其自身的名义而不是投资者的名义注册),而且证券被借出用于卖空这个过程也无须通知证券的所有者。如果该证券所有者希望卖出证券,经纪公司仅需从其他投资者处借入证券即可。因此,卖空的期限可能是不确定的。但是,如果经纪公司找不到可借的证券来填补已售的空缺,那么卖空的投资者就要立刻从市场中买入证券并将其还给经纪公司。

参考文献:

田源、李建中:《期货交易全书》,中国大百科全书出版社1993年版。
任自力:《最新证券实用知识300解》,京华出版社2000年版。
贾秀岩:《期货交易原理与实务》,天津人民出版社1993年版。
[美]唐·M·钱斯:《衍生金融工具与风险管理》,中信出版社2004年版。

(胡颖毅)

即期交易与远期交易
Spot Transaction and Forward Transaction

即期交易是买卖双方成交之后，交易对象所有权即时发生转移的交易行为。灵活简便是即期交易的最大特点，只需要买卖双方协商同意，就可以在任何地点，以任何方式进行交易。

远期交易是指现货商品的买卖双方通过签订现货远期合约的方式进行的一种交易，商品和货币交换的时间被推向了未来某一个日期，故而成为远期交易。其中，远期合约是指由现货商品的买卖双方事先签订的在未来的某一个日期交割一定数量和质量的商品的合约或者协议，在签订合约的时候，双方均要承担一定的责任和义务。远期交易的优点：一是排除现货交易的偶然性，二是有助于买卖双方缓解价格风险。

远期价格与现期价格的关系为：

对于不支付收益证券的远期合约，由于没有套利机会，所以合理的远期价格应该等于现货价格加上下一期（T-t）时段内该本金产生的利息，在联续复利的条件下，其远期价格 F 与现价 S 之间的关系应该是：$F = S \times e^{[r \times (T-t)]}$。r 为持有成本。

对于支付已知收益率证券的远期合约而言，这意味着证券价格百分比的收益是已知的，假定红利收益率按照年率 q 连续复利支付，那么远期的价格 $F = S \times e^{[(r-g) \times (T-t)]}$，如果在远期合约有效期内收益率是变化的，该式依旧正确。

对于货币的远期合约，变量 S 代表以美元表示的一单位外汇的即期价格，K 是远期合约中约定的交割价格。外汇的持有人能获得货币发行国的无风险利率的收益，我们设 r_f 为外汇的无风险利率，连续复利。则有：$F = S \times e^{[(r-r_f) \times (T-t)]}$。

参考文献：

田源、李建中等：《期货交易全书》，中国大百科全书出版社 1993 年版。

［美］弗雷德里克·S·米什金：《货币金融学》，中国人民大学出版社 1996 年版。

葛玲芝、刘葳：《华尔街金融词典》，天津大学出版社 2004 年版。

王建国、刘锡良：《衍生金融商品》，西南财经大学出版社 1997 年版。

叶永刚：《衍生金融工具概论》，武汉大学出版社 2000 年版。

曹廷贵、马瑾：《衍生金融工具》，西南财经大学出版社 2011 年版。

（胡颖毅）

远期合约市场
Forward Contract Market

远期合约是以现在约定的价格在将来某一特定日期交割货物或资产的协议。交易发生的日期则是交割日或到期日，交割日交易价格被称为远期或到期价格，在到期日前，现金支付与货物交割都不会发生。远期合约交易的场所称为远期合约市场。

远期合约最主要的优点在于，合约的具体条款可以根据双方的具体需求而定，投资者可以在远期市场上找到在某一特定日期确定其特殊的投资组合。

参考文献：
叶永刚：《衍生金融工具概论》，武汉大学出版社 2000 年版。
曹廷贵、马瑾：《衍生金融工具》，西南财经大学出版社 2011 年版。
［美］弗雷德里克·S·米什金：《货币金融学》，中国人民大学出版社 1996 年版。

（胡颖毅）

金融期货市场
Financial Future Market

金融期货市场是指进行期货交易的场所，是各种期货交易关系的总称。

期货市场是全球金融市场相当重要的组成部分，其功能在于为投资者提供规避风险之渠道，也为全球交易者投资提供获利与套利的机会。

期货交易有专门的"清算所"进行结算。对于多头方，"清算所"是合约的卖方，而对于空头方，"清算所"是合约的买方。"清算所"有义务交割商品给多头方获得商品，因此，"清算所"的净头寸则为 0。也就是说，买卖双方的违约只会影响到"清算所"。在这种制度下，投资者只需要告诉经纪人进行反向操作便可以退出期货市场。

期货市场有助于分散并降低风险，还具有"价格发现"的功能。

期货交易的起源，可追溯至 13 世纪。欧洲地区当时已经出现了预先约定的品种标准，1570年成立于英国伦敦的皇家交易所，其交易方式则是期货交易之原始形态；而现代期货交易始于1848年美国芝加哥期货交易所（CBOT）成立。国际期货市场的发展，大致经历了由商品期货到金融期货、交易品种不断增加、交易规模不断扩大的过程。

在国际期货市场上，虽然金融期货始于20世纪70年代才开始发展，但随着资本市场的成长，目前金融期货已经逐渐占据了主导地位。金融期货主要有外汇期货、利率期货、股指期货和期权期货等。（1）外汇期货：这是第一种金融期货，1972年5月，芝加哥商业交易所（CME）设立了国际货币市场分部（IMM），首次推出外汇期货合约。（2）利率期货：1975年10月，芝加哥期货交易所（CBOT）上市国民抵押协会债券（GNMA）期货合约，是世界上第一个利率期货合约。1977年8月，美国长期国债期货合约在芝加哥期货交易所（CBOT）上市，是迄今为止国际期货市场上交易量较大的金融期货合约之一。（3）股指期货：1982年2月，美国堪萨斯期货交易所（KCBT）开发了价值线综合指数期货合约。（4）期货期权：1982年10月1日，美国长期国债期货期权合约在芝加哥期货交易所（CBOT）上市。期权交易与期货交易都具有规避风险、提供套期保值的功能，但期货交易主要是为现货商提供套期保值的渠道，而期权交易对现货商、期货商均有规避风险的作用。目前，国际期货市场上的大部分期货交易品种都引进了期权交易方式。目前国际期货市场的基本态势是：商品期货保持稳定，金融期货后来居上，期货期权方兴未艾，芝加哥期权交易所（CBOE）是世界上最大的期权交易所。

我国的期货市场于20世纪80年代开始发展，中国郑州粮食批发市场率先引入了期货交易制度，到了1993年，期货交易所一共有50多家。为规范期货市场发展。国家于1993开始对期货交易所进行全面审核，到1998年，14家交易所重组调整为大连商品交易所、郑州商品交易所、上海期货交易所三家；35个期货交易品种调减为12个；兼营机构退出了期货经纪代理业，原有的294家期货经纪公司缩减为180家左右。1999年经过几年的努力与调整，以《期货交易管理暂行条例》及四个管理办法为主的期货市场规划框架基本确立，中国证监会、中国期货业协会、期货交易所三层次的市场监管体系已经初步形成，期货市场主体行为逐步规范。2004年1月31日，国家发布了《关于推进资本市场改革开放和稳定发展的若干意见》，明确提出了稳步发展期货市场，在证监会的指导下，已经从"量的扩张"向"质的提升"转化。

至 2014 年年底，我国拥有的交易所有：上海期货交易所、郑州商品交易所、大连商品交易所、中国金融期货交易所，期货品种共 46 个，其中商品期货品种 44 个，金融期货品种 2 个，覆盖农业、金属、能源化工、金融等国民经济主要领域。有期货公司 153 家，总资产为 728.76 亿元。

参考文献：
尹纯：《期货贸易概论》，企业管理出版社 1995 年版。
江岩：《期货与期权市场》，泰山出版社 2004 年版。
田源、李建中：《期货交易全书》，中国大百科全书出版社 1993 年版。
［美］唐·M·钱斯：《衍生金融工具与风险管理》，中信出版社 2004 年版。

（胡颖毅）

金融期权市场
Financial Options Market

金融期权市场是金融期权交易的场所。期权，又称选择权。买入方在某一限定时期内有按照协定价格买进或者卖出某一特定商品合约的权利，但是不承担买进或者卖出的义务，只有期权的卖方才有履约的责任。

期权交易是一种权利的买卖。买主买进的并不是实物，只是买一种权利，这种权利使他可以在一定时期内的任何时候以事先确定好的价格（一般称为协定价格），向期权的卖方购买或出售一定数量的某种证券。这个"一定时期"、"协定价格"和买卖证券的数量及种类都在期权合同中事先规定。在期权合同的有效期内，买主可以行使或转卖这种权利。

现代期权市场体系可以追溯至 19 世纪，在那时基于股票的卖出期权和买入期权开始出现。20 世纪初期，一个中介公司创立了场外期权市场，成为期权买方和卖方的中介，并担任发行期权的角色。1973 年 4 月 26 日，芝加哥期权交易所为买入期权敞开了大门。这种合约非常受到投资者的喜爱，排挤了原来的股票期权交易的场外交易。芝加哥期权交易所为期权合约创设了中心市场地位，实现术语和期权合约交易条件的标准化，增强了期权市场的流动性。同时其将清算所增加了进来，保障了期权发售人履约并对期权买方的终端合约义务。此后，几乎所有的商品期货交易所都开设了期权的交易，标的资产有股票、股票指数、外汇、农产品、贵金属与利率期货等。最大的几个交易所是芝加哥期权交易所（CBOE）、纽约股票交易所（NYSE），费城股票交易所（PHLX），旧金山的太平洋证券交易所（PSE），伦敦国际金融期货期权交易所（KIFFE），巴黎的国际期货期权交易所（MATIF），以及欧洲期货期权交易所（EUREX）。欧洲期货期权交易所是德国期权期货交易所（DTB）和瑞士期权以及金融期货交易所（SOFFEX）合并的产物。

期权可以分为看涨期权（也称买进期权）和看跌期权（也称卖出期权）。买了看涨期权，买主可以在期权有效期内的任何时候按协定价格向期权的卖主购买事先规定数量的某种证券；买了看跌期权，买主可以在期权有效期内的任何时候按协定价格向卖主出售事先规定数量的某种证券。期权交易合同有统一标准，对交易金额、期限及协定价格有统一规定，这为期权市场的发展创造了便利条件。随着金融市场的发展和投资多样化，期权交易的对象从最初的股票，逐渐发展为黄金、国库券、大额可转让存单及其他一些产品。

期权交易的方法包括：（1）套做期权；（2）差额期权；（3）套跌期权和套涨期权。期权交易不同于现货交易，现货交易完成后，所交易的证券的价格就与卖方无关，因价格变动而产生损失或收益都是买方的事情。而期权交易在买卖双方之间建立了一种权利和义务关系，即一种权利由买方单独享有，义务由卖方单独承担的关系。期权交易赋予买方单方面的选择权，在期权交易合同有效期内，当证券价格波动出现对买方有利可图局势时，买方可买入期权或卖出期权，合同为买入期权的内容，卖方必须按合同价格收购证券。期权交易在合同到期前，买方随时可以行使期权，实现交割，而期货交易的交割日期是固定的。期权交易合同的权利和义务划分属于买卖的单方，只对卖方具有强制力；而期货交易合同的买卖双方权利和义务是对等的，合同对于买卖双方都具有强制力，双方必须在期货交易的交割日按合同规定的价格进行交易。

期权交易的清算所，类似于期货市场中期货清算所，在交易者之间充当中间人，记录所有的多头和空头头寸，确保期权的出售方按照合约的规定条款履行其义务，要求期权卖方缴纳保证金来确保其履约合约，买方则不需要。要求的保证金部分取决于投资者手中持有证券。例如，看涨期权的卖方将持有的标的股票记入经纪人账户中，就可以满足保证金要求；如果没有标的证券，那么保证金额则取决于标的资产与期权实值或虚值金额，虚值期权要求的保证金相对要少一些。

我国期权市场的起步较晚。郑州期货交易所从1995年开始探索期权市场的发展，郑州商品交易所被接纳为国内唯一的"国际期权市场协会"会员，并于 2003 年运行"网上期权交易模拟平台"。但目前我国的期权市场仍处于探索阶段。

参考文献：

胡俞越：《期货期权》，中央广播电视大学出版社 2006 年版。

江岩：《期货与期权市场》，泰山出版社 2004 年版。

田源、李建中：《期货交易全书》，中国大百科全书出版社 1993 年版。

[美] 唐·M·钱斯：《衍生金融工具与风险管理》，中信出版社 2004 年版。

（胡颖毅）

金融互换市场
Financial Swap Market

互换是一种金融衍生工具。在金融互换市场上，交易者之间达成协议，按照事先约定的合同条款交换现金流量。互换主要用于对冲特定风险（如利率风险和汇率风险），或者对标的价格的变动方向进行投机。绝大多数的互换通过交易所柜台进行交易（OTC），也有一些互换在期货市场中交易，如芝加哥期货交易所等。

金融互换最早出现在 1981 年，所罗门兄弟公司安排的 IBM 和世界银行之间的货币互换。在 20 世纪 80 年代初，互换交易对大多数潜在参与人来说颇为复杂，因此互换交易受到很多人的反对。随后，1985 年，国际互换交易协会（ISDA）制定了一项标准法律协定，使得互换交易得以在一个统一的规则框架下进行，极大地促进了互换交易的发展。今天，互换的交易双方可以在几秒钟内依据事先约定的标准化的法律文件完成交易。金融互换交易成为世界上交易量最大的金融合约之一，年合约价值总量大约为 426.7 万亿美元（ISDA，2009）。

金融互换本质上是一种改变风险的方法，它可以改变利率风险、货币风险、股权风险和信用风险。理论上讲，任何的金融变量只要存在风险的自然买方和卖方，就可以成为互换结构的对象。

互换交易的常见类型包括利率互换和货币互换。

利率互换（Interest Rate Swap）是交易双方协议以一定数量的名义本金作为交易标的，相互交换不同类型的利率，如浮动利率和固定利率的交换。利率互换交易通常是由于交易双方对不同类型的利率具有比较优势，一些公司在浮动利率市场具有比较优势，而另一些公司在固定利率市场具有比较优势。但是，在取得新贷款时不一定能进入其具有比较优势的贷款市场，因而产生了利率互换的需要。利率互换还可以进一步分为息票利率互换、基本利息互换以及基差互换交易等。

货币互换（Currency Swap）是一种一定数量的货币与另一种相同数量的货币本金进行交换。在货币互换中，交易对手按照当时的即期汇率交换不同币种的货币，在之后约定时间的反向互换中，仍以相同的汇率将本金换回。

参考文献：

［美］约翰·赫尔：《期权、期货及其他衍生产品》，机械工业出版社2012年版。

［美］斯塔夫里：《金融数学》，机械工业出版社2004年版。

［美］约翰·马歇尔、［美］维普尔·班赛尔：《金融工程》，清华大学出版社1998年版。

黄河：《互换交易》，武汉大学出版社2005年版。

（胡颖毅）

黄金市场
Gold Market

世界上的黄金交易也有一个固定的交易场所，即黄金市场，集中进行黄金买卖。世界各国的黄金市场由各个黄金交易所构成，这些黄金交易所通常在国际金融中心，它们组成了国际金融市场的重要部分。

黄金作为商品最主要的用途是首饰加工，其次才是工业与商业使用。财政用途的黄金库存占到了黄金总库存量的40%以上。

世界上主要的黄金生产国是南非、美国、澳大利亚、中国、俄罗斯等，这些国家的黄金资源占世界的75%，年产量近2500吨，供应了大部分的国际黄金市场。黄金的需求则包括储备需求、消费需求、投资需求等。其中，储备需求来自各国中央银行，国际货币基金组织和国际清算银行等。我国的黄金储备一度占到储备总量的60%以上，随着中国外汇储备量的不断攀升，截至2014年年底，我国黄金储备仅占储备总量的0.24%。消费需求包括工业、商业与首饰用金等，而投资与投机需求则主要来自黄金远期预售与套期交易等。

黄金贸易24小时连续进行着，世界上最主要的黄金市场包括伦敦和纽约商品交易所、苏黎世黄金市场、香港黄金市场、东京工业品交易所和孟买大宗商品交易所等，这些市场拥有巨大的交易量，并对其他黄金市场的价格有较大的影响。

世界上第一个黄金市场在伦敦建立，经过百年发展成为了最具国际影响力的黄金市场。伦敦黄金市场是一个场外交易市场，交易由五大黄金交易商等为核心组成的销售网络完成。

伦敦金银市场协会（LBMA）是伦敦黄金市场的自律组织，伦敦金银市场协会的清算数据是由其会员自己上报的，公布的清算额要远远小于实际交易额，但能代表全球柜台黄金交易的大概情况。据伦敦国际金融服务协会（International Financial Services London，IFSL）的报告估算，伦敦大约3/4的黄金交易和一半的白银交易是外国在伦敦完成的交易。它也是一个现货批发市场，是世界上唯一一个能购买到成吨黄金实物的市场。同时，伦敦黄金市场金锭品质认证是国际上金锭品质的标准。

苏黎世黄金市场则是在20世纪70年代，伦敦交易所关闭时期发展起来的，其交易主要在银行间进行。纽约商品交易所是全球最早的黄金期货交易市场，也是全球最具规模的黄金期货交易所。香港黄金市场则是由香港金银业贸易场、本地伦敦金市场和黄金期货市场三部分组成。源于1974年对黄金进出口管制的撤销，香港黄金市场也迅速发展为四大黄金市场之一。

中国的黄金产量自2008年成为全球之冠，首饰用金量仅次于印度为全球第二，场内交易市场黄金现货交易量居全球首位，黄金期货交易量位列世界第七。中国的黄金市场是以上海黄金交易所为主体，采取会员制的方式形成的。其交易可以分为场外交易和场内交易。场内交易是具有会员资格的单位，在黄金交易所和期货交易所交易标准化程度较高的产品。场外交易是标准化程度较低的投资产品，主要由商业银行销售给场外投资者。

参考文献：
中国期货业协会：《黄金》，中国财政经济出版社2010年版。
周洁卿：《中国黄金市场研究》，上海三联书店2002年版。
Gold Annual, Gold Fields Mineral Servers, 2001-2006.

（胡颖毅）

股利贴现模型
Dividend Discount Model（DDM）

股利贴现模型是一种现金流贴现模型在证券市场上的运用。现金流贴现模型是一种普遍使用的、并且理论上合理的资产定价模型，它用特定的利率对特定资产预期的未来现金流量进行贴现，估计资产的现值。这一模型需要估计资产预期的未来现金流量，以及用来折现的利率。

对于股权价值来说，预期现金流是支付给股东的红利或来自公司经营活动产生的现金，折现率则是经过风险调整的或是市场资本化比率。

股权的现金流量可以通过对以往的会计数据和未来可变价值的预测结合起来进行估计。这些数据可以估计未来的财务报表现金流量，进而计算出股利现金流。

折现率可以利用夏普的资本资产定价模型来估计。模型中，资产的收益率为无风险利率与相关风险所要求的风险溢价之和。如果用 β 来衡量相关风险，等于该资产收益与市场资产组合收益的协方差除以市场证券组合收益的方差，实际操作中，资产收益率可以表示为：

$$R = R_f + \beta \times (R_m - R_f)$$

其中，R 是资产收益率，R_f 是无风险收益率，R_m 是市场收益率。

在股利贴现模型中，持有期为 M 的情况下，股票价值可以表示为：

$$V = \frac{D_1}{1+R} + \frac{D_2}{(1+R)^2} + \cdots + \frac{D_M + P_M}{(1+R)^M}$$

其中，D_1，D_2，…，D_m 是各期的股息支付额，P_m 是持有期末出售时的股票价格。

而持有期不确定时，最终的出售价格是不确定的，股票价值可以表示为：

$$V = \frac{D_1}{1+R} + \frac{D_2}{(1+R)^2} + \frac{D_3}{(1+R)^3} + \cdots$$

股利贴现模型说明了股票价值最终取决于股票持有者获得的现金流，包括股息和资本收益等。

为了使股利贴现模型更具实用性，将模型进行简化，一个普遍和有用的做法是假设股息增长率是不变的 g。于是，股票价值可以表示为：

$$V = \frac{D_1 \times (1+g)}{1+R} + \frac{D_1 \times (1+g)^2}{(1+R)^2} + \frac{D_1 \times (1+g)^3}{(1+R)^3} + \cdots$$

固定增长率的股利贴现模型的关键假设是股息增长率固定不变，这一假设适合那些可预见未来有稳定增长率的公司。但是事实上，在公司的不同发展阶段，其股息支付政策差异很大。早期，公司有大量高盈利投资机会，股利支付较低，增长速度快。公司成熟后，缺少增长机会，增长缓慢。因此，固定增长率的股利贴现模型并不是一个接近现实的模型。

多阶段增长模型则允许股利在公司发展的各个阶段具有不同的增长率。较常使用的是三阶段增长模型。在各阶段增长率不变，初期和成熟期阶段之间有一个转换期，在这一期间，增长率从高增长逐渐变为稳定增长。

利用股利贴现模型，可以判断股票价值的低估或是高估，从而指导证券的买卖。

利用下式计算股票投资的净现值 NPV：

$$NPV = V - P = \left[\sum_{T=1}^{\infty} \frac{D_t}{(1+R)^t}\right] - P$$

当 NPV 大于零时，可以逢低买入。当 NPV 小于零时，可以逢高卖出。

比较贴现率与内部收益率的大小。内部收益率（Internal Rate of Return），简称 IRR，是当净现值等于零时的一个特殊的贴现率，即：

$$NPV = V - P = \left[\sum_{T=1}^{\infty} \frac{D_t}{(1+IRR)^t}\right] - P = 0$$

利用上述公式计算出内部收益率，然后与估计的贴现率比较。若内部收益率大于估计的贴现率，则股票被低估，可以买进。反之则可以卖出。

参考文献：

[美] 阿斯沃斯·达摩达兰：《投资估价》，清华大学出版社 2004 年版。

[美] 滋维·博迪：《投资学》，机械工业出版社 2007 年版。

（胡颖毅）

有效市场假说
Efficient Markets Hypothesis (EMH)

有效市场假说是现代金融学的范式，它的出现深刻地改变了人们对资本市场的认识，为人们研究市场效率提供了一个基本的参照系。有效市场假说起源于 20 世纪初，法国人路易·巴舍利耶（Louis Bachelier）提出随机游走假说，他首先提出用对数正态分布刻画资产的价格，指出"过去、现在甚至将来事件的折现值已经反映在市场价格之中，但是价格变化之间没有明显的联系"，也就是说，投机行为的期望利润等于零。1953年，一个名为莫里斯·肯德尔（Maurice Kendal）的英国统计学家从实证角度研究股票价格，发现不列颠工业股指数的价格的变化是随机的，并且这些变化是足够消灭可能存在的系统性影响，而这些数据的行为方式很像漫步序列。1959年，奥斯本（Osborne）对美国股票价格运动特征进行了分析，认为股票价格的运动特征与原子运动的特征非常类似。1964年，库特纳（Cootner）收集了有关市场价格行为的经典论文，出版了《股票市场价格的随机特性》一书，认为价格的变化是新信息的结果，而新信息的出现是随机的，这就使得价格变化是随机运动。萨缪尔森（Samuelson, 1965）、曼德布络特（Mandelbrot, 1966）通过数学严格证明并构造了"公平游戏"期望收益模型，为有效市场假说进行了理论上的铺垫。在总结前人理论和实证的基础上，并借助萨缪尔森（1965）的分析方法和罗伯特（Roberts, 1967）提出的三种有效形式，尤金·法玛（Eugene Fama, 1970）提出了有效市场假说，法玛在文章中清晰阐释了"有效市场"的含义："一个'有效率'的市场是指一个存在大量理性参与者活跃竞争的市场，在这个市场上，每位参与者都尽力预测未来证券的市场价值，并且当前重要的信息几乎是免费地被所有的参与者获得。在有效市场中，参与者的竞争导致这样一个状况，在任何时点上证券的实际价格已经反映了已发生事件和市场预计将来会发生事件的信息。换句话说，在一个有效市场上，证券在任何时点的价格都是它内在价值的最好估计。"简而言之，有效市场是一个价格充分反映全部可以获得的信息的市场。法玛根据可用信息集的不同将EMH划分为三种形式：弱式有效形式、半强式有效形式、强式有效形式。

弱式有效市场假说（Weak-Form Market Efficiency）认为在弱式有效的情况下，市场价格已充分反映出所有过去历史的证券价格信息，包括股票的成交价、成交量，卖空金额、融资金额等。半强式有效市场假说（Semi-Strong-Form Market Efficiency）认为价格已充分反映出所有已公开的有关公司营运前景的信息。这些信息有成交价、成交量、盈利资料、盈利预测值、公司管理状况及其他公开披露的财务信息等。假如投资者能迅速获得这些信息，股价应迅速作出反应。强式有效市场假说（Strong-Form Market Efficiency）认为价格已充分地反映了所有关于公司营运的信息，这些信息包括已公开的或内部未公开的信息。为此，如果弱式有效市场假说成立，则股票价格的技术分析失去作用，基本分析还可能帮助投资者获得超额利润；如果半强式有效假说成立，则在市场中利用技术分析和基本分析都失去作用，内幕消息可能获得超额利润；在强式有效市场中，没有任何方法能帮助投资者获得超额利润，即使基金和有内幕消息者也一样。

　　EMH 的修正与拓展。由于是讨论信息与价格之间的关系，EMH 理论暗含了三个与信息特征有关的假设前提：第一，理性投资者假设，即市场中存在大量相互竞争的、追求利润最大化的投资者，并且他们对证券的评价都相互独立；第二，随机交易假设，即证券信息是以随机的方式进入市场的，信息公布后市场对价格进行的调整是相互独立的；第三，有效套利假设，即相互竞争的理性投资者试图迅速调整市场价格，以反映新信息对证券的影响。后续的研究大多来自于对这些假设的拓展。鲁宾斯坦（Rubinstein，1975）提出同质概念只存在于禀赋、偏好和信息都相同的同质经济中，由于现实经济的异质性，因而市场参与者具有异质信念。鲁宾斯坦认为非投机信念是参与者感觉新信息充分反映到价格中的充要条件；一致信念是参与者感觉全部信息反映到价格中去，即 EMH 成立的充要条件。这就修正了法玛的同质信念假定。詹森（Jensen，1978）提出考虑将交易成本加入到有效市场定义中，这为以后的实证研究奠定了基础。其后，格罗斯曼和斯蒂格利茨（Gross man；Stiglitz，1980）将信息成本和交易成本引入 EMH 中，并且从理论上证明了价格反映信息的充分程度，即是说这种充分程度将达到按信息行动的边际收益等于其边际成本之处，同时也说明了完全信息有效是不可能存在的。从另一个角度说明，市场无效的程度也取决于投资者愿意收集信息和用其进行交易的努力。勒罗伊（LeRoy，1973）经过建模研究，证明了随机游走模型不是 EMH 的充分必要条件，放弃了随机游走模型。换句话说，过去的收益、红利收益率、市盈率、违约溢价等都可以在一定程度上预见股价未来的走势。为此，法玛（Fama，1991）重新对有效市场进行了分类，建议将第二类和第三类的名称修改为事件研究检验和内幕信息检验，并扩大了弱型有效市场覆盖的范围，增加了股利回报率、利率等变量对收益的预测。马尔基尔（Malkie，2003）没有强调三种有效形式，从三个不同的层面对有效性进行定义：信息是指全部信息，价格对全部信息得到了反应；若主要交易者得到了某种信息，但是证券价格却不受影响，则说明市场对这种信息是有效的；如果某种信息的存在并不能使其持有者获得超额利润，则该信息是有效的。

　　弱式有效市场假说的检验主要是通过检验过去的价格（或收益率）走势能否预测将来的价格（或收益率）来实现的。这方面的研究早期检验大部分是针对随机游走的检验，后续研究侧重于对一些价格异象的解读。反转效应（Contrarian）和动量效应（Momentum），动量效应是指投资组合在持有期股价的波动方向与形成期（过去一段时间）的方向一致的现象；反转效应是指投资组合在持有期的波动方向与形成期的方向持续相反的现象。邦德和泰勒（De Bondt, Thaler, 1985, 1987）最早提出反转效应的存在，他们发现1926~1982年在NYSE股票形成期和持有期为3~5年时的零投资反转策略可获得25%的超额收益，从而表明资产价格具有长期反转特征。杰格迪什和蒂特曼（Jegadeesh, Titman, 1993）对动量效应的研究广为人知，他们利用美国股市1965~1989年的股票历史数据来构造零成本动量策略，结果发现各零成本组合策略的异常收益（赢者组合减去输者组合）都显著为正，平均年收益达到12%。这表明资产价格具有短期正反馈特征。总体而言，虽然随机游走模型不是严格成立的，但确实存在着对随机性的背离并未大到足以有未挖掘的投资机会。最后，有大量的经验证据支持若有效市场假说，股票价格运动的历史好像也没有为投资者提供任何使它们能更好地实施简单的购买——持有投资策略的信息。

半强式有效市场假说主要通过检验是否能够利用证券交易史之外的现有公开信息来提高投资业绩。但令人惊奇的是，有几个容易获得的统计量似乎能够预测非常规风险调整收益，即市场异象。具体包括：规模溢价之谜（Size Premium Puzzle），也称为小公司效应（Small-Size Effect），规模溢价之谜是考虑市场风险后，小规模公司的股票收益大于大规模公司的股票收益的现象。雷格纳姆（Reinganum, 1981）发现规模排名在后10%的公司与规模排名在前10%的公司之间年收益率的差异高达30%。B/M效应，B/M是实业资本账面价值B和市场价值M的比值，B/M效应指股票收益和B/M比值成正比的现象。拉孔尼施科特（Lakonishoketal, 1994）发现增长型股票的收益显著低于价值型股票的收益，并且这种差异并非两类股票风险的差异造成的，因为增长型股票的风险比价值型股票的风险大，尤其在大盘下跌和经济衰退时，增长型股票的相对业绩尤其差。P/E效应是指市场价格P和实业资产的盈利E的比值——市盈率P/E对横截面的资产价格具有显著解释力。雷格纳姆（Reinganum, 1981）、尚塔尔（Chanetal, 1991）、法玛、弗伦奇（Fama, French, 1992）和布洛维托（Brouweretal, 1996）也发现投资于低市盈率的股票会带来较高收益。盈利动量效应是指公司盈利信息公布后，盈利增加公司的累计异常收益率（Cultimate Abnormal Return, CAR）持续增加，而盈利下降公司的累计异常收益率持续下降的现象。对于这些异象，法玛和弗伦奇认为这些效应可以被解释为风险溢价的典型表现，并且值得注意的是一些异象在学术公布后并没有太大的持续力。

强式有效市场假说的检验方法是通过了解具有内幕信息的投资者是否能获得超额收益，主要集中于对公司经济、专家经济人和投资基金管理人能否获得超额收益。马尔基尔（Malkiel，1995）研究发现，即使在一些业绩不好的基金被其他基金吸收而忽略这些差业绩基金的数据情况下，基金业总体仍无法战胜市场。詹森（Jensen，1968，1969）研究了 100 余只基金在十年中的表现，在不考虑各种费用时，基金并不总能战胜市场，而在考虑投资者支付费用后的收入时，115 个基金中的 89 个低于市场表现。总体而言，市场是十分有效的，但是特别勤奋、智慧或创造力的基金经理都可以期待得到应有的报酬。

综而述之，在利用信息方面，股票市场显然是有效率的。无规则的定价确实可能存在，甚至持续一段时间，市场也会经常为一时的浪潮所左右，然而，任何市场股价的过度调整最终将得到校正。毫无疑问，随着时间的流逝以及我们在资料基础的经验方法精度上的提高，我们将会进一步证实效率上的偏差，并更充分地理解它们的成因。

从 20 世纪 90 年代开始，我国不少学者开始检验我国股票市场的有效性。总体而言，1997 年以前的研究多倾向于我国并未到弱有效的结论；但 1998 年以后的一些实证检验都表明中国股票市场开始从无效向弱有效迈进。

参考文献：

［英］ 约翰·伊特韦尔等：《新帕尔格雷夫货币金融大辞典》，经济科学出版社 1996 年版。

［美］ 滋维·博迪等：《投资学》，机械工业出版社 2010 年版。

丁志国、苏治：《基于市场摩擦的广义有效市场假说》，载于《吉林大学社会科学学报》2009 年第 6 期。

陈雨露、汪昌云：《金融学文献通论（微观金融卷）》，中国人民大学出版社 2006 年版。

宋军、吴冲锋：《金融资产定价异常现象研究综述及其对新资产定价理论的启示》，载于《经济学季刊》2008 年第 1 期。

刘少波：《资本资产定价理论：范式转换与演进》，经济科学出版社 2010 年版。

Fama, E., The Behavior of Stock Market Prices, *Journal of Business*, Vol. 38,

1965.

Fama, E. Efficient Capital Markets: A Review of Theory and Empirical Work, *Journal of Finance*, Vol. 25, 1970.

（董青马）

套利定价理论
Arbitrage Pricing Theory

20世纪70年代以来，资本资产定价模型面临重大挑战，越来越多的学者认为投资组合理论和资本资产定价模型的假设不符合现实，如信息不能免费立即获得，交易成本是存在的。1976年，美国经济学家罗斯（Stephen A. Ross, 1976）在《经济理论杂志》上发表了经典论文《资本资产定价的套利理论》，在这篇论文中，罗斯放松了资本资产定价模型中的假设，在"完善市场中不存在套利机会"的假设前提下，导出了证券市场中一种替代性的均衡模型，即套利定价理论（APT）。套利定价理论的出发点是假设证券收益率与一组未知数量的未知因素线性相关，这组因素代表影响证券收益率的一些共同的基本因素。套利定价模型理论包括单因素模型和多因素模型。

套利定价的理论假设：（1）证券收益能用因素模型表示；（2）有足够多的证券来分散不同的风险；（3）有效率的证券市场不允许持续性的套利机会。

套利定价理论的基本原理为：由无套利原则，在因素模型下，具有相同因素敏感性的资产（组合）应提供相同的期望收益率。单因素套利定价理论假设证券收益率符合单因素模型，考虑充分分散的投资组合 i（组合的非因素风险为零），其收益率为：$R_i = E(R_i) + b_i F$，其中，F 表示公共因素对其期望的偏离，即未预期到的变化，根据市场有效性原则，其期望 = 0；那么，当市场无套利均衡时，有：$E(R_i) = R_f + b_i (ER_F - R_f)$。

多因素套利定价理论。在现实生活中金融市场的具体运作里，有许多影响证券收益率的因素，例如国民收入、通货膨胀、产业、公司本身规模等。因此，分析某一投资组合或某一证券时，多因素模型将具有更为实际的也更为有力的解释能力与预测能力。多因素模型如下：$\bar{r}_i = r_f + (\delta_1 - r_f) b_{i1} + (\delta_2 - r_f) b_{i2} + \cdots$，其中 $\lambda_i = \delta_i - r_f$ 为纯因子组合 i 的风险价格，b 被称为风险敏感度或因子载荷。针对因素的选择，罗尔和罗斯（Roll, Ross, 1986）对其进行了研究，他们将股票分组后，对每一组股票首先采用因子分析方法来估计影响股票收益率的因子数目，并估计每只股票的因子载荷；然后，利用股票收益率数据和已估计出的因子载荷做横截面回归，估计因子的风险溢价，进而检验多因子模型的适用性。帕里和陈（Pari，Chen）收集了1975~1980年，2090家公司股票月报酬回报率，以因子分析辨认重要因素，使模型的残差相互独立，以符合APT的假设，他们归纳了三类因素，即总体经济活动（其强弱可以GDP的增减来代表）、通货膨胀因素（影响消费者的消费能力）、利率变动（影响公司的资本成本，进而影响公司的发展）。

套利定价模型不像资本资产定价模型那样依据预期收益率和标准差来寻找资产组合，对风险资产的组合也仅依据收益率，即使该收益率与风险有关，风险也不过是影响组合收益率的众多因素之一。套利定价模型允许资产收益与多种因素相关，其中纳入了增长系数、周期系数、能源系数和稳定系数等超市场因素，用其计算的风险值比用单一指数模型（资本资产定价模型）更为精确。并且，套利定价模型适用于任意资产组合集合，因此在检验该理论时不必去衡量全部资产的集合。此外，套利定价模型假定收益是一个因素模型产生，因而对投资者的效用函数（风险偏好）未做特定假设，仅仅要求投资者是一个偏好拥有财富多多益善者即可。因此，套利定价模型理论较资本资产定价模型更具有实用性。但是套利定价模型还存在缺陷，首先，模型结构模糊。关于套利定价模型中的多因素模型中，因素中应该包含哪些风险因子，还没有定论。目前影响证券收益率的因素有：商业周期、利率的期限结构、违约风险、短期通货膨胀率、通货膨胀率的预期。根据红利贴现模型，任何证券的价值是由其未来现金流的现值所决定的，商业周期与公司的盈利能力密切相关，即影响公司未来的红利政策，而其他4个风险因子会显著影响现金流的贴现率。至于其他因素对资产收益的影响可以通过以上5个风险因子来反映，套利定价模型中的因素应当包括这些风险因子。其次，实证检验非常困难。就目前而言，对套利定价模型的实证研究还停留在早期阶段，特别是对套利定价模型的检验难以设计，因为套利定价模型本身只是说明了资产定价的一个结构。因此，在实际运用中，我们仍需根据不同的投资目的、投资方式等进一步完善套利定价模型，使套利定价模型更贴近现实。

套利定价理论在我国的应用。曹红英、阳玉香（2005）通过对套利定价模型在深圳股票市场的有效性进行实证检验，得出公司规模、市值与账面价值比以及市盈率对股票收益率的影响是不显著的，套利定价理论目前在我国证券市场是不适用的。李佼瑞（2002）认为股票市场的非系统风险对股票的价格、投资者的投资信心及投资决策都有较大的影响，这就要求政府部门制定监管政策时，要充分考虑使政策对股票市场的非系统风险影响尽可能减小。刘霖、秦宛顺（2006）以我国沪深市场 6 年的股票价格数据为依据，利用因子分析方法检验了影响股票收益率的因子数目，在此基础上进一步对套利定价模型在中国股票市场的适用性做了细致的检验。研究发现，影响股票收益率的因子有 9 个左右，明显多于美国股市上的因子数目。但套利定价模型并不适用于中国股市，这很可能意味着中国股市没有达到充分竞争的要求，市场中可能存在套利机会。王荣娟（2010）用探测性因子法，对上海证券交易所重工业制造业的股票日收益率数据进行了因子分析，得出了上海证券交易所的钢铁、汽车、医药以及重工业等行业基本符合套利定价理论的结论。

参考文献：

刘红忠：《投资学》，高等教育出版社 2003 年版。

王江：《金融经济学》，中国人民大学出版社 2006 年版。

宋逢明：《金融工程原理——无套利均衡分析》，清华大学出版社 1999 年版。

邵宇、刁羽：《微观金融学及其数学基础》，清华大学出版社 2008 年版。

苏萍：《套利定价理论的检验及在证券组合投资决策中的应用研究》，南京气象学院硕士毕业论文，2004 年。

刘霖、秦宛顺：《中国股票市场套利定价模型研究》，载于《金融研究》2004 年第 6 期。

王荣娟：《套利定价理论及其在重工制造业的实证分析》，载于《经营管理者》2010 年第 3 期。

田大伟：《宏观因子套利定价模型的因子筛选及在中国股票市场的应用》，载于《西安财经学院学报》2006 年第 5 期。

Ross. S. A., The Arbitrage Theory of Capital Asset Pricing, *Journal of Economics Theory*, 1976.

Roll, R. and Ross. S. A. A., Critical Reexamination of the Empirical Evidence on the Arbitrage Pricing Theory: A Reply, *Journal of Finance*, 1984.

Huberman, G., A Simple Approach to Arbitrage Pricing, *Journal of Economics Theory*, 1982.

Ingersoll, J., Some Results in the Theory of Arbitrage Pricing. *Journal of Finance*, 1984.

（董青马）

期权定价理论
Option Pricing Theory

期权价格等于期权的内在价值加上时间价值。期权的内在价值是指期权的买方行使期权时可以获得的收益的现值。期权的时间价值则是指在期权有效期内标的资产价格波动为期权持有者带来收益的可能性所隐含的价值。影响期权价格的因素众多，期权定价较之其他衍生金融工具的定价更为复杂，因而其定价问题也成为金融理论界研究的重点。早在1900年，路易·巴舍利耶（Louis Bachelier, 1990）首次提出用随机游动描述股票价格运行规律的数学模型，给出了确定到期日看涨期权的预期价值，但是其模型忽略了股票价格不可能为负以及平均预期价格变化不为零的条件。经过半个多世纪的发展，斯普里克尔（Sprenkle）修正了巴舍利耶模型的一部分缺陷，他假设股票价格遵从几何布朗运动，即用股票回报代替股票价格，避免了股票价格出现负值的情况。巴恩斯（Baness）和萨缪尔森（Samuelson）对巴舍利耶的模型进行了更为完整的修改，不仅避免了股票价格为负的可能性，并且还考虑到了贴现率的问题。但是他们的模型仍然有缺陷，在实际交易中不能得到广泛的应用，因为他们的研究结果依赖于投资人的个人偏好。1973年布莱克（Black）和斯科尔斯（Scholes）在前面几位学者成果的基础上，在作出一系列假设的情况下，推导出了著名的Black-Scholes定价公式。同年，莫顿（Merton）也得到了同样的有关期权定价的公式和相关结论。他们的研究结果大大推动了衍生品市场的发展，斯科尔斯和莫顿也因此获得了1997年的诺贝尔经济学奖。由于Black-Scholes定价公式是在很多假设条件存在的前提下得到的，因此之后的学者都在致力于弱化其假设条件，对期权定价问题做了大量研究。

1973年布莱克和斯克尔斯在《期权定价与公司债务》一文中提出的期权定价模型（Black-Scholes模型）在期权定价理论的发展中具有里程碑的意义。该理论的核心在于设计了一个套期组合策略，使得期权市场投资的风险为零。模型告诉我们，如果构造了这样的套期组合，在完全复制期权的收益及风险特性的情况下，构造该套期组合的当前成本、该套期组合在期权到期日价值的期望值按无风险利率贴现的现值,均应当与期权当前的公平价值相等。B-S 期权定价公式是在一系列假设前提下得到的,分别是:第一,作为基础商品的股票价格是随机波动的,而且满足几何维纳(Geometric Wiener Process),同时股价服从对数正态分布;第二,允许使用全部所得卖空衍生证券;第三,资本市场是完善的,不存在交易费用税收以及保证金等因素;第四,市场提供了连续交易机会;第五,在期权的有效期内,无风险利率为常数,投资者可以此利率无限制地存款或者贷款;第六,股票不派发股息,期权为欧式期权;第七,不存在无风险套利机会。

布莱克—斯科尔斯(Black-Scholes)期权定价方法的基本思想是:衍生资产的价格及其所依赖的标的资产价格遵循相同的维纳过程,通过建立一个包含恰当的衍生资产头寸和标的资产头寸的资产组合,消除维纳过程,使标的资产头寸与衍生资产头寸的盈亏相互抵消,最终构成无风险资产组合。在不存在无风险套利机会的情况下,该资产组合的收益应等于无风险利率,由此可以得到衍生资产价格的布莱克—斯科尔斯微分方程。通过求解这个偏微分方程,可以得到欧式看涨期权的定价公式,即 B-S 公式:

$$p(S, t) = SN(d_1) - XN(d_2) \cdot \exp[-r(T-t)]$$

其中,

$$d_1 = \frac{\ln\left(\frac{S}{X}\right) + (r + \sigma^2/2)(T-t)}{\sigma\sqrt{T-t}}$$

$$d_2 = \frac{\ln\left(\frac{S}{X}\right) + (r - \sigma^2/2)(T-t)}{\sigma\sqrt{T-t}} = d_1 - \sigma\sqrt{T-t}$$

$N(\cdot)$ 为累计正态分布函数,$N(x)$ 表示均值为 0 标准偏差为 1 的标准正态分布变量的累计概率分布函数(即这个变量小于 x 的概率)。

$$p(S, t) = -SN(-d_1) + XN(-d_2)\exp[-r(T-t)]$$

布莱克—斯科尔斯模型为投资者提供了适用于股票的任何衍生证券且计算方便的定价公式,但它的推导及运用同样受到各种条件的约束,显然过于严格的假设削弱了原始定价公式在现实中的运用,使其在理论和应用上存在缺陷。因此,自从布莱克和斯科尔斯的论文发表以后,由莫顿、考克斯(Cox)、鲁宾斯坦(Rubinsetein)等一些学者相继把这一理论扩展到基于支出连续红利收益的欧式期权、股票指数期权、货币期权和美式期权等的定价问题上,大大增强了其适用性。

在为期权定价时，理论界还经常采用数值方法。用数值方法为期权定价的代表性理论是二项式期权定价模型、蒙特卡洛模拟方法和有限差分法。

1979年，考克斯、罗斯（Ross）和鲁宾斯坦的论文《期权定价：一种简化方法》提出了二项式模型（Binomial Model），也称为二叉树法（Binomial tree），该模型建立了期权定价数值法的基础，解决了美式期权定价的问题。

二项式模型有两个重要的假设前提：股价生成的过程是随机游走过程，服从二项分布，即把期权的存续期T分成N个相等的区间Δt，在每一个区间内，股价会上下波动；风险中性。在两个假设成立的条件下，考虑一个不付红利股票期权的估值。令标的资产价格在每一个相等的时间间隔Δt内，从S上升到Su的概率为p，下降到Sd的概率为1-p。而标的资产价格的变动率服从正态分布，在风险中性条件下，可以得到：

$$u = e^{\sigma\sqrt{\Delta t}} \qquad d = \frac{1}{u} \qquad p = \frac{e^{u\Delta t} - d}{u - d}$$

蒙特卡罗模拟方法是一种对欧式衍生资产进行估值的方法，其基本思想是：假设已知标的资产价格的分布函数，然后把期权的有效期分为若干个小的时间间隔，借助计算机的帮助，模拟Δt时间股价在风险中性世界中的一条可能的路径。这样就可以计算出期权的最终价值。这一结果可以被看作是全部可能终值集合中的一个随机样本，再选取该变量的第二条样本路径，可以获得第二个随机样本。更多的样本路径可以得出更多的随机样本。如此重复多次，得到T时刻期权价格的集合，对这些随机样本进行简单的算术平均估计$\hat{E}(f_T)$，就可求出T时刻期权的预期收益。最后，把T时刻期权的预期收益f_T用无风险利率折现就可以得到当前时刻期权的价值。当然，也可以将计算出每个样本终值进行贴现，再做算术平均，也可以得到期权0时刻的价值，公式表示为：

$$f = e^{-rT}\hat{E}(f_T)$$

其中，f为期权价格，$\hat{E}$代表风险中性世界中的期望，r为无风险利率。蒙特卡洛模拟方法借助计算机，可以进行高效的运算，可以克服标的资产的预期收益率和波动率函数形式复杂时的情况，但是只能给欧式的衍生证券定价，而不能用于可以提前执行的美式衍生证券，当然也包括美式期权。

有限差分法将标的变量的微分方程转换成差分方程来求解。类似于二叉树图方法，计算是从衍生证券有效期最后时候开始，倒推回衍生证券有效期的初始时刻。外推的有限差分法在功能上与三叉树图方法类似。内含的有限差分法比外推的有限差分法更加复杂，但优点是使用者不必为了保证收敛性而进行特定的事先假设。有限差分法既可以用来求解欧式期权的价格，也可以用来求解可以提前执行的美式期权的价格。

除了上面介绍的这些常见的期权定价理论之外，近年来，各种从不同角度对期权进行定价的研究发展迅速，研究重点转到了随机波动性、差异利率、具有交易费用等条件的定价问题。比如 ε - 套利定价方法和区间定价法，是基于非完全市场来进行定价的。在非完全市场，传统定价方法、布莱克—斯科尔斯定价法、二项式模型法和有限差分法失去了适用性，因为在这样的市场上，不存在可以完全复制的策略，这也为其他期权定价方法的发展提供了契机。

国内对于期权定价方面的研究主要分为两大类：

一类是对国外各期权定价模型进行总结综述，并在此基础上进行扩展，推导出在不同假设条件下的期权定价模型。比如宋逢明（1998）比较全面地介绍了期权定价理论的基本内容、后续发展及其在理论上和实践中对于推动现代金融发展的重大意义。杨峰（1998）对布莱克、莫顿和斯科尔斯期权定价理论进行了评述，并对其应用进行了简单介绍。马超群、陈牧妙（1999）在股票价格几何布朗运动之上加上各种跳跃，推导出了不同于布莱克—斯科尔斯微分方程的一个期权定价模型。郑立辉（2000）在鲁棒控制的框架下给出了期权卖价、买价和公平价格的严格定义，然后求解得到了定价模型值函数的封闭解，最后给出了期权价格及其对冲策略的显式表达式。屠新曙、巴曙松（2001）在总结外汇期权定价理论的基础上，把 Markov 过程应用进去，成功地推出了基于这一过程的外汇期权定价模型。刘海龙、吴冲锋（2002）对期权定价方法及其实证研究进行了较详细的分类综述，突出综述了既适用于完全金融市场、又适用于非完全的金融市场的确定性套利定价方法、区间定价方法和 ε - 套利定价方法。闫海峰、刘三阳（2003）假定股票价格过程遵循带非时齐 Poisson 跳跃的扩散过程，并且股票预期收益率、波动率和无风险利率均为时间函数的情况下，获得了欧式期权精确定价公式和买权与卖权之间的平价关系。魏正元（2005）在布莱克—斯科尔斯模型的基础上，用含有多维 Poisson 过程的 Ito-Skorohod 随机微分方程描述标的资产价格的动态运动，应用等价鞅测度变换方法导出一般形式的欧式期权定价公式。安占强、徐洁媛（2007）完善了非正态分布二叉树模型的参数计算，给出了美式期权的非正态分布算法和有派息二叉树模型及非正态分布二叉树模型的 VBA 函数，实现了非参数期权定价。程度琴、杨琴（2008）

围绕布莱克—斯科尔斯期权定价模型，对其成立的前提条件、推导过程作了较为详细的说明，并通过实例运用模型进行期权定价，简单分析了期权价值对布莱克—斯科尔斯期权定价模型中各个变量的敏感性。李长林、丁克诠（2008）在假设跳跃幅度服从均匀分布假设前提下，初步建立起股票价格服从不对称跳跃—扩散过程期权定价模型。汪来喜、丁日佳（2008）将应用GARCH模型估计出的标的股票的收益波动率代入B-S期权定价公式，成功地提高了B-S期权定价公式的精确度。洪铁松（2010）就B-S拓展模型当中的Takaoka模型，利用蒙特卡洛法对基于该类模型上的欧式期权的定价进行了数值计算等。

另一类研究的重点集中在期权定价理论的应用方面，又可以分为对可转债等有期权性质的金融工具的定价和对实际项目如公司并购的定价。

在实际项目定价方面，如朱玉旭、黄洁纲、吴冲锋（1997）探讨了用期权理论去评估序列投资项目的方法。姚铮（2000）分析和探讨了企业战略投资的期权性质及期权的种类，并对投资决策中的期权价进行了案例分析。安瑛晖、张维（2001）对期权定价理论和博弈论在企业项目投资估价和决策中应用的新方法——期权博弈理论方法进行分析研究，总结归纳出期权博弈方法的一般化分析框架。魏志宏（2004）用莫顿（Merton）的期权定价模型及其扩展给中国的存款保险进行定价。王志诚（2004）用期权定价理论成功的分析了抵押贷款的信用风险。郑振龙、王保合（2006）将股权分置改革看做上市公司拥有的永久性美式看涨期权多头，运用期权分析框架，分析了股权分置改革时机的选择问题、流通股股东与非流通股股东的博弈、预期与价格跳跃过程，找到了该期权定价公司和提前执行该美式期权的最优执行边界。刁兆峰、程婧（2008）指出公司股票是基于公司价值的看涨期权，因此可用B-S模型和欧式看涨期权二叉树定价公式对公司股价进行计算。毛捷、张学勇（2009）根据我国金融机构贷款定价决策的经验事实，建立了一个基于亚式期权定价方法的内生违约贷款定价模型来给贷款进行定价。王三强、李金山（2011）将Black-Scholes期权定价模型应用到房地产投资分析中，对其进行推导并构建适用于房地产投资决策的模型等。

在可转债等具有期权性质的金融工具定价方面，顾勇、吴冲锋（2001）为国有股权的退出设计了发行基于回售条款的可换股债券这一退出模式，在作理论分析的基础上，给出了定价的数值仿真算法。郑振龙、林海（2004）根据中国可转换债券的具体特征，构造了中国可转换债定价的具体模型，并通过具体的参数估计，对中国的可转换债券的合理价格进行了研究。赖其男、姚长辉、王志诚（2005）针对我国可转债市场与条款设计的特殊性，综合考虑各种模型的应用条件、参数估计等因素，寻找最适合我国可转债特色的定价模型。李杰、刘君（2006）选用类似于麦康纳（McConnell）和施瓦茨（Schwartz）的单因素模型，结合中国的实际加入了信用风险考虑，使用布莱克—斯科尔斯模型对可转债进行全面的成分定价分析。潘涛、邢铁英（2007）在经典的 Black-Scholes 模型基础上做了一系列定价修正模型的经验分析，从随机波动率的角度对公式进行了相应的调整，运用 GARCH 定价修正模型，力求找出适应中国权证市场的 Black-Scholes 模型定价方法。王晓庆（2007）以西方理论界的期权定价研究为基础，对适合我国证券市场的权证定价模型进行了系统的研究，得出修正的权证定价模型，以期更为精确地计算权证的价值。魏法明（2007）以招行认股权证为研究对象，运用 Black-Scholes 模型和数值法时其进行实证定价，并对二者之间的差距进行了探究。郑振龙、邓雪春（2010）应用线性多因子模型研究了我国权证的定价能力，发现权证是非冗余的，故对风险资产的收益率有解释能力，且对小公司和价值股的解释能力强于大公司和成长股。朱鲵华、谢燕（2011）运用 Black-Scholes 期权定价和二叉树定价对我国沪市发行 4 只认购权证和 1 只认沽权证的理论价值进行了测度。

就国外经验来看，期权定价理论的进步，推动了金融衍生产品产生和发展，这些新型的衍生产品扩展了风险共担的机会，促进了金融市场的完备，降低了交易成本，有效提高了市场的流动性，从而提高了风险管理的有效性，促进了金融市场的发展。因此，可以预见，我国对于期权定价理论的研究也将促进我国金融市场的发展和进一步完善。

参考文献：

郑振龙、邓雪春：《金融衍生品的定价能力研究：以中国市场权证为例》，载于《商业经济与管理》2010 年第 2 期。

屠新曙、巴曙松：《基于 Markov 股价过程的外汇期权定价模型》，载于《国际金融研究》2001 年第 12 期。

安瑛晖、张维：《期权博弈理论的方法模型分析与发展》，载于《管理科学学报》2001 年第 1 期。

刘海龙、吴冲锋：《期权定价方法综述》，载于《管理科学学报》2002 年第 4 期。

李长林、丁克诠：《股票价格服从不对称跳跃——扩散过程的期权定价模型》，载于《经济研究导刊》2008 年第 18 期。

安占强、徐洁媛：《非正态分布下的二叉树期权定价模型》，载于《统计与决策》2007 年第 11 期。

宋逢明：《期权定价理论和 1997 年度的诺贝尔经济学奖》，载于《管理科学学报》1998 年第 2 期。

Black, F., Scholes, M., The Pricing of Options and Corporate Liabilities, *Journal of Political Economy*, Vol. 81, No. 3, 1973.

Cox, J. C., Ross S. A., Rubinstein M., Option Pricing: A Simplified Approach, *Journal of Finance*.

（董青马）

投资组合理论
Portfolio Theory

投资组合理论的思想起源于分散投资的理念。在马科维茨（Markowitz）投资组合理论提出之前，已有许多学者提出了分散投资的思想。希克斯（Hicks, 1935）阐述了分离定理的思想，即投资者为了获得高收益低风险，会选择无风险资产和风险资产的最优组合点。凯恩斯（Keynes, 1936）和希克斯（Hicks, 1939）提出了风险补偿的概念，并且认为风险可以分散。威廉姆斯（Williams, 1938）认为证券投资多样化有助于降低风险，提出了分散折价模型，并假设总存在一个满足收益最大化和风险最小化的组合。李文斯（Leavens, 1945）证明了分散化的优势。马科维茨（Markowitz, 1952）发表了《资产选择》一文，首次提出投资组合理论，并进行了深入分析和研究。马科维茨提出用统计上的均值—方差概念来衡量证券或证券组合的收益与风险，进而对投资组合和选择问题进行了研究。1959 年，马科维茨（Markowitz）出版了同名著作，进一步阐述了他的投资组合问题。

马科维茨投资组合理论假设：（1）投资者全部是风险规避者，即投资者每承担一定的风险，就必然要求与其所承担的风险相应的收益来补偿。如果用纵坐标表示证券或证券组合的预期收益率，横坐标表示证券或证券组合的风险大小（用标准差衡量），那么该投资者的无差异曲线为向右上方倾斜的二次型曲线。（2）投资者投资于公开金融市场上的交易资产，只进行单期投资决策，其投资决策只受当期因素的影响。并且投资者对其证券或证券组合的持有期完全相同，因而该理论实质上是一种静态的投资决策。（3）假设投产的收益和风险状况可以通过资产收益率的均值和方差反映。投资者是理性的，即同一均值水平上方差小的投资优于方差大的投资；同一方差水平上均值大的投资优于均值小的投资。（4）市场不存在不完全信息，所有的市场参与者均能免费获得同样的信息。并且，投资者对市场上各种风险资产的预期收益率和风险大小以及各种资产之间的相关系数都有一致的认识，即齐性预期假设。（5）不考虑税收、交易成本等因素，即市场环境是无摩擦的；不允许风险资产的卖空交易。（6）不考虑无风险资产，投资者不可以按无风险利率进行资金的借贷。

投资组合的可行集和有效边界。可行集是指投资者面临的所有可能的投资组合的集合。有效集中的投资组合必须满足以下两个条件：既定的风险水平下实现最大的预期收益率；既定的收益水平下实现最小的风险水平。变换两资产在组合中所占的权重，可以模拟出不同相关系数 ρ 情况下组合的标准差与预期收益率的关系，即可求出可行集。然后，在此基础上求解在既定预期率收益水平下的最小标准差组合和在标准差既定下的最大预期收益率组合，就得到了有效集。全局最小方差以上的最小方差集被称为风险资产的有效边界（Efficient Frontier of Risky Assets）。如图 1 所示，M 点所代表的组合称为最小方差组合；曲线 AB 称为最小方差集；曲线 BM 为有效边界。绿色区域代表可行集。

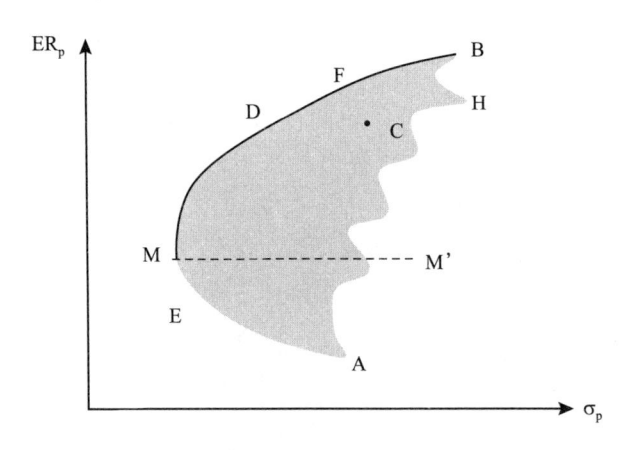

图 1　投资组合的可行集和有效边界

马科维茨投资组合理论是历史上第一次运用现代微观经济学和数理统计的规范方法对投资领域中的收益和风险进行的全面研究，是现代投资组合理论的起点，为后续的 CAPM 等理论发展奠定了基础。马科维茨投资组合理论运用统计学的均值和方差等概念为金融资产的风险与收益分析提供了科学的依据，使得现代风险分析基本框架在现代金融理论中得到确立，并且建立了一系列的基本概念。同时，马科维茨投资组合理论提出的有效投资组合概念和投资组合分析方法大大简化了投资分析的难度。此外，该理论严格证明了只要投资者投资于多样化的风险资产就能够降低非系统风险。也就是说，只要投资组合设计得足够好，那么投资组合不应该含有任何非系统性风险。因此，市场不对非系统风险进行风险补偿，而只对系统风险进行补偿。但是，马科维茨投资组合理论存在局限。马科维茨投资组合理论的理论假设过于严格，与现实相去太远，比如，该理论没有考虑到西方金融市场实践中现实存在的可以卖空风险资产的情况。还有，该理论没有考虑现实中存在的无风险资产情况。马科维茨投资组合理论面临的主要问题是，他所提供的方法对普通投资者而言应用难度太大，只有一些大型的机构投资者才能运用，并且该理论在实际运用中还面临计算烦琐等问题。

马科维茨投资组合理论的扩展。1963 年，威廉·夏普（William F. Sharpe）发表了《对于"资产组合"分析的简化模型》一文，首次提出了一个单指数模型，解决了马科维茨投资组合理论实际运用时所面临的大量繁重和复杂的计算，极大地简化了马科维茨投资组合模型，从而提高了投资组合理论的实际应用价值。更重要的是，单指数模型为资本资产定价模型奠定了基础。布莱克（Black）模型允许卖空风险资产，放宽了马科维茨投资组合理论的前提条件。理论上讲，在允许风险资产卖空，且不存在无风险资产借贷的条件下，只要建立两个有效基金就可以复制出整个最小方差集和有效集，投资者无须购买单只股票，只要购买基金所发行的收益凭证或股份即可。托宾（Tobin）模型引入了无风险借贷，在引入无风险借贷假设之后，马科维茨有效集就蜕变成为一条射线，该射线经过无风险资产并且与初始的马科维茨有效集相切于一点。此外，有的学者针对马科维茨组合模型假设中的市场效率、风险测度、参数估计时效性、零交易费用等假设条件进行了分析，提出了马科维茨组合理论在我国运用存在的主要问题，并对组合证券投资优化模型的改进提出自己的思路；有的学者对马科维茨组合模型进行了修正、调整或提出投资组合新模型，例如有线性规划方法、二次规划方法和神经网络方法等。

马科维茨投资组合理论在我国的研究与应用。国内有许多学者对投资组合理论进行了研究。张金清（2004）对非理性条件下的投资偏好与投资组合选择问题进行了研究，作者用 VAR 值的大小反应投资者承担风险的意愿程度，值越大，风险容忍程度越高，值越小则风险厌恶程度越高，并在正态分布假定下讨论了投资选择问题。唐小我等对均值—方差类模型做了深入的研究，同时，对模型求解算法进行了分析，其有关研究成果收录在《现代组合预测和组合投资决策方法及应用》（2003 年版）一书中。陈金龙和张维（2002）是国内早期介绍洛克菲勒和尤尔约瑟夫的 CVaR 投资组合优化模型的学者。刘彪和刘小茂（2006）运用蒙特卡洛模拟法对 VaR 和 CVaR 模型做了分析和模拟。朱书尚、李端、周迅宇和汪寿阳（2004）对投资组合优化问题做了比较系统的总结和研究展望。侯成琪、徐绪松（2007）在"上证 180 指数"的指标股中任意选取 15 种股票，以这 15 种股票在 2000~2006 年这 7 年内的周收盘价为样本数据并计算相应的连续复利收益率，通过实证研究发现，在保险资金投资管理中，采用基于 Kendall τ 的投资组合模型能够取得比均值—方差投资组合模型更好的风险分散效果。

马科维茨投资组合理论与我国证券市场投资者组合投资实践尚存在许多问题。一是市场有效性问题。目前，我国上市公司信息披露存在着大量的虚假性，不充分性和不及时性，导致市场信息不能完全反映在价格中，我国市场不是一个有效市场。二是交易费用问题。马科维茨投资组合理论没有考虑证券组合投资过程中的交易费用，但在现实中交易费用是证券投资不可忽视的问题，忽略交易费用会导致非有效的证券组合投资。三是风险的测度问题。证券市场投资活动复杂而又充满风险，根据投资组合理论，投资者将投资资金分配在多种证券上，可以达到分散风险的目的，由于风险和效用相互依存，不同偏好的投资者可能具有不同的衡量标准，其效用函数不同，因而拥有不同的风险测度，而马科维茨均值—方差模型仅仅是效用函数的特例。

参考文献：

曹兴、彭耿：《马科维茨投资组合理论在中国证券市场的应用》，载于《中南大学学报（社会科学版）》2003 年第 6 期。

刘红忠：《投资学》，高等教育出版社 2003 年版。

［英］约翰·伊特韦尔等：《新帕尔格雷夫货币金融大辞典》，经济科学出版社 1996 年版。

［美］滋维·博迪等：《投资学》，机械工业出版社 2010 年版。

Harry Markowitz, Portfolio Selection, *The Journal of Finance*, Vol. 7, No. 1, Mar. 1952.

Williams, J., Speculation and the Carryover, *Quarterly Journal of Economics*, Vol. 50, May. 1936.

Marschak, J., Why "Should" Statisticians and Businessmen Maximize "Moral Expectation"? In *Proceedings of the Second Berkeley Symposium*, *Mathematical Statistics and Probability*, University of California Press, 1951.

Von Neumann, J., Morgenstern, O., *Theory of Games and Economic Behavior*, Princeton University Press, 1944.

（董青马）

资本资产定价模型
Capital Asset Pricing Model（CAPM）

资本资产定价模型是现代金融学的奠基石，它在遵循现代资产组合理论的基础上，进一步给出了在市场均衡状态下风险资产的预期收益的预测方法，为投资者衡量风险投资的预期收益和风险补偿提供了理论依据和参考。

马科维茨（Markowitz，1952）的分散投资与效率组合投资理论第一次以严谨的数理工具为手段向人们展示了一个风险厌恶的投资者在众多风险资产中如何构建最优资产组合的方法。但是，分析师必须能够持续且精确地估计标的证券的预期报酬、风险及相关系数，这个过程将随着组合标的数量的增加而变得异常复杂。为此，从20世纪60年代初开始，夏普（W. Sharpe，1964）、林特纳（J. Lintner，1965）和莫辛（J. Mossin，1966）开始研究在市场均衡状态下，资产的价格如何依风险而确定？这些学者的研究直接导致了资本资产定价模型（Capital Asset Pricing Model，CAPM）的产生，CAPM阐述了在投资者都采用马科维茨的理论进行投资管理的条件下市场均衡状态的形成。

模型假设。（1）完全市场假设；（2）投资者都是理性假设，即投资者都运用马科维茨的投资组合理论；（3）投资风险用投资收益率的方差或标准差标识；（4）影响投资决策的主要因素为期望收益率和风险两项；（5）投资者都遵守占优原则（Dominance Rule）；（6）同质预期，他们对预期收益率、标准差和证券之间的协方差具有相同的预期值。

CAPM理论的内核。第一，所有投资者按所有交易资产的市场组合M来等比例配置资产；第二，资本市场线（CML）与有效前沿相切于M点，所有的投资者选择持有市场组合作为最优的风险组合，投资者的差异只是依据自身风险偏好投资于最优风险投资组合与投资于无风险资产的比例不同而已；第三，市场组合的风险溢价与市场风险和个人投资者的平均风险厌恶程度成比例 $E(r_M) - r_f = \bar{A}\delta_M^2$；第四，单个资产的风险溢价与市场组合 M 的风险溢价是成比例的，市场投资组合与证券的 β 系数也成比例，β 的表达式为：

$$\beta_i = \frac{Cov(r_i, r_M)}{\sigma_M^2}$$

单个证券的风险溢价可表述为：

$$E(r_i) - r_f = \frac{Cov(r_i, r_M)}{\delta_M^2}[E(r_M) - r_f] = \beta_i[E(r_M) - r_f]$$

市场投资组合即加总的风险投资组合。当把所有个人投资者的投资组合加总起来时，借入与贷出将互相抵消，加总的风险投资组合等于整个经济中的全部财富，这就是市场投资组合，每只股票在整个投资组合中的比例等于这只股票的市值占所有股票市场价值的比例。根据 CAPM 的假设前提，每个投资者均有优化其投资组合的倾向，最终所有的个人投资组合都会倾向于一致，每种资产的权重等于它们在市场投资组合中所占的比例。

风险溢价即风险资产收益率高于无风险资产收益率的部分，取决于单个资产的 β 值与市场组合的风险溢价水平。整个市场组合的风险溢价取决于平均风险的厌恶水平，即

$$E(r_M) - r_f = \bar{A}\delta_M^2$$

资本市场线与证券市场线。资本市场线（CML）给出的是市场组合与无风险证券构成的组合的有效集，表示了有效市场投资组合的风险溢价与投资组合标准差之间的函数关系，任何资产（组合）的期望收益不可能高于 CML。证券市场线（SML）给出的是单个证券或者组合的期望收益，表示了单项资产期望收益与 β 的函数关系，它是一个有效市场给出的定价，但实际证券的收益可能偏离 SML。均衡时刻，有效资产组合可以同时位于资本市场线和证券市场线上，而无效资产组合和单个风险资产只能位于证券市场线上。

在实证检验中，CAPM 模型仍存在以下缺陷：（1）模型的参数可能随时间变化而变化；（2）所有系统都是同时被估计，但这些估计值可能不是独立的，特别是 β 系数的偏差问题；（3）市场投资组合的不可获得性，检验存在基准误差，即著名的罗尔批判。在检验过程中，最常用的方法为 R 平方效应、超额收益法、横截面检验法（Fama，1973）。总体而言，早期的检

验结果表明,在西方成熟的股票市场中是有效的。但是,从20世纪80年代后,CAPM模型在资本资产定价模型的实际应用中,许多经济学家对其提出了质疑。尽管存在实证的缺陷,但CAPM模型已成为发达国家普遍接受的准则,被广泛应用于业绩评价、项目评估等领域。

模型的修正与拓展:

第一,限制借贷条件下的零β模型。在现实的资本市场上,投资者以无风险利率借贷时往往受到很多限制,在这种情况下,市场组合就不再是适合于所有投资者的风险资产组合了。1972年,布莱克提出了无风险借入限制条件下的预期收益-β均衡关系,即零β模型(Black,1972)。该模型以一个零β资产组合来代替原来的无风险资产。零β模型指出,在风险资产的有效组合边界上的任意一个资产组合,在双曲线的下半枝(无效部分)存在着一个与之相对应的资产组合,称为该有效资产组合的零β组合。同时,任意资产i的期望收益都可以由风险资产的有效组合边界上的两个不同的资产组合(记为P和Q)期望收益的线性组合表示:若取P为风险资产的市场组合M,Q为市场组合M对应的零β组合Z(M),其模型表达式为:

$$E(r_i) = E[rZ(M)] + E[rM - rZ(M)]\frac{Cov(r_i, r_M)}{\sigma_M^2}$$

第二,跨期的动态资本资产定价模型。简单的静态资本资产定价模型假设所有投资者在一个共同的时期内计划他们的投资,这使它只注重均衡收益率,而忽略了投资者的消费决策。卢卡斯(Lucas,1978)、莫顿(Merton,1990)等人在静态资本资产定价模型的基础上提出了跨期的动态资本资产定价模型——ICAPM(王春发,2001)。ICAPM分为离散时间模型和连续时间模型两种。

第三,基于消费的资产定价理论。基于消费的资产定价理论直接用消费数量来定义效用函数,认为理性消费者的效用大小由消费量决定。消费者(投资者)持有资产减少了当期的消费,会降低其效用水平;但持有资产带来的收益又会增加未来的消费,提高其效用水平。如何实现消费者现在和未来总的效用最大化显然是一个跨期选择的最优化问题,其最优解中既包括均衡时的边际替代率,也暗含着资产的均衡价格或资产价值。消费者均衡、资产定价在基于消费的资产定价理论中是同一个问题的两个方面。

第四,行为金融与资产定价。行为金融学用自己独特的分析方法,以马科维茨投资组合理论和资本资产定价模型CAPM为基础,针对其缺陷提出了修正模型,即行为组合理论和行为资产定价模型BAPM。

CAPM在我国检验效果并不理想。陈浪南、屈文洲（2000）对上海证券市场进行了CAPM实证研究，认为其符合布莱克（Black，1972）的Zero-Beta CAPM，并证实：Zero-Beta CAPM比标准的CAPM能更好地描述资产收益。马静如（2001）利用深圳股票市场数据对该市场作了检验得出CAPM模型不符合我国的深圳股票市场的结论。冯佩（2010）以2002年已上市的沪市前20只权重股为样本对CAPM模型进行验证。由于我国市场起步晚，信息披露不充分，透明度低，得出结论：在我国股票市场，CAPM模型并不完全适用。吴强（2007）运用法玛（Fama）的横截面检验，结果表明，资本资产定价模型在我国上海股市并不适用。杨眉（2009）对证券板块上市公司β系数进行的实证检验分析，得出结论整个板块的股票的β系数具有对其收益率的显著解释能力；由证券板块指数回归估计的β系数具有对收益率的显著解释，可以由此得出证券板块的风险情况并进而找出符合理性人假设的风险投资组合。

参考文献：

涂祖相、张琼、王国强：《基于资本资产定价模型下的最优组合研究》，载于《当代经济》2011年第22期。

陈雨露、汪昌云：《金融学文献通论（微观金融卷）》，中国人民大学出版社2006年版。

刘少波：《资本资产定价理论：范式转换与演进》，经济科学出版社2010年版。

戴金平、李治：《现代资产定价理论的比较和发展》，载于《世界经济》2008年第3期。

陈浪南、屈文洲：《资本资产定价模型的实证研究》，载于《经济研究》2000年第4期。

［英］约翰·伊特韦尔等：《新帕尔格雷夫货币金融大辞典》，经济科学出版社1996年版。

［美］滋维·博迪等：《投资学》，机械工业出版社2010年版。

（董青马）

内部融资与外部融资
Internal Financing and External Financing

企业融资方式可分为内部融资和外部融资两类。

内部融资与外部融资

内部融资是指公司经营活动结果产生的资金,即公司内部融通的资金,它主要由留存收益和折旧构成。是指企业不断将自己的储蓄(主要包括留存盈利、折旧和定额负债)转化为投资的过程。内部融资来源于自有资金,公司在使用时具有很大的自主性且无须支付多余费用。未分配利润融资而增加的权益资本不会稀释原有股东的每股收益和控制权,对于股东而言具有一定的节税效应。但是,内部融资受公司盈利能力及积累的影响,融资规模受到较大的制约。

外部融资指企业吸收其他经济主体的储蓄,使之转化为自己投资的过程。外部融资包括直接融资和间接融资。外部融资类型分为债权融资、股权融资、混合融资、结构融资等。其中,债权融资包括银行贷款、发行企业主体债券、信托贷款、利用银行承兑汇票、银行保理、委托贷款、融资租赁、固定资产售后租回交易等;股权融资包括增资扩股、上市、股权出售、换股收购等;混合融资包括发行可转换债券、可分离债券、可交换债券、优先股(在我国不允许)等;结构融资包括企业资产证券化、项目融资(BOT)、房地产投资信托(REITs)等。

有关企业外部融资作用的考察最早可追溯至熊彼特(Schumpeter,1990)。他在1912年出版的《经济发展理论》一书中指出,为了使用新技术以求发展,企业家需要信贷。这说明企业发展离不开银行的融资支持。后来的理论和实证研究进一步支持了熊彼特的看法。麦金农(Mckinnon,1973)借助费雪(Fisher,1930年)的分析框架,通过图形说明,如果企业家的投资受自我融资(Self-Financing)的限制,那么最优策略是投资于传统技术,从而降低总体收益水平,进而必然会制约企业本身的发展和经济的增长;相反,如果他能够从金融体系中得到外部融资,那么新技术就会被采纳,从而获得较高的收益。这说明外部融资有助于企业收益水平的提高。拉詹和晶格尔斯(Rajan,Zingales;1998)的实证研究表明,在金融发达国家,外部融资依赖程度较高的行业的发展速度超乎寻常的快。这说明在金融发达国家,外部融资对行业成长有明显的促进作用。德米尔古克·肯特和马科斯莫维奇(Demirguc Kunt and Maksimovic,1998)的融资计划模型表明,受限于内部融资的企业的最大可能增长率小于受限于内部融资和短期融资的企业的最大可能增长率,并且小于受限于内部融资和债务融资的企业的最大可能增长率。也就是说,他们认为外部融资能够提高企业增长率。

现代经济学对企业融资结构的研究,始于莫迪利亚尼和米勒提出的M-M定理。莫迪利亚尼和米勒(Modigliani and Miller,1958)基于完美资本市场的假设指出：(1) 在没有企业所得税的情况下，负债企业的价值与无负债企业的价值相当，即无论企业是否有负债，企业的资本结构与企业的价值无关；有负债企业的权益资本成本随着财务杠杆的提高而增加；(2) 在有企业所得税的情况下，有负债企业的价值等于具有相同风险等级的无负债企业的价值加上债务利息抵税收益的现值；有债务企业的权益资本成本等于相同风险等级的无负债企业的权益资本成本加上与以市值计算的债务与权益比例成比例的风险报酬，且风险报酬取决于企业的债务比例以及所得税税率。

此后，在 M-M 理论的基础上不断放宽假设，从不同的视角对融资结构进行了大量研究，推动了资本结构理论的发展。这其中最具有代表性的理论有权衡理论、代理理论、优序融资理论和企业生命周期理论。

所谓权衡理论（Trade-Off Theory），就是强调在平衡债务利息的抵税收益与财务困境成本的基础上，实现企业价值最大化时的最佳资本结构。此时所确定的债务比率是债务抵税收益的边际价值等于增加的财务困境成本的现值。基于修正的 M-M 理论的命题，有负债企业的价值是无负债企业价值加上抵税收益的现值。再减去财务困境成本的现值。

代理理论（Agency Theory）是在融资结构的权衡理论模型的基础上考虑企业债务的代理成本与代理收益。在资本结构的决策中，不完全契约、信息不对称以及经理、股东与债权人之间的利益冲突将影响投资项目的选择，特别是在企业陷入财务困境时，引发过度投资问题或投资不足问题，发生债务代理成本。然而，债务在产生代理成本的同时，也会伴生相应的代理收益。债务的代理收益将有利于减少企业的价值损失或增加企业价值，具体表现为债权人保护条款引入、对经理提升企业业绩的奖励措施以及对经理随意支配现金流浪费企业资源的约束等。

优序融资理论（Pecking Order Theory）认为各种融资方式的信息约束条件和向投资者传递的信号是不同的，由此产生的融资成本及其对企业市场价值的影响也存在差异。企业的融资决策是根据成本最小化的原则依次选择不同的融资方式，即首先选择无交易成本的内部融资；其次选择交易成本较低的债务融资；对于信息约束条件最严，并可能导致企业价值被低估的股权融资则被排在企业融资顺序的末位。

优序融资理论存在一个重大缺陷：它属于解释在特定的制度约束条件下企业对增量资金的融资行为的理论，具有短期性，无法揭示在企业成长过程中资本结构的动态变化规律。企业金融成长周期理论部分地弥补了融资顺序理论的上述缺陷。企业成长周期理论认为，伴随着企业成长周期而发生的信息约束条件、企业规模和资金需求的变化,是影响企业融资结构变化的基本因素。其基本的变化规律是,越是处于早期成长阶段的企业,外部融资的约束越紧,渠道也越窄。(Berger and Udell,1998)。

改革之初我国有企业的融资方式非常单一:无非是企业内部融资——自有资金的积累,抑或债权融资。由于在传统体制下,财政、银行和国有企业之间基本上属于"三位一体"的关系,企业融资基本上依赖于财政拨款和银行的指令性、政策性贷款,融资成本很低甚至于负利率,形成了国有企业长期以来比较单一的融资结构和信贷软约束。

在讨论中国国有企业的债权融资偏好及其过高的资本负债率时,有相当多的文献认为,引起国有企业高额负债的主要原因之一是企业的经济效益水平不高。坚持这种观点的学者指出,经济效益好坏是决定企业负债率高低的主要因素。忻文(1997)认为以此解释中国国有企业过高的资本负债率存在漏洞,他认为中国国有企业之所以具有这么高的资本负债率,在很大程度上是由于"软预算约束"条件下的企业行为所致。

但当考察我国上市公司的融资结构时,却发现了有趣甚至相反的情况,即一方面上市公司大多保持了较低的资产负债率,另一方面上市公司的融资偏好仍是股权融资,甚至有些公司资产负债率接近于零,仍然渴望通过发行股票融资。

针对上市公司股权融资偏好,黄少安、张岗(2001)对我国上市公司融资结构进行了描述分析,认为公司股权融资的成本大大低于债务融资的成本是股权融资偏好的直接动因,深层的原因在于现行的制度和政策。强烈的股权融资偏好对公司融资后的资本使用效率、公司成长和公司治理、投资者利益以及宏观经济运行等方面都有不利影响,应该采取相应的对策。例如:对公司上市和发行股票,实行真正的核准制;严格会计制度,改进对经营业绩考核的指标体系;防止内部人控制,完善公司的治理结构;减持国有股,调整上市公司股权结构等。

对于中小企业而言,融资主要通过内部融资和外部融资中的银行贷款方式,其融资难是一个老话题了。张捷、王霄(2002)在企业生命周期理论模型的基础上,通过对中美两国中小企业融资结构的比较,验证了金融成长周期规律对中国中小企业的适用性。他通过对"所有制歧视"和"规模歧视"的检验,认为构成我国中小企业融资壁垒的主要因素仍然是市场经济中普遍存在的规模歧视而非转轨经济中特有的所有制歧视,并建议放松金融市场的准入管制,让更多面向中小企业的民营中小金融机构和民间金融市场得到发展，为中小企业融资创造一个良好的信用制度环境；以创业板市场的推出为契机，推动各类低端资本市场（如私募基金和天使资本市场等）的发展等。

我国国有企业、上市公司与中小企业有其各自的融资偏好，且总的来说外部融资中直接融资的比例较低，直接融资中债券融资的比例更低。但伴随着我国国企改革和资本市场的不断发展，直接融资的发展潜力巨大，在解决企业融资问题上将会发挥越来越重要的作用。

参考文献：

黄少安、张岗：《中国上市公司股权融资偏好分析》，载于《经济研究》2001年第11期。

孙永祥：《所有权、融资结构与公司治理机制》，载于《经济研究》2001年第1期。

忻文：《国有企业的资本结构分析》，载于《经济研究》1997年第8期。

张捷、王霄：《中小企业金融成长周期与融资结构变化》，载于《世界经济》2012年第6期。

［英］约翰·伊特韦尔等：《新帕尔格雷夫货币金融大辞典》，经济科学出版社1996年版。

Berger A. N., Udell G. F., The Economics of Small Business Finance: The Roles of Private Equity and Debt Markets in the Financial Growth Cycle, *Journal of Banking and Finance*, Vol. 22, 1998.

Harris M., Raviv. A., The Theory of Capital Structure, *Journal of Finance*, Vol. 46, No. 1.

Myers S. C., The Capital Structure Puzzle, *Journal of Finance*, Vol. 39, 1984.

（董青马）

金融工程
Financial Engineering

20世纪80年代末期，一些从事金融和财务理论应用研究的领先学者开始意识到，金融作为一门科学正在经历一次根本性的变革，它正在从分析的科学向工程的科学转变。组合保险的创始人海恩·利兰德（Hayne Leland）和马克·鲁宾斯坦（Mark Rubinstein）开始谈论"金融工程新科学"；1988

年，约翰·芬纳蒂（John Finnerty）在公司财务的背景下给出了金融工程的正式定义。利兰德、鲁宾斯坦和芬纳迪是最早意识到金融科学步入工程阶段的学者。

芬纳蒂（Finnerty，1988）把金融工程学定义为"创新性金融工具和过程的设计、发展和利用，以及对金融问题提出有创造力的解答"。金融工程学主要包括三类活动：证券创新、创新性金融过程的发展、对公司财务问题提出有创造力的解决方案。证券创新包括创新性金融工具的开发，如新型的居民抵押贷款、风险管理工具、债券、优先股票，以及可转换的普通股票工具。创新性金融过程的发展主要是为减少完成金融交易的成本。对公司财务问题提出有创造力的解答包括创造性的现金管理策略、创造性的债务管理策略以及特定的公司融资结构（诸如各种形式资产担保融资中所出现的融资结构）。

金融工程学推动了金融创新的过程。历史上四位最重要的金融学家已对金融创新过程提出了各自不同的看法。西尔伯（Silber，1975，1981，1983）把创新性金融工具和过程看成是公司试图减少他们所面临的金融限制的手段。金融工程学能对新的或更严格的限制作出反应，并提出相应的对策。范霍恩（Van Horne，1985）指出，为使一种新的金融工具或过程成为真正的创新，这种新的金融工具或过程必须能使市场更有效率或更完全。这种更高的效率或者更完全的市场来自金融工程学的进展，并以那些只能带来某种期望的会计处理方法的"创新"为例论证了自己的观点。米勒（Miller，1986）将金融创新的特征归结为可获得的金融产品和过程基本上"不能预见的改进"。他认为金融创新常常因为经济环境受到意外的外部冲击而显得尤为重要，如利息率的急剧上升。罗斯（Ross，1989）用代理理论的说法解释了金融创新。金融机构通过重新调整其收入来源以便从现存证券中创造出新证券，然后出售新证券并用所得收益进行再投资，从而可以达到重组其证券组合以获得更满意的证券结构和风险披露的目的，这时就发生了金融创新。

金融工程创新产品包括可转换债券、外汇交易期权、远期汇率协议、指数化证券、剥离式债券等。结合米勒、罗斯、西尔伯和范霍恩对金融创新的解释，可以把推动金融工程学发展的因素分成 10 类：（1）减少某种风险——如信用风险或流动性风险——的机会，或者重新分配风险，即将风险从一个市场参与者转移给另一个不太厌恶风险的参与者或者愿意以更低的成本承担风险的市场参与者；（2）代理成本的减少；（3）发行成本的减少；

(4) 可以被发行者或（和）投资者用来减少税负的税收不对称，且这种税负的减少不会被其他人税收责任的增加而抵消；（5）规章或法律的变动；（6）利率水平及其波动；（7）价格和汇率水平及其波动；（8）学术研究和其他带来金融理论发展的研究，或者对现有证券等级的风险—收益特征更好的理解；（9）会计利益（这可能对股东财富至少有短暂的影响，实际上也确实经常有影响）；（10）技术进步和其他因素。

金融工程学在提高资本市场效率方面有着极其重要的作用，如果资本市场想要在资本配置过程中最有效地完成其任务，金融工程学绝对是必不可少的：创新性证券可以减少流动性风险，以更具经济效率的方式在市场参与者之间重新分配风险，减少源于信息不对称和其他原因的代理成本，减少发行费用，减少税收不对称的影响。所有这些都减少了那些阻碍证券交易的市场摩擦力，从而达到更高的市场效率。金融工程在西方的应用，大致分为以下四个方面：

一是用于投资者的证券组合保险。证券组合保险由海恩·利兰德（Hayne Leland）和马克·鲁宾斯坦（Mark Rubinstein）创立，是通过运用期权、期货或模拟期权等衍生金融工具对冲和转嫁风险，是一种利用期权原理向股市投资者提供的类似保险单的风险管理产品，即保证投资者可以得到一定收益并继续享有股市上升带来的潜在收益，投资者为此支付相当于期权费或风险费的代价。

二是用于基金或投资公司的战略管理，例如量化投资和统计套利。量化投资是利用数学、统计学、信息技术的量化投资方法来管理投资组合。统计套利的核心是对金融及其他经济时间序列应用计算建模技术发现和利用投资机会。随着金融工程、计算建模技术（如协整方法和神经网络方法）的不断发展，量化投资和统计套利模型越来越受到学者和投资者的重视。

三是用于企业的风险管理。金融工程对风险管理采用的是表外控制法（Off-Balance-Sheet Transaction），即是利用金融市场上各种套期保值工具来达到规避风险的目的。例如对生产要素的价格风险进行保值，对货币兑换进行保值，利用信用衍生品对违约风险进行保值等。例如风险价值（Value-At-Risk）是由摩根银行于20世纪90年代初期提出的（Darrell Duffie，1997），被许多金融机构采用为衡量市场风险大小和企业内部资本充足性的依据，也被金融监管当局用作风险定量监管的有效手段，是金融工程在企业金融风险管理中的一个成功运用。

四是用于企业的盈利。金融工程阐明了如何通过衍生产品最小化税收和管理违约风险，进而降低资本的成本。通过期权和信用衍生物在税收当局之间转移收入就是两个例子。金融工程极大地丰富了可以满足的投资者的偏好范围，因此降低了资本的成本。这些例子包括可转换债券、灾难债券、资产债权、担保债券、以看跌期权或领子期权（Collar Options）为基础的股票等。

金融工程虽然在西方已有多年的发展历史，但在中国兴起较晚。20 世纪 90 年代中期，金融工程被引进介绍到中国国家自然科学基金"九五"重大项目"金融工程"课题。早期的引进介绍性文章包括中国人民银行研究生部课题组的《论金融工程学的发展》（1996），宋逢明的《金融科学的工程化》（1997）等。

至此，国内金融业界也开始对金融工程引起重视，包括中国人民银行、证监会等政府部门积极支持金融工程研究；上海期货交易所、大连期货交易所、郑州商品交易所积极开展新型衍生品的研究；国家开发银行积极研究可转换债券和信用衍生产品；中信证券、银河证券、国泰君安等券商，鹏华基金、博时基金、大成基金等基金公司成立了专门的金融工程研究机构；各商业银行都高度重视风险管理，开展金融工程研究。

到目前为止，金融工程在我国券商与基金战略投资、商业银行风险管理、企业套期保值等方面都有所应用。

在券商与基金战略投资方面，以量化投资为例，我国国内现有十几只相关的基金，包括光大量化核心基金、中海量化策略基金、上投摩根阿尔法、嘉实量化阿尔法基金、南方策略优化、大摩华鑫多因子精选策略基金、申万菱信量化小盘基金等。

随着我国利率市场化进程的推进以及中国加入巴塞尔委员会，自 2000 年以来，很多学者对利用金融衍生品管理商业银行风险进行了研究。黄金老（2001）提出国内银行可以从规避利率风险的角度开展金融衍生品业务。我国目前存在的利率衍生工具包括远期利率协议和利率互换。光大银行和国家开发银行于 2006 年 2 月 10 日完成了首笔人民币利率互换交易。

我国企业运用金融衍生产品进行风险管理主要涉及的领域是对外贸易中的汇率风险管理。经典案例但也是失败的案例是 2006 年中信泰富与澳大利亚采矿企业 Eralogy Pty Ltd 交易磁铁矿资源开采权时，利用外汇衍生品合约亏损 155 亿美元。企业运用金融衍生产品进行风险管理前路漫漫。

参考文献：
黄金老：《利率市场化与商业银行风险控制》，载于《经济研究》2001 年第

1期。

宋逢明：《金融科学的工程化》，载于《金融研究》1999年第7期。

［英］约翰·伊特韦尔等：《新帕尔格雷夫经济学大辞典》，经济科学出版社1996年版。

Darrell Duffie, Jun Pan., An Overview of Value at Risk, *Journal of Derivatives*, 4 (3), 1997.

Finnerty, J. D., Financial Engineering in Corporate Finance: An Overview, *Financial Management*, 17 (4), 1988.

Kidwell, D. S., Marr, M. W. and Thompson, G. R., SEC Rule 415: the Ultimate Competitive Bid, *Journal of Financial and Quantitative Analysis*, 19, 1984.

Miller, M. H., Financial Innovation, the Last Twenty Years and the Next, *Journal of Financial and Quantitative Analysis*, 21, 1986.

Ross, S. A., Institutional Markets, Financial Marketing, and Financial Innovation, *Journal of Finance*, 44, 1989.

Siber, W. L., The Process of Financial Innovation, *American Economic Review*, 73, 1983.

Van Horne, J. C., Of Financial Innovations and Excesses, *Journal of Finance*, 40, 1985.

（董青马）

行为金融学
Behavioral Finance

行为金融是行为经济学的一部分，研究金融市场中真实投资者的实际投资行为，研究投资决策中的各种心理因素，如认知，态度，以及面临不确定性时如何做出投资决策。目前在该领域并没有一个学术界公认的严格定义。

美国芝加哥大学教授泰勒（Thaler）认为，行为金融学是研究人类理解信息，作出投资决策过程的学科。大量的实验表明投资者行为并不总是理性，可预测或是正确的，投资者经常会犯错。

美国耶鲁大学教授希勒（Shiller）认为，行为金融学从研究人进行决策时的心理状态开始，讨论投资者的决策行为。由此，行为金融学的投资决策模型建立在一系列心理学假设之上（当然这些关于投资者心理因素的假设则是建立在心理学实证研究结果的基础上）。

行为金融学的研究与传统经济学相比是一种逆向的研究。传统经济学理论是从一个一个的假设条件下的理性世界走向现实，注重于在假设条件之下所出现的情况；行为金融学是从现实开始，以经验的角度考虑现实状况的内在因素等深层次的原因。行为金融学在根本上研究的是市场参与者的真实动因，并从市场参与者的一些表现特征来解释金融现象。

行为金融是20世纪80年代中期兴起的研究领域。其起源最早可以追溯到19世纪的两本书，勒帮（Lebon）的《群众》和麦凯（Machay）的《非同寻常的大众幻想与群众性疯狂》，这两本书是研究群体行为的经典著作。凯恩斯是最早强调投资者的心理预期在决策中的作用的经济学家，他提出的"选美竞赛"和"空中楼阁"理论，认为投资者的非理性心理因素所形成的合力，决定了证券的价格。1951年，布鲁尔（O. K. Burell）提出了构造实验来检验理论的思路，开创了量化的投资模型与人的行为特征相结合的金融研究新领域。由此，巴曼和斯洛维奇更进一步地指出了金融学和行为学的结合是金融研究的发展方向。

1979年，心理学家卡尼曼（Kahneman）和特维斯基（Tversky）的文章"前景理论：风险状态下的决策分析"奠定了行为金融学兴起的理论基础，成为行为金融学研究史上的一个里程碑。1982年，卡尼曼、特维斯基和斯洛维奇（Slovic）的著作《不确定性下的判断：启发式与偏差》中研究了人类行为与投资决策经典经济模型的基本假设相冲突的三个方面，即风险态度、心理账户和过度自信，并将观察到的现象称为"认知偏差"。

20世纪80年代中后期，芝加哥大学的泰勒，耶鲁大学的希勒成为行为金融学的第二代研究核心。泰勒主要研究股票回报率的时间模式，投资者的心理账户；希勒主要研究了股票价格的异常波动，股票市场的羊群效应，投机价格与人群流行心态的关系等。

20世纪90年代，卡尼曼与特维斯基的研究指出，投资者对风险的态度是以一个参考点为基准，来看待收益或者损失，因而每次决策时都会因情况不同有改变。一些学者还对处置效应，IPO异常现象，过度反应与反应不足的转换机制等做了研究。90年代中后期开始注重研究投资者心理因素对最优投资组合决策和资产定价的影响，以及行为公司金融等理论。

目前行为金融的研究大多集中在传统金融学与行为金融学的比较研究、市场非有效性的实证研究，以及个体和群体心理研究等方面。行为金融学来源于资本市场，其应用前景也在资本市场，未来将加强对资本市场的研究，并与法律等学科相交叉融合。

行为金融学对传统理论的质疑。传统的有效市场假说成立要求两个有关于投资者自身的假设前提。首先，投资者进行证券组合价值最大化决策时采取的行为模式不存在偏差；其次，投资者总是以自身利益最大化为目标。

行为金融学认为有效市场假说并没有保证这两个假设前提一定成立。相反，行为金融学根据对实际情况的分析，质疑这两个假设前提的正确性与合理性。心理因素的影响使得这两个假设前提经常被违反。传统理论没有考虑基金经理的心理因素造成的主观错误以及投资失误，这是一个重大的缺陷。

行为金融学的核心理论。

前景理论：前景理论研究人们在不确定条件下如何做出决策，针对性地解释传统理论中的理性选择与现实相背离的现象。它是由卡尼曼和特维斯基于1979年提出的，并在之后得到了不断的补充和修正。一方面，前景理论采纳了传统理论中考虑成本收益的效用最大化原则；另一方面认为，由于有限理性的存在，不能完全与传统理论所假设的那样，在任何情况下都会清楚地计算风险得失的概率，同时人们决策往往会受到个人偏好、社会规范、观念习俗的影响，因而便存在不确定性。

行为资产定价模型：舍夫林和斯特曼（Shefrin and Statman，1994）建立了与传统金融理论中资本资产定价模型相对应的行为资产定价模型。行为资产定价模型将投资者分为信息交易者和噪声交易者两种类型。信息交易者即在资本资产定价模型下的理性投资者，他们从不犯认知错误，并且不同个体之间表现出良好的统计均方差性，不会出现系统性偏差；噪声交易者则是处于资本资产定价模型框架之外的投资者，他们时常犯认知错误，不同个体之间具有显著的异方差性。这两类投资者之间相互作用，决定了资产价格。

行为资产组合理论：舍夫林和斯特曼提出了行为资产组合理论以取代马科维茨（Markovitz）的均方差组合理论。行为资产组合理论认为，投资者认为资产组合具有金字塔状层级结构。在这一层级结构中，每层都与投资者特定的投资目的和风险特征相对应，而各层之间的相关性则被投资者所忽略。

套利限制：行为金融学认为套利的力量不可能没有条件限制，套利无法真正消除非理性行为对于理性行为长期、实质的影响。

心理账户：行为金融学认为，行为人决策时并非是在权衡了各种情况之后进行全局性的考虑，而是无意识地把一项决策分为几个部分来看待，即分成了若干个心理账户，对每一个心理账户都会进行相互独立的决策。

参考文献：
薛求知等：《行为经济学——理论与应用》，复旦大学出版社 2003 年版。
周战强：《行为金融理论与应用》，清华大学出版社 2004 年版。

（董青马）

货币政策与金融监管

货币政策目标
Monetary Policy Objective

货币政策目标指中央银行制定和实施某项货币政策所要达到的特定的经济目标，也称货币政策最终目标。货币政策最终目标一般包括充分就业、稳定物价、经济增长和国际收支平衡四项内容。

从中央银行运用货币政策工具到货币政策最终目标实现之间，有一个较长的传导和作用过程，货币政策工具并不能直接作用于货币政策最终目标。中央银行通常需要设置一些受货币政策工具影响且与货币政策最终目标密切相关的中介指标，来及时了解货币政策工具是否得力，估计货币政策最终目标能否实现。货币政策中介指标的选择，通常需要遵循如下条件：（1）可控性。即要求中介指标的变动容易被中央银行所控制，对货币政策工具反应灵敏，能够在较短时间内对货币政策工具变动作出反应，并要求中介指标与货币政策工具之间在统计上要具有密切、稳定的数量联系。（2）可测性。即对中介指标应该有明确的定义，以便中央银行进行观察、监测与分析，中央银行应能够迅速获取有关中介指标的准确数据。（3）相关性。即被选择的指标应该与货币政策最终目标有明显的经济相关和统计相关性，实现中介指标应该有助于货币政策最终目标的实现。（4）抗干扰性。要求中介指标能够较少地受到货币政策实施过程中诸多外来因素或非政策因素的干扰，以便中央银行对政策效果和非政策效果加以区分。

依据上述四个条件所确定的中介指标通常有利率、货币供应量、超额准备金和基础货币等。而根据这些指标对货币政策工具反应的先后和作用于最终目标的过程，又可以以将其区分为近期指标和远期指标：近期指标是指中央银行对其控制力较强，但距离货币政策最终目标较远的中介指标，如超额准备金和基础货币；远期指标则是指中央银行对其控制力较弱，但距离货币政策最终目标较近的中介指标,如利率和货币供应量。

一般来说,各国都会从本国国情出发选择自己的中介指标,对于选定的指标,各国中央银行也有不同的控制目标值。一种是根据经济发展状况,提出今后一个时期所要达到的计划指标或目标值区间,如美国、英国、德国采取公布中介指标范围的办法,而且控制得比较严格;而日本等国家,则采取发表货币供应量"预测值"的办法,中央银行以"预测值"为目标来调整经济有一定的灵活性,也可以改变政策和操作手段,使"预测值"朝着有利于实现货币政策目标的方向发展。发展中国家因市场不够成熟,通常采用货币供应量等数量控制指标,发达国家目前则更多地运用利率等价格控制指标或逐步向价格控制指标过渡。1975年,国际货币基金组织建议各成员国(主要是发展中国家)以货币供应量为货币政策的中介目标,并提出该项指标应由货币当局每年预先公布、严格执行。

货币政策最终目标之间的关系较为复杂,有的在一定程度上具有一致性,如充分就业与经济增长;有的则相对独立,如充分就业与国际收支平衡;更多的表现则为目标间的冲突,如经济增长、充分就业与物价稳定。由于各目标之间存在的矛盾和冲突,中央银行通常需要根据不同的情况来选择具体的政策目标。在一国经济发展的过程中,货币政策要同时满足四项目标的要求,通常是不可能的,在矛盾和冲突面前,各国中央银行有的是明确突出单一目标,有的则追求多个目标。

在同一时期,不同国家通常会有不同的货币政策目标。美联储在2006年2月宣布了最大限度的就业和价格稳定的双重目标;欧洲中央银行将保持价格稳定设定为首要的货币政策目标,在不违背价格稳定目标的前提下,欧元体系也为共同体其他目标的实现提供支持,包括高就业率和无通货膨胀的增长;英格兰银行的货币政策目标为:保持价格稳定,并以此支持产出增长和就业增加的政府经济目标;2006年3月,日本银行法规定货币政策目标是:通过追求价格稳定,促进国民经济的健康发展。

就不同时期而言,各个国家的货币政策目标也在发生变化。20世纪30年代以前,各国中央银行货币政策的主要目标是稳定币值和汇率。到了20世纪40年代中期,凯恩斯主义的国家干预经济主张盛行以后,英、美等国相继以法律形式宣称,谋求充分就业是其货币政策的目标之一。自50年代起,由于普遍的、持续的通货膨胀,各国中央银行的货币政策目标中,把稳定币值解释为将物价上涨控制在可以接受的水平之内。70年代,伴随着两次美元危机,一些国家又将平衡国际收支作为一项货币政策目标。70年代中期之后,"滞胀"促使一些西方国家的货币政策目标先后转为以稳定货币为主。80年代末90年代初,面对更加严重的通货膨胀,各国再次将降低通货膨胀作为主要目标。进入21世纪,价格稳定依然是许多国家货币政策的重要目标。

国际货币基金组织和其他国际金融组织对于货币政策的主流观点,则是强调单目标的稳定币值。

根据《中国人民银行法》,我国的货币政策目标为:"保持货币币值的稳定,并以此促进经济增长"。显然,在"稳定"与"增长"之间,有先后之序,主次之分。对于中国货币政策应有什么样的目标,我国也一直存在着争论。

单一目标观点:又可分成两种相当对立的意见。一种是从稳定物价乃是经济正常运行和发展的基本前提出发,强调物价稳定是货币政策的唯一目标;另一种是从货币是再生产的第一推动力出发,主张以最大限度的经济增长作为货币政策的目标,并在经济发展的基础上稳定物价。

双重目标观点:中央银行的货币政策目标应当同时兼顾发展经济和稳定物价两方面的要求。强调它们两者的关系是:就稳定货币而言,应是一种积极的、能动的稳定,即在经济发展中求稳定;就经济增长而言,应是持续、稳定、协调的发展,即在稳定中求发展——不兼顾,则两者的要求均不能实现。

多重目标观点:鉴于经济体制改革的进一步深化和对外开放的加快,就业和国际收支问题对宏观经济的影响越来越重要,有人认为我国的货币政策目标必须包括充分就业、国际收支均衡和经济增长、稳定物价等诸多方面。

2007年11月,中国人民银行指出,我国货币政策要坚持多目标。强调促进经济发展,通过发展来不断解决工作中所面临的各种难题;要兼顾多个重要经济参数变量(周小川,2007)。

2007年金融危机的爆发,使得"是否应当将资产价格纳入货币政策目标体系之内"的问题,再次成为理论界关注的焦点。传统理论认为,货币政策的首要目标是维持物价稳定,因此消费价格指数(CPI)才是应该关注的首要问题,资产价格则相对不重要。其中比较有代表性的是美联储前任主席艾伦.格林斯潘的观点:货币政策不应针对资产价格波动进行反应,这样做一方面是可能会损害实体经济发展,另一方面是资产价格泡沫的事后处理成本不高。但许多学者则提出,只关注CPI容易让货币政策对资产泡沫采取放任态度,使得在CPI稳定情况下资产泡沫不断膨胀并最终破裂,从而导致金融危机的爆发。日本泡沫经济的形成以及美国次贷危机的爆发都有这方面的原因。他们因此提出，中央银行在制定货币政策时，似应将资产价格波动纳入到考虑的范围。但从实际操作以及后果影响来看，这种做法似乎还存在不少难点（中国人民银行国际司课题组，2011）。

参考文献：
黄达：《金融学》精编版，中国人民大学出版社2009年版。
周小川：《货币政策仍要坚持多目标》，载于《证券时报》2007年11月7日。
中国人民银行国际司课题组：《对货币政策目标的重新思考》，载于《经济研究参考》2011年第24期。
《中国人民银行法》，中国人民银行网站，http：//www.pbc.gov.cn/rhwg/19981801.htm。

（蔡如海）

货币政策工具
Monetary Policy Instrument

货币政策工具是中央银行可以直接操作的政策手段，通过其运用可对基础货币、银行储备、货币供给量、利率以及金融机构的信贷活动产生直接或间接的影响，有利于中央银行货币政策目标的实现。货币政策工具多种多样，各有其特点和适用条件，特别是各个国家各个时期的经济管理体制和金融体制的差别对货币政策工具作用的发挥具有重要制约。因此，在运用货币政策工具的时候，必须根据其政策目标的要求、政策工具的特点、经济体制和经济运行的客观条件有针对性地选择使用。20世纪80年代以来，中国曾以现金计划、信贷总规模控制、利率管制等计划性和行政性的手段为主要的货币政策工具。1998年以后，随着经济、金融市场化改革的推进，中国人民银行取消了原来的贷款规模管理，转为主要采取间接货币政策工具调控货币供应总量。现阶段，中国的货币政策工具主要有公开市场操作、存款准备金、再贷款与再贴现、利率政策、汇率政策和窗口指导等。

一般而言，货币政策工具大体可分为一般性政策工具、选择性政策工具、直接信用控制工具和间接信用控制工具四大类（各类工具的具体解释参见相关词条）。

第一类一般性货币政策工具是对货币供给总量或信用总量进行调节和控

制的政策工具。此类工具是针对总量进行调节的，是中央银行经常使用的且对整个宏观经济运行能够产生一定的影响。主要包括法定存款准备金政策、再贴现政策和公开市场业务三大政策工具，俗称"三大法宝"。

第二类是选择性货币政策工具，是指中央银行针对某些特殊的经济领域或特殊用途的信贷而采用的信用调节工具。主要包括：消费者信用控制、证券市场信用控制和不动产信用控制等。

第三类是直接信用控制工具，是指中央银行从质和量两个方面以行政命令或其他方式对金融机构尤其是商业银行的信用活动进行直接控制。其手段包括利率最高限额、信用配额、流动性比率管理和直接干预等。规定存贷款利率或最高限额是最常用的直接信用管制工具。

第四类是间接信用控制工具，通常指通过道义劝告和窗口指导的方式对信用变动方向和重点实施间接指导。间接信用指导的优点是较为灵活，但其发挥作用的大小，取决于中央银行在金融体系中是否具有较强的地位、较高的威望和控制信用的足够的法律权利和手段。

在经济运行相对正常的状况下，各国中央银行会依据自身的独立性和金融体系的状况选择经常使用的政策工具，如美联储对公开市场业务的日常使用，辅以搭配使用季节性或临时性的政策工具。而当经济处在特殊时期如危机或萧条阶段，或有关政策工具缺乏使用条件时，各国中央银行也会进行一些创新。例如中国人民银行的中央银行票据的发行与使用就是由于公开市场操作缺乏充足的操作工具。2007年次贷危机后美联储也通过货币政策工具的创新对危机机构实施救助和对经济进行刺激，比如新设科目"定期拍卖信贷（Term Auction Credit）"项目，用于反映定期拍卖便利（TAF）所投放的信贷。美联储推出的TAF机制，能够允许存款类金融机构使用更广泛的抵押品，通过拍卖机制获得联储的短期贷款；所持"LLC的商业票据融资便利（简称CPFF）净额（Net Portfolio Holdings of Commercial Paper Funding Facility LLC）"项目，反映了CPFF发放的信贷。根据CPFF机制，美联储设一个SPV，来向票据发行者购买无担保商业票据和资产担保商业票据，意味着美联储可以绕开金融机构直接对工商企业实施融资支持。"央行间货币互换（Central Bank Liquidity Swaps）"项目，爆发金融危机以来，美联储与14家外国中央银行签订了双边货币互换协议，这些国家央行可以从美联储获得美元，并贷给国内的金融机构。"定期资产支持证券贷款便利（Net Portfolio Holdings of TALF LLC）"项目，反映定期资产支持证券贷款便利发放的信贷。2008年11月25日新设的TALF计划旨在向资产支持证券的持有者以这些证券作为抵押品发放贷款，这些抵押品范围比较宽泛，包括学生贷款、消费贷款和小企业贷款支持的证券，目的是提升消费者的贷款量。

对货币政策工具的文献研究，代表性的观点有丁伯根（Tinbergen，1952）、普尔（Poole, 1970）、皮尔斯和汤姆森（Pierce and Thomson, 1972）、戴维斯（Dvis, 1971）、普尔和利伯曼（Poole and Lieberman, 1972）、桑多买罗（Santomero, 1983）以及古德夫伦德（Goodfriend, 1983）等。主要集中在围绕货币政策目标而言的工具的选择与使用、中央银行可以直接通过自主操作而独自确定的价格或量值以及对某些政策工具如公开市场业务、利率、法定存款准备金、贴现窗口等的针对性研究，包括工具如何使用、其作用怎样和哪一个更好。需要指出的是在研究方法上大多采用实证归纳和统计分析。

参考文献：

王广谦：《中央银行学》，高等教育出版社 2011 年版。

[美] 本杰明·M·弗里德曼、[英] 弗兰克·H·哈恩：《货币经济学手册》第 2 卷，经济科学出版社 2002 年版。

周小川：《金融政策对金融危机的响应》，载于《比较》2011 年第 2 期。

（马亚）

中央银行贷款
Central Bank's Lending

中央银行贷款指中央银行对商业银行和其他金融机构的贷款，是中央银行调控基础货币的渠道之一。中央银行根据经济发展需要和货币供应量的状况，适时调整对商业银行等金融机构的贷款数量和利率水平，可以增减基础货币，实现调控货币供应量和信贷规模的目标；并能引导资金流向和信贷投向，实现调整经济结构目标，其作用机制与再贴现相同。从世界范围看，在实行计划经济体制的国家，中央银行贷款通常是其中央银行的一项重要资产业务，发达市场经济体国家的中央银行则因其信用贷款性质较少使用。

中央银行贷款在我国被称为再贷款（Re-Lending）。1984 年中国人民银行专门行使中央银行职能后，决定实行"统一计划、划分资金、实贷实存、相互融通"的信贷资金管理体制。其中"实贷实存"规定人民银行和专业银行的资金往来采用存贷款形式的运行机制，从而奠定了中国人民银行通过对金融机构贷款调控基础货币的基础。在1994年以前，中央银行对专业银行的贷款是其吞吐基础货币的主要渠道，如1985~1990年，再贷款占中国人民银行资金运用的比例都在70％以上。贷款主要用于支持农副产品收购、国家重点建设、国有大中型企业生产、外贸收购以及清理"三角债"等政策性资金需求。1994年我国进行了外汇管理体制改革，实行汇率并轨、银行结售汇制度，并组建了三家政策性银行。之后，外汇占款快速增加，基础货币的供应渠道发生变化，再贷款成为控制基础货币投放的主要对冲手段，中央银行大量收回对国有商业银行的再贷款，再贷款余额大幅下降。1998年，中国人民银行取消了对国有商业银行贷款规模的指令性计划，在推行资产负债比率管理和风险管理的基础上，实行"计划指导，自求平衡，比率管理，间接调控"的新的管理体制，这一信贷管理体制的变化从基础上弱化了再贷款调控基础货币的作用。近年来，中国人民银行再贷款的结构和投向发生重要变化，新增再贷款主要用于促进信贷结构调整，引导扩大县域和"三农"信贷投放。

参考文献：

刘光第、戴根有、李健：《中国经济体制转轨时期的货币政策研究》，中国金融出版社1997年版。
戴根有：《走向货币政策间接调控》，中国金融出版社1999年版。
王广谦：《中央银行学》，高等教育出版社1999年版。

（贾玉革）

公开市场业务
Open-market Operations

公开市场业务是中央银行在金融市场上买进或卖出有价证券，用以调节存款性金融机构的准备金和基础货币，进而影响货币供给量和市场利率，实现货币政策目标的一项政策工具。与法定存款准备金制度、再贴现政策相比，公开市场业务具有主动性、灵活性、微调性等优点。因此，在20世纪50年代后各国金融市场特别是债券市场快速发展的背景下，公开市场业务成为各国中央银行进行货币政策操作日益倚重的主要政策工具。

公开市场业务发挥作用的理论基础是货币供给量与基础货币之间的倍数关系。通过基础货币与债券之间的互换，中央银行增加或减少银行体系的准备金数量，进而影响银行准备金的成本与可获得性，最终影响货币供给量。公开市场业务作用的有效发挥需要一个完整的操作体系，具体包括操作目标、操作工具、操作方式、交易对手和操作程序等。从发达国家的经验看，一国一定时期公开市场业务的操作体系取决于该国该时期的货币政策体系，原因不说自明：作为中央银行重要的货币政策工具，公开市场业务是在整个货币政策框架内发挥作用的。因此，各国应根据各自不同的金融制度、金融市场发展情况以及货币政策传导机制等因素，选择与建立适合本国国情的公开市场业务操作体系。

确定合适的操作目标是公开市场业务的核心内容。从世界范围来看，伴随着金融市场的发展和货币需求的日益复杂，公开市场业务的操作目标有由数量型目标向价格型目标转变的客观趋势。货币市场利率作为公开市场业务操作目标的优势在于：既集中反映货币市场资金供求的状况，同时又对整个市场利率体系有着基础性影响，在发达的金融市场条件下，其政策传导效应非常快。公开市场业务操作工具的使用，关系到公开市场业务的效率和操作的结果（张红地，2005）。国债因其政府信誉、良好的流动性、稳定的收益率水平、广泛的参与主体和巨大的市场交易规模等特质，而成为世界上绝大多数国家公开市场业务的基本操作工具。一些发展中国家因其国债市场发展的广度与深度无法满足公开市场操作的需求，会在国债之外，选择中央银行债券等其他债券型资产作为公开市场业务操作工具的补充。

公开市场业务的操作方式可以分为两大类型：一类是"主动性业务"，指中央银行根据政策的需要主动地在公开市场上进行的单向的净买入或净卖出债券，改变银行体系在较长时间内的准备金数量；另一类是"防御性业务"，指中央银行为了抵消临时性因素的变化对准备金的影响，在公开市场上买入或卖出一定数量的债券以保持银行体系的准备金数量。一般来说，主动性业务采用的交易方式是单向的买断或卖断，防御性业务采取的交易方式是回购协议。现实中，防御性业务使用的频率和次数远远大于主动性业务，因此，回购与逆回购成为公开市场业务的主要操作方式。各国已普遍建立起公开市场业务一级交易商制度，中央银行选择一批能够承担大额债券交易的金融机构作为交易对手，金融机构的种类因国而异，有的国家以银行为主，有的国家以证券公司为主。公开市场业务操作程序包括决策、执行、信息反馈与报告程序等，其与一国的金融体制和货币政策的操作程序密切相关。

1996年，中国人民银行正式将货币供应量作为我国货币政策的中介指标。为了保证货币供应量按计划增长，人民银行更加重视对基础货币的管

公开市场业务

理，开始制定基础货币规划。作为调控基础货币的政策工具之一，人民银行于 1996 年 4 月启动了公开市场业务，但由于银行间债券市场规模很小，全年交易额仅为 21 亿元，1997 年甚至停止了操作。1998 年，中国人民银行加快了宏观调控机制由直接向间接转变的步伐，取消了对国有商业银行的信贷规模控制，改革存款准备金制度，大幅调低法定存款准备金率。与此同时，亚洲金融危机的紧缩与风险效应逐渐扩散，扩张性财政政策的实施增加了国债的供给，商业银行基于风险的考虑开始调整资产结构，增加债券资产的持有，银行间债券市场的交易规模快速扩大，公开市场操作的市场基础得以形成。在这样的背景下，我国公开市场业务的操作体系逐步建立，公开市场业务成为中国人民银行货币政策日常操作的重要工具。

目前，由于我国利率尚未完全实现市场化，中国人民银行在公开市场业务操作中，仍主要将金融机构的流动性作为操作目标，但密切关注货币市场利率。操作工具主要有国债、政策性金融债券和中央银行票据；交易方式包括回购和现券买卖，回购有 7 天、14 天、28 天、91 天、182 天和 365 天 6 个期限品种；在操作中，根据商业银行流动性变化相机选择，实际操作以 7 天、14 天的居多。交易主要采用价格招标和数量招标方式，价格（利率）招标是指中国人民银行明确招标量，公开市场业务一级交易商以价格（利率）为标的进行投标，价格（利率）由竞标形成。数量招标是指中国人民银行明确最高招标量和价格，公开市场业务一级交易商以数量为标的进行投标，如投标量超过招标量，则按比例分配；如投标量低于招标量则按实际投标量确定中标量。价格招标以利率或价格为标的，旨在发现银行间市场的实际利率水平、商业银行对利率的预期，是中国人民银行发现市场价格的过程；数量招标旨在引导债券市场回购利率和拆借市场利率的走势，是中国人民银行用指定价格发现市场资金供求的过程。中国人民银行根据不同阶段的操作意图，相机选择不同的招标方式。

我国公开市场业务的基本操作程序是：每年年初召开的金融工作会议和中国人民银行行长办公会确定当年公开市场操作的原则、总的操作方向和操作目标；中国人民银行货币政策司据此并结合经济金融运行的实际情况、商业银行流动性的松紧情况等，分阶段提出公开市场操作的方向、交易方式及目标值的意见，报批后，具体负责日常操作的实施。目前，人民银行公开市场操作交易的频率是一周两次，一般是在星期二和星期四的上午 10 点进行。

作为我国重要的货币政策工具之一，公开市场业务的操作体系需伴随我国经济金融的发展不断调整与完善。

参考文献：

戴根有：《走向货币政策间接调控》，中国金融出版社 1999 年版。
张红地：《中国公开市场操作工具的选择》，上海三联书店 2005 年版。

（贾玉革）

再贴现政策
Rediscount Policy

再贴现是指中央银行对金融机构持有的未到期已贴现商业汇票予以贴现的行为。在这种行为基础上，再贴现政策是中央银行通过适时调整再贴现总量及利率，明确再贴现票据选择，达到增加或减少货币供给量，合理引导资金流向和信贷投向，实现货币政策目标的一种政策工具。

再贴现政策的内容主要包括三个方面：一是制定和调整再贴现率。再贴现率是商业银行将所持有的未到期的已贴现商业票据向中央银行再贴现时所付的利率，表现为再贴现票据金额的一定折扣率。再贴现率的制定和调整是中央银行运用再贴现政策的关键。当中央银行提高再贴现率时，商业银行向中央银行贴现或借款的资金成本随之上升，商业银行的准备金则相应减少，若其准备金不足则会自行缩减对客户的贷款和投资规模，从而引起市场上货币量的减少并带动市场利率上升。反之，降低再贴现率可以引起市场货币量的扩大和市场利率的下降。二是对申请再贴现票据资格的规定。主要是对再贴现票据种类和期限的限制，这方面的规定有利于中央银行对票据的科学管理及影响商业银行和全社会的资金投向。三是规定再贴现规模。即规划一定时期再贴现的总体规模，以资金总量的多少来调节货币供应。

再贴现政策作为中央银行调控货币供给量最古老的政策工具，英格兰银行在 1833 年开始有意识地加以运用。美国在 20 世纪 20 年代以前，也曾以其为主要的货币政策工具。学术界对再贴现政策的应用长期存在着争论。凯恩斯学派因主张政府干预经济，强调利率在宏观经济调控中的作用而倾向于支持使用再贴现政策。货币学派则站在自由主义的立场上，反对政府使用再贴现政策调控经济，甚至提出取消再贴现业务，认为同业拆借市场可以发挥再贴现的功能，提倡中央银行的货币政策操作主要使用公开市场业务。从各国的政策实践来看，第二次世界大战之后，再贴现政策的作用效果逐渐减弱，这降低了其作为一般性货币政策工具的重要性。造成这种结果的主要原因在于：同业拆借市场、欧洲货币市场等快速发展，商业银行借入资金的来源日益多样化，对中央银行贴现贷款的依赖性降低，对贴现率变动的敏感性随之降低。在这种情况下，再贴现政策的被动性增强，告示效应减弱。

再贴现政策作为中国人民银行的货币政策工具始于1986年。针对当时经济运行中企业之间严重的货款拖欠问题，人民银行下发了《中国人民银行再贴现试行办法》，决定在北京、上海等十个城市对专业银行试办再贴现业务。这是自人民银行独立行使中央银行职能以来，首次进行的再贴现实践。自此至1994年，人民银行再贴现政策的重点是：通过再贴现推动商业汇票业务发展，利用票据的结算与信用双重功能帮助企业解决拖欠问题。如1994年下半年，为解决一些重点行业的企业货款拖欠、资金周转困难和部分农副产品调销不畅的状况，中国人民银行对"五行业、四品种"（煤炭、电力、冶金、化工、铁道和棉花、生猪、食糖、烟叶）领域专门安排100亿元再贴现限额，推动上述领域商业汇票业务的发展。这一时期，再贴现政策并没有真正发挥一般性货币政策工具的作用。

1995年年末，人民银行规范再贴现业务操作，开始把再贴现作为货币政策工具体系的组成部分，并注重通过再贴现传递货币政策信号。通过颁布《商业汇票承兑、贴现与再贴现管理暂行办法》等一系列相关法规制度，人民银行初步建立了较为完整的再贴现操作体系：中国人民银行总行设立再贴现窗口，对各商业银行总行办理再贴现；中国人民银行分行设立再贴现授权窗口，并依据总行授权进行业务操作。1998年，人民银行改革再贴现利率生成机制，与再贷款利率脱钩，单独发布再贴现利率，使其成为中央银行的基准利率，为再贴现率发挥传导货币政策的信号作用创造了条件。2008年，为有效发挥再贴现促进结构调整、引导资金流向的作用，人民银行进一步完善再贴现管理：适当增加再贴现转授权窗口，以便于金融机构尤其是地方中小金融机构法人申请办理再贴现；适当扩大再贴现的对象和机构范围，城乡信用社、存款类外资金融机构法人、存款类新型农村金融机构，以及企业集团财务公司等非银行金融机构均可申请再贴现；推广使用商业承兑汇票，促进商业信用票据化；通过票据选择明确再贴现支持的重点，对涉农票据、县域企业和金融机构及中小金融机构签发、承兑、持有的票据优先办理再贴现；进一步明确再贴现可采取回购和买断两种方式，提高业务效率等。

参考文献：
王广谦：《中央银行学》，高等教育出版社1999年版。
陈观烈：《货币、金融、世界经济》，复旦大学出版社2000年版。

贾玉革：《货币市场结构变迁的效应分析》，中国人民大学出版社 2006 年版。

（贾玉革）

存款准备金制度
Reserve Requirement System

存款准备金制度也称存款准备金政策，是在中央银行体制下建立起来的，要求存款类金融机构按其存款总额的一定比例，以库存现金或在中央银行存款的形式保留存款准备金的一种制度。是中央银行的一个重要货币政策工具，与再贴现率、公开市场业务一起被称为中央银行的"三大法宝"。

通常认为，存款准备金制度最初源于美国 1863 年颁布的《联邦银行法》，该法首次以法律形式提出了准备金要求，规定国民银行必须对其发行的银行券和存款持有 25% 的准备金以满足兑换的需要。但 19 世纪末 20 世纪初出现的一系列银行挤兑事件表明，法定存款准备金并不能为整个银行体系的存款的兑现性提供真正的保障。1913 年美国联邦储备体系建立，其主要职能是充当银行体系的最后贷款人和流动性担保人，要求成员银行必须持有一定比例的准备金。一方面是按惯例以此保证银行存款的支付和资金清算，另一方面是伴随着货币政策重点的变化，逐渐认识到存款准备金制度有助于控制信贷的过度膨胀。1935 年的《银行法》赋予了联邦储备银行调整法定存款准备金率的权力，存款准备金制度演变成为最主要的间接货币政策工具之一（美国联邦储备委员会，1998），并陆续被世界上大多数国家所效仿。

作为控制信贷和货币供应的政策工具，存款准备金制度的作用机制主要是：中央银行通过提高或降低法定存款准备金率，增加或减少金融机构必须存入中央银行的存款数量，从而改变货币乘数的大小，达到扩张或收缩信贷和货币供应的目的（戴根有，1998）。

一国的存款准备金制度一般要规定哪些金融机构的哪些存款需缴纳存款准备金，法定存款准备金的比率是多少，哪些资产可以作为准备金资产，如何计算与考核金融机构缴纳的存款准备金、是否对准备金付息等内容。其中，确定法定存款准备金比率是存款准备金制度的核心内容，比率的高低取决于货币政策松紧的需要、金融机构的体系结构和资金调度能力、存款的流动性差别等因素。由于存款准备金与货币供应量密切相关，因此，决定一国哪些金融机构的哪些存款需缴纳存款准备金的核心因素是该国确定的货币供应量目标。例如，如果一国确定 M_2 为货币政策的监测指标，则纳入 M_2 统计范畴里的各类金融机构的相应存款就应按规定的比率缴纳存款准备金。金融机构持有的库存现金和在中央银行的存款被各国普遍作为准备金资产。计算与考核金融机构缴纳的存款准备金是否达到法定比率的要求是一个技术性比较强的问题，特定时期的会计统计制度及其效率、支付体系的时效性及金融机构资金管理与调度的能力决定了该时期一国中央银行能够采用的计算与考核方法。是否应对存款准备金付息长期以来一直存在争论。赞同付息的观点认为，存款准备金要求实质上是对存款的一种课税，这将增加存款机构的经营成本，为了降低与转嫁这种经营成本，存款机构可能会降低服务水平，创造新产品规避准备金要求，以较低的存款利率和较高的贷款利率的形式向客户转嫁成本。这些行为扭曲了金融资源的合理配置，降低了金融服务效率，解决此问题的可取方法是向法定准备金支付利息，极端方法是取消存款准备金制度。反对付息的观点主要是担心对存款准备金付息将减少中央银行向财政交纳的利润，同时认为，政府支持的存款保险计划弥补了准备金要求带给存款机构的负担。

当决定存款准备金制度各项内容的因素发生变化时，存款准备金制度便也会随之发生相应的变革。20 世纪六七十年代，西方金融领域掀起了金融创新浪潮，大量货币性极强的信用工具相继产生，货币供应量的统计口径不断扩大。据此，80 年代初，西方主要发达国家相继对本国的存款准备金制度进行改革，扩大存款准备金制度的管辖范围。如美国 1980 年颁布《放松管制和货币控制法》，规定所有吸收存款的机构，无论是商业银行还是非银行金融机构，不论其是否是联邦储备体系的会员，都要按规定的存款类型和比例缴存准备金。英国、日本等国也进行了类似的存款准备金制度的改革（王元龙，1997）。20 世纪 90 年代后，随着各国相继以利率替代货币供应量作为货币政策的中介指标，存款准备金制度作为货币政策工具的重要性被降低，法定存款准备金的比率被大幅调低，一些国家甚至取消了存款准备金制度。应该说，取消存款准备金制度对中央银行的公开市场操作提出了更高的要求，因为它增加了中央银行对准备金市场中准备金需求的预测难度。

1984 年，中国人民银行开始专门行使中央银行职能，中国的中央银行体制建立起来，与之相适应，建立了存款准备金制度。1998 年以前，我国存款准备金制度的主要功能不在于满足商业银行支付与资金清算的需要和调控货币总量，而在于让中央银行集中一部分资金用于发放再贷款，支持农副产品收购和某些重点产业、重点项目的资金需求，因此，初期规定的法定存款准备金比率比较高，如 1984 年规定企业存款的法定存款准备金率为 20%、储蓄存款为 40%、农村存款为 25%。1985 年，人民银行改变按存款种类核定存款准备金率的做法，统一将存款准备金率调整为 10%。后又经过 1987 年、1988 年两次调整，使法定准备金率达到 13%。此外，由于规定法定存款准备金不能用于支付与清算，所以，中国人民银行又设立了备付金存款账户，且在 1989 年规定备付金需保持在 5%~7%。

随着我国金融体制改革的不断深入，由直接金融调控向间接金融调控的条件日益成熟，为充分发挥存款准备金制度对货币供应量的调控功能，1998 年，人民银行对存款准备金制度进行了改革，主要内容包括：合并"准备金存款"和"备付金存款"两个账户，称为"准备金存款"账户；将法定存款准备金率从 13%下调到 8%；对各金融机构的法定存款准备金按旬、按法人统一考核；下调准备金存款利率等。这次改革恢复了存款准备金制度的原有功能，使其真正成为中国人民银行的货币政策工具之一。2004 年，中国人民银行开始实行差别存款准备金制度，将存款准备金率与金融机构的资本充足率、资产质量状况等指标挂钩，以抑制资本充足率较低且资产质量较差的金融机构盲目扩张贷款，存款准备金制度又成为维护金融稳定的工具。

2003 年，特别是 2006 年以后，中国人民银行调整法定存款准备金率的次数日益频繁，存款准备金制度俨然成为人民银行的常用政策工具，这与这一时期货币供应量仍是我国货币政策的中介指标、外汇占款持续增长导致基础货币投放过多、公开市场操作与再贴现政策受到货币市场发展的制约等因素相关。事实上，世界上许多国家都曾在特定的经济发展时期因为特定的因素而将存款准备金制度作为本国中央银行经常使用的政策工具之一。在未来的改革与发展中，当决定我国存款准备金制度的各种因素发生变化时，存款准备金制度便会按其特有的规律随之发生变化。

参考文献：

美国联邦储备委员会：《法定准备金：历史、现状及潜在变革》，引自中国人民银行货币政策司：《存款准备金制度的理论与实践》，企业管理出版社 1998 年版。

戴根有：《我国存款准备金制度及其改革》，引自中国人民银行货币政策司：《存款准备金制度的理论与实践》，企业管理出版社 1998 年版。

王元龙：《西方国家存款准备金制度的改革及其借鉴》，载于《国际金融研究》1997 年第 4 期。

Weiner, Stuart E., Payment of Interest on Reserves: Federal Reserve Banks of Kansas City, *Economic Review*, Vol. 68, January 1983.

Milton Friedman, *A Program for Monetary Stability*, Fordham University Press, 1960.

（贾玉革）

窗口指导与道义劝告
Window Guidance and Moral Persuasion

窗口指导是指中央银行根据产业行情、物价趋势和金融市场动向，规定商业银行的贷款重点投向和贷款变动数量，并要求其执行的政策手段。道义劝告是指中央银行利用其在金融体系中的特殊地位和威望，通过对商业银行及其他金融机构发出通告、指示或与各金融机构的负责人举行面谈的方式，解释政策意图，使商业银行和其他金融机构自动采取相应措施贯彻中央银行的政策。窗口指导与道义劝告同为中央银行间接指导信贷变动方向和重点的政策工具，其作用发挥的大小取决于中央银行在金融体系中是否具有较强的地位、较高的威望和控制信用的足够的法律权利和手段。

窗口指导产生于 20 世纪 50 年代的日本。第二次世界大战之后，由于战争的破坏和战后相关事宜的处理，日本供给极度短缺，而需求急剧增加，致使日本发生了恶性通货膨胀，1945～1951 年的 6 年间，批发物价上涨了 98 倍（铃木淑夫，1993）。在这样的经济背景下，日本的中央银行——日本银行直接参与资金分配，介入商业银行的贷款投放活动。1952 年日本经济全面复兴，1953 年超过战前经济水平，日本银行随即停止直接干预商业银行借贷活动的做法。但为了实现赶超欧美战略，日本银行人为将银行借贷利率抑制在市场均衡利率水平之下，为避免银行超额放贷，1957 年日本银行开始逐步根据各家商业银行的规模、贷款计划额和资金头寸，对各商业银行的贷款增长额进行规定，实施窗口指导。在 20 世纪 80 年代之前，企业融资对银行贷款的依赖性较高，信贷途径是日本银行货币政策的主要传导途径，窗口指导便因之成为日本银行控制信贷数量增长的一个重要手段，也取得了较好的作用效果。20 世纪 80 年代之后，日本加速了金融自由化进程，金融市场快速发展，利率市场化改革进一步推进，企业通过金融市场融资规模的大幅增长和利率在货币政策传导中的作用日益重要，使窗口指导的作用效果不佳。与此同时，理论界对窗口指导存在的限制银行竞争、使信贷份额固定化、信用配额导致资源分配效率低下等问题的指责越来越多。基于现实，1991年7月，日本银行取消了窗口指导。

"道义劝告"一词出自《圣经新约·约翰书》，原意是指传教士对广大信徒进行道德说教，规劝他们笃信上帝。金融领域使用"道义劝告"源于18世纪的英格兰银行从道义上规劝商业银行降低贷款利率，使借款者免受"高利贷"的盘剥。伴随着英格兰银行向中央银行的转变以及中央银行制度在全世界范围的普遍确立，道义劝告逐渐成为各国中央银行重要的货币政策工具之一，在金融结构日益复杂、金融市场运作与金融机构经营不确定性日益增强的现代金融体系中，道义劝告的地位与作用也不断增强。道义劝告在各国采用的方式不尽相同，如英格兰银行往往以行长的名义向当事的金融机构发一封正式的信函，要求其规范业务活动；美联储在20世纪80年代之前主要采用约请商业银行负责人到联储银行的办公地点共进茶点和咖啡的方式督促其认真执行联储制定的货币政策；80年代之后则广泛地通过在公共媒体公开讲话扩大道义劝告的影响力，并将道义劝告与公开市场业务相结合，即利用银行业及金融市场电子化和网络化的特点，在公开市场委员会举行会议的前后一段时间内，针对商业银行信贷水平乃至整个金融系统的运行状况发表公开讲话，讲解美联储近阶段的政策目标，对市场内的行为和状态发出警告或呼吁，敦促银行系统的信贷政策向美联储指定的目标靠拢（高钧，2003）。

窗口指导与道义劝告是中国人民银行重要的货币政策手段。1998年，中国人民银行取消了对四大商业银行的贷款规模管理，改为在年初确定当年全部金融机构的贷款增量，并对贷款的投向进行指导。通过定期召开"经济金融形势分析会"、"窗口指导会议"，随时举办小型座谈会、发出书面指导意见等多种形式，向商业银行等金融机构负责人介绍中央银行货币政策的意图。对于不遵从指导的金融机构，中国人民银行将对其进行相应的惩罚，如"对于部分贷款增长过快的银行通过发行定向央票引导其注重贷款平稳适度增长"（2009年第四季度货币政策执行报告）。

从未来的发展趋势看，在间接融资在我国的融资结构中居于主要地位的阶段，窗口指导仍将发挥其应有的作用，并取得良好的作用效果。但2009年以后，企业债券市场发展迅速，证券、保险类非银行金融机构对实体经济的资金支持力度增强，商业银行表外业务大量增加，已经对贷款表现出明显的替代效应，显示出绕过窗口指导的融资渠道不断拓宽，导致新增贷款量与经济增长率等宏观经济指标的相关性降低。2011年中国人民银行增加社会融资总量作为货币政策的监测指标，正是针对这种现象做出的反应。可以预见，伴随着金融市场的发展以及利率传导机制的建立，窗口指导在我国的有效性将会逐步降低，"道义劝告"则可通过公共媒体的广泛传播而作用得到加强。

参考文献：

［日］铃木淑夫：《日本的金融政策》，中国发展出版社1993年版。

高钧：《道义劝告在美国货币政策和银行管理中的应用》，载于《中国金融》2003年第6期。

［日］福本智之、［日］木村武、［日］稻村保成、［日］东将人：《中国窗口指导的有效性与金融环境——日本的经验与启示》，载于《金融发展评论》2011年第10期。

（贾玉革）

直接信用控制与间接信用控制
Direct Credit Control and Indirect Credit Control

直接信用控制是指中央银行以行政命令或其他方式对金融机构尤其是商业银行的信用活动进行直接控制。其手段包括信用配额、利率控制、流动性比率管理和直接干预等。

信用配额是中央银行根据金融市场的供求状况及客观经济需要，分别对各个商业银行的信用规模加以分配和控制，从而实现其控制整个社会信用规模的一种手段。中央银行使用信用配额这种工具的基础性条件通常是：首先，在一国的融资结构中，间接融资占主导，且几家大的商业银行在本国金融体系中居于主体地位；其次，贷款需求旺盛，商业银行自我约束能力和风险控制能力较弱，有较强的发放贷款的冲动；最后，货币市场不发达，公开市场业务、再贴现等政策工具难以有效发挥作用。在特定的经济发展阶段和金融体制下，世界上特别是亚洲一些国家或地区，都曾不同程度地采用过这种手段。

1998年以前，信用配额是我国中央银行控制信用规模的主要手段。在"大一统"的金融体系下，中国人民银行实质上是我国唯一的一家银行，实行"统存统贷，计划管理"的信贷资金管理体制。这种资金管理体制决定了中国人民银行总行只有通过贷款的指令性指标管理才能控制全国的贷款总量，因此，给各级分支机构分配、下达贷款指标——允许发放贷款的最高限额——几乎是中国人民银行控制货币供给规模的唯一手段。改革开放后，两级银行体制逐渐建立，信贷资金管理办法也相应改革。1980年，银行信贷资金开始实行"统一计划、分级管理、存贷挂钩、差额包干"的管理办法，控制与调节各级分支机构的"信贷差额"计划成为中国人民银行总行调节货币供应总量的主要手段，而信贷差额计划为指令性计划，不经中国人民银行上级行批准不能突破。1984年1月1日中国工商银行从中国人民银行中分设出来，人民银行专门行使中央银行职能。1985年1月1日，人民银行对各专业银行的信贷资金开始采取"统一计划、划分资金、实贷实存、相互融通"的管理办法，其与各家专业银行的资金往来关系成为借贷关系，从技术上说，这种管理办法已为人民银行对专业银行实施间接调控创造了条件。但是，在当时政府直接管理经济但又不承担风险，因而对贷款形成无限需求，专业银行缺少风险约束普遍具有贷款扩张冲动的现实背景下，中国人民银行难以通过运用法定存款准备金率、再贷款、再贴现等间接货币政策工具调控基础货币，从而实现调控货币供应量的目的，于是，贷款限额便顺理成章地成为中国人民银行调控货币供给量最重要的手段：在贷款限额内，多存可以多贷，一旦达到限额，即使仍有存款，也不许继续放款。应该说，在我国特定的经济发展阶段，信用配额这种直接信用控制手段对于控制我国信贷总量，集中资金保证国家重点建设，发挥了应有的积极作用。

随着我国经济、金融体制改革的逐步推进，单一的国家银行体系逐渐被多种金融机构所替代，1996年国有商业银行以外金融机构新增贷款占全部金融机构新增贷款的比重已达到49%；20世纪90年代以后，金融市场快速发展，企业通过直接融资渠道获得资金的数量越来越多；与此同时，随着我国对外开放的扩大，外汇资产的变动对国内货币供应量的影响也越来越大。在这种情况下，对国有商业银行的贷款进行限额管理已难以达到调控货币供给量的预期效果。1998年1月1日，中国人民银行取消了对国有商业银行的贷款限额控制，改为对商业银行按年（季）下达贷款增量的指导性计划，推行资产负债比例管理和风险管理，并在此基础上实行"计划指导、自求平衡、比例管理、间接调控"的信贷资金管理体制，对货币供给总量的控制转变为通过对基础货币的调控来实现。

规定存贷款利率或对存款利率规定最高限额等利率控制措施是中央银行最常用的直接信用工具。如在1980年以前，美国有Q条例和M条例，条例规定，活期存款不准付息，对定期存款及储蓄存款则规定最高利率限制。其目的是为了防止银行用抬高利率的办法竞相吸收存款和为谋取高利而进行风险投资和放款，从而保证银行的正常经营。我国在计划经济时期执行严格的利率管制。以计划为主的利率管制虽然使中央银行对利率的控制较为直接和迅速，但它也存在许多弊端，如计划利率很难准确反映市场中资金供求的真实状况，从而难以很好地发挥利率的调控作用。随着我国金融改革的逐步深化，中国人民银行对利率的控制逐步放松，逐渐走向市场化。我国利率市场化改革的进程请参考"利率市场化"条目。

流动性比率管理是中央银行为了限制商业银行扩张信用，规定其流动性资产对流动性负债的比重。一般说来，流动性比率与收益率成反比。为保持中央银行规定的流动性比率，商业银行必须采取缩减长期放款、扩大短期放款和增加易于变现的资产的持有量等措施。现在，流动性比率管理更多地体现为国家金融监管当局控制商业银行流动性风险的监管指标，如中国银监会规定我国商业银行的流动性比率不得低于25%。

直接干预也被称为直接行动，是指中央银行直接对商业银行的信贷业务、放款范围施以干预。中央银行直接干预的方式有：直接限制放款的额度；对业务经营不当的商业银行拒绝再贴现，或采取高于一般利率的惩罚性利率；明确规定各家银行的放款或投资的范围、放款的方针等。

间接信用指导是指中央银行采用各种间接的措施对商业银行的信用创造施以影响。其主要措施有道义劝告、窗口指导等，具体内容请见"窗口指导与道义劝告"词条。

参考文献：
谢平等：《中国的金融深化与金融改革》，天津人民出版社1992年版。
刘光第、戴根有、李健：《中国经济体制转轨时期的货币政策研究》，中国金融出版社1997年版。
戴根有：《走向货币政策间接调控》，中国金融出版社1999年版。
王广谦：《中央银行学》，高等教育出版社1999年版。
《人民日报》评论员：《金融宏观调控的重大改革》，载于《人民日报》1997年12月26日。

（贾玉革）

超额准备金
Excess Reserve

超额准备金也称备付金、支付准备金。广义的超额准备金是指商业银行的存款准备金（包括商业银行在中央银行的准备存款和商业银行的库存现金两部分）扣除法定存款准备金以后的余额；狭义的超额准备金则仅指准备存款扣除法定存款准备金以后的余额。超额准备金是商业银行扩大资产业务（主要是贷款业务）的基础，在商业银行扩大资产业务的同时，其存款余额上升，所需占用的法定存款准备金增加，超额准备金随之降低，因此超额准备金比率（超额准备金与存款总额之比）通常被用作判定银行体系流动性的重要指标。

超额准备金一般包括借入准备金和非借入准备金。借入准备金是商业银行由于准备金不足而向拥有超额准备金的银行借入的货币资金。超额准备中扣除借入准备金，即为非借入准备金，又称自有准备金。

由于中央银行规定了商业银行的准备金与存款总额的最低比率，即法定准备金率，因此，超额准备金数量的多少，也就直接影响着商业银行的资产业务扩张能力以及与此密切相连的存款货币派生能力。超额准备金的变动也会影响货币乘数大小，在其他参数不变的情况下，货币乘数大小与超额准备金比率的高低负相关。而在银行准备金总量不变的情况下，超额准备金与法定存款准备金之间存在此消彼长的关系。当法定存款准备金率提高时，法定存款准备金要求增加，商业银行的超额准备金相应减少，其信用和信贷扩张能力下降；反之，法定存款准备金率下调，商业银行的信贷扩张能力则随之增强。因此，超额准备金通常作为货币政策的操作指标，直接影响社会信用总量（吴念鲁，2009）。

中央银行的业务操作对商业银行保留的超额准备金水平有着重要的影响。中央银行的资产业务扩张和收缩，包括买卖外汇、黄金、有价证券、再贴现、再贷款等业务，直接导致基础货币的投放和回笼，也直接导致商业银行存款准备金的增减以及超额准备金的增减。中央银行的负债业务变化，如政府存款余额、央行债券余额的变化，也会导致基础货币总量、存款准备金总额和超额准备金总额的变化。此外，中央银行还可以通过调整超额准备金的利率水平，来影响商业银行所保留的超额准备金水平。

1998年我国存款准备金制度改革之后，金融机构的超额准备金率出现了较大幅度的变动，但总体上呈现出逐步下降的趋势，资本市场的发展，商业银行股份制改革的不断推进，支付清算系统的创新和发展等，对超额准备金率的稳步下降起到重要作用（朱芳、李俊，2009）。

近年来，国际学术界高度关注银行出于预防性动机而持有的非自愿超额准备金问题。银行出于预防性动机而持有超额准备金的目的在于，当银行面临流动性风险时，为避免不可预计的资金支出导致准备金不足而出现的损失。但是，当银行持有预防性超额准备金的同时，也意味着放弃了贷款和债券投资所带来的收益，这是持有预防性超额准备金的机会成本。那么，最优的预防性超额准备金水平将是由银行避免准备金不足带来损失而产生的边际潜在收益，与放弃贷款和债券投资收益而产生的边际机会成本所决定的。可以推论，如果银行超过这一最优水平而继续累积超额准备金，就有可能会使边际收益递减而小于边际成本。在此情形下，多出的超额准备金既无须应付不可预计的支出，也不能产生盈利，即为银行持有的非自愿超额准备金。

银行出于预防性动机而持有的超额准备金，是在预防性动机下最优资产组合行为的结果，不会对产出和价格构成压力，对此货币当局无须过多关注。但是，超过这一动机持有的非自愿超额准备金，则可能是因为银行出于投机性动机而在非自愿超额准备金与贷款、债券投资之间的资产组合行为的周期性变动，从而加剧和放大了产出和价格的波动，并构成了导致宏观经济运行不稳定的重要因素。在此情况下，货币当局在流动性管理中则应审慎针对非自愿超额准备金展开微调性操作，以实现经济平稳运行。

参考文献：

吴念鲁：《商业银行经营管理》，高等教育出版社2009年版。
张勇：《银行非自愿超额准备金与宏观经济波动：来自中国的经验证据》，载于《当代财经》2012年第1期。
朱芳、李俊：《我国金融机构超额准备金率变动分析》，载于《暨南学报（哲学社会科学版）》2009年第3期。

（张勇）

银行流动性
Liquidity of Bank

银行流动性是指商业银行在一定时间内、以合理的成本获取资金用于偿还债务或增加资产的能力。商业银行提供现金满足客户提取存款的要求和支付到期债务本息，这部分现金称为"基本流动性"，基本流动性加上为贷款需求提供的现金称为"充足流动性"。保持适度的流动性是商业银行流动性管理所追求的目标。

银行流动性体现在资产和负债两个方面。资产流动性是指商业银行持有的资产可以随时得到偿付或在不贬值的情况下出售，即无损失情况下迅速变现的能力。变现能力越强，所需成本越低，则流动性越强。因此，银行应当估算所持有的可变现资产量，把流动性资产持有量与预期的流动性需求进行比较，以确定流动性适宜度。负债流动性是指商业银行能够以较低的成本随时获得需求的资金。筹资能力越强，筹资成本越低，则流动性越强。保持适度的流动性是商业银行流动性管理所追求的目标（吴念鲁，2009）。

商业银行流动性的衡量方法主要有财务比率指标法和市场信号指标法。

财务比率指标法又叫流动性指标法，是指商业银行根据资产负债表的相关数据，计算资产流动性和负债流动性指标，用以衡量商业银行流动性状况的预测方法。

市场信号指标法则主要包括以下指标：公众信心、银行股票价格、银行发行债务工具的风险溢价、银行资产售出时的损失、履行对客户的承诺能力、向中央银行借款的情况以及银行的外部资信评级等。

商业银行在进行流动性管理时，一方面面临着复杂的外部市场环境，另一方面其自身的流动性资产与负债也处于不断变化中。因此，针对特定时点上的流动性需求有多种方案可供选择。银行在进行流动性管理决策时主要应遵循以下原则：

一是进取型原则，当出现流动性缺口时，银行管理者不是依靠收缩资产规模和出售资产，而是通过主动负债的方式来满足流动性需求。

二是保守型原则，当出现流动性缺口时，银行管理者不采取主动负债的方法，而是靠自身资产转换、出售的方式来满足流动性需求。

三是成本最低原则，流动性缺口的满足应以筹资成本最低为原则。

流动性是银行的生命线，商业银行的流动性不仅是整个金融体系甚至是整个经济体顺畅运行的基本保证。1977年，美国花旗银行前任财务主管在与一群华尔街银行分析师的谈话中，对银行流动性的重要意义做出了十分精辟的论述："美国金融监管机构（如联邦存款保险公司，简称FDIC）的银行风险评级制度CAMEL分别代表资本、资产、管理、盈利和流动性，但这一表述次序应该完全掉转过来，即流动性应放在首位——LEMAC，原因在于，流动性永远是第一重要的，没有它，银行不能开门营业；而有了它，银行可以有足够的时间去解决其他问题"（葛奇，2001）。

流动性不仅直接决定着单个商业银行的安危存亡，对整个国家乃至全球经济的稳定都至关重要。1997年爆发的东南亚金融危机中，泰国、马来西亚、印尼、菲律宾等国家都发生了因客户挤兑而引发的流动性危机，并迫使大批商业银行清盘，以致引发了一场波及全球许多国家和地区的金融危机。

以上关于银行流动性的分析，更多地是从单个银行流动性的视角来进行分析，以确保单家银行的稳定和安全。但从整个银行体系的角度，还存在着一个银行体系流动性的问题。从国际上看，流动性可以区分为金融机构融资流动性和市场流动性。前者不仅包括银行体系，还包括各类非银行金融机构。而在银行体系提供的融资占主导地位的国家，银行体系流动性则是金融机构融资流动性讨论的重点。一般来说，银行体系流动性是指银行体系在整体上的头寸充裕程度，它会直接影响到其货币扩张能力，从而对市场流动性产生影响，而市场流动性又会对实体经济产生重要影响，并左右着宏观经济政策（尤其是央行的货币政策决策）。

从货币政策操作的实践来看，中央银行流动性管理所涉及的流动性主要是直接针对银行体系流动性，从而间接影响市场流动性，并对实体经济产生影响。也就是说，是试图运用货币政策工具向银行体系注入或回笼基础货币，调节银行体系的流动性，实现引导银行贷款和债券投资行为，从而实现信贷和货币总量目标，以保证宏观经济平稳运行。

长期以来，中国人民银行加强对银行体系流动性情况的分析监测，视银行体系流动性变化情况，合理把握公开市场操作力度和节奏，与存款准备金政策相配合，促进银行体系流动性供求的适度均衡（中国人民银行，2011）。

参考文献：

吴念鲁：《商业银行经营管理》，高等教育出版社2009年版。
葛奇、霍团结：《美国商业银行流动性风险和外汇风险管理》，中国经济出版社2001年版。
中国人民银行：《货币政策执行报告》2006年、2011年。
蔡如海、沈伟基：《流动性过剩、分层界定、判定指标及成因分析》，载于《经济理论与经济管理》2008年第7期。

（蔡如海）

相机抉择
Discretionary Monetary Policy

相机抉择又称权衡性货币政策，指货币当局在运用货币政策工具调节经济的过程中，并不受遵循任何显性的或隐性的程序或原则的约束，而是依据实际经济状况相机而动，以实现特定的货币政策目标。

如何处理货币政策与经济周期的关系，最早的原则是"逆风向"调节：经济趋热，相应紧缩；经济趋冷，相应扩张。这种模式的货币政策被概括为"反周期货币政策"，而"相机抉择"就是指这种调控模式。

相机抉择的货币政策规范具有以下特点：

第一，货币政策本身属于一种能动性的短期经济稳定政策，货币当局之所以要根据经济运行态势相机抉择，其目的是要用货币政策所造成的能动性名义国民收入波动来抵消因总需求扰乱所导致的自发性名义国民收入波动，借以调节经济周期，稳定经济运行。

第二，货币政策对经济运行的稳定作用，是通过"逆经济风向行事"的"反经济周期"的具体操作方式而实现的。

第三，在"逆经济风向行事"的"反经济周期"货币政策的具体操作过程中，货币当局被赋予广泛的权力，它可以根据自己的主观判断权衡取舍，从而扮演了一个"货币列车"的"驾驶员"角色。

传统经济学支持相机抉择政策最重要的论据之一，在于它赋予政策制定者对那些没有遇见到的或是在可能规则中未可描述的偶然情况，做出快速反应的灵活性。相机抉择的货币政策能够针对不利的供给波动或意外的需求波动迅速、灵活地进行政策调整，以缓解不利冲击可能引起的危害（Rogoff，1985）。

但是，相机抉择政策思想先后受到两方面的批评。先是来自货币主义，货币主义者不主张国家干预经济生活，他们认为，由于干预的时滞等原因，反周期的干预会导致周期波动的加剧。根据货币主义的货币需求理论，他们主张货币政策应该遵循固定的货币增长率的规则，被概括为"单一规则"，或简称为"规则"，以区别于"相机抉择"。弗里德曼（Friedman，1991）主张固定增长率规则，以避免货币政策本身成为经济波动的根源。他认为在货币政策决策问题上，中央银行更容易受到公众意见和政治压力的左右，所以相机抉择的货币政策造成了经济的波动。尔后，是来自理性预期学派的批评。理性预期学派认为，对于宏观干预政策，公众依据预期会采取相应行动，即"上有政策，下有对策"。结果会使政策不能实现预定的目标，这就是他们有名的政策无效命题。

随着理论不断的发展，初期的"相机抉择"与"规则"这组对立概念已经演进。现在，对"相机抉择"概念有否定意义的解释，即把它解释为货币当局以不同于公开目标的隐蔽目标来贯彻自己的政策意向；同时也有肯定意义的解释，即肯定货币当局有必要针对不同的经济形势相机调节自己的政策措施，但要求这样的"相机抉择"应有"规则"。今天讲"规则"也非"单一规则"，而是在更一般的意义上，要求中央银行在货币政策目标的决策中应该遵循规则——包括"相机抉择"的"规则"（黄达，2009）。

在世界各国的具体实践中，纯粹的单一规则和纯粹的相机抉择都不存在，更常见的情况是以规则为主、以相机抉择为辅的混合政策模式。大多数国家采取长期政策遵循单一规则，而短期调整则依靠相机抉择，规则与相机抉择相互补充的原则。通货膨胀目标制的兴起，则是对此现象的一个最好证明：斯文森（Svensson，1999）指出，盯住通货膨胀实际上是一种货币政策规则，且该规则结合了货币政策规则与相机抉择两种模式的优点，因而是一种相机抉择型规则。

经济哲学的观点告诉我们，不存在普遍适用的规则。就规则与相机抉择之争而言，其更为重要的意义是在于让人们了解它们的优劣之处，从而方便决策者选用，以提高全社会的福利水平。值得注意的是，在经济发展的不同阶段，货币当局随着宏观经济环境的变化而在各种规则之间的政策转换行为，比如从固定货币增长率规则到标准泰勒规则及其各种变形，这个过程本身就是一种相机抉择。哪种货币政策规则，它都是依据特定的经济模型来进行模拟和预测并据以行事的，而这些模型的参数又是依赖于经济结构至少在一段时间内是稳定的假设。

从一国货币政策操作实践变迁的历史角度来看，货币政策的制定和实施是一个连续的过程。在这个连续过程中，不同的货币政策规则只是相应于不同的经济发展阶段或宏观经济状况的要求而出现的，因此只是这个过程的一系列环节。货币当局相机抉择地在这些规则中做出选择，并将其串联起来，从而形成了一个连续的系统。纵观世界各国货币政策调控模式的选择，总是规则与相机抉择相伴，并不存在二者的极端状态。1984年中国人民银行正式履行中央银行职能以来，我国货币政策表现的繁复多变似也印证了这一观点（索彦峰，2006）。

我国经济的运行表现出典型的转型经济特征，经济政治体制正处于制度变迁过程中，在经济领域政府干预的色彩十分浓厚。就货币政策来说，虽然中央银行的独立性有所增强，但货币政策决策的政治过程仍十分明显。货币当局相机抉择地在各种规则之间进行转换的频率较高。

由于我国特殊的经济金融环境，相机抉择的货币政策在我国灵活有效的运用还存在以下三个问题：

第一，中央银行独立性仍需进一步加强。我国目前是由中央银行提出政策建议，由国务院批准。由于在特定的情况下，国务院与中央银行的目标有可能不一致，结果经国务院批准后的政策会更多地体现了国务院的目标，而不是中央银行的目标，这必然会影响中央银行货币政策的可信性，继而影响货币政策的有效性。

第二，要提高研究能力，努力实现基于对未来经济的预期来制定货币政策。我国目前的货币政策框架主要是基于简单的反馈规则，即根据对过去经济运行结果的反馈，来决定货币政策的松或紧。这种政策框架受到所依据的信息不能涵盖所有经济活动，统计数据本身的不完全，统计数据具有一定时滞等不利影响而导致政策缺乏前瞻性、科学性和灵活性。而基于对未来经济的预期来制定货币政策能够增进决策判断的前瞻性、科学性，并提高政策的灵活性，真正实现一定规则范围内的相机抉择，提高政策的可信性。

第三，要进一步推进金融体制改革，保证货币政策的顺利传导。货币政策要发挥作用，需要经过一系列中间环节，最终作用于经济主体。我国当前仍处于转轨时期，金融市场发展滞后，企业融资主要依靠商业银行，货币政策的传导机制也主要依赖于商业银行系统，而不是整个金融市场。然而，目前我国商业银行的盈利模式较为单一，其抵抗风险的能力较差，以上这些因素都会妨碍我国货币政策的顺利传导。货币政策传导的不畅必然造成货币政策不能发挥预期效果，从而导致货币政策的可信度下降。因此，需进一步推进金融体制改革，以保证货币政策顺利传导，继而增进货币政策的可信性。

参考文献：

黄达：《金融学》精编版，中国人民大学出版社2009年版。

［美］米尔顿·弗里德曼：《货币稳定方案》，上海人民出版社1991年版。

索彦峰、高虹：《规则还是相机抉择：货币政策选择的交易成本政治学视角》，载于《经济评论》2006年第1期。

Rogoff, Kenneth, The Optimal Degree of Commitment to an Intermediate Monetary Target, *Quarterly Journal of Economics*, Vol. 39, 1985.

Susanne, Optimal Commitment in Policy: Credibility versus Flexibility, *American Economic Review*, 1992.

（蔡如海）

货币的内生性与外生性
Endogeneity and Exogeneity of Money

货币的内生性与外生性是货币供给量是否可控的一种理论表述，反映货币当局与货币供给调控之间的基本关系。货币的内生性是指货币供给的变动主要取决于经济体系中的实际变量，如收入、储蓄、投资、消费等因素以及公众、商业银行等微观主体的经济行为，而不取决于货币当局的政策意愿，因而货币当局并不能有效地控制货币供给量。货币的外生性是指货币供给的变动主要是由货币当局的政策行为决定的，而不是直接取决于经济体系中的实际变量和微观主体，因而货币当局对货币供给量是能够进行有效控制的。

货币供给是内生的还是外生的，人们最早讨论这一命题集中在对货币本质的认识上。而对货币本质的认识在贵金属充当货币的时代基本上有两种对立的观点，即货币金属观和货币名目观。货币金属观认为，货币等同于财富，它自然应该是具有实体价值的贵金属；货币名目观认为，货币是便利交换的技术工具，货币的价值是由国家的权威决定的。到信用货币时代，货币金属观发展为"足额准备论"，货币名目观发展为"管理通货论"。足额准备论认为，信用货币的发行必须要有足额的黄金及其他实质货币资产作准备，货币本质上是内生的；管理通货论则认为信用货币的数量应由国家根据经济的客观需要来决定，货币是外生的。凯恩斯（John Maynard Keynes）在货币本质的看法上是一个名目主义者和国定货币论者，认为货币供给是由国家授权的货币当局控制的外生变量，在社会有效需求不足的经济背景下，可以利用赤字财政和膨胀性货币政策促进经济的增长。

货币数量说认为货币具有外生性。早期的货币数量说认为，商品流通接受所有的货币数量，货币数量增加，物价必然上涨。在金属货币制度下，不管贵金属的增加是来自金银矿的开采还是来自对外贸易顺差，都会导致物价的上涨。在信用货币制度下，货币数量决定物价变动更为明显。近代货币数量说在定性分析基础上引入了数学模型，着力于研究货币需求，从现金交易数量说的甘末尔（E. W. Kenmerer）交易方程式和费雪（Irving Fisher）交易方程式到现金余额数量说的马歇尔（Alfred Marshell）理论和剑桥方程式，都把货币供给看成是外生的,其政策主张是货币当局应该严格按货币需求提供货币供给。反对货币数量说的人则认为货币供给是内生的。在金属货币条件下,流通中的货币量取决于商品的价值量,货币数量受制于商品价格总额。在信用货币条件下,信用货币的需求量依存于它所代表的实体货币量,也即经济体系自身决定了货币的需求与供给。

现代货币金融理论对货币供给内生性与外生性的分析是通过解析货币供给形成机制中的几个决定因素进行的。现代经济生活中的货币都是由银行体系创造和提供的。从商业银行等存款货币机构的角度来看,银行通过支票存款转账结算系统会创造出新的存款货币。作为创造基础的最初的存款一般称为"原始存款",在此基础上扩大的存款称为"派生存款"。原始存款与派生存款之和即为银行货币创造机制作用下的存款总额,这个存款总额与原始存款之比即为存款的派生倍数。存款的派生倍数决定于商业银行等机构的存款准备率和人们的提取现金比率等因素。在法定存款准备制度下,商业银行等机构的存款准备率又可区分为法定准备率和超额准备率,在对活期、定期存款规定不同准备率的情况下,活期存款与定期存款的比例也对存款货币的派生产生影响。从中央银行角度看,社会经济生活中的货币供给也可分为两个部分:其一是中央银行创造和提供的基础货币,在构成上包括商业银行等起创造存款货币作用的金融机构在中央银行的法定存款准备金、超额存款准备金以及自身持有的库存现金等准备金总额和流通于银行体系之外的通货之和;其二是在基础货币基础上通过整个银行体系和经济体系的共同作用形成的远超过基础货币量的货币总量。货币供给总量与基础货币之比即为货币乘数。可见,货币供给主要取决于基础货币、通货—存款比率、准备—存款比率这三个基本因素。影响存款派生倍数的几个因素均可包括在这三个基本因素中。货币供给是内生的还是外生的,争论的焦点在于货币当局对上述决定货币供给的三个基本因素能否进行有效控制。米尔顿·弗里德曼(Milton Friedman)认为,在上述决定货币供给的三个基本因素中,基础货币完全能够由货币当局直接来决定,中央银行根据自己对经济形势的判断确定增加或减少基础货币,然后通过自身的资产业务来实现这一政策。虽然准备—存款比率和通货—存款比率表面上分别取决于商业银行和公众的行为,但中央银行通过直接决定基础货币,会对准备—存款比率和通货—存款比率产生决定性影响。在这种分析下,弗里德曼认为,货币供给无疑是外生变量,中央银行通过政策操作,可以有效控制货币供给量。也有经济学家给出了不同分析,J.托宾(James Tobin)认为,决定货币供给的三个变量之间会发生交

货币的内生性与外生性

又影响,特别是准备—存款比率和通货—存款比率与真实经济活动的关系密切,往往随经济活动的涨落呈现周期波动。通货—存款比率的变动在很多情况下与中央银行货币政策取向并不一致。准备—存款比率基本上决定于商业银行,盈利率与风险偏好程度及与此相关的利率结构,是商业银行超额储备比率变动的重要决定因素。特别是在经济波动时期,存款—准备比率变动与基础货币之间往往具有明显的反向变化关系。因此,货币供给不应视作中央银行可以控制的变量,它更多地取决于整个经济体系的行为。有些学者还从金融发展的角度寻找理由。认为在现代金融体系中,随着各类机构业务创新的不断涌现,商业银行与其他金融机构之间的区别正在消失,其他金融机构的货币创造力正在增强,中央银行对货币供给的控制力大大降低。另一方面,金融创新使金融机构和公众的资产选择日益多样化,金融机构的资产和负债种类越来越多,表外业务数量增长很快,资金余额的调剂越来越通过金融市场,而对中央银行的依赖减弱。因此,随着金融创新和金融体系及金融市场的发展,中央银行对货币供给的控制就越来越困难,货币供给基本上应算是一个内生变量。

关于货币供给是否可控的问题,中国学者也有很大争论,争论主要集中在对中国现实状况的分析上。不少学者认为,现行体制下的货币供给基本上是内生的。一是因为在信贷方面存在"倒逼机制",存款货币的数量中央银行很难控制。二是由于现金发行与信贷供应在机制上密切联系在一起,现金的发行中央银行也难以控制。另一些学者认为,信贷供应的倒逼机制固然存在,但在货币供应中不起决定性作用,中央银行有足够的权威和手段控制其信贷规模和货币供应量。倒逼机制的作用大小取决于中央银行的决心,并且,随着企业改革和金融改革的不断推进,倒逼机制存在的客观环境发生了极大变化,只要中央银行严格按照自己对经济金融形势的判断确定货币政策,并根据自己制定的货币政策进行资产负债操作,那么,货币供给就是完全可以控制的。

从货币供给是否可控的争论可以看出,货币供给的内生性与外生性问题是一个具有较强政策含义的货币理论问题。对于这样一个十分复杂的问题,是不可能用"非此即彼"来判断其正误的。货币供给外生论者强调中央银行可以有效控制货币供给,并不否认经济活动对货币供给是会产生影响以及中央银行控制货币供给的艰巨性。货币供给内生论者强调中央银行难以控制货币供给,也并不否认中央银行的货币政策完全无效。两种观点的对立或差异,在于强调的重点和主次的不同。

参考文献：

［英］M. 凯恩斯：《就业利息与货币通论》，商务印书馆 1983 年版。

［英］琼·罗宾逊、［英］伊特韦尔：《现代经济学导论》，商务印书馆 1982 年版。

［美］汉森：《货币理论和财政政策》，1949 年英文版。

［美］F. S. 米什金：《货币金融学》，中国人民大学出版社 1998 年版。

［美］托宾：《十年来的新经济学》，商务印书馆 1980 年版。

［美］弗里德曼：《货币分析的理论架构》，（中国台湾）黎明文化事业公司 1974 年版。

黄达：《货币供给与宏观调控》，中国人民大学出版社 1999 年版。

戴相龙、黄达：《中华金融辞库》，中国金融出版社 1998 年版。

（李健）

货币中性论
Neutral Money Theory

货币中性论是关于货币在经济中能否对实际变量发挥作用的一种理论表述。货币中性论认为货币在经济中的作用是中立的，既不发挥推动作用，也不产生消极影响，经济活动的变化由实体因素起决定作用。分析货币是不是中性的理论方法一般是看名义货币供应量变动对经济均衡产生的具体影响，也即看名义货币供应量的变动是仅仅引起绝对价格水平的同比例变动还是会引起相对价格和利率的变动。因为相对价格和利率的变化能够影响经济中实际变量和产出水平，而绝对价格水平的变动不会改变经济中的实际变量，所以只要名义货币供应量变动后只引起绝对价格水平的同比例变动，不引起相对价格和利率的变动，进而不影响实际变量和产出水平，货币就是中性的，反之，则为非中性的。

货币中性论的思想可以追溯到早期的货币名目观和货币数量说的著作中，如大卫·休谟（David Hume）在 1752 年发表的经典著作《货币论》、《利息论》和《贸易平衡论》中曾论述过这一思想；法国经济学家萨伊（Jean B. Say）的货币面纱观中即包含着货币中性的思想。货币名目观认为货币本身并没有价值，只是一种价值符号，是用于媒介交换的流通手段，而对实际经济活动没有作用。货币数量论认为，货币总量与可交换的商品总量之间存在着一种比价关系，流通中的货币数量仅影响经济中的绝对价格水平，而不影响实际变量和产出水平。萨伊认为，在"供给会自动创造需求"的经济活动中，货币不过是一个乘数因子，货币的数量增减只是使一般商品的价格水平同比例上涨或下跌，无法改变商品的供求关系进而对实际产出发生实质性影响。

最早提出"货币中性"这个概念的是瑞典经济学家威克塞尔（Knut Wicksell）。他在1898年出版的《利息与物价》一书中，把货币利率和自然利率相等时，经济均衡取决于实物因素而不受货币因素干扰的状况，称作货币中性。威克塞尔货币中性思想的实质是要让货币在经济中保持中性，减少货币量变动对经济的影响。他认为在现实经济中，货币量变化往往成为经济危机的原因，如果能使货币对经济保持中立，阻隔货币对于经济的不良影响，使经济的均衡仍取决于实物因素，经济状况最为理想。同时，他认为，保持货币的中性是有条件的，就是必须使市场利率等于自然利率。只有这样，才能使投资（资本的需求）恰好等于储蓄（资本的供给），各种商品的相对价格和产量以及生产要素的价格和数量，完全由实物因素决定，因此，维克塞尔主张用调节市场利率等于自然利率的办法来保持货币的中性。

20世纪30年代前后，哈耶克在维克塞尔基础上，进一步研究了货币与物价、货币与经济均衡的关系，他在1931年版的《物价与生产》一书中，一方面继承了威克塞尔的思想，认为货币在经济中的最理想状态就是保持中性，货币的任何失衡（不管是过多或过少）都对经济发展起副作用，因此，货币中性是经济均衡发展的重要条件；另一方面他认为保持货币中性的条件不是市场利率与自然利率的一致，应是货币供应的总流量不变。在哈耶克看来，变动货币数量，不论其对一般物价水平有无影响，都必然会使商品相对价格和生产结构发生变动，生产结构的变化影响着经济均衡。因此，要使货币保持中性，消除货币对商品相对价格的形成和生产结构调整的影响，必须使货币供应量保持不变，只要货币数量不变，只用人们的自愿储蓄来进行投资，扩大生产，虽然货币流向和生产结构会发生变动，但却不会破坏三个相等的比例关系，经济可以自动重建新的均衡并有助于经济发展。这种情况如同不存在货币的自然经济内通过实物储蓄增加生产的结果相同。如果变动货币供应量，就将使货币失去中性而引起经济失衡。在上述分析的基础上，哈耶克认为，如果在货币失去中性时企图避免经济危机，只有一个办法，那就是不断地增加货币供应量，如果货币一直膨胀下去，物价上涨将变得难以收拾，货币制度就会面临崩溃的危险。因此，货币信用的膨胀不可能是无止境的。一旦终止货币信用的膨胀，断绝了企业家的资本来源，必然引起资本供给不足。与此同时，物价上涨使人们增加消费支出，减少储蓄，更加重了资本的供给不足。他认为20世纪30年代大危机的根源就在于此。

哈耶克对经济危机的这种解释被后人称作"资本供给不足论"或"投资过度危机论"。这一理论与凯恩斯对30年代大危机的解释恰好相悖。凯恩斯认为，货币在经济中的作用并不都是负面的，在经济萧条时期可以通过增加货币量和扩大政府投资来促进经济增长。他认为危机的主要原因是消费需求和投资需求不足，而通过膨胀性的财政货币政策来提高有效需求，是经济走出困境的必要措施。

20世纪60年代以后，西方经济学家对货币中性的问题进行了更为深入的研究，主要集中在有关货币中性的条件、货币中性与经济增长的关系、货币中性在长期和短期中有无差异、货币中性与货币政策的有效性等方面。

格利和肖在1960年出版的《金融理论中的货币》一书中认为，只有在以下两种情况下，货币在经济中才是中性的：(1) 在静态的均衡分析中，当一切货币都是内在货币（即在私人内部债务基础上由金融机构债务组成的货币资产）时，货币和货币政策对经济中的实际变量不起作用。因为内在货币不会导致私人和政府部门之间的财富转移，而只会引发私人部门之间的财富转移，一个部门的得益等于另一部门遭受的损失。(2) 在初始经济中，当一切货币都是外在货币（即以外国证券、政府证券、黄金为后盾或无任何后盾而由中央银行发行的货币）时，货币和货币政策对经济中的实际变量不起作用。因为外在货币代表政府对私人部门的债务净额，是一种"外在于"私人部门的债务净额。如果不是这两种情况，经济中同时存在内在货币或外在货币，货币就会失去中性。因为不同金融资产之间往往因收益性的变化而相互替代，当中央银行实施货币政策如增加名义货币供应量后，人们调整资产组合的行为就会引起私人部门、企业部门、政府部门改变金融资产的构成和规模，造成利率变动从而引起投资、产出和财富等实际变量的变动。此时，货币中性就会遭到破坏，货币政策的作用就不是中性的。

帕廷金在1965年出版的《货币、利息和价格》一书中认为，在借贷经济中，无货币幻觉的个人需求函数，取决于相对价格、利率和初始财富（包括实物资本、债券持有量和货币余额）的真实价值，货币是中性的。在静态的经济中从长期看，货币也是中性的，货币数量的变化不会影响经济体系中的任何真实变量。他认为，要使增加的货币数量对实际经济均衡不产生影响，从而维持货币中性，需要具备六个条件：(1) 实际工资的反应高度灵敏。(2) 不存在货币幻觉。(3) 不存在收入分配效应。(4) 价格和利率的预期具有一致的弹性。(5) 不存在支付利息的政府债务。(6) 保持内在货币与外在货币同比例增加。

在卢卡斯的合理预期假说中，货币被认为是中性的。他认为由于公众的合理预期和预防性对策，名义变量的变动对实际变量不发生作用，只有当货币数量突然而剧烈地变动，才可能使人们的预期出现误差，从而对实际变量产生暂时的影响。但公众很快就能从各种信息中觉察出来，并迅速地调整预期，一旦人们作出合理预期，这种短暂的影响也随之消失。因此，从总体上看，无论松的或紧的货币政策都是无效的。不仅如此，政府实施不当的货币政策，例如经常采用的扩张性货币政策，还会对经济产生严重的副作用。

货币中性问题讨论的政策意义在于中央银行能否通过提供货币供应量促进经济的增长，它可以说明货币对于实体经济运行的影响力和货币政策的作用力究竟有无或有多大的问题。如果货币不是中性的，货币量变动可以对实体经济运行产生重大影响，政府就能够运用货币政策来干预经济运行；如果货币是中性的，那么货币量的变化不会导致真实变量的变化，货币政策就是无效的。由于学者们在货币中性问题上认识存在较大分歧，所以在政策主张上也各不相同。一种观点认为货币是中性的，政府应该放弃运用货币政策干预经济运行的企图。另一种观点认为，由于存在货币幻觉，货币是非中性的，名义货币量的变动可以作用于实际变量。因此，当经济失衡时，政府应该积极运用货币政策，通过变动货币供应量改变人们的预期及行为，以实现新的均衡。第三种观点认为，货币在长期内是中性的，但短期可以是非中性的，政府在特殊时期可以运用货币政策影响经济，但从长期看，还是应该尽量保持货币的稳定以实现经济的均衡。

参考文献：

[瑞典] K. 维克塞尔：《利息与物价》，商务印书馆 1982 年版。

[奥地利] F. A. 哈耶克：《物价与生产》，上海人民出版社 1958 年版。

[英] M. 凯恩斯：《就业、利息和货币通论》，商务印书馆 1983 年版。

[美] J. G. 格利、[美] E. S. 肖：《金融理论中的货币》，上海三联书店 1988 年版。

[美] M. 弗里德曼：《货币政策的任务》，引自《最适货币量论文集》，(中国台湾) 中华书局 1974 年版。

[美] R. E. 卢卡斯：《货币中性》，引自罗汉：《诺贝尔奖获奖者演说文集——经济学奖》，上海人民出版社 1999 年版。

戴相龙、黄达：《中华金融辞库》，中国金融出版社 1998 年版。
李健：《当代西方货币金融学说》，中国财政经济出版社 1989 年版。

（李健）

中央银行独立性
Central Bank Independence

中央银行独立性是指中央银行履行自身职责时法律赋予或实际拥有的权力、决策与行动的自主程度。中央银行的独立性比较集中地反映在中央银行与政府（国家行政当局）的关系上，这一关系包括两层含义：一是中央银行应对政府保持一定的独立性；二是中央银行对政府的独立性是相对的。具体而言，中央银行独立性是指中央银行的权利和责任相统一，在制定、实施货币政策和宏观调控方面能自主地、及时地形成决策，并保证决策的贯彻执行不受政府和政治集团的干扰，从而提高货币政策的效果。它强调中央银行与政府其他部门之间的政策相互补充和制约，体现为中央银行独立地制订和实施货币政策，中央银行的分支机构全面、准确地贯彻总行的方针政策，少受地方政府的干预。

一般而言，中央银行与政府的关系或中央银行的独立性，主要取决于中央银行的法律地位。由于各国的国情与历史传统不同，各国对中央银行确定的法律地位也有所不同。中央银行对政府独立性的强弱，体现在以下几个方面：一是法律赋予中央银行的职责及履行职责时的主动性大小。有些国家把稳定货币明确为中央银行的主要职责，并授予中央银行独立制定和执行货币政策的特权，不受政府制约。当中央银行的政策目标与政府的经济目标出现矛盾时，中央银行可以按自己的目标行事，这种类型的中央银行独立性较强，而有些国家法律对中央银行的授权就较小。二是中央银行的隶属关系。一般来说，隶属于国会的中央银行，其独立性较强，而隶属于政府或政府某一部门（主要是财政部）的中央银行，其独立性就弱一些，当然这也不是绝对的。三是中央银行负责人的产生程序、任期长短与权力大小。四是中央银行与财政部门的资金关系。主要是中央银行对财政部是否允许透支及透支额的大小，中央银行对政府融资的条件是否严格、限额及弹性大小、期限长短等。五是中央银行最高决策机构的组成，政府人员是否参与决策等。这几个方面在各国的中央银行法中一般都有明确的规定。

回溯历史，中央银行的独立性问题的提出与争议往往与经济金融发展过程中对中央银行职能强弱的需要密切相关。在危机或战争期间对中央银行独立性的关注较少，而一旦归于运行稳定则争议较多，争论的焦点无非是中央银行对政府应该保持多大的独立性。

在第一次世界大战期间，由于战时财政问题，各国政府都开始加强了对中央银行的控制，为政府筹集战争经费一度成为中央银行的主要任务。政府在加强对中央银行控制的同时，中央银行在发行货币等方面也获得了更多的授权。由于战争和战后的经济恢复，这期间中央银行在政府的干预下，货币发行增加很快，致使许多国家出现了严重的通货膨胀，货币制度和金融制度受到严重冲击，又反过来加深了经济与金融的困难。第一次世界大战后于1920年在布鲁塞尔和1922年在日内瓦召开的两次国际经济会议上，许多国家的中央银行提出了减少政府干预、实行中央银行独立于政府的主张，如当时的英格兰银行总裁诺曼（Montagn Norman）、德国国家银行总裁薛德（Schacht）、美国联邦储备委员会主席司脱朗（Strong）等都持这一观点。这是中央银行发展史上第一次比较集中地提出中央银行独立性问题。由于强调中央银行独立性的观点受到重视，在这之后纷纷设立中央银行的国家都在法律上给中央银行明确了相对独立的地位，许多原已存在的中央银行也通过修订或制定新的法律加以确定。但实际上，政府对中央银行的控制总体上是加强的趋势。特别是20世纪30年代发生了世界性经济金融危机之后，以凯恩斯主义为代表的国家干预主义经济理论兴起，中央银行在经济、金融体系中的重要性日益突出，政府越来越重视通过中央银行来调控宏观经济，因此，政府对中央银行的控制明显加强。20世纪70年代，国际货币体系发生了很大变化，经济运行出现了许多新的特点，中央银行的独立性问题再次被提出。总体来说，当各国经济社会处于平稳发展的时候，政府与中央银行的关系是比较协调的，中央银行能够比较自主地履行自己的职责，而在经济、金融出现困难甚至危机的时候，政府与中央银行往往出现不协调的情况，政府较多地考虑就业、保障等社会问题，中央银行较多地考虑稳定、秩序等经济问题，虽然政府和中央银行在最终目标上是一致的，但在实现目标的措施选择上往往有不同的考虑。在面对需要解决的重要社会问题时，政府一般认为中央银行应更多地按照政府的安排行事方能实现目标，而中央银行则认为保持自身的独立性才是实现政府最终目标的有效保证。因此，中央银行独立性问题，既是一个理论问题，又是一个现实选择问题。

在中国，中央银行独立性问题也同样伴随中国人民银行的发展及其在中国经济金融运行中所发挥作用的不断增强而为人们关注。从1948年中国人民银行成立、1983年9月国务院决定中国人民银行专门行使中央银行职能、1995年颁布《中国人民银行法》至今近30年间，中国人民银行的独立性问题屡屡被经济金融理论界和政府有关部门所研究探讨。总结中国人民银行成立以来的建设与发展，其独立性是明显呈逐步增强趋势的。

首先，从中国人民银行的行政地位看，在1962年之前，中国人民银行是国务院的直属机构，虽然在1962年中共中央、国务院决定将中国人民银行升格为与国务院所属部委同等的地位，但在1969年7月又决定中国人民银行系统与财政部系统合并，一套机构两个牌子，业务分别管理。1977年底，国务院决定自1978年1月1日起，中国人民银行总行作为国务院部委一级单位与财政部分设。之后，虽然国务院的部委机构多次变化，但中国人民银行都一直保持了国务院部委机构的地位。1998年，第九届全国人民代表大会批准国务院机构改革方案，国务院的机构设置大幅精简，但中国人民银行仍然成为国务院组成部门之一，并且作为国家宏观经济调控部门之一，其地位进一步增强。

其次，从法律赋予的权利来看，按照通常意义上的标准衡量，中国人民银行属于独立性较弱的中央银行，但自中国人民银行法颁布以来，其实际上的独立性呈不断增强的趋势。《中国人民银行法》第2条第2款规定，"中国人民银行在国务院领导下，制定和执行货币政策，防范和化解金融风险，维护金融稳定"，这就明确了中国人民银行隶属于国务院，是国务院领导下的宏观调控部门。该法第5条第1款规定，"中国人民银行就年度货币供应量、利率、汇率和国务院规定的其他重要事项作出的决定，报国务院批准后执行。"该法第12条第1款规定，"中国人民银行设立货币政策委员会。货币政策委员会的职责、组成和工作程序，由国务院规定，报全国人民代表大会常务委员会备案。"1997年4月15日国务院颁布了《货币政策委员会条例》，规定货币政策委员会为"中国人民银行制定货币政策的咨询议事机构"。法律在规定中国人民银行必须接受国务院领导的同时，也对中国人民银行的独立性给予了一定范围的授权：该法第7条规定，"中国人民银行在国务院领导下依法独立执行货币政策，履行职责，开展业务，不受地方政府、各级政府部门、社会团体和个人的干涉"；第13条第1款规定"中国人民银行根据履行职责的需要设立分支机构，作为中国人民银行的派出机构。中国人民银行对分支机构实行统一领导和管理"；第5条第2款规定，中国人民银行就第5条第1款规定以外的"其他有关货币政策事项作出决定后，即予执行，并报国务院备案"。另外，法律还对中国人民银行的具体业务活动作了更大程度的授权。从上述法律规定看，中国人民银行在重要事项的决策方面对政府的独立性是较弱的，但这只是对中央政府而言，对地方政府和各级政府部门等，法律赋予中央银行完全的独立性。同时在货币政策操作、业务活动等方面，中央银行的独立性就更强一些。

最后，从实际运作看，中国人民银行虽然在国务院领导下履行其职责，但中国人民银行在货币政策制定和实施方面提出的方案一般都能得到国务院的顺利批准，并在执行中还能得到国务院有力支持，特别是在中央银行的具体运作上，国务院越来越重视其自主操作。因此，中国人民银行实际上的独立性呈不断增强的趋势。

参考文献：
王广谦：《中央银行学》，高等教育出版社2011年版。
范方志：《中央银行独立性：理论与实践》，经济管理出版社2007年版。
孙凯、秦宛顺：《关于我国中央银行独立性问题的探讨》，载于《金融研究》2005年第1期。
钟伟：《论货币政策和金融监管分立的有效性前提》，载于《管理世界》2003年第3期。
［美］卡尔·E·沃什：《货币理论与政策》，上海财经大学出版社2004年版。

（马亚）

货币统计分析
Monetary Statistical Analysis

货币统计分析是中央银行进行的一项基础性活动。中央银行的宏观调控必须以对货币供给状况的准确把握为前提，因此选取合适的反映货币供给状况的金融指标，通过科学的方法搜集、汇总、整理，并对这些指标进行分析研究就十分重要。由于经济体制和金融体制的差异，各国货币统计分析的具体内容各不相同。为了规范货币统计活动，并便于进行国别之间的比较研究，2000年国际货币基金组织确定了一个货币统计的基本范本，在此框架下，各国根据本国情况确定合适的货币统计内容。

货币统计数据一般都采用资产负债表和概览表的形式进行表述，国际货币基金组织为货币统计构建的基本框架由部门资产负债表和概览表两大部分构成。部门资产负债表是货币统计的基础层次，依据金融性公司部门的分类，金融性公司部门可以划分为中央银行部门、其他存款性公司部门和其他金融性公司部门，为此部门资产负债表分为中央银行部门资产负债表、其他存款性公司部门资产负债表和其他金融性公司部门资产负债表。各部门资产负债表的基本项目是一致的。资产项目包括金融资产和非金融资产两大类，非金融资产未进行详细分类。金融资产分为8项：（1）货币黄金与特别提款权；（2）货币与存款；（3）非股票证券；（4）贷款；（5）股票和其他股权；（6）保险技术准备金；（7）金融衍生工具；（8）其他应收账款。负债项目具体分为：（1）流通中货币；（2）纳入广义货币的存款；（3）不属于广义货币的存款；（4）属于广义货币的非股票证券；（5）不属于广义货币的非股票证券；（6）贷款；（7）保险技术准备金；（8）金融衍生工具；（9）其他应付账款；（10）股票和其他股权。概览是对金融性公司各部门资产负债表数据进行汇总而得到的资产负债分析报表。概览可以分为三个层次：首先根据部门资产负债表汇总编制概览，包括在中央银行部门资产负债表基础上形成的中央银行概览，在其他存款性公司部门资产负债表基础上形成的其他存款性公司概览，以及在其他金融性公司部门资产负债表基础上形成的其他金融性公司概览；其次，将中央银行概览与其他存款性公司概览合并，形成存款性公司概览；最后，将存款性公司概览和其他金融性公司概览合并形成金融性公司概览。概览主要包括资产和负债，所有概览的资产方都表示金融部门对非居民和国内其他部门所提供的信贷资产，但是负债方列示的项目各有不同：中央银行概览负债项目显示了基础货币的构成；其他存款性公司概览负债项目显示了在广义货币中占有重要比率的存款货币的信息数据；存款性公司概览的负债项目显示了经济中广义货币的全部构成；金融性公司概览的负债项目显示的是金融部门为整个经济提供的信贷规模。

  资产负债表和概览可以分别适用于不同的分析目的。部门资产负债表反映了各种金融机构资产负债状况和经营特点，对部门资产负债表进行分析，有助于理解掌握各种金融机构在经营及管理上的特点与区别，为金融监管提供信息。概览则可以从其他角度分析金融信息。中央银行概览显示了基础货币总量与构成的所有数据，对中央银行概览进行分析，可以了解把握基础货币构成及基础货币形成两个方面的状况，为中央银行进行宏观金融调控提供依据。对其他存款性公司概览的资产和负债进行分析，可以了解存款货币创造的途径和构成。利用存款性公司概览可以分析广义货币的规模与构成，分析广义货币与存款性公司资产的关系，了解引起广义货币变化的根源，计算货币乘数，分析中央银行基础货币扩张能力。对其他金融性公司概览进行分析可以了解非银行金融机构的资金融通情况，金融性公司概览为分析整个金融性公司部门对其他经济部门和非居民部门的债权和负债提供数据，通过信贷总量的变化可以衡量和判断金融性公司部门对宏观经济发展的作用和影响。

中国的货币统计经历了不同的发展阶段。1984年之前，货币统计基本限于信贷收支统计和现金收支统计。1984年中央银行体制确立后，中央银行资产负债表从当时的专业银行的资产负债账户中独立出来，货币统计的层次框架开始形成。1999~2005年中国人民银行曾经编制过货币概览和银行概览，货币概览由货币当局资产负债表与存款货币银行资产负债表合并而成，银行概览是在货币概览基础上将特定存款机构资产负债表并入而成。2006年中国人民银行按照国际货币基金组织的要求修订了我国的货币统计体系，不再编制货币概览和银行概览，在对金融机构重新分类的基础上开始编制货币当局资产负债表、其他存款性公司资产负债表和存款性公司概览。此外还保留了传统的金融机构人民币信贷收支表，从2002年开始增加金融机构外汇信贷收支表和金融机构本外币信贷收支表。2010年开始，又增加了中资全国性大银行人民币信贷收支表、中资全国性中型银行人民币信贷收支表和中资全国性四家大型银行人民币信贷收支表。在货币统计框架中还包括货币供应量统计表。2011年中国人民银行开始将社会融资总量指标纳入货币统计框架。

货币当局资产负债表是中国人民银行对国外部门、金融机构、政府和非金融机构的债权与债务统计报表。其资产项目有：（1）国外资产；（2）对政府债权；（3）对其他存款性公司债权；（4）对其他金融性公司债权；（5）对非金融性公司债权；（6）其他资产。负债项目有：（1）储备货币；（2）债券发行；（3）政府存款；（4）自有资金；（5）其他负债。

其他存款性公司资产负债表由政策性银行和商业银行的资产负债表合并而成。其资产项目主要有：（1）国外资产；（2）储备资产；（3）对政府债权；（4）央行债券；（5）对其他存款性公司的债权；（6）对其他金融性公司的债权；（7）对非金融性公司的债权；（8）对其他居民部门的债权；（9）其他资产。负债项目主要有：（1）对非金融机构及住户负债；（2）对中央银行负债；（3）对其他存款性公司负债；（4）对其他金融性公司负债；（5）国外负债；（6）债券发行；（7）实收资本；（8）其他负债。

存款性公司概览由货币当局资产负债表与其他存款性公司资产负债表合并编制而成。主要项目包括：（1）国外净资产，将货币当局和其他存款性公司的国外资产与国外负债分别轧差后相加得到；（2）对政府的债权（净），将货币当局对政府债权与政府存款轧差后与其他存款性公司对政府的债权相加后得到；（3）对非金融部门债权，将货币当局对其他非金融性公司债权与其他存款性公司资产项目中的对非金融机构的债权和对其他居民部门的债权项目加总后得到；（4）对其他金融部门的债权，将货币当局资产项目中的对其他金融性公司债权与其他存款性公司资产项目中对其他金融机构债权加总得到；（5）国内信贷是对政府债权（净）、对非金融部门债权、对其他金融部门债权加总之和；（6）货币项下流通中现金是货币当局负债项目中发行货币减去其他存款性公司资产项目中的库存现金；活期存款直接取自其他存款性公司负债项目中的企业活期存款；（7）准货币项目下，定期存款、储蓄存款直接取自其他存款性公司负债项目下的企业定期存款和居民储蓄存款；其他存款取自对其他金融性公司负债中计入广义货币的存款；（8）不纳入广义货币的存款以及债券直接取自其他存款性公司负债项目中的对应项目；（9）实收资本是货币当局自有资金与其他存款性公司实收资本加总之和。不在存款性公司概览中单独列示的货币当局和其他存款性公司的资产负债项目合并计入其他（净）。货币供应量统计表按照我国货币供应量的三个层次分别列示了总量和结构数据。

信贷收支统计是我国货币统计中较早建立的一项专门统计，是对金融机构资金来源与资金运用的规模、结构和渠道的描述，是资产负债表的简化统计。纳入信贷收支表统计范围的金融机构包括：中国人民银行、政策性银行、国有商业银行、其他商业银行、城市商业银行、农村商业银行、农村合作银行、城市信用社、农村信用社、财务公司、信托投资公司、金融租赁公司、邮政储蓄银行、外资金融机构、村镇银行和汽车金融公司。金融机构信贷收支表分为人民币信贷收支表、外汇信贷收支表和本外币信贷收支表。信贷收支表资金来源项目包括：（1）各项存款；（2）金融债券；（3）流通中的现金；（4）对国际金融机构的负债；（5）其他。信贷收支表资金运用项目包括：（1）各项贷款；（2）有价证券及投资是金融机构持有的国家债券等资产；（3）黄金占款；（4）外汇占款；（5）在国际金融机构的资产。

参考文献：

李建军、左毓秀、黄昌利：《金融统计分析——实验教程》，清华大学出版社2011年版。

（左毓秀）

资金流量分析
Flow-of-funds Analysis

资金流量分析是利用资金流量核算体系来研究经济社会中部门之间货币流入和货币流出之间关系的一种经济分析方法。由美国经济学家柯普兰（Morris A. Copeland）于1947年在美国经济学年会上提出，资金流量分析在美国被广泛来预测一般的信贷市场和特定的信贷市场的压力，以及这种压力对利率产生的影响。同时，在研究金融市场和实体经济的相互依赖关系、评价货币和财政政策变动的影响方面，资金流量分析都是有力的分析工具。在其他国家，如加拿大、日本和英国，由于所获得的当期金融数据不如美国那样详尽，所以，它们虽然已经建立资金流量体系并用于分析，但是，尚未进一步把它发展为一项预测工具。

资金流量包括来源和运用两个方面。资金运用是当期支出、投资和金融资产的变动，而资金来源是当期收入、储蓄和负债的变动，两方合计数据应当平衡。所以，资金流量核算体系反映了经济中各个部门之间金融关系的全部状况，并清晰地表现出经济扩张和经济收缩的过程。然而，流量不同于存量，存量代表一定时点上的累积额，而流量代表一定时期的变动额。当代资金流量体系只包含各种未偿还的资产和负债的净变动额，但很难取得已发放贷款周转累积总额的完整统计数据。因此，在总额基础上建立起完整的资金流量体系仍然是困难的。作为一种简化，人们把注意力集中于储蓄投资以及借款贷款的关系方面。例如，美国联邦储备体系建立并定期公布的资金流量账户，就致力于探索不同形式的储蓄通过贷款和借款交易流入不同形式投资的渠道。

资金流量分析的依据是编制的资金流量表。资金流量表从内容上分为实物交易和金融交易，两部分通过净金融投资项目联结起来，表明实物交易部分形成的盈余或不足由金融交易部分来进行运用或筹集。在形式上包括主栏和宾栏。宾栏将各种经济单位按财务特征分成五大部类，即住户、非金融企业、政府、金融机构以及国外。这些部门可以进一步划分出若干个子部门，如企业部门可按所有制性质或生产活动性质进一步划分。主栏由各种交易项目组成，从实物交易而言主要是对经济增加值的分配，包括投资、消费、储蓄和资本形成额等；从金融交易而言主要是各种金融工具的获得与使用。在为各部门编制资金来源运用平衡表的基础上，把各部门报表中的资金来源和资金运用汇总，形成整个经济的资金流量矩阵表。

具体来看，资金流量表实物交易部分的主要内容包括收入初次分配和再分配。初次分配主要是增加值在劳动要素、资本要素和政府之间的分配。将增加值分解为劳动者报酬、生产税净额、固定资产折旧、营业盈余，即个人获得劳动者报酬，企业获得固定资产折旧和营业盈余，政府获得生产税净额（生产税扣除付给企业的生产性补贴后的余额）。各部门初次分配收入的另一来源是财产收入。财产收入是进行金融投资、土地出租、专利权出让而获得的利息、红利、土地租金、专利使用费等收入，是使用这些财产的部门的支出。收入初次分配的结果形成国内各机构部门的初次分配总收入，它们之和为国民总收入。收入再分配是在收入初次分配基础上进行的单方向的收入转移。包括：各机构部门上缴所得税即对收入所征收的税，同时各部门之间还会发生经常性转移收支，如社会保险付款、社会补助等。经过以上对收入的分配和再分配最终形成各机构部门可支配总收入，即各部门可自由支配的可用于最终消费和投资的收入。

从逻辑关系看，可支配总收入首先用于消费，包括居民个人消费和政府部门的公共消费，剩余部分是总储蓄。总储蓄是各机构部门实现非金融投资（固定资本形成和库存增加）的主要资金来源。除此之外，各机构部门用于非金融投资的资金来源还包括资本转移即一个部门无偿地向另一个部门提供用于固定资本形成的资金或实物，包括投资性补助及其他资本转移。各机构部门的储蓄加上资本转移净额就是该部门进行非金融投资的自有资金来源总和。各部门实际完成的非金融投资即资本形成总额往往与其自有资金来源不相等，即出现资金余缺。当某一部门总储蓄加资本转移净额大于其投资额时，资金有余，多余部分转化为金融投资；而另一些部门总储蓄及资本转移净额之和小于其实际资本形成总额，就需要通过融资弥补资金缺口，其净金融投资为负数，表示该部门核算期增加了负债。将国内各机构部门加总，如果国内净金融投资是负数，表示国内资金不足，国外资金净流入；如果国内净金融投资是正数，表明国内资金富余，剩余资金流向国外部门。由此可以看出，上述各部门资金余缺是通过融资调剂实现各自平衡的。

资金流量表中有如下主要平衡关系：资金总来源＝资金总运用；总储蓄＝可支配总收入－最终消费；净金融投资＝总储蓄＋资本转移净额－资本形成总额；净金融投资＝金融资产增加－金融负债增加。以上的平衡关系说明资本形成同金融交易是密切相连的。储蓄正是连接实物资金流量和金融资金流量的桥梁。在国民经济各机构部门中，除住户部门的投资来源于本部门的储蓄，其他机构部门的投资大部分来自住户部门的储蓄。从住户部门储蓄到其他机构部门投资的转变，正是借助于金融中介和金融交易才得以实现的。就整个国民经济而言，某一机构部门增加的金融资产必是另一个机构部门增加的负债，反之亦然。所有国内部门之间的金融交易会相互抵消，金融交易只起资金融通作用，并不增加经济总体的实际资源。

资金流量表全面地反映了资金在不同机构部门之间的流量与流向，以及资金的余缺情况，具有许多其他统计报表所不具有的功能。利用资金流量表的数据，可以直接分析收入、储蓄、消费和投资之间的关系，分析各机构部门资金余缺状况，以及金融市场变化情况和债务变动情况，从而发现问题，提出解决问题的方法。因此，利用资金流量表进行分析，可以深入研究经济运行状况和问题，为制定和调整货币政策、财政政策服务，为宏观经济调控提供依据。当然，由于其涉及经济主体和活动的全面，对利用资金流量账户预测持批评态度的人认为，这种数据统计起来本身误差幅度很大，没有能力精确预测，以致其实用性降低。

中国的资金流量核算，是在借鉴国际标准、立足中国实际的基础上，于1992年按国务院颁发的《关于实施新国民经济核算体系方案的通知》，在国家和省、自治区和直辖市开始实施编制的。中国的资金流量核算工作由国家统计局和中国人民银行分工负责，国家统计局负责编制实物交易部分，人民银行负责编制金融交易部分，按年度进行编制。目前，资金流量表（金融交易）通过中国人民银行季报、中国人民银行年报、中国金融年鉴、中国统计年鉴，向全社会发布。

中国资金流量表的编制是以联合国1993年版国民经济核算体系（SNA）为模式确定的，指标的概念、定义以及核算原则，总体上采用了SNA的标准。整个表式分为"实物交易"和"金融交易"两部分，采用标准式矩阵表，行（主栏）设资金流量的交易项目，即反映资金流量的各项指标。列（宾栏）设机构部门，是资金流量核算的主体，每个机构部门下设"使用"与"来源"两栏，分别反映各种资金流量发生的性质，"来源"表示资金的流入，"使用"表示资金的流出。表中每个数据均由所在行列的经济概念所决定。资金流量核算运用复式记账原理，并遵循权责发生制原则，对每笔交易都作双重反映。资金流量核算正是通过这种记账方式把各部门间的收入分配和金融交易连成一体，使社会资金运动的来龙去脉一目了然。

目前，我国中央银行对资金流量分析更偏重于金融交易分析，主要内容包括：从资金总量上分析宏观经济各变量间关系，分析资金总量的适度性；从各部门资金来源使用以及构成，分析资金的分布与流向，判断资金结构的合理性。具体包括：一是利用资金流量表分析实体经济运行与金融市场的关系，各部门资金余缺的情况，以及总储蓄、总投资与金融市场的关系，深入研究经济运行状况和问题，为制定和调整货币政策、财政政策服务。二是分析融资方式和金融工具在金融市场的作用变化情况，并观察各种交易的市场规模，分析融资结构，为资金筹措者在选择融资方式和金融工具方面提供咨询。

参考文献：
赵彦云：《宏观经济分析》，中国人民大学出版社1999年版。
钱伯海：《国民经济统计学》，中国统计出版社2000年版。
庞皓、黎实：《社会资金总量分析：中国社会总资金配置监测与调控的数量研究》，西南财经大学出版社1999年版。
李鹰：《中国资金宏观配置问题研究》，中国金融出版社2001年版。

（马亚）

通货膨胀与通货紧缩
Inflation and Deflation

通货膨胀是指在一段时期内总体物价水平持续上涨的现象。发生通货膨胀时，单位货币的购买力下降，即同样数量的货币能够购买到的商品或服务的数量减少。相反，通货紧缩是指在一段时期内总体物价水平持续下降的现象。发生通货紧缩时，货币的购买力将上升。通货膨胀与通货紧缩应与物价一次性上升和下降区别开来。物价水平的一次性上升（下降）不是通货膨胀（通货紧缩），只有持续性的物价上升（下降）才能被判断为通货膨胀（通货紧缩）。根据弗里德曼的观点，物价水平持续上升超过6个月，可以判断经济中发生了通货膨胀。衡量通货膨胀的主要方法是通货膨胀率，即物价指数在一定时期内的变化水平。经常采用的物价指数包括消费者价格指数、生产者价格指数、GDP平减指数，等等。

通货膨胀对社会经济会产生各种影响，首先，通货膨胀会扭曲经济中的消费储蓄结构。通货膨胀具有强制储蓄效应，在名义收入不变时，居民按原来的模式和数量进行消费，会因物价的上涨而相应减少，其减少的部分等于被强制储蓄了。其次，通货膨胀会带来收入再分配效应，通货膨胀会引起固定收入群体的实际收入下降，而灵活收入群体的实际收入上升；通货膨胀有利于贷款者,不利于借款者。再其次,通货膨胀具有资产结构调整效应,通货膨胀会引起金融资产价格的变化,由于各种金融资产价格对通货膨胀敏感性存在差异,不同价格变化幅度不同,从而引起人们重新调整资产组合,由此影响货币需求和金融资产的结构。最后,发生恶性通货膨胀时,会产生危机效应。物价飞涨会破坏人们的信心,拒绝接受货币,发生危机,甚至引起社会和政治的动荡。第二次世界大战后的德国和新中国成立前夕的中国都是恶性通胀的突出典型。

不同的学派对引发通货膨胀的原因存在不同的解释。货币主义学派认为,通货膨胀是货币供给过多引起的,通货膨胀是一种货币现象。正如弗里德曼所说,"无论何时、无论何地,通货膨胀都是一种货币现象。"凯恩斯主义者将通货膨胀归结为实际因素,提出三种引发通货膨胀的原因:需求拉动的通货膨胀、成本推动的通货膨胀和固有型通货膨胀。

基于引发通货膨胀原因的不同认识,不同学派对通货膨胀治理也存在明显的区别。弗里德曼提出的通胀治理手段是控制货币增长率。他提出货币增长率的"单一规则"。而凯恩斯主义更加强调相机抉择的货币政策和财政政策来控制通货膨胀。政策意见的这一差异还源于两个学派对"菲利普斯曲线"的不同认识。凯恩斯学派强调通货膨胀与失业率的替代关系,而货币学派提出"自然失业率假说"反驳这种关系的稳定性,从而反对相机抉择政策,并将20世纪70年代西方世界发生的"滞胀"现象归罪于政府采纳的凯恩斯主义政策。除以上治理措施外,各国政府还时常依赖于对物价和工资的直接控制来控制通货膨胀。然而,经济学家一般视物价控制为不良做法,因其助长短缺、降低生产品质,从而扭曲经济运行。

我国改革开放以来曾经发生过几次较大的通货膨胀,分别为改革初期、1985~1988年、1993~1996年、2007~2008年。不同时期通货膨胀产生的原因不尽相同。改革初期的通货膨胀主要是因为恢复生产过程中物资短缺所致;20世纪80年代出现的通货膨胀与价格改革的推进有关;90年代上半叶出现的超过20%的通货膨胀率是社会主义市场经济体制确立后各地大规模投资所引起;2007~2008年的通货膨胀与国际收支持续盈余密切相关。在各次通货膨胀治理中,政府主要采用从紧的货币政策和财政政策,通过管理总需求引导物价维持稳定,并在一定程度上也采用了价格管制办法来稳定局部市场价格上涨过快的局面。

通货紧缩是与通货膨胀完全相反的货币经济现象。然而,通货紧缩不像通货膨胀一样得到广泛的重视。因为,在当前信用货币制度下,发生通货紧缩的可能性比较低。因为，作为控制货币发行的政府通常有冲动多发货币，而不是少发货币。理论上来说，发生通货紧缩时，政府只要开动印钞机就能解决问题。

然而，一些国家和地区也间断性地会发生短暂的通货紧缩。通货紧缩出现也会对经济产生一些不良影响。首先，通货紧缩下，经济衰退，失业增加，通货紧缩通常被认为是经济衰退的加速器。其次，通货紧缩会引起投资和消费需求的不足。通货紧缩使得实际利率上升，增加投资成本，提高居民消费的机会成本。最后，通货紧缩还会破坏信用关系。在价格大幅度下跌的情况下，过高的实际利率有利于债权人，不利于债务人，债权人和债务人关系会失去平衡，信用规模萎缩。

改革开放以来，我国也曾出现过两次较严重的通货紧缩过程，分别是1989~1992年和1998~2002年。引发这两次通货紧缩的原因各不相同。1989~1992年的通货紧缩是由于治理1988年通货膨胀政策紧缩过度、经济改革停滞所致，1998~2002年的通货紧缩主要是东南亚金融危机影响下实际有效汇率升值、外部需求下滑所致。我国政府主要采用了积极的财政和货币政策，通过刺激有效需求来解决这两次通货紧缩问题。

参考文献：

易纲：《中国的货币化进程》，商务印书馆2003年版。

易纲、张帆：《宏观经济学》，中国人民大学出版社2008年版。

Friedman, Melton, *Money Mischief*: *Episodes in Monetary History*, Harcourt Brace and Company, 1994.

Cagan, Phillip, Determinants and Effects of Changes in the Stock of Money, 1875-1960, NBER Books, *National Bureau of Economic Research*, Inc, number caga65-1, January, 1965.

（黄志刚）

社会融资规模
Scale of Aggregate Financing

社会融资规模是指实体经济（除金融部门之外的社会各经济主体，包括公司企业、事业单位、政府部门、居民个人等）在一定时期内（月、季或年）从金融体系（各类金融机构和金融市场）获得的全部融资总额。从金融与经济的关系看，社会融资规模反映了金融体系在一定时期内对实体经济提供资金支持的全部融资总量。

社会融资规模是中国人民银行2011年开始统计和监测的一个金融总量指标。从严格词义上讲，实体经济的融资规模还应该包括实体经济内部各行为主体之间不通过金融机构和正规金融市场的所谓"非正规融资"，也即"民间融资"，但由于这部分融资难以统计，并且法律和规则环境较差，以及国家将会对此逐步规范引导的趋势，中国人民银行目前暂未将其列入统计的范畴。从广义上说，社会融资规模还应该包括金融体系内部各金融机构之间的融资（如同业拆借、互相持有的金融债券、金融机构之间的股权债权融资等）和金融体系从实体经济各行为主体中获得的融资（如非金融部门持有的金融机构的股权和债权以及购买的金融债券等），但由于中国人民银行统计和监测社会融资规模这一指标的主要目的是着眼于金融对实体经济提供资金支持的数量调控，因此目前也暂未将其列入统计的范围。这样，社会融资规模目前限定为实体经济通过金融机构和金融市场获得的全部融资总额。

社会融资规模这一概念的提出和统计监测，是由于中国经济和金融发展使社会融资结构发生了巨大变化。在改革开放之前和之初的一段时期内，中国的金融机构主要是银行且金融产品单一，金融市场很不发达，实体经济的融资主要是通过银行贷款，其他形式的融资比重很小。随着改革开放的深入和中国经济金融的快速发展，情况发生了很大变化。一是金融市场的快速发展使实体经济通过金融市场的直接融资规模不断扩大，中国目前已是全球第二大股票市场和第五大债券市场，企业通过发行股票筹资和债券筹资的数额已达到贷款融资的25%左右。二是在金融体系内部，证券类、基金类、保险类和其他非银行金融机构对实体经济的资金支持数额快速增长，其规模也已接近贷款融资的15%。三是银行业金融机构的表外业务随着金融产品和融资工具的创新而不断增加，银行承兑汇票、委托贷款、信托贷款等形式的融资已超过一般贷款的40%。因此，人民币贷款这一指标（银行业金融机构向实体经济发放的一般贷款和票据贴现）已不能准确反映金融体系向实体经济提供融资的实际情况。对国家的金融调控来说，在统计监测人民币贷款规模和增长速度等指标的同时，及时扩大融资规模的统计监测范围是很有必要的。

目前，中国人民银行对社会融资规模的统计范围包括：人民币各项贷款、外币各项贷款、委托贷款、信托贷款（代客理财及资金信托产品资金运用中的贷款部分)、银行承兑汇票、企业债券融资、非金融企业股票融资、保险公司赔偿支付和投资性房地产、小额贷款公司贷款、贷款公司贷款、产业投资基金等。这些项目的总和即为统计期的社会融资规模。2014年，上述口径的社会融资规模为16.41万亿元，其中，人民币贷款为9.78万亿元，约占60%。人民币贷款之外的融资额为6.63万亿元，约占40%，其中，企业债券和股票市场融资比重为17.2%，银行承兑汇票和委托贷款等银行业金融机构表外业务融资比重为17.6%，非银行金融机构对实体经济的融资比重为3.2%。

社会融资规模统计范围内的各个项目都有余额（存量）和当期增加额（流量）两个数据。而汇总、监测和公布的社会融资总量是当期的增加额，也即是一个增量或流量概念。在统计时，一般采用期末余额减期初数额的办法，也就是当期的融资发生额减当期的偿还、兑付额。对于股票和债券融资，统计时采用发行价或账面价值计值，以减少市场价格波动的影响，从而反映实体经济当期真实的筹资数额。以外币标值的融资根据所有权或债权转移时的汇率折算成人民币统计。银行表外业务的融资采用表内表外并表后的数据以减少重复，如银行承兑汇票在统计时要从为企业签发的全部承兑汇票中减扣已在银行表内贴现的部分。

社会融资规模的统计口径是可以调整的。如私募股权基金、对冲基金等，条件成熟时也可以纳入。随着金融机构和金融市场的发展和创新，新的融资方式还会不断出现，社会融资规模的统计范围也会根据实际情况而扩大。

在国际货币基金组织公布的货币与金融统计框架中，有一项"信用与债务总量"指标，推荐各成员国编制和报送。"信用和债务总量"指标反映的是各类贷款、银行承兑汇票、债券和股票等金融工具的总值。从统计的项目看，中国人民银行开始编制的社会融资规模与此相近，但两者仍然有明显的不同。一是"信用和债务总量"指标包涵了金融机构在内的全部经济行为主体；二是该指标为存量指标，统计的为期末余额。随着中国金融统计技术的发展，"社会融资规模"向"信用与债务总量"指标的过渡应该是一个趋势。

社会融资规模把实体经济人民币贷款融资之外的融资包括进来，扩大了监测实体经济融资的范围，这对分析社会资金运行和资金配置的变化很有意义。但人民币贷款指标仍然非常重要。这是因为在各种融资形式中，贷款具有很强的信用创造功能，与货币供给量紧密相连。实体经济中的直接融资只是改变了社会总资金的配置，并不影响货币供给总量的变化。银行表外业务的融资和非银行金融机构对实体经济的融资虽然也有了一定的货币创造功能，但与贷款相比，这种创造功能要小得多。理论上分析，社会融资规模虽然与经济中的主要指标有较高的相关性，但这种相关性主要是通过改善资金配置和提高资金使用效益实现对经济的影响。而对经济社会的总体发展，不论是总量上还是深度广度上，最直接相关的金融指标是货币供给量。因此，社会融资规模并不能取代货币供给量。社会融资规模指标的编制，意义在于为金融调控和货币政策实施增加了一个重要的监测指标。

参考文献：

中国金融年鉴编辑部：《中国金融年鉴（2011）》，中国金融出版社2012年版。
盛松称：《社会融资规模与货币政策传导》，载于《金融研究》2012年第10期。

（王广谦）

一行三会
One Central Bank and Three Regulatory Committees

一行三会是对中国金融监管体系现行管理框架的简称。"一行"是指中国人民银行，"三会"是指中国证券监督管理委员会、中国保险监督管理委员会和中国银行业监督管理委员会（简称证监会、保监会和银监会）。

中国金融监管体系的形成与发展和中国经济金融的发展密切相关。新中国成立之前，中国近代的金融监管以内部稽核为基本形式。新中国成立之后到改革开放之前，大一统的金融体系决定了金融监管由中国人民银行承担。改革开放以来，随着中国金融业的迅猛发展，出现了多元化的金融机构、多种类的金融工具和金融业务，引进了外资金融机构，迫切需要加强金融监管。为了适应这种局面，我国金融监管体制的变化划分为两个阶段：1992年以前，中国人民银行同时行使金融监管职能，对所有金融机构和金融活动进行监管，是单一金融监管机构模式。中国人民银行于1982年设立了金融机构管理司，负责研究金融机构改革，制定金融机构管理办法，审批金融机构的设置和撤并等。1986年国务院颁布的《中华人民共和国银行管理暂行条例》中，突出了中国人民银行的金融监管职责。

从1992年开始，监管体制开始向分业监管过渡。1992年10月国务院决定，将证券业监督管理职能从中国人民银行分离出来，成立中国证券监督管理委员会，对全国证券机构和证券市场进行监管。1993年12月由国务院公布的《关于金融体制改革的决定》是分业监管体制形成的政策基础。该《决定》提出，要转换中国人民银行的职能，强化金融监管，并对保险业、证券业、信托业和银行业实行分业管理。不过，银行业、信托业的分业监管仍由中国人民银行负责。1995年全国人民代表大会通过并颁布的《中国人民银行法》，首次以国家大法的形式赋予中国人民银行金融监管的职权。分业监管体制正式形成的标志是1998年11月18日成立中国保险监督管理委员会，把保险业监管职能从中国人民银行分离出来，确立了金融监管"三分天下"的格局。

2003年3月，我国的金融监管体制又进行了一次大的调整。根据第十届全国人民代表大会第一次会议的批准，国务院决定设立中国银行业监督管理委员会（简称中国银监会）。中国银监会根据第十届全国人大常委会第二次会议通过的《关于中国银行业监督管理委员会行使由中国人民银行行使的监督管理职权的决定》，统一监督管理银行、金融资产管理公司、信托投资公司及其他存款类金融机构，维护银行业的合法、稳健运行。中国银行业监督管理委员会自2003年4月28日起正式履行职责。

随着三大监管机构的建立和不断完善，对我国金融业的稳健运行必将产生重大影响。近年来，银行、证券和保险交叉经营的趋势越来越明显，银行、证券公司和保险公司纷纷通过建立全面合作关系，不断开拓新业务。同时，国内已出现了一些兼营银行、证券和保险两种以上业务的金融集团。因此，在金融创新不断涌现的大趋势下，三大金融监管机构之间的协调和创新金融监管新模式是十分必要的。

2004年6月银监会、证监会、保监会正式签署在金融监管方面分工合作备忘录，备忘录依据分业监管、职责明确、合作有序、规则透明、讲求实效的指导原则制定。备忘录再次明确了银监会、证监会、保监会三会的职责分工：银监会负责统一监督管理全国银行、金融资产管理公司、信托投资公司及其他存款类金融机构；证监会依法对全国证券、期货市场实行集中统一监督管理；保监会统一监督管理全国保险市场，维护保险业的合法、稳健运行。根据授权，银监会、证监会、保监会分别向其监管对象收集信息和数据，并负责统一汇总、编制各类金融机构的数据和报表，按照国家有关规定予以公布。银监会、证监会、保监会密切合作，就重大监管事项和跨行业、跨境监管中复杂问题进行磋商，并建立定期信息交流制度，需定期交流的信息由三方协商确定。三会之间应互相通报对其监管对象高级管理人员和金融机构的处罚信息，应建立对外开放政策的交流、协调机制，并互相通报在有关银行、证券、保险国际组织和国际会议中的活动信息和观点。

中国银监会、中国证监会、中国保监会和中国人民银行各司其职，分工合作，共同承担金融业的监管责任。在具体的金融监管中，中国人民银行与三个监督管理委员会还有一定的业务交叉。如金融机构业务活动涉及的银行间同业拆借市场和银行间债券市场、外汇市场等，中国人民银行负责直接的监督管理；当银行业金融机构出现支付困难，可能引发金融风险时，中国人民银行经国务院批准，有权对这些机构检查监督。为了实现金融业的整体稳健运行和健康发展，中国人民银行与三个监督管理委员会建有信息共享机制和工作联系机制。

分业监管有利于集中专门监管人才，提高监管效率和监管水平，也有利于更好地贯彻分业经营的原则，与我国目前的经济金融运行体制是一致的。与此同时，绝大部分金融机构都设立了内部稽核部门，金融同业自律组织和社会中介组织的监督也已起步，政府对金融业的审计监督也走上经常化、法制化和规范化的轨道。可以认为，中国已经建立起了现代金融监管组织体制的基本框架。未来，伴随中国经济金融改革发展的深化，一行三会的管理框架与职能分工也应该注意相应甚至超前进行调整与改进，以实现中国金融运行的安全、效率与稳定。

参考文献：
王广谦：《中央银行学（第三版）》，高等教育出版社2010年版。
中国证券监督管理委员会、中国保险监督管理委员会和中国银行监督管理委员会网站。

（马亚）

大区行
PBC Region Branch

大区行是中央银行分支机构设立的一种类型，也是1999年以来我国中央银行实行的组织和管理体制，即中央银行分支机构的设置既按照经济区域的需要同时又兼顾行政区划，在一个包含了多个行政区划的经济区域内设置一个中央银行分行，这样的分行被称为大区行。

在一元式中央银行制度下，中央银行的机构设置通常采用总分行制。中央银行总行一般设在首都，在全国其他地方设置分支机构，总行对分支机构实行垂直管理。中央银行分支机构的设置分为三种类型：第一，按经济区域设置分支机构。经济区域是根据经济与金融发展状况和中央银行业务量的大小对国家地理区域进行的一种划分。经济区域划分考虑的因素主要包括：地域联系状况；经济和金融联系的密切程度；金融业务量的大小等。中央银行分支机构一般设置在该区域内的经济和金融中心。第二，按行政区划设置分支机构。中央银行分支机构的设置与国家行政区划相一致，按照行政区划逐级设置分行或支行，分支机构的规模大小与其所在的行政区级别相关，与中央银行的业务量关系不大。第三，以经济区域为主、兼顾行政区划设置分支机构。中央银行首先按照经济区域设置分行，分行之下分支机构的设置则考虑行政区划并尽量与行政区划相一致。

上述三种中央银行分支机构设置类型各有其不同的特点和适应环境：按照经济区域设置分支机构有利于中央银行货币政策的独立操作和金融监管，地方政府部门对中央银行宏观调控的干预较小。由于分支机构的设置还考虑了金融业务量的大小，因此中央银行各个分支机构承担的业务量比较均衡，也有利于分支机构更有效地行使中央银行的各项职能。目前世界上大多数国家的中央银行分支机构是按照经济区域设置的。按照行政区划设置中央银行分支机构一般是实行计划经济体制的国家采用的方式，因为在计划经济体制下，中央银行货币政策的独立性很弱，各项经济和金融活动都要依从于国家高度集中统一的计划管理，中央银行分支机构设置与国家行政机关保持一致，便于国家集中统一计划的实施。以经济区域为主、兼顾行政区划设置分支机构既可以增强中央银行货币政策的独立性，同时又兼顾与地方政府部门的协调配合。

1984年中国人民银行专门行使中央银行职能后，在组织和管理体制上实行的是总分行制。中国人民银行分支机构按照行政区划设置，总行设置在首都北京，各省、自治区、直辖市以及经济特区和国家确定的计划单列重点城市设立一级分行，在省辖地区和市设立二级分行，在全国的县一级设立支行，总行、分行、支行机构实行垂直领导和管理。全国省级分行31个，副省级城市分行15个，地（市）分行318个，县（市）分行1985个，城市（郊区）办事处6个。在高度集中统一的计划管理体制下，这种分支机构的设置选择较好地配合了国家宏观经济政策的实施，有利于计划经济的运转。

随着改革开放的不断发展，我国的经济体制和经济发展模式发生了巨大的变化，中国人民银行独立实施货币政策和金融监管的必要性和重要性不断

大区行

增强。但由于中国人民银行分支机构按照行政区划设置，分支机构与地方政府部门关系紧密，总行统一制定的货币政策和金融监管举措在分支机构的贯彻过程中往往由于地方政府的干预其效果大打折扣。因此，为了增强中国人民银行执行货币政策和金融监管的独立性，分支机构的设置模式需要进行改革。改革的方向是分支机构的设置不再按照行政区划设置，转而改为以经济区域为主、兼顾行政区划的模式。具体内容是：撤销中国人民银行原各省级分行和直辖市分行，设立九大经济区域分行，在不设分行的省会城市设立中心支行，经济特区和国家确定的计划单列市的分行改设为中心支行，原在省辖地区和市设立的二级分行也改设为中心支行，县级支行仍然保留。分行按照经济区域设置，中心支行和支行则按照行政区划设置。在两个没有设置分行的直辖市设置营业管理部。

分行设置及其职责：九大分行的设置城市和管辖区域是根据地域关联性，经济金融总量和金融监管的需要确立的，分别在天津、沈阳、上海、南京、济南、武汉、广州、成都和西安9个中心城市设立中国人民银行分行。天津分行管辖天津、河北、陕西、内蒙古等地；沈阳分行管辖辽宁、吉林、黑龙江等地；上海分行（现改为上海总部）管辖上海、浙江、福建等地；南京分行管辖江苏、安徽等地；济南分行管辖山东、河南等地；武汉分行管辖湖北、湖南、江西等地；广州分行管辖广东、广西、海南等地；成都分行管辖四川、贵州、云南、西藏等地；西安分行管辖陕西、甘肃、青海、宁夏、新疆等地。在北京、重庆两地设立中国人民银行营业管理部和中国人民银行重庆营业管理部。

由于当时中国人民银行还承担对银行业金融机构的监管职责，因此分行的基本职责也包括了金融监管的职责。具体包括：认真贯彻执行有关法律、法规和方针、政策，依据中国人民银行的授权，对辖区内金融机构的业务活动进行全面的监督管理，依法查处辖区内金融违法、违规案件；对辖区内经济金融形势和区域金融风险进行分析、研究，防范和化解区域金融风险；管理中央银行资金、存款准备金、再贴现、利率和现金管理等有关货币信贷政策业务；协调辖区内中心支行的国库经理、支付清算、现金发行、金融统计和安全保卫等业务；对辖区内外汇、外债和国际收支业务进行协调、管理和监督；管理辖区内金融监管办事处和中心支行的人事教育、财务会计工作；对辖区内金融监管办事处和中心支行进行内审检查；领导、管理并直接经办分行所在省（直辖市）的各项中央银行业务和外汇管理工作。中国人民银行营业管理部，中国人民银行重庆营业管理部，则承担原中国人民银行北京市分行和重庆市分行的管理职能。

  1998年中国人民银行分支机构的调整工作正式开始。首先调整撤并人民银行地（市）分行所在地重复设置的分支机构，到1998年9月，共撤销人民银行地、市重复设立的分支机构148个。1998年11月18日~12月18日，中国人民银行9家跨省区分行先后挂牌成立。与此同时，撤销了31家省级分行，对跨省区分行和中心支行的职能分工进行了调整。为了保证中央银行工作的连续性和稳定性，确立了"先建后撤"的原则，原省级分行继续履行职能到1998年12月31日，中国人民银行九大分行从1999年1月1日起正式对外履行职能，新的管理体制开始运行。

  改革后，中国人民银行总行、分行、中心支行和支行的职能进行了重大调整。在货币政策职能上，总行进一步集中了货币政策决策权，分行负责为货币政策决策提供政策建议，保证货币政策的权威性和货币政策操作的针对性和灵活性。在金融监管职能上，分行承担了重要的职责，全面监管辖区内的金融机构，依法查处金融违法、违规案件，分析研究、防范和化解金融风险，保证各项金融监管政策的贯彻执行，强化金融监管的独立性。金融服务职能的执行上，遵循属地原则，主要由中心支行承担，以便于利用现有的设备和技术力量，改进和提高金融服务效率。九大区行成立以来，各大区行履行中国人民银行总行赋予的职责，在相当程度上实现了削弱地方政府对金融业的干预、加强监管与增强独立性的目的，九大区行的历史作用是积极的。

参考文献：

中国金融年鉴编辑部：《中国金融年鉴》（1986~2011年），中国金融出版
  社1987~2012年版。

王广谦：《中央银行学》，高等教育出版社1999年版。

（左毓秀）

系统性风险与非系统性风险
Systemic Risk and Non-systemic Risk

  系统性风险是指通过资产组合无法规避的风险，又称市场风险，或不可分散风险。非系统性风险是指通过增加资产持有的种类能够相互抵消的风险，又称个别风险。通常来说，通货膨胀、经济萧条、利率等宏观因素的变化会带来系统性风险，而企业的经营失败、信用违约、操作不当等因素带来

的是非系统性风险。

举例来说，一个投资组合中有两家公司的股票 A 和 B。A 公司由于经营管理团队决策英明使得 A 公司获利丰厚，而 B 公司由于生产线发生火灾出现亏损，从而使得 A 股票价格上升，B 股票价格下降，由此引起影响投资组合的收益率发生变化。这种由个别公司经营管理带来的股价变化对于该投资组合来说属于非系统性风险。该投资组合通过合理持有这两只股票的比例可以达到完全抵销风险。如果，市场利率上升，导致 A 和 B 两只股票价格同时下跌，那么，无论如何改变这两支股票的比例，投资者都无法完全消除利率下降带来的损失的可能性。因此，对该投资组合来说，市场利率变化属于系统性风险。

但是应该注意的是，系统性风险和非系统性风险是一个相对的概念。某种风险在某种场合属于系统性风险，在另外的场合可能是非系统性风险；反之亦然。这里的关键是所分析的系统的范围的划定。如果将一个国家的股票市场作为一个系统来研究，那么上述例子中说市场风险是系统性风险是正确的。但是，如果投资者还允许投资国外股票市场，那么，投资者可以调整国内股票和外国股票的组合来降低国内利率变化带来的影响。在这种情况下，本国的市场利率风险就成为非系统性风险。同样，如果将全球金融市场看成一个系统，那么单独一个国家的经济波动就是非系统性风险，因为投资者可以通过国际化资产组合将国别风险相互抵消。但是，如果投资者只投资于国内市场，那么该国的经济波动就构成其资产组合的系统性风险。

参考文献：

De Bandt, Olivier and Philipp Hartmann, Systemic Risk: A Survey, *ECB Working Paper*, No. 35, 2000.

Schwarcz, Steven L., Systemic Risk, *Georgetown Law Journal*, 97 (1), 2008.

Lehar, Alfred, Measuring Systemic Risk: A Risk Management Approach, *Journal of Banking and Finance*, 29 (10), 2005.

（黄志刚）

集中监管与分业监管
Mixed Supervision and Separate Supervision

集中监管与分业监管是金融监管的两种模式。集中监管指把金融业作为一个相互联系的整体统一进行监管，一般由一个金融监管机构承担监管的职责，绝大多数国家是由中央银行来承担，有时又称为"一元化"监管体制，即同一个金融监管当局实施对整个金融业的监管。分业监管是根据金融业内不同的机构主体及其业务范围的划分而分别进行监管的体制。各国的分业监管体制通常由多个金融监管机构共同承担监管责任，一般银行业由中央银行负责监管，证券业由证券监督管理委员会负责监管，保险业由保险监督管理委员会负责监管。各监管机构既分工负责，又协调配合，共同组成一个国家的金融监管组织体制。一国采取集中监管还是分业监管通常与该国的金融业经营模式密切相关。通常来说，混业经营的金融业采用集中监管，分业经营的金融业采用分业监管，但也有例外。

从历史的角度来看，金融监管体制大致经历了三个阶段的发展。第一阶段是20世纪30年代之前的集中监管体制。在20世纪30年代之前，金融业主要以银行业为主，证券业和保险业不发达，主要在商业银行主导下运作，金融业处于混业经营阶段。在此金融体制下，金融监管职能基本上归中央银行履行，中央银行是唯一的监管机构，属于典型的集中监管体制。第二阶段是20世纪30年代到70年代的分业监管。大危机之后，银行和证券业遭受毁灭性打击，美国1933年颁布《格拉斯—斯蒂格尔法》，确立了银行与证券、银行与非银行机构分业经营的制度，并于1934年设立"证券交易委员会"专门行使对证券业的监督，从而掀起了全球分业监管浪潮。第三阶段是20世纪70年代至今的混业监管。由于制度和市场原因，银行业发展受到严重威胁，为了生存和发展，银行业开始不断创新，模糊了银行业、证券业和保险业的界限，出现混业经营趋势。1999年美国《金融服务现代化法》的颁布宣告了《格拉斯—斯蒂格尔法》的废止，美国再次走上混业经营道路，这再次掀起了全球混业经营浪潮，与此同时，监管制度也逐步向集中监管转变。例如，尽管美国仍然实行分业监管模式，但是2007年次贷危机之后，美联储的集中监管权力被加强。因此，全球金融监管制度经历了从集中监管向分业监管再向集中监管演变的历史过程。

我国改革开放以来，伴随着金融业格局的变化，金融监管制度也经历了两个阶段的变化。第一阶段是1984~1992年集中监管阶段。1984年，中国工商银行从中国人民银行分离出来，中国人民银行成为真正意义上的中央银行，负责制定货币政策和金融监管。从此，银行、保险、信托、证券等所有金融业务都归中国人民银行监管，形成了集中监管体制。第二阶段是1992~2003年分业监管体制的形成和发展。1992年，国务院证券委员会和中国证券监督管理委员会成立，负责股票发行上市的监管。1998年，中国保险监督管理委员会成立，将中国人民银行的保险监管权力分离出来。2003年，中国银行业监督管理委员会成立，将银行业的监管权力从中国人民银行分离出来。从此，我国金融监管制度形成三驾马车式垂直的分业监管体制。

参考文献：

Taylor, Michael, and Alex Fleming, Integrated Financial Supervision: Lessons of Northern European Experience, World Bank Policy Research Working Paper, 1999.

De Luna-Martinez, José and Thomas Rose, International Survey of Integrated Financial Sector Supervision, World Bank Policy Research Working No. 3096, 2003.

（黄志刚）

金融稳定与安全
Financial Stability and Security

金融安全指货币资金融通的安全和整个金融体系的稳定。金融安全是金融经济学研究的基本问题，在经济全球化加速发展的今天，金融安全在国家经济安全中的地位和作用日益加强。金融安全是和金融风险、金融危机紧密联系在一起的，既可以用风险和危机状况来解释和衡量安全程度，同样也可以用安全来解释和衡量风险与危机状况。安全程度越高，风险就越小；反之，风险越大，安全程度就越低；危机是风险大规模积聚爆发的结果，危机就是严重不安全，是金融安全的一种极端。

金融稳定是指一种状态，即是一个国家的整个金融体系不出现大的波动；金融作为资金媒介的功能得以有效发挥，金融业本身也能保持稳定、有序、协调发展；但并不是说任何金融机构都不会倒闭。"金融稳定"一词，目前在我国的理论、实务界尚无严格的定义。西方国家的学者对此也无统一、准确的理解和概括，较多的是从"金融不稳定"、"金融脆弱"等方面来展开对金融稳定及其重要性的分析。

学者提出各种方法来度量金融安全和稳定。有的方法通过各种经济变量构造特定的指标和指标体系来反映金融安全和稳定的程度，有的方法通过计量的方法来判断不同经济状态下金融安全和稳定的基本状况。无论是采用指标法还是采用计量方法，通常将以下变量纳入在分析金融稳定和安全的评价体系中，包括：银行系统的不良贷款率、资本充足率、信贷情况、利率水平、货币供给、汇率水平、外汇储备、外债数量和结构、政府治理能力、政治社会经济环境等。例如，国际货币基金组织经济学家马森根据发展中国家金融危机的教训，列出了7个危机预警信号：短期外债与外汇储备的比例是否失调、经常账户逆差与GDP之比、消费比例是否过大、财政赤字占GDP比例、资本流入结构是否合理、汇率定值是否合理、货币供应量是否适当。

政府通常可以采取适当的措施增强金融安全和稳定。根据瑞典央行副行长皮尔森的建议，确保金融体系稳定应具备三根支柱：（1）由规章和法令组成的确立金融机构活动范围的监管框架；（2）对个别机构风险评价和合规行为检查以及央行对系统风险评估的即时监察；（3）危机管理措施。这三根支柱需要中央银行和监管部门的分工和合作。随着金融安全和稳定变得越来越重要，各国和国际性金融机构纷纷开始定期出版金融稳定报告。如国际货币基金组织从2002年以来开始定期出版《全球金融稳定报告》，集中关注世界金融市场的"系统性、结构性缺陷"。中国人民银行从2010年开始每年定期发布《中国金融稳定报告》，对我国金融市场的运行进行研究和分析，及时发现不稳定性因素，并制定相应的政策进行纠正。

参考文献：

Demirguc-Kent, Asli and Detragiache, Enrica, Financial Liberalization and Financial Fragility, No.1917, Policy Research Working Paper Series, The World Bank, 1998.

Borio C., C Furfine, and P Lowe, Procyclicality of the Financial System and Financial Stability: Issues and Policy Options, BIS Paper No.1, 2001.

（黄志刚）

金融危机
Financial Crisis

金融危机指一个国家或几个国家与地区的全部或大部分金融指标，如短期利率、汇率、证券资产价格和金融机构倒闭数等急剧恶化，导致经济增长与经济总量出现较大幅度的缩减，工商企业破产率、失业率大幅上升，社会出现普遍的经济萧条或停滞。依据危机发生的原因，金融危机可以分为货币危机、债务危机、银行危机、系统性危机等类型。货币危机是指当某种货币的汇率受到投机性冲击时，该货币出现持续性贬值，从而引发金融和经济状况的恶化。银行业危机是指银行不能如期偿付债务，乃至迫使政府出面，提供大规模援助，以避免银行体系崩溃现象的发生。一家银行的危机发展到一定程度，可能波及其他银行，从而引起整个银行系统的危机。债务危机是指一国工商企业、金融机构乃至政府过度负债引发国内的支付系统严重混乱，不能按期偿付所欠内外债，不管是主权债还是私人债等。系统性金融危机是指主要的金融领域都出现严重混乱，如货币危机、银行业危机、债务危机等同时或相继发生。

伴随着20世纪金融危机的频发，金融危机相关理论也不断深入完善起来。从最初致力于金融危机发生原因的分析，拓展到研究危机传染路径和探讨金融危机如何防范的方法，涵盖金融、经济、社会、政治、公众心理等多元化的研究视角。在对不同类型的金融危机的理论分析中，对货币危机的分析相对呈现出系统性，而银行危机、债务危机的理论剖析则关注了众多的影响因素。但诸多理论的共性都在于强调能够对现实金融危机进行合理有效的解释。

基于20世纪七八十年代的拉美货币危机、1992年的英镑危机和1997年亚洲金融危机的客观现实，形成了三代货币危机模型。第一代货币危机模型由保罗·克鲁格曼（Paul Krugman, 1979）构造，该理论从一国经济的基本面解释货币危机的根源在于经济内部均衡和外部均衡的冲突。如果一国外汇储备不够充足，财政赤字的持续会导致固定汇率制度的崩溃并最终引发货币危机。这种分析恰好解释了20世纪七八十年代的拉美危机。而到1992年英镑危机发生后，此理论则无法进行合理解释，因为当时英国不仅拥有大量的外汇储备，而且其财政赤字也未出现与固定汇率冲突的局面。这促使经济学家找寻其他方面的原因，逐渐形成了第二代货币危机理论，其中最具代表性的是由毛瑞斯·奥伯斯法尔德（Maurice Obstfeld, 1986；1994）提出的危机理论。他强调危机的自我促成性质，并引入博弈论，关注政府与市场交易主体之间的行为博弈。同时也有一些观点认为危机可能纯粹由投机者的攻击导致，投机者的攻击使市场上的广大投资者的情绪、预期发生了变化，产生传染效应和羊群效应，从而促成危机的爆发。

到1997年下半年爆发亚洲金融危机时，第一代、第二代模型都无法较好地进行解释。因为这次金融危机发生之前，亚洲许多国家都创造了经济发展的神话，而且大多实行了金融自由化。第三代货币危机模型是由麦金农（Ronald Mekinnon）和克鲁格曼首先提出，该模型强调在发展中国家普遍存在的道德风险问题。这个问题归因于政府对企业和金融机构的隐性担保,以及政府同这些企业和机构的裙带关系,从而导致了在经济发展过程中的投资膨胀,大量资金流向股票和房地产市场,形成经济泡沫,泡沫破裂或行将破裂所致的资金外逃会引发货币危机。该理论认为脆弱的内部经济结构和亲缘政治及腐败是导致这场危机的关键所在。

与货币危机理论不同,有关银行危机的解释,没有呈现系统化和演进性,更多的是从银行危机的实例中找寻学者认为最核心的因素加以说明。其中代表性的观点包括:弗里德曼(M. Friedman, 1959)的货币政策失误论,明斯基(Hyman P. Minsky, 1982)的金融不稳定假说,托宾(J. Tobin, 1960)的银行体系关键论,戴蒙德和狄伯威格(Diamond and Dybvig, 1983)的银行挤兑理论和麦金农(Ronald Mekinnon, 1998)的道德风险理论。这些理论分别从货币当局对经济现状的判断失误从而运用失误的货币政策方面、不同类型的投资者在金融运行中的自然选择所导致的金融内在不稳定性方面、经济运行中发挥关键作用的银行方面、银行体系的脆弱性方面以及存款保险制度所导致的道德风险方面对银行危机的产生进行了较为深入的剖析,也为银行危机的研究提供了更多的视角。

债务危机的理论主要是从债务的视角解释金融危机的出现。代表性的观点包括:欧文·费雪(Owen Fisher, 1932)的"债务—通货紧缩"理论、马丁·沃尔芬森(Martin Willfenshen, 1986)的"资产价格下降"理论和综合性国际债务论。这些理论从工商企业、银行和国家的角度分析了"过度负债"所导致的企业违约、银行资产低下以及政府信用崩溃等情况的产生,尤其在经济陷入衰退时,会使情况持续恶化。

可见,20世纪以来对金融危机的研究趋向全面、细致和深入,不仅强调金融自身因素如金融内在脆弱性对金融危机的促成机制,而且也特别注意联系全球化背景的国际视角,将金融危机放在一个内外部因素交织的系统性的金融经济体系中进行考量,并且拓展到信息不对称、博弈论以及心理预期等更广泛角度的联动分析。这些研究从不同的角度和影响因素上为金融危机的发生找寻原因,其所归纳的一些规律性的共识为预警和防范金融危机提供了有效的思路和对策。但需要明确的是,在不同的经济背景、社会环境和发展阶段下,金融危机的出现仍然存在着差异和区别。对金融危机的认识,既要依据已有的理论进行多角度的剖析,又要注意观察每次危机出现的新特点,以求得对金融危机更具针对性的预警和防范。

回溯历史,金融危机对中国来说也不陌生,不仅因"银荒"、"铜荒"

等实物货币危机曾给中国社会带来冲击,而且宋代以后各朝代都曾因为滥印纸钞而导致一次次危机。当然,也正因为除货币之外没有更广义的证券票据发展,并且直到1897年中国通商银行成立之前也没有现代意义的银行,所以,在晚清之前中国的金融危机还只停留在货币的层面上,形式相对单一。此后,随着股票、债券的出现以及证券交易所和信托公司的开办,中国的金融危机的形式相对复杂起来。1883年上海经历了中国历史上第一次现代意义上的金融危机,1921年年底的"信交风潮"算是中国的第二次现代金融危机。而风潮之后,1924年8月京、沪两地又经历了"二四公债风波"和1926年12月的"二六公债风波"。

新中国成立以后,由于金融机构体系的国有性质和金融管理的行政化,许多金融经济问题更多是隐蔽的形式,而非公开化。经济体制改革后,随着金融机构的市场化变革和金融市场尤其是资本市场的建立与发展,改革前遗留下的问题和改革进程中产生的各种金融风险不断累加以及外部经济环境的变化等,都给中国当前的金融、经济体系带来了金融危机的压力。因此,学习国外金融危机理论、考察金融危机的现实表现,积极防范金融风险、有效预警金融危机就成为当代中国金融体系特别需要关注的重要内容。

参考文献:

[英] 约翰·伊特韦尔等:《新帕尔格雷夫货币金融大辞典》,经济科学出版社1996年版。

[美] 米尔顿·弗里德曼:《货币稳定方案》,上海人民出版社1991年版。

[美] 保罗·克鲁格曼:《萧条经济学的回归》,中国人民大学出版社1999年版。

F. Allen and D. Gale, Bubbles and Crisis, *Economic Journal*, Vol. 110, 2000.

I. Fisher, *Booms and Depressions*, Adelpui Press, 1932.

T. F. Hellmann, K. Murdock, J. Stiglitz, Liberalization, Moral Hazard in Banking, and Prudential Regulation: Are Capital Requirement Enough? *American Economic Review*, 90, 2000.

P. Hyman and Minsky, *The Financial Instability Hypothesis: A Clarification*, *The Risk of Economic Crisis*, The University of Chicago Press, 1991.

M. Obstfeld, Rational and Self-fulfilling Balance of Payment Crisis, *American Economics Reviews*, 76, 1986.

(马亚)

金融脆弱性
Financial Fragility

广义的金融脆弱性是指金融领域风险累积，整个金融领域所处的高风险状态。狭义的金融脆弱性是指以一个运行良好的金融中介组织体系由于内部或外部的突然冲击而导致整个体系运行混乱、功能受损。金融脆弱性与金融风险有区别，又有联系。金融脆弱性更强调"内生性"因素的作用，即与金融市场、金融中介组织的资本高杠杆运作这一内在特征分不开，与信贷资金使用与偿还在时间上的分离分不开。

关于金融脆弱性问题的研究可以追溯到20世纪30年代经济大危机时期，但较为系统的理论研究与学说思想建立于20世纪80年代。20世纪30年代经济大萧条的发生引起了金融脆弱性的早期研究，研究内容主要集中在经济周期和银行危机理论，费雪（I. Fisher，1932）是这一时期的代表人物。海曼·明斯基（Hyman P. Minsky，1985）从企业角度研究信贷市场上的脆弱性，他以50年间资本主义经济繁荣与萧条的长期波动现象为基础，从债务—通货紧缩的角度分析金融体系的脆弱性，其理论核心是"金融不稳定性假说"，认为商业银行和其他具有信用创造功能的金融机构的内在特性，使得它们不得不经历周期性危机和破产浪潮，而商业银行和其他金融部门的周期性波动又会外溢到经济的其他部门，最终导致经济周期的发生。基于此，明斯基支持政府对金融部门干预，反对20世纪80年代开始的放松金融管制政策。在2007年爆发全球金融危机之后，西方理论界开始重新重视马克思、费雪和明斯基三位经济学家的思想。克瑞格（Kregel，1997）的研究是从银行角度研究信贷市场上的脆弱性。克瑞格使用安全边界的概念来说明金融制度的脆弱性问题。银行在做出贷款决策之前，仔细研究企业的预期现金流量说明书和计划投资项目承诺书是确定安全边界的关键。金融脆弱性正是建立在安全边界的变化上，即那些缓慢的、不易察觉的行为对安全边界进行侵蚀。当安全边界减弱到最低程度时，即使经济现实略微偏离预期，借款企业为了兑现固定现金收入流量承诺，也不得不改变已经计划好了的投资行为。这意味着企业将拖延支付，或另找贷款，若不能实现，就只能推迟投资计划，或变卖投资资产。由以上分析可以看出，一旦市场环境和企业的盈利能力发生很大的变化，银行和企业就都会陷入财务困境。银行等金融机构利用借款人的信用记录估计安全边界时，在经济持续稳定时期很可能降低安全边界的标准，批准了低于安全边界的项目，导致金融业的脆弱性增加。

参考文献：

王广谦：《金融中介学》，高等教育出版社 2011 年版。

Fisher, I., *Booms and Depressions*, Adelphi Press, 1932.

Hyman P. Minsky, The Financial Instability Hypothesis, The Jerome Levy Economics Institute Working Paper No. 74, May 1992.

Kregel, J. A. Margins of Safety and Weight of the Argument in Generating Financial Fragility, *Journal of Economic Issues*, June, 1997.

（马丽娟）

巴塞尔协议
Basel Accord

巴塞尔协议是关于商业银行资本构成和计算标准的国际银行监管协议，至今已有三个版本。

第一个版本全称是《统一资本计量与资本标准的国际协议》（International Convergence of Capital Measurement and Capital Standards），即 Basel I，是 1988 年由西方十国集团成员通过和实施的，其重要内容之一是规定银行的资本构成。目前，各国银行业普遍采用的资本构成框架基本源自此协议。巴塞尔协议另外的两个重要内容是：（1）根据资产类别、性质以及债务主体的不同，将银行资产负债表的表内和表外项目划分为不同风险档次，并规定了不同的风险权重与系数；（2）规定最低目标比率，即总资本充足率≥8%，核心资本充足率≥4%。该协议为银行建立了一个公平竞争的环境，有助于银行风险控制。但是，这个版本的《巴塞尔协议》监管重点是针对信用风险，对于其他风险考虑少。1996 年进行过补充修订，增加了市场风险。

第二个版本的协议全称《统一资本计量和资本标准的国际协议：修订框架》（International Convergence of Capital Measurement and Capital Standards: A Revised Framework），即 Basel II，是 2004 年由巴塞尔委员会通过和实施，欢迎十国集团成员国以外的国家参与实施。该协议保留了原协议的主要内容，保持了一定的连续性，主要内容是：（1）确立了信用风险、市场风险、操作风险作为资本监管的三大风险类型；（2）建立了资本监管、监管机构、社会监管三大监管支柱；（3）推荐风险裸露充分的银行使用内部评级法计量资本。虽然资本的结构以及 8% 的比率没有变化，但权重与以往相比，有很大提高。该协议旨在推动银行业采用更加灵活的风险管理方法。

第三个版本的协议全称《建立银行体系稳定性的全球框架》（A Global Regulatory Framework for More Resilient Banks and Banking Systems），即 Basel Ⅲ，2010 年 9 月由巴塞尔委员会拟定，在当年 11 月 12 日韩国首尔召开的二十国集团（G20）领导人峰会上通过，2013 年所有成员国开始执行。第三个版本是在 2007 年美国次贷危机所引爆的全球金融危机爆发及尚未结束的背景下出台的，因而所关注的内容更加强调了监管的重要性。其中主要内容包括：强调杠杆风险、流动性风险，新设资本留存缓冲和逆周期资本缓冲，引入"系统重要性银行"概念；并在 2011 年 11 月，依据银行规模、与他行的关联度、在某类业务或市场的可替代性、在全球的影响力这四个基本面，由金融稳定理事会发布了备受市场关注的 29 家全球"系统重要性金融机构"名单。其中，欧洲国家共有 17 家银行，美国 8 家，日本 3 家，中国 1 家（中国银行）。西班牙和意大利等国的一些大型银行未进入名单，原因是这些银行的主要业务都放在本土市场上。

巴塞尔协议三个版本内容的变化显示出全球金融监管愈发关注提高银行体系安全性的问题。从 1988 年《巴塞尔协议》的颁布及补充修订到第二个版本的制定，使人们感受到商业银行的管理思想、管理对象、管理策略等许多方面发生重要改变；2010 年推出的第三个版本更是凸显了 2007 年金融危机后国际金融监管思想的发展和措施的完善。我国有关部门于 2011 年 5 月发布文件，要求我国银行业 2012 年 1 月开始实施巴塞尔协议Ⅲ，2018 年年底全面达标。

参考文献：
马丽娟：《商业银行经营与管理》，经济科学出版社 2012 年版。

（马丽娟）

核心资本
Core Capital

根据《巴塞尔协议》的规定，商业银行的资本包括核心资本和附属资本两大部分。其中，核心资本是银行的所有权资本，至少应该占全部资本的 50%，代表了银行真实的资本实力。其余部分则为附属资本。

根据《巴塞尔协议》的定义，银行的核心资本也称为一级资本，主要包括永久的股东权益和公开储备。（1）永久的股东权益，也即股本。主要包括已经发行并完全缴足的普通股和非累积的优先股,非累积性的优先股是指股息当年结清不能累积发放的优先股票。对股份制企业而言,发行非累积优先股票不承担以往未付足优先股股息的补偿责任,故不会加重公司付息分红的负担。由于非累积优先股在股息的支付方面与普通股股息支付有相同的特性,因此被列入银行的永久性股东权益中。(2)公开储备。公开储备必须是从商业银行税后利润中提留的,它是银行权益类资本的重要组成部分,一般由资本盈余和留存盈余等组成。①资本盈余也称股本盈余,是由银行外部来源形成的盈余,主要是由于商业银行在发行股票时采用了溢价发行方式,导致投资者缴付的出资额超过按面值所确定的所应缴纳的股本金额所致,也即溢价收入。另外,资本盈余还包括银行资本的其他增殖部分,如:接受的非现金资产捐赠准备和现金捐赠、股权投资准备、外币资本折算差额、关联交易差价和其他资本公积。资本盈余是调节银行资本金、制定资本计划以及相关政策的一个重要项目。根据各国有关的法律规定,商业银行可以通过将资本盈余划转股本的方式增加银行资本金,也可以通过动用适量资本盈余的方式来发放股息。②留存盈余,也称未分配利润。留存盈余是指尚未动用的银行税后利润部分,也即银行税后利润减去普通股股息和红利后的余额,是商业银行以前年度实现的税后利润中应分给股东而未分的部分,因此,其属于商业银行产权的一部分,是银行所有者权益的一个项目。这种盈余是由银行的内部来源形成的。按利润的留存时间,留存盈余可以分为以前年度累计留存和当年留存两部分。用留存盈余增加银行资本,是商业银行在难以进入资本市场筹集资金或者是难以通过金融市场快速融资等情况下增加资本的较好方式。留存盈余的大小,主要取决于商业银行的盈利大小、股息政策、税率以及国家相关政策的状况。盈余公积包括法定盈余公积、任意盈余公积和法定公益金。

参考文献:
马丽娟:《商业银行经营与管理》,经济科学出版社2012年版。

(马丽娟)

附属资本
Supplementary Capital

根据《巴塞尔协议》的规定,商业银行的资本包括核心资本和附属资本两大部分。其中,附属资本是商业银行的债务型资本,其最高额可以等于核心资本,但不得超过核心资本。

附属资本也被称为补充资本或二级资本,具体包括:(1)非公开储备,也称隐蔽准备。由于各国的法律以及会计制度不同,巴塞尔委员会认为,非公开储备只包括虽未公开、但已反映在银行损益账上,并为银行的监管机构所接受的储备。(2)重估储备。商业银行对固定资产进行重估时,固定资产公允价值与账面价值之间的正差额为重估储备。通常有两种形式:一是对记入银行资产负债表内银行自身房产的正式重估。在一些国家中,法律允许银行和其他商业公司不时地重估它们的固定资产,以和变化的市值保持一致。二是具有隐蔽价值的资本的名义增值,这部分是指以历史的成本价格反映的银行所持有的长期证券。以上两种类型的储备可以包括在附属资本中,但前提条件是必须慎重估价资产,并充分反映价格波动与被迫抛售的可能性。一般地,计入附属资本的部分不超过重估储备的70%。(3)普通准备金或普通呆账准备金。用于防备当前尚不能确定的损失,当损失一旦出现随时用以弥补,但不能用于已确认的损失或某项特别资产产值明显下降的部分。各国的商业银行一般提取普通准备金、专项准备金和特别准备金。其中,只有普通准备金是应对商业银行当前尚不能确定的损失。(4)混合资本债券。是商业银行发行的带有一定股本性质,又带有一定债务性质的资本工具。由于这些资本工具与股本极为相似,特别是它们能够在不必清偿的情况下承担损失、维持经营,因此可以列为附属资本。按照银监会的规定,商业银行发行混合资本债券需要符合一定要求才可以计入附属资本。如:债券期限在15年以上(含15年),发行之日起10年内不得赎回;又如:债券到期时,若银行无力支付索偿权在该债券之前的银行债务,或支付该债券将导致无力支付索偿权在该债券之前的银行债务,可以延期支付该债券的本金和利息。(5)长期次级债务。长期次级债务是指商业银行发行的无担保的、不以银行资产为抵押或质押的长期次级债务工具和不可赎回的优先股。20世纪90年代中后期在大多数国家,长期次级债务已成为商业银行附属资本的重要来源。长期次级债务的特点是:①固定期限不低于5年(包括5年),除非银行倒闭或清算,不用于弥补银行日常经营损失;②该项债务的受偿权排在存款和其他有抵押的债权之后、优先股和普通股之前;③作为债券持有人只能获得发行条件载明的固定利息,债券到期后收回本金;④承担了较大的违约风险,如果银行倒闭,持有者将在最后才能得到清偿,这就意味着也许根本得不到清偿;⑤属于债权融资;⑥向机构投资者定向募集资金，而不是通过证券市场向所有投资者来融资。目前，国际上统一规定了次级债务计入资本条件：不得由银行或第三方提供担保，并且不得超过商业银行核心资本的50%。商业银行应在次级定期债务到期前的5年内，按每年累计折扣20%的比例折算计入资产负债表中的"次级定期债务"项下：剩余期限在4年（含4年）以上的，以100%计；剩余期限在3~4年的，以80%计；剩余期限在2~3年的，以60%计；剩余期限在1~2年的，以40%计；剩余期限在1年以内的，以20%计。其比例最多仅相当于核心资本的50%，并应有足够的分期摊还要求。

我国商业银行的资本金构成，在不同历史阶段具有明显的不同。1993年以前我国银行的资本主要包括：国家财政预算的拨款、银行积累基金和待分配盈余。1994年2月25日，中国人民银行制定并颁布了《关于对商业银行实行资产负债比例管理的通知》，第一次对我国商业银行的资本构成、资产风险权数以及资本充足率进行了详细规定。1996年12月，中国人民银行部分调整了商业银行的资产负债管理比例以及银行资本成分的规定。2004年2月，根据《巴塞尔协议》的变化要求以及我国的基本情况，银监会对外颁布了《商业银行资本充足率管理办法》，对我国商业银行的资本构成进行了界定。2007年7月3日，根据情况变化，银监会对外公布了《关于修改〈商业银行资本充足率管理办法〉的决定》，部分修改了我国银行业的资本构成，并形成了至今我国商业银行的资本构成：核心资本包括实收资本、资本公积、盈余公积、未分配利润和少数股权。附属资本包括：重估准备、一般准备、优先股、可转换债券、混合资本债券、长期次级债务。

在我国商业银行的附属资本中，除《巴塞尔协议》的相关项目外，还包括优先股和可转换债券。计入附属资本的可转换债券必须符合以下条件：第一，债券持有人对银行的索偿权位于存款人及其他普通债权人之后，并不以银行的资产为抵押或质押；第二，债券不可由持有者主动回售，未经银监会事先同意，发行人不准赎回。

参考文献：
马丽娟：《商业银行经营与管理》，经济科学出版社2012年版。

（马丽娟）

资本充足率
Capital Adequacy Ratio

资本充足率是一国银行保持必要资本数额的依据和标准。资本充足是指银行拥有的资本数量达到或超过管理当局所规定的最低限额，同时资本的构成符合银行总体经营目标，即银行所持有的资本中，一级资本和二级资本要合理搭配，以尽可能降低银行的经营风险和成本。在1988年《巴塞尔协议》颁布之前，各国商业银行与金融管理部门就银行在某个时期最佳资本需要量的确定，有自己的衡量方法、测定比率以及管理标准。《巴塞尔协议》颁布之后及至目前，世界各国的商业银行大多是根据1988年7月、2004年6月《巴塞尔协议》所规定的资本充足性标准来计算并保持其资本金需要量。

1988年巴塞尔协议将商业银行资本对加权风险资产的比率称为"资本充足率"。根据规定，到1992年底，签约国中较具规模的商业银行，全部资本与加权风险资产的比率也即全部资本充足率应达到8%，核心资本与加权风险资产的比率也即核心资本充足率应达到4%。计算资本充足率的基本公式如下：

$$\frac{\text{资本充足率}}{} = \frac{\text{资本}}{\text{加权风险资产}} = \frac{(\text{核心资本}+\text{附属资本})}{\sum(\text{资产}\times\text{风险权数})}$$

公式中的资本数额可以根据资本构成的内容加以确定。加权风险资产数额的确定首先要将商业银行的资产分为两类：一类是表内资产，一类是表外资产。然后根据为两类资产所规定的、基本的风险权数，以及具体的银行资产数额来确定其加权风险资产的额度。资产负债表内的加权风险资产的计算公式：风险资产＝表内资产×风险权数；资产负债表外的加权风险资产的计算公式：风险资产＝表外资产（本金）×信用转换系数×表内相同性质资产风险权数。其中，信用转换系数是依据表外信用规模、信贷敞口风险发生的可能性以及巴塞尔委员会在1988年3月公布的"银行资产负债表外项目管理问题监管透视"文件所确定的信贷风险的相对程度推算出来的。

2004年6月公布的巴塞尔新资本协议仍然要求银行的全部资本充足率应达到8%，核心资本充足率应达到4%。但在计算风险加权资产总额时，须将市场风险与操作风险所要求的资本乘以12.5（即资本充足率8%的倒数），然后在此基础上加上信用风险加权资产总额。也就是说，银行资本比率的分母包括两部分：其一是信用风险的所有加权风险资产，其二是12.5

倍的市场风险与操作风险的资本。如此，银行全部资本充足率和核心资本充足率的计算公式就改变为：

$$\text{全部资本充足率} = \frac{\text{银行全部资本}}{\text{信用风险的所有风险加权资产} + 12.5\text{倍的市场风险和操作风险的资本}} \times 100\%$$

$$\text{核心资本充足率} = \frac{\text{银行核心资本}}{\text{信用风险的所有风险加权资产} + 12.5\text{倍的市场风险和操作风险的资本}} \times 100\%$$

2004年的巴塞尔新资本协议的计算公式的调整，表明国际银行资本监管理念进一步强化，即虽然计算公式没有明显的变化，但由于公式中分母的变化是在原有的资本充足率目标比率之下，银行必须扩充资本数额（分子部分）才能达到监管要求。

参考文献：

马丽娟：《商业银行经营与管理》，经济科学出版社2012年版。

（马丽娟）

拨备覆盖率
Provision Coverage Ratio

拨备覆盖率是指商业银行为预防贷款违约风险所计提的准备金与不良贷款的比率。计算公式为：贷款损失准备金计提余额/不良贷款余额。因此，拨备覆盖率越高越好，该比率越高，说明银行为贷款违约损失所作的准备越充分；当实际损失发生时，对银行的盈利水平影响就越小。拨备覆盖率是衡量商业银行贷款损失准备金计提是否充足的一个重要指标。依据《股份制商业银行风险评级体系（暂行）》，该比率最佳状态为100%。这实际上是从另一个角度来评价贷款损失准备是否充分，并用于判断谁的业绩水分最大。

根据我国《银行贷款损失准备计提指引》规定，银行应按季计提一般准备，一般准备年末余额不得低于年末贷款余额的1%。银行可以参照以下比例按季计提专项准备：对于关注类贷款，计提比例为2%；对于次级类贷款，计提比例为25%；对于可疑类贷款，计提比例为50%；对于损失类贷款，计提比例为100%。其中，次级和可疑类贷款的损失准备，计提比例可以上下浮动20%。特种准备由银行根据不同类别（如国别、行业）贷款的特种风险情况、风险损失概率及历史经验，自行确定按季计提比例。

参考文献：
孙天琦、杨岚：《有关银行贷款损失准备制度的调查报告——以我国五家上市银行为例的分析》，载于《金融研究》2005年第6期。
李怀珍：《银行业动态拨备制度研究》，载于《金融监管研究》2012年第2期。

（黄志刚）

不良资产比率
Non-performing Asset Ratio

不良资产比率是不良资产占全部资产的比例。通常采用如下公式计算：不良资产比率＝年末不良资产总额/年末资产总额×100%。

银行不良资产主要指不良贷款，因此银行的不良资产比率也称为不良贷款率，计算公式为：不良贷款率＝不良贷款/各项贷款×100%。根据银行贷款质量五级分类法，将贷款分为正常、关注、次级、可疑和损失。其中后三类合称为不良贷款。

银行不良贷款的形成包括银行外部因素和银行内部因素。外部因素包括如下几类：（1）借款人因素。借款人可能是内部经营不善、产品市场萎缩，也有可能是借款人故意逃废银行债务，缺乏还款意识。（2）政策因素。由于宏观经济政策缺乏连续性，经济波动的频率高、幅度大，使信贷扩张和收缩的压力相当大，在宏观紧缩、经济调整时期，往往形成大量贷款沉淀。（3）行政干预因素。主要表现为地方政府施压，迫使银行发放大量指使性贷款和救济贷款，贷款行为行政化，信贷资金财政化，直接削弱了贷款产生经济效益的基础。

外部因素包括：（1）决策失误。银行的高级管理人员对借款人的现状及市场形势的判断偏差或失误引起重大信贷决策上的失败导致不良贷款的形成。（2）信贷人员素质。部分人员素质不高，难以进行贷款的科学决策和有效管理，违规放贷时有发生；在执行信贷政策方面，有的信贷人员随意性很大，存在"人情代替制度"现象。（3）贷款结构不合理。贷款组合结构性失衡，如贷款投向不合理引起贷款过度集中等造成不良贷款的形成。（4）道德因素。部分信贷员"在其位而不谋其职",工作主动性差,缺乏开拓创新精神,不能干好自己的本职工作;甚至蓄意营私舞弊、违规违纪、违法犯罪,引起不良贷款的形成。

改革开放以来,我国银行系统内逐步形成了规模巨大的不良贷款。国有银行不良贷款率从 1984 年的 0.1% 快速上升到 1998 年的 33.1%。随后通过不良贷款剥离和内部消化,不良贷款率逐步降低,2005 年下降到 10.5%,2010 年下降到 1.3%。我国不良贷款形成的主要原因是在企业制度改革过程中,采用银行贷款作为企业的资本金,加重了企业的负担。同时,国有企业经营不善,连年亏损加重了这一问题。我国银行业的不良贷款问题主要是政策性因素所致。不良贷款的消化伴随着我国银行业的改革进行,主要采取了通过设立资产管理公司专门剥离和处理银行的不良贷款,同时在货币政策上,通过管制利率为银行提供足够的资金内部消化不良贷款。从改革的结果来看,我国不良贷款问题的解决是很成功的,在保持银行业持续稳健运行的基础上成功降低了不良贷款率。

参考文献:
易纲:《中国的货币化进程》,商务印书馆 2003 年版。
孙天琦、杨岚:《有关银行贷款损失准备制度的调查报告——以我国五家上市银行为例的分析》,载于《金融研究》2005 年第 6 期。

(黄志刚)

存款保险制度
Deposit Insurance System

存款保险制度是一种涉及存款安全的保障制度,通常由特设的保险机构对商业银行所吸收的存款承担保险义务来完成。其通常的做法是,由各类存款机构作为投保人按其存款余额的一定比例向特设的保险机构缴纳保险费,建立存款保险准备金。当成员机构发生经营危机或面临破产倒闭时,存款保险机构向其提供财务救助或在规定的受保范围直接向存款人偿付一定数额或全部存款,从而保护存款人利益,维护银行信用,稳定金融秩序。对商业银行存款提供保险的保险机构经营上不同于一般的商业化运作的保险公司,不以营利为经营目标。

目前国际上通行的理论是把存款保险分为隐性存款保险和显性存款保

两种。隐性的存款保险制度多见于发展中国家或者国有银行占主导的银行体系中，指国家没有对存款保险做出制度安排，但在银行倒闭时，政府会采取某种形式保护存款人的利益，因而形成了公众对存款保护的预期。显性的存款保险制度是指国家以法律的形式对存款保险机构设置以及有问题银行的处置作出明确规定，其优势在于：（1）明确银行倒闭时存款人的赔付额度，稳定存款人的信心；（2）建立专业化机构以明确方式处置有问题银行，节约处置成本；（3）事先进行基金积累，以用于赔付存款人和处置银行；（4）增强银行体系的市场约束，明确银行倒闭时各方责任。

存款保险制度是在20世纪30年代初世界经济危机爆发导致美国大批商业银行倒闭后，于1933年首先在美国建立的。在1929~1933年世界经济大危机中，企业纷纷破产，工人大量失业。与此同时，近半数的银行机构倒闭，造成存款人存款损失，对银行的信心受到打击。在这种社会背景下，罗斯福以消除危机，稳定经济作为其新政目标，在金融方面主要是三个具体目标：（1）通过注资恢复银行的经营；（2）使有问题银行的存款得到补偿，以保护存款人利益；（3）通过提供一定政府担保帮助存款人恢复和确保对银行的信心，避免挤兑及产生的银行恐慌危及银行甚至整个银行体系的稳定，进而可能造成社会动荡。1933年，联邦存款保险公司成立。

美国政府对存户规定了最高保险金额，在数额之内给予全部赔偿，在数额之外给予部分赔偿。如美国在1934年1月存款保险生效之际，授保额2500美元，以后逐年提升，到1980年规定为10万美元，同时，特定退休账户为永久性保额25万美元。2009年5月20日，美国总统奥巴马签署《拯救家庭储蓄法案》，将其他存款账户10万美元保额提高到25万美元，但为临时性措施以保护存款人在金融危机中的安全和信心，执行日期直到2013年12月31日。

20世纪60年代后，商业银行经营中利率与汇率波动的影响因素作用增强。为防止金融危机发生或者在金融危机发生后尽量减少金融危机对金融制度和实体经济造成混乱和损失，许多国家建立了存款保险制度。如印度1961年、菲律宾1963年、加拿大1967年、日本1971年、德国1976年、荷兰1979年、法国1980年、英国1982年建立了存款保险制度。

从目前已实行该制度的国家来看，存款保险制度主要有三种形式：一是由政府出面建立，如美国；二是由政府与银行界共同建立，如希腊；三是银行业自己建立，如德国。各国存款保险制度提供的最高保险金额和保险资金来源各不相同。

2015年我国正式建立存款保险制度。2007年年初，全国金融工作会议决定建立存款保险制度；2007年8月中国人民银行与美国联邦存款保险公司签署谅解备忘录，双方约定合作、培训等事项；2008年3月，温家宝总理在政府工作报告中明确提出建立存款保险制度；2013年11月，《中共中央关于全面深化改革若干重大问题的决定》中明确提出"建立存款保险制度，完善金融机构市场化退出机制"。2015年3月31日，《存款保险条例》颁布，并于5月1日正式实施。《存款保险条例》规定，存款保险实行限额偿付，最高偿付限额为人民币50万元。

参考文献：

Ronald MacDonald：Deposit Insurance，*Handbooks in Central Banking* No. 9，Bank of England.

Asli Demirgüç-Kunt, Baybars Karacaovali, Luc Laeven：Deposit Insurance around the World：A Comprehensive Database，*World Bank Policy Research Working Paper* No. 3628，June 2005.

（马丽娟）

金融法制建设
Construction of Financial Legal System

金融法制是指国家调整金融关系、规范金融活动的各种法律规范。包括金融法律、金融行政法规、地方性法规、金融部门规章、自律性规范和金融司法解释等，是社会各主体从事金融活动的基本行为规范，也是国家组织金融活动、管理金融体系、维护金融秩序的基本手段和方法。加强金融法制建设，对于防范金融风险、保证金融稳定、促进金融发展具有重要意义。

我国的金融法制建设与经济体制和金融体制的变革紧密相关。从新中国成立到改革开放前的近30年间，由于实行高度集中统一的计划经济体制和金融体制，我国对金融活动的规范和管理主要采用行政手段，金融法制基本属于空白状态。改革开放以后，国家对经济和金融的管理方式发生了巨大变化，金融法制建设开始启动。改革开放至今，我国的金融法制建设大体上可以分为三个阶段：

20世纪70年代末期~80年代后期，是金融法制建设的起步阶段。这段时期主要由国务院和中国人民银行主导了各种金融法规的制定和实施。主要有：《中华人民共和国外汇管理暂行条例》、《中华人民共和国金银管理条例》、《中华人民共和国财产保险合同条例》、《借款合同条例》、《中华人民共和国经济特区外资银行、中外合资银行管理条例》、《保险企业管理暂行条例》、《中华人民共和国银行管理暂行条例》、《企业债券管理暂行条例》、《现金管理暂行条例》、《银行结算办法》等。这个阶段的金融法规虽然不够成熟与完善，但是它们对于调整和理顺各种金融关系、维护金融秩序、推动金融体制改革仍然发挥了重要作用。

20世纪90年代是我国金融法制建设飞速发展期。《公司法》、《中国人民银行法》、《商业银行法》、《担保法》、《票据法》、《保险法》、《证券法》相继颁布。1997年修订后的《中华人民共和国刑法》第一次用专节规定了金融犯罪的内容，在我国金融立法领域具有重要意义。同时伴随着一系列金融行政法规和金融部门规章的相继出台，我国金融法律体系的基本框架已经形成。

2000年至今，是我国金融法制建设成熟期。2001年我国正式加入世界贸易组织，国内金融业开始全面对外开放，遵守金融活动的国际规则成为国内金融业面临的迫切问题，金融法制建设的重点转移到修订和清理金融法律法规，实现金融法律体系与国际规则接轨。2003年全国人大颁布了修订的《中国人民银行法》和《商业银行法》，2006年又颁布了修订的《证券法》和《公司法》，2008年颁布了修订的《中华人民共和国外汇管理条例》，金融法律法规逐步与国际接轨。与此同时，为适应金融体系发展的需要，相继制定颁布了多部新的金融法律法规，包括：2001年的《信托法》、2002年的《外资金融机构管理条例实施细则》、2003年的《银行业监督管理法》和《证券投资基金法》、2006年的《反洗钱法》、2007年的《物权法》以及2000年的《人民币管理条例》和《个人存款账户实名制规定》。金融部门规章包括：2000年中国人民银行颁布的《企业集团财务公司管理办法》和《金融租赁公司管理办法》、2001年中国人民银行制定颁布的《信托投资公司管理办法》。

对我国金融法制建设而言，2003年是一个非常重要的年度。全国人大颁布了修订的《中国人民银行法》和《商业银行法》，通过了《银行业监督管理法》，这三部同时出台的法律确认了国家对金融监管体制的重大调整，强调中央银行职能的集中性和独立性，强化对银行业金融机构的监管，形成了一个由中国人民银行、银监会、证监会和保监会等多个监管机构构成的分业监管体系。各个金融监管机构在各自监管的金融领域出台了大量的规范性文件，推动了金融监管的完善。

2003年后，中国人民银行的主要职能转变为制定和实施货币政策，全面规范金融机构涉及货币信贷、金融稳定、金融统计、会计、支付结算、货币发行、国库、征信、反洗钱、外汇等方面的服务与管理事项，制定颁布的行政法规包括：《贷款通则》、《中国人民银行假币收缴、鉴定管理办法》、《中国人民银行残缺污损人民币兑换办法》、《人民币银行结算账户管理办法》、《现金管理条例》、《全国银行间债券市场买断式回购业务管理规定》、《银行间债券市场登记托管结算管理办法》、《全国银行间债券市场金融债券发行管理操作规程》、《电子商业汇票业务管理办法》、《境内机构境外直接投资外汇管理规定》、《跨境贸易人民币结算试点管理办法》和《跨境贸易人民币结算试点管理办法实施细则》等，并负责制定《征信管理条例》、《黄金市场管理条例》和《存款保险条例》等新的行政法规。

中国银监会是对银行业实施监管的机构，其制定颁布的行政法规的范围主要涉及：银行业的市场准入、银行业的持续监管（包括现场检查和非现场监管、业务监管、业务范围、审慎经营、风险管理、资本充足率监管等）和银行业的市场退出。银监会建立以来颁布的行政法规和规范性文件包括：《汽车金融公司管理办法》、《企业集团财务公司管理办法》、《信托公司管理办法》、《金融租赁公司管理办法》、《信托公司净资本管理办法》、《金融许可证管理办法》、《中国银行业监督管理委员会行政许可实施程序规定》、《中资商业银行行政许可事项实施办法》、《外资金融机构行政许可事项实施办法》、《外资银行管理条例实施细则》、《村镇银行管理暂行规定》、《商业银行服务价格管理暂行办法》、《商业银行个人理财业务管理暂行办法》、《电子银行业务管理办法》、《银团贷款业务指引》、《商业银行金融创新指引》、《商业银行境外机构监管指引》、《境外金融机构管理方法》、《商业银行信息披露办法》、《银行业金融机构内部审计指引》、《商业银行合规风险管理指引》、《商业银行授信工作尽职指引》《商业银行集团客户授信业务风险管理指引》、《汽车贷款管理办法》、《商业银行房地产贷款风险管理指引》、《支付结算办法》、《票据管理实施办法》、《人民币银行结算账户管理办法》、《商业银行资本充足率管理办法》、《信托投资公司资金信托办法》等。

中国证监会负责对证券市场、基金市场和期货市场进行监管，其内容涉及市场准入、持续监管和退出监管。市场准入包括：证券发行和上市准入、证券公司准入、证券服务机构准入和从业人员资格准入；持续监管包括：证券交易监管、上市公司信息披露和收购监管、证券公司和证券服务机构治理结构内部控制和业务规范监管、外商投资监管等；退出监管包括证券公司退出监管和市场禁入等。证监会制定了一系列行政法规和规范性文件，包括：《证券投资基金管理公司管理办法》、《证券投资基金运作管理办法》、《证券投资基金信息披露管理办法》、《证券投资基金销售管理办法》、《证券投资基金行业高级管理人员任职管理办法》、《证券投资基金托管资格管理办法》、《证券投资基金公司内部控制指导意见》、《证券投资基金管理公司治理准则》、《期货交易管理条例》、《期货公司管理办法》、《期货公司风险监管指标管理试行办法》、《期货公司金融期货结算业务试行办法》等。

目前我国保险法律体系主要由保险法律、保监会制定的行政法规和规范性文件组成，具体包括：《保险法》、《外资保险公司管理条例》、《保险公司管理规定》、《保险代理机构管理规定》、《保险经纪机构管理规定》和《保险公估机构管理规定》等，内容涉及：保险公司的设立；保险公司的变更、整顿、接管、终止、清算；保险公司经营和业务范围；保险中介机构、保险代理机构和经纪机构的设立、变更和终止以及经营规则等。

参考文献：

中国金融年鉴编辑部：《中国金融年鉴》（1986～2011年），中国金融出版社1987～2012年版。

（左毓秀）

反洗钱

Anti-money Laundering

反洗钱是指采取一定的措施，预防和打击洗钱行为。反洗钱的核心问题是：(1) 确定什么行为是洗钱，这是立法机构和反洗钱行政管理部门的职责。(2) 掌握和判断谁在洗钱，这是商业银行和其他金融机构，如，证券、期货业、保险业的职责。因为绝大多数的"洗钱"行为都要在银行和其他金融机构间流转并留下记录，实践中，房地产、博彩业、贵金属交易机构、珠宝店也应该是反洗钱的重要领域。(3) 如何抓住洗钱者，并使之受到法律制裁？这是执法部门和司法部门的职责。

"洗钱"是指为隐瞒或掩饰财产的非法来源，或为协助任何涉及此类犯罪的人逃避其行为的法律后果而转移或转让财产的行为。我国《刑法》第

191条对"洗钱"所做的定义是：明知是毒品犯罪、黑社会性质的组织犯罪、恐怖活动犯罪、走私犯罪、贪污贿赂犯罪、破坏金融管理秩序犯罪、金融诈骗犯罪的所得及其产生的收益，而掩饰、隐瞒其来源和性质的行为。

洗钱犯罪所涉及的资金流动量大，因而洗钱的影响已经不仅仅是洗钱者获得高额回报，而是洗钱对社会与经济发展将会产生极为不利的影响。比如，对金融市场的影响，洗钱者的投资和再投资行为不易被察觉，其巨额资金的自由进出会直接冲击一个开放的货币市场和资本市场，进而影响到利率水平和经济安全。全球每年非法洗钱的数额约占世界各国GDP总和的5%，且以每年1000亿美元递增。反洗钱可以有效地剥夺和限制犯罪分子运用犯罪所得的能力，对打击与洗钱相关的诸多上游犯罪均有十分重要的作用，因而反洗钱成为一国国内和国际上的一项重要工作。

反洗钱的制度建设是指在反洗钱领域的一系列规制建设和机构设置等。主要包括四个方面的建设：以上游犯罪最大化进行反洗钱的规制建设；建立专业反洗钱机构；加强反洗钱国际合作；建立大额和可疑交易报告制度。

反洗钱金融行动特别工作组（FATF）是1989年由欧盟及其他西方国家成立的一个独立的专门进行国际反洗钱的政府组织，是目前扮演领导者角色的机构，FATF的组织成员资格，已成为一国金融业走向世界的"绿色通行证"。1990年，FATF基于国际社会已形成的将洗钱的上游犯罪范围最大化的共识，拟订了《四十条建议》，作为国际反洗钱的基本框架。FATF提出各国在规定洗钱罪的上游犯罪时至少应包括《四十条建议》所明确的20种"指定的犯罪类型"，即：参加有组织犯罪集团和进行敲诈活动；恐怖主义活动，包括恐怖融资；贩卖人口以及偷渡；利用他人进行色情活动，包括利用儿童进行色情活动；非法贩卖毒品和精神性药品；非法贩卖军火；非法贩卖盗窃物和其他赃物；贪污和贿赂；诈骗；制假币；产品制假和非法翻印；环境类犯罪；杀人、重伤害；绑架、非法监禁和劫持人质；抢劫或盗窃；走私；勒索；伪造文书；盗版；内幕交易和操纵市场。2001年10月，FATF将恐怖融资问题纳入工作范围，并扩大反洗钱范围，最终形成当今国际上通用的《40+9条建议》。

反洗钱国际协作的内容主要是：（1）加入并实施有关公约；（2）司法协助和引渡；（3）其他形式的合作，包括对等主管机关之间的合作和金融情报中心相互交换与反洗钱有关的信息和资料。

反洗钱制度建设中的交易报告制度内容构成了一国反洗钱的主要特色。可疑交易报告制度是指金融机构按反洗钱行政主管部门规定的标准，怀疑或者有理由怀疑某项资金属于犯罪活动的收益，按照要求要立即向金融情报机构报告。而大额交易报告制度是指金融机构对规定金额以上的资金交易依法向金融情报机构报告，包括大额现金交易报告和大额转账交易报告。美国建立的是以大额现金交易报告为主、可疑交易报告为辅的交易报告制度。直接权限最大的机构是财政部，其下属部门——金融犯罪执法局（FinCEN）为反洗钱的核心部门，负责制定相关法规并监督执行，预防与发现洗钱犯罪。同时搭建起多部门、多种机构（如，全美各类金融机构、各类金融监管机构、司法部、海关总署）配合监管、各部门间数据库联网的蛛网式反洗钱制度框架。FinCEN的工作包括两个方面：要求金融机构报告可疑交易、保存交易记录；为案件侦破提供情报和分析支持。在FinCEN的示范作用下，各国陆续建立起金融情报中心。英国建立的是基于真实怀疑的、可疑交易报告制度，而且反洗钱发力于各行业。其特点是：（1）不设定现金交易的报告上线；（2）把交易是否可疑的判断权下放给各行业的具体从业人员，根据行业特点及反洗钱规定，独立判断，及时向反洗钱中心机构ECB（国家犯罪情报局下设的经济犯罪处）报告；（3）金融机构和其他行业，如汽车交易市场、珠宝商店、赌场、大型娱乐场所、律师事务所、会计事务所、房地产中介都有相应的从业人员；（4）由于不以交易金额的大小作为衡量和判断依据，所以对从业人员要求极高，如，对本行业交易特点十分熟悉；较高的金融素质，才能透过现象看本质；强调执法自觉性。欧洲国家建立的反洗钱制度与英国大致相似。

我国反洗钱的制度建设始于2002年10月，时任国家主席江泽民在亚太地区领导人会议上代表我国政府签署文件，承诺将建立中国的反洗钱情报机构。2004年4月中国反洗钱检测分析中心建立。2006年10月31日我国《反洗钱法》通过，2006年11月14日中国人民银行颁布《金融机构反洗钱规定》、《金融机构大额交易和可疑交易报告管理办法》，2007年6月21日，人民银行会同银监会、证监会和保监会根据《反洗钱法》共同颁布了《金融机构客户身份识别和交易记录保存管理办法》，建立了在实践操作运用中的三个制度——客户身份识别制度、可疑交易报告制度和交易记录保存制度。2007年6月28日成为FATF正式成员。至此，我国反洗钱框架搭建完成。但是，我国存在较为特殊的国别环境，在洗钱领域与国外有很大不同。比如，国外洗钱后相当部分留在境内，而我国大量流到境外；在国外，以贩毒收入和恐怖主义融资为主，我国则以贪污腐败收入为主；此外，我国的洗钱行为有时难以界定或更隐蔽，如行贿者代为购买国外房地产、资助子女出国等。因此，在我国反洗钱仍是一个全新课题，《反洗钱法》也还需要完善。

参考文献：
王燕之：《中国反洗钱国际合作进入了一个新的历史发展时期》，中国反洗钱监测分析中心/文献库/中心文稿。
张自力：《国际反洗钱可疑交易报告制度改革：英国的实践与启示》，载于《上海金融学院学报》2006年第2期。
屈文洲、许文彬：《反洗钱监管：模式比较及对我国的启示》，载于《国际金融研究》2007年第7期。

（马丽娟）

征信体系
Credit Information System

征信是指征信机构从事的收集、整理、加工自然人、法人和其他组织的信用信息，建立信用档案，提供信用报告、信用评估和信用信息咨询等服务的活动。征信体系是基于征信活动而形成的，涉及征信制度、信息采集、征信机构和市场、征信产品和服务、征信监管等方面的一系列安排。在现代经济活动中征信体系发挥着重要的作用，完善的征信体系有助于解决市场交易中的信息不对称问题，降低市场参与者甄别失信和欺诈行为的成本，阻止交易主体的失信行为，提高社会诚信水平，维护良好的经济和金融秩序，提高经济和金融运行效率，促进金融发展和经济发展。

我国现代征信业是在改革开放后出现的，经过20多年的发展已经形成了一个多层次的征信体系格局。从征信机构来看，包括了行业征信体系、地方联合征信体系和社会征信体系；从征信对象来看，既有企业征信体系也有个人征信体系。在我国的征信体系中，中国人民银行具有重要的地位，中国人民银行征信管理局承担对全国征信业的协调管理职能，负责征信法规、征信制度的制定和征信行业标准的规范化建设；中国人民银行征信中心则主持全国企业和个人信用信息基础数据库建设，运行和管理覆盖全国的金融业统一的企业征信系统和个人征信系统。

中国人民银行的企业征信系统始建于1997年，当时筹建的是银行信贷登记咨询系统；2002年建成地市、省市和总行三级数据库体系，实现以地市级数据库为基础的省内数据共享；2005年银行信贷登记咨询系统升级成为全国集中统一的企业信用信息基础数据库；2006年7月企业信用信息基础数据库实现全国联网查询；2011年6月25日，企业信用报告接口查询项目上线，实现了信用报告的单笔和批量自动化查询。企业信用信息基础数据库信息主要来源于两大部门：商业银行等金融机构部门和环保、税收质检等非金融机构部门。来源于商业银行等金融机构的信息主要是：企业的基本信息、在金融机构的借款、担保等信贷信息、企业主要的财务指标等；来源于非金融机构部门的信息主要是：企业环保信息、缴纳各类社会保障费用信息、质检信息和企业拖欠工资信息等。2004年中国人民银行组织商业银行启动了个人征信系统建设工作，2004年12月15家全国性商业银行和8家城市商业银行在全国8个城市联网试运行个人征信系统，2005年8月完成与全国所有商业银行和部分有条件的农村信用社的联网运行，2006年1月全国集中统一的个人信用信息基础数据库建成并正式运行；2011年5月14日，个人身份信息库系统上线运行，实现了自然人同一证件下不同数据源的基本信息的整合。个人信用信息基础数据库的信息来源主要是商业银行等金融机构，收录的信息包括个人的基本身份信息、在金融机构的借款、担保等信用交易信息、住房公积金信息、养老保险信息以及缴纳电信费用信息等。企业和个人信用信息基础数据库可将属于同一个企业和个人的所有信息进行整合，形成企业或个人的信用档案，并在金融机构查询时生成信用报告。截至2014年年末，中国人民银行的企业征信系统和个人征信系统已分别为近1969万户企业和8.57亿自然人建立了信用档案；企业征信系统累计查询量达到5.23亿次，个人征信系统累计查询量达到20.83亿次。根据中国人民银行征信中心调查显示，2010年第三季度至2014年年底，全国商业银行利用个人征信系统拒绝了个人贷款申请4938.7亿元，拒绝信用卡申请2116.2万笔，预警高风险贷款2598.7亿元，清收不良贷款497.9亿元；利用企业征信系统拒绝高风险客户信贷业务申请12518.7亿元，预警高风险贷款10809.7亿元，清收不良贷款755.1亿元。

参考文献：

中国金融年鉴编辑部：《中国金融年鉴》（1997~2011年），中国金融出版社1998~2012年版。

（左毓秀）

金融压抑论
Financial Repression Theory

金融压抑是指政府通过对金融活动和金融体系的过多干预抑制了金融体系的发展，而金融体系的发展滞后又阻碍了经济发展，从而造成了金融压抑和经济落后的恶性循环。金融压抑论是美国经济学家麦金农和肖在20世纪70年代研究发展中国家的经济特点提出来的。麦金农和肖在批判传统货币利率和凯恩斯主义理论的基础上，论证了金融发展与经济发展相互制约、相互促进的辩证关系。金融压抑的主要形式包括：名义利率限制、外汇管制和本币高估、高准备金要求、政府通过干预限制外源融资、特别的信贷机构。

麦金农和肖认为，金融压抑产生的重要原因是政府对金融市场的过度干预。政府对信贷利率的限制，使得利率无法准确反映资金的供求关系和资金短缺的程度。由于多数发展中国家都存在较高的通货膨胀，而利率限制的是名义利率上限，因此实际利率就很低，甚至为负数。此时，储蓄者不愿意增加储蓄，借款者的借款需求却格外旺盛，这必然导致资金的需求严重大于资金供给，金融机构只能以"配给"的方式发放信贷。在这种情况下，大多数贷款被享有特权的国有企业和与政府有特别联系的私人企业获得，这给寻租提供了条件，而大量私营企业得不到资金。由于信息不充分，信贷配给通常不能将资金全部运用到效率最高的项目中，大量低效率的项目在低实际利率环境下得以生存，大大降低了资金的使用效率，经济增长变得缓慢。

外汇管制、高估货币是金融压抑的另外一种表现。这种外汇政策导致发展中国家外汇严重短缺。外汇短缺决定了外汇使用的配给制，只有享受特权的机构和阶层才能以官方汇率获得外汇，这必然助长黑市盛行。在外汇配给下，持有官方执照的进口商能利用所享受的特权获取超额利润。很多发展中国家实行的"进口替代"政策更加引起这些国家对重工业的关注和对农业、轻工业的轻视，导致更深的内部经济扭曲。

正是因为金融压抑产生的各种经济金融扭曲，它会给经济带来诸多的消极影响。第一，金融压抑会降低资本市场的效率。由于资金的价格受到扭曲，资金难以得到有效配置，降低了资金的使用效率。第二，金融压抑会降低经济增长率。由于实际利率很低或为负数，人们的储蓄意愿极低，低储蓄降低资本形成速度，从而降低经济增长速度。第三，金融压抑限制了银行体系适应经济增长的需要。学者认为，最适银行体系规模应满足银行持有货币的实际收益加上银行提供服务的边际成本等于新投资的边际收益，而在金融压抑下，银行体系的扩张受到了限制，达不到最适规模。第四，金融压抑加剧了经济上的分化。各种金融财政政策的扭曲让贫者愈贫，富者愈富。第五，金融压抑使融资形式受到限制。在金融压抑下，政府通常对外源融资进行限制，特别是对中小企业的外源融资采取限制措施，这阻止了大批企业进行获得最佳生产技术的连续投资。

参考文献：

［美］约翰·G·格利、［美］爱德华·S·肖：《金融理论中的货币》，上海三联书店1994年版。

［美］爱德华·S·肖：《经济发展中的金融深化》，上海三联书店1988年版。

［美］罗纳德·I·麦金农：《经济发展中的货币与资本》，上海三联书店1994年版。

［美］罗纳德·I·麦金农：《经济自由化的顺序——向市场经济过渡中的金融控制》，中国金融出版社1993年版。

（黄志刚）

金融自由化
Financial Liberalization

金融自由化是美国经济学家麦金农和肖在20世纪70年代，针对当时发展中国家普遍存在的金融市场不完善、资本市场严重扭曲和政府对金融过度干预的状况提出来的。他们论证了金融自由化与储蓄、就业和经济增长的正向关系，认为发展中国家存在的普遍的金融压抑是经济停滞不前的重要原因，因此，他们提出发展中国家应该实行金融自由化政策，促进经济增长。

金融自由化也称"金融深化"，金融压抑的对称。金融自由化理论主张改革金融制度，改革政府对金融的过渡干预，放松对金融机构和金融市场的限制，增强国内的筹资功能以改变对外资的过度依赖；放松利率和汇率的管制，从而使利率反映资金供求，汇率反映外汇的供求，促进国内储蓄率的提高，最终达到抑制通货膨胀、刺激经济的目的。金融自由化政策主要包括如下方面：利率自由化、合业经营、业务范围自由化、金融机构准入自由化、资本流动自由化。金融自由化政策的关键在于放松利率管制，正如肖所说："金融自由化和金融深化的实质是放松利率，使之反映储蓄的稀缺性和刺激储蓄。"

金融自由化理论经历了两个阶段的发展。第一阶段是20世纪六七十年代，包括麦金农、肖、格利和戈德史密斯等一批西方学者对发展中国家经济的"欠发达性"进行分析，认为发展中国家普遍存在的金融市场不完善、资本市场严重扭曲和政府对金融的过度干预是欠发达性的主要表现，并导致了储蓄率低和经济发展缓慢，因此，他们提出金融深化理论。第二阶段的理论革命发生在20世纪90年代初，以麦金农和弗农等一些学者为代表在总结发展中国家金融改革的基础上，提出金融自由化次序理论。该理论认为，金融自由化是有先后次序的，如果金融自由化按照一定的次序进行，就能够保证经济发展的稳健性，否则有可能发生混乱和危机。

金融自由化理论提出之后，立即引起了经济理论界的广泛关注，并成为20世纪70年代和80年代发展中国家进行金融改革的主要理论依据。然而，在该理论指导下的改革暴露出许多问题，在理论上受到了很多批评。后凯恩斯主义学派从有效需求角度对金融自由化理论进行了反驳。他们认为，不是储蓄决定投资，而是投资决定储蓄。过高的实际利率将抑制投资，从而抑制储蓄，投资减少通过乘数作用进一步降低经济增长率。

另外，金融自由化到底会给我们带来什么，人们对此进行了广泛的讨论。支持金融自由化的观点认为金融自由化有如下好处：（1）金融自由化会增强金融市场的竞争性，提高全球金融市场的效率，促进全球银行业的发展。（2）在自由化条件下，金融信息更加公开，能够更为准确、迅速的反应市场的供求，有利于市场价格的形成。（3）自由化为金融企业提供了更多的盈利机会，推动金融资本的形成，而分业管理制度的取消为金融企业提供更加灵活的经营手段。（4）金融自由化推动全球性的金融一体化，资本流动加速，有利于形成全球性的金融市场，促使资本在全球范围内最优配置。然而反对金融自由化的观点强调金融自由化存在的不利之处要远远大于有利之处，包括：（1）金融自由化在提高部分金融市场效率的同时，却在其他方面降低金融市场效率。（2）金融自由化使得金融创新失去了动力。（3）金融自由化加大了客户和金融业自身的风险，增加了金融脆弱性。以上观点表明，金融自由化并非有利无害，因此不能把金融自由化理想化。只有用积极、审慎的态度客观地评估每一项具体措施的利弊，权衡利害，大胆推进金融体制改革才是根本出路。

参考文献：
［美］约翰·G·格利、［美］爱德华·S·肖：《金融理论中的货币》，上海

三联书店 1994 年版。
［美］爱德华·S·肖:《经济发展中的金融深化》,上海三联书店 1988 年版。
［美］罗纳德·I·麦金农:《经济发展中的货币与资本》,上海三联书店 1994 年版。
［美］罗纳德·I·麦金农:《经济自由化的顺序——向市场经济过渡中的金融控制》,中国金融出版社 1993 年版。

（黄志刚）

金融约束论
Financial Restraint Theory

金融约束论由赫尔曼、墨多克和斯蒂格利茨等经济学者提出,其核心观点是:政府通过一系列金融政策在民间部门创造租金机会,以达到既防止金融压抑的危害又能促使银行主动规避风险的目的。

发展中国家金融自由化的结果曾一度令人失望,许多经济学家开始对以往经济发展理论的结论和缺陷进行反思和检讨。斯蒂格利茨在新凯恩斯主义学派分析的基础上概括了金融市场中市场失败的原因,他认为政府对金融市场监管应采取间接控制机制,并依据一定的原则确立监管的范围和监管标准。在此基础上,赫尔曼、墨多克和斯蒂格利茨在 1997 年发表的《金融约束:一个新的分析框架》一文提出了金融约束的理论分析框架。

赫尔曼等人提出,政府通过一系列金融政策,如对存贷款利率的控制、市场准入的限制,甚至对直接竞争加以管制,以影响租金在生产部门和金融部门之间的分配,并通过租金机会的创造,调动金融企业、生产企业和居民等各个部门的生产、投资和储蓄的积极性。政府在此可以发挥积极作用,采取一定的政策为银行体系创造条件鼓励其积极开拓新的市场进行储蓄动员,从而促进金融深化。

赫尔曼等人认为,虽然金融约束理论从不同方面论证了金融约束对发展中国家来说是合理的金融政策,但金融约束与金融压抑在某些方面还是有相同之处。金融约束的政策在执行过程中可能会因为种种原因而效果很差或受到扭曲,其中最大的危险是金融约束变为金融压抑。因此,要保证金融约束达到最佳效果,必须具备一些前提条件,如稳定的宏观经济环境,较低的通货膨胀率,正的实际利率,银行是真正的商业银行,政府对企业和银行的经营没有或有很少的干预,以保证银行和企业的行为符合市场要求。

赫尔曼等人指出，因为金融约束创造的是租金机会，而金融压抑下只产生租金转移，租金机会的创造与租金转移是完全不同的。在金融压抑下，政府造成的高通胀使其财富由家庭部门转移至政府手中，政府又成为各种利益集团竞相施加影响进行寻租活动的目标，其本质是政府从民间部门夺取资源。而金融约束政策则是为民间部门创造租金机会，尤其是为金融中介创造租金机会，这会使竞争性的活动递增收益和福利。这些租金机会是因存款利率控制造成的存贷利差而形成的，银行通过扩张其存款基数和对贷款资产组合实施的监控获得了这些租金，由此促进金融深化。

赫尔曼等人认为，资本要求虽然也是一个防止银行发生道德风险的工具，但在发展中国家，存款利率控制比对银行资本控制更为有效。在金融约束环境下，银行只要吸收到新增存款，就可获得租金，这就促使银行寻求新的存款来源。如果这时政府再对市场准入进行限制，就更能促使银行为吸收更多的存款而增加投资，从而增加资金的供给。建立合理数量的储蓄机构，可以吸收更多的存款，金融机构吸引更多的储户是发展中国家金融深化的一个重要组成部分，因此，金融约束可以促进金融深化。

金融约束论是赫尔曼、墨多克和斯蒂格利茨等对东南亚经验观察后的理论思考。东南亚金融危机的爆发使他们又重新研究了他们的金融约束论，并认为这一危机从反面证明了他们的理论。事实上，金融约束是发展中国家从金融抑制状态走向金融自由化过程中的一个过渡性政策，它针对发展中国家在经济转轨过程中存在的信息不畅、金融监管不力的状态，发挥政府在市场失灵下的作用，因此并不是与金融深化完全对立的政策，相反是金融深化理论的丰富与发展。

参考文献：

[美] 约翰·G·格利、[美] 爱德华·S·肖：《金融理论中的货币》，上海三联书店1994年版。

[美] 爱德华·S·肖：《经济发展中的金融深化》，上海三联书店1988年版。

[美] 罗纳德·I·麦金农：《经济发展中的货币与资本》，上海三联书店1994年版。

[美] 罗纳德·I·麦金农：《经济自由化的顺序——向市场经济过渡中的金融控制》，中国金融出版社1993年版。

（黄志刚）

金融结构
Financial Structure

金融结构指组成金融整体的各个部分（包括金融机构、金融市场、金融工具、金融产品价格、金融业务活动、金融资产分布等）的具体规模、比重和组合状态。由于金融整体的庞大和组成的复杂性，金融结构也没有一个整体的和统一的分析方法。学者们一般是根据所研究问题的需要选择某一个或几个方面来研究金融结构。

金融机构体系结构，指各种金融机构之间的设置比例和金融机构内部的组织状况。金融机构体系由众多的金融机构组成，包括中央银行、商业银行、保险公司、证券公司、信托投资公司、信用合作社等。这些机构在金融机构体系中所处的地位和规模便是金融机构体系结构的主要内容。在金融机构内部，分支机构的设立、业务部门与管理部门的比例等也是金融机构体系的结构问题。金融市场结构，指各类子市场之间的规模和比例状况。按照不同的标准，金融市场可划分为许多子市场。如短期金融市场与长期金融市场；货币市场与资本市场；发行市场与流通转让市场；现货市场与期货市场；以及票据市场、证券市场、保险市场、外汇黄金市场，等等。其中各自的规模和比例构成便是它们各自的结构。金融工具结构，指在金融市场上各种金融工具，如现金、支票、汇票、股票、债券等所使用的范围和在金融交易量中所占的比重。金融价格结构，指以利率、汇率为核心的各类金融产品价格的构成状况，它反映的是各种金融工具的质量、收益和期限的组合。金融业务活动结构，指各种金融业务所占的比重、覆盖的范围等，具体内容又通过资产负债表等反映出来。金融资产结构，就一个金融机构来说，是指各类金融资产的比例状况；就全部金融机构来说，是指各类或各个金融机构所占全部金融资产的市场份额；就社会整体来说，是指金融资产在社会成员中的分布状况。货币结构、信贷结构、信用结构、融资结构也是重要的金融结构分析内容。货币结构是指货币总量的层次结构；信贷结构是指贷款的投向和投量结构，信用结构是指银行信用、商业信用、国家信用、民间信用的比例结构，融资结构是指实体经济从金融机构和金融市场获得资金支持的比例结构等。更广泛的金融结构还包括金融从业人员结构，如从业人员的数量、受教育程度、工作时间、年龄构成等。

一般来说，一个国家或地区的金融结构是金融发展过程中由内在机制决定的自然的客观结果或金融发展状况的现实体现，在金融总量或总体发展的同时，金融结构也随之变动。当考察某一时点的金融总量或总体时，金融结构便有一个既定的状态确定下来，但这并不意味着金融结构一定是合理的。恰恰相反，透过金融结构，我们可以观察金融发展是否存在问题，是否具有理想的效率以及是符合金融发展的内在规律。在现代经济中，经济运行与金融活动是相伴进行的。经济的发展必然伴随着金融总量的增长，金融总量的增长对经济增长起着十分重要的推动作用，提供着强有力的支持。在经济与金融相互促进的增长关系中，二者的增长速度不一定完全一致，特别是在经济货币化与金融化加速进行的过程中，金融总量的增长往往比经济的增长更快。正是由于经济与金融之间存在的这种内在关系，金融分析便具有两方面的意义，一是观察、判断金融发展本身是否健康、合理；二是通过金融分析观测经济增长的状况。金融分析中的总量分析是重要的，金融总量的增长在一定意义上反映着经济增长的总体水平和经济金融化推进的广度。同时，金融分析中的结构分析也具有十分重要的意义。金融结构在一定程度上反映着金融与经济发展的层次和经济金融化的深度。在经济与金融发展过程中形成的金融结构，既是经济与金融发展的客观结果，又是经济与金融发展的重要体现，它还反映着经济金融化过程中的虚拟程度或泡沫程度，也即反映着经济与金融发展中的风险程度。

改革开放以来，中国的金融事业一直保持了快速发展的趋势，在这个过程中，金融结构也发生了很大的变化。在金融结构分析中，中国学者目前研究较多的是金融资产结构、货币结构和融资结构。

金融资产结构的分析有多种选择方法。其中最主要的有两种：一种是分析金融资产的构成变化，另一种是分析金融资产的分布变化。

分析金融资产的构成，是把全社会的金融资产进行分类，如划分为三大类：①货币性金融资产，主要包括现实中的货币和各类存款；②证券类金融资产，主要包括各类有价证券（政府债券、金融债券、企业债券、股票、企业及银行票据以及各类投资基金凭证）；③具有专门指定用途、以保障为中心的各类专项基金，包括商业保险基金、失业保险基金、养老保险基金、医疗基金、住房基金以及各类公积金等。以社会金融总资产作为分析的基础，金融结构便是指各类金融资产在总量构成中占的比重。

分析金融资产的分布，是按金融资产持有者的身份来划分，以观察金融资产在社会各部门如居民家庭、企业部门、政府部门、金融部门等持有的比重。其中，金融机构持有的金融资产比重反映了金融中介对社会金融资产支配的集中程度，各类金融机构分别持有的份额又反映了金融机构内部的结构。

　　货币结构是指构成货币总量各层次货币的比重大小。货币结构反映不同层次货币的支付能力和流动性的强弱，货币总量与经济总量的比值又反映了经济货币化的程度。由于货币总量直接体现为全社会的购买支付能力，并且在社会金融资产中占有主体地位，因此，货币总量的结构分析对于考察经济运行和宏观调控具有特殊意义。改革以来，中国货币总量增长很快，总体趋势是 M_2 的增长快于 M_1 的增长，M_1 的增长又快于 M_0 的增长，这反映了经济货币化的一个基本规律。由此货币结构也发生了很大的变化。M_0 占广义货币 M_2 的比重逐年下降，1978 年该比值为 23.83%，2000 年降至 10.89%，2014 年又降至 4.91%。M_1 占广义货币 M_2 的比重也逐年下降，1978 年该比值为 65.24%，2000 年降至 39.48%，2014 年又降至 28.33%。

　　融资结构是指实体经济从金融机构和金融市场获得资金支持的比例结构。证券融资为代表的直接融资与以贷款为代表的间接融资之间的比例基本上能够反映主要的融资结构。在改革开放之前和之初的一段时期内，中国的金融机构主要是银行业且金融产品单一，金融市场很不发达，实体经济的融资主要是通过银行贷款，其他形式的融资比重很小。随着改革开放的深入和中国经济金融的快速发展，情况发生了很大变化，间接融资的比重逐步上升。

　　总之，金融结构分析可以在多层面和多角度展开，全面的分析便表现为一系列开放式的指标体系，其中每一种分析都会反映不同的内容。在实际应用中，可根据不同的分析目的去选取相关的分析指标。美国经济学家雷蒙德·W·戈德史密斯对金融结构的研究采用的是金融工具分析法，他用金融工具总值代表金融资产总量，用各类金融工具在金融工具总值中的比率代表金融结构。他认为金融工具结构的变化代表了金融发展和进步。

参考文献：

[美] 雷蒙德·W·戈德史密斯：《金融结构与金融发展》，上海三联书店、上海人民出版社 1994 年版。

[美] J. A. 熊彼特：《经济发展理论》，商务印书馆 1990 年版。

[美] P. 金德尔伯格：《西欧金融史》，中国金融出版社 1991 年版。

李健：《中国金融发展中的结构问题》，中国人民大学出版社 2004 年版。

戴相龙、黄达：《中华金融辞库》，中国金融出版社 1998 年版。

中国大百科全书编委会：《中国大百科全书（财政 税收 金融 价格）》，中国大百科全书出版社 1993 年版。

（王广谦　李健）

金融创新
Financial Innovation

金融创新是指金融领域中种种创造性的变革。这是 20 世纪 70 年代后被广泛使用的新词汇，可以简单地理解为金融制度、金融机构、金融活动和金融工具在短期内集中出现的新的发展。按照这一理解，有些经济学家把历史上的金融变革都看作当时的金融创新。例如，古罗马货币的出现，17 世纪商业银行的出现，18 世纪中央银行的建立，19 世纪支票的广泛使用等，都是金融创新的里程碑。但大多数经济学家所说的金融创新，是指 20 世纪 70 年代以来在西方发达国家金融领域中不断出现的新做法和新发展。

创新理论是著名经济学家熊彼特在 1912 年出版的《经济发展理论》一书中最先提出的。他把创新定义为通过引进新产品、新技术、新市场、新原料、新组织"实现生产要素的新组合"，用以解释经济周期和经济增长。20 世纪 50 年代开始，特别是 70 年代之后，西方金融领域发生了大规模、全方位的巨大变革，一些西方学者开始把创新理论引入金融研究中，提出了金融创新的新概念。

西方国家 20 世纪 70 年代以来不断出现的金融创新有其深刻的社会、经济和技术背景。一方面，各国大量的财政赤字和世界性的通货膨胀，导致了利率的上升和市场动荡，提高了那些无息和利率受限制的金融资产的机会成本，使金融活动的交易成本和风险增大。另一方面，经济全球化的进展和国际竞争的加剧，对金融活动在数量、质量、种类、服务上的要求都日益增多，在这种情况下，传统的业务活动方式、金融工具和管理条例便显得很不适应。例如对利率的严格限定，对各类金融机构业务活动的严格区分等，严重地限制了金融业的发展。竞争的需要使金融体系内部产生了变革的要求，新技术革命的出现，又为这种变革提供了便利和可能，于是出现了一系列的金融创新。主要内容包括新技术在金融业的应用，如资料处理、票据清算、市场交易电算化、全球性电子财务管理服务等；金融活动中各种新工具、新方式、新服务的出现，如电话提款业务、金融期货交易、自动划转账户、可调换债券、可转让存款证、抵押贷款证券化等；银行管理方面的改进，如全球性资产负债管理、权宜性资金管理等；金融机构业务限制的放松，如银行与非银行金融机构之间业务的相互交叉渗透、金融联合体的形成等；国际性、区域性新市场的形成，如欧洲美元市场、亚洲美元市场、新兴国家金融市场等。

金融创新促进了金融业的发展。对投资者来说，增加了资产选择的机会，提高了持有金融资产的实际收益，提高了金融资产的流动性和安全性；对筹资者来说，融资渠道多样化、融资形式灵活化，能够满足时间不一、数量不同的资金需求；对金融机构来说，扩大了资金来源和运用的规模，减少了支付成本，节约了业务处理时间，提高了效率；对经济发展来说，克服了资金融通障碍，促进了经济的繁荣和国际经济一体化的进程等。但是，金融创新也带来了不少新问题。由于出现了许多货币性极强的新的金融工具，增加了货币政策制定和实施的困难。同时，金融创新增强了金融业的竞争，使金融体系的稳定性减弱，增加了金融风险和金融管理的难度。

不论在哪个领域，创新都是发展的重要推动力。国家间、行业间、机构间的竞争在很大程度上是它们各自创新力的竞争。因此，创新的重要性怎么看都不为过。但是创新是一个复杂的问题，它要受理念的支配和规律的约束，还要平衡创新与传统、创新与行为规范之间的关系。创新并不简单是为竞争而竞争，为利润而利润，而更应着眼于其所能带来的经济与社会效果。好的金融创新必定能为经济和社会发展提供更好的条件和支持，为服务对象提供更好的便利和福利，使经济更快发展，社会更加和谐。创新要符合经济、社会发展的阶段，适合创新主体的特点和服务对象的客观需求。不同类型、不同优势的机构其创新内容的选择应该是不同的，即使是急需的金融创新也不是同时适宜于所有的金融机构。成功的创新还要建立在对传统和规范有一个正确的分析与判断基础之上，传统与规范是先期创新沉淀的结果。随着社会的发展，传统会变化，规范会调整，需要根据现实发展而打破一些传统和规范，但也需要尊重和恪守那些长期证明是好的传统与规范。因此，创新总体上是无止境的，需要不断追求和实践，但在具体的或个体的方面，也有一个"止于至善"和适当或适时"节制"的问题。发展需要不断地创新，也需要不断地形成新规范，其最终目的是更好地服务于经济和社会，更好地服务于人们的客观需要，促进生活质量的提高。

在金融创新的过程中，有几点需要特别的关注：第一，虽然金融在现代经济中的先导作用已十分突出，但金融为经济服务的本质并未改变。金融的基本作用仍然是为资金盈余者和资金需求者提供投资、融资和结算等服务，所有金融机构的业务活动及其创新都必须始终围绕着为实体经济部门服务这一宗旨，不能脱离实体经济而自我循环，避免金融资产的过度膨胀和经济的过度虚拟化。第二，金融机构在为实体经济部门提供服务的同时，这种"服务"也逐渐具有了"产品"的性质，金融机构成为经营货币和提供"金融服务产品"的特殊企业，金融业也就形成一种特殊"行业"或"产业"，所有金融机构及其从业人员必须遵守这一行业的行为规范和基本行为准则，保持良好的行业运行秩序。第三，金融机构在为实体部门提供服务、促进其他部门发展的同时，也具有了相对独立发展的空间和可能性。在中央银行提供的货币具有无限法偿权力和信用无限创造机制条件下，金融中介的经营行为具有内在的膨胀动力和趋势。因而，金融业又是一个充满风险且对整个国民经济影响巨大的行业，金融机构必须建立良好的风险防范机制，确保金融稳定和经济的健康发展。因此，创新过程中的金融监管和宏观调控是极为重要的。

参考文献：

［美］J. A. 熊彼特：《经济发展理论》，商务印书馆1990年版。

［美］P. 金德尔伯格：《西欧金融史》，中国金融出版社1991年版。

李健：《金融创新与发展》，中国经济出版社1998年版。

戴相龙、黄达：《中华金融辞库》，中国金融出版社1998年版。

中国大百科全书编委会：《中国大百科全书（财政 税收 金融 价格）》，中国大百科全书出版社1993年版。

（王广谦　李健）

金融贡献度
Financial Contribution

金融贡献度是指金融体系（金融市场和金融机构）通过它自身所具有的特点，如货币方便商品流通、信用促进资金融通等，对实体经济运行所起到的直接或者间接的促进作用，以及金融部门作为经济的重要组成部分所创造的价值在整个经济体中的重要程度。更具体来说，是金融对经济增长的贡献大小的数量化表示。

金融在经济发展中的作用可概括为四个方面：（1）通过金融自身的特点为经济发展提供条件；（2）通过促进储蓄向投资转化（包括数量和质量）为经济发展提供资本投入；（3）通过金融机构的经营运作实现全社会合理

的资源配置；(4) 通过金融业的自身产值增长直接为经济增长做贡献。把这些作用与增长因素分析方法结合起来，可以把金融对经济增长的贡献分为以下三个部分：对要素投入量提高的贡献、对要素生产率提高的贡献和直接增加经济总量的贡献。

首先，在要素投入方面，金融促进了资本的形成和扩大，同时对劳动投入的增长也起着积极作用。在要素投入量的增长中，劳动的增长取决于人口的增长和劳动力的增长，资本的增长取决于储蓄的增长。储蓄是资本形成的本源，金融不但能通过自身发展促使可能消费（或可能储蓄）转化为实际储蓄，而且能够促进储蓄向投资的转化。一方面，金融的发展使储蓄转变为未来消费变得非常容易，如货币储蓄显然比实物储蓄更为方便，同时利息的存在使储蓄能够带来增值从而为将来更多的消费创造条件；另一方面，在现实生活中投资并非可以无限细分的，而金融使得资本的聚敛、重组都更容易实现，从而促使储蓄最大限度地转化为有效投资，增加总的资本投入量。在促进就业量的增长方面，金融不仅可以通过促进资本投入量的增加以吸纳更多的就业人数，同时金融领域直接吸纳了就业量。

其次，在要素生产率方面，金融通过提高生产率来对经济增长做出贡献的方式主要有两种：一是促进技术进步，二是促进资源再配置和规模节约。技术进步是生产率提高的最主要内动力，技术进步的源头是发明和创新，而生产率的提高在于发明和创新成果的大面积推广和普及。金融不但在源头上为发明和创新提供动力，同时金融业可以对科学技术在生产应用中面临的风险进行分散和重新配置，更重要的是金融的支持使科技成果迅速传播和普及并现实地转化为生产力。资源再配置和规模节约是推动生产率提高的重要外部因素，金融市场的出现，使得企业日趋多样化的融资需求得到解决，同时也便利了资本集中、转移和重组，并且改变着生产、经营部门的融资比重。

最后，金融直接作用于经济总量的增加。在现代经济中，最主要的经济总量指标是国民生产总值（GNP）或国内生产总值（GDP）。服务业产值在国民生产总值中的比重高低从一个方面反映了这个国家的发达程度，而服务业产值比重提高的过程也反映了不发达国家向发达国家发展的进程。金融业是服务业中极其重要的组成，因而经济总量的增加与金融业的发展有直接的联系。

金融贡献度的测算也从以上三方面出发：对要素投入量提高的贡献、对要素生产率提高的贡献和通过自身产值增长对经济的直接贡献。王广谦（1997年）所著《经济发展中金融的贡献与效率》是研究金融贡献度的开创性著作，书中分别用投资与储蓄之比的增长率衡量金融对资本投入量的贡献，用金融化程度的提高比率来近似地估量金融通过促进技术进步在生产率方面对经济增长的贡献，用金融业产值增加来衡量金融对经济总量增长率的贡献，从而测算出在中国金融间接和直接地作用在经济总增长率中占到了19.6%。此后，国内部分学者开始采用类似的方法对金融机构子行业如银行业贡献度、金融市场子市场如股票市场对经济增长的贡献度进行了估算；还有部分研究者则直接将金融作为独立的要素纳入到生产函数中，利用一定年份的时间序列数据进行估算。

金融贡献度的研究至少有两方面的重大意义：其一，为研究经济结构问题提供支持。现代金融业越来越成为经济运转的核心，然而金融业既促进也依托于实体经济，研究金融贡献度有助于解决金融业适度规模问题；其二，不同国别、不同地区、不同时段的数据能够反应一定的经济规律，通过比较可以为政策和战略制定提供支持。

参考文献：

王广谦：《现代经济发展中的金融因素及金融贡献度》，载于《经济研究》1996 年第 5 期。

史恩义：《金融成长与产业发展内在机理》，载于《商业研究》2012 年第 1 期。

林毅夫、章奇、刘明兴：《金融结构与经济增长：以制造业为例》，载于《世界经济》2003 年第 1 期。

[美] 戈德史密斯：《金融结构与金融发展》，中国社会科学出版社 1993 年版。

Eric C. Wang. A Dynamic Two-sector Model for Analyzing the Interrelation between Financial Development and Industrial Growth, *International Review of Economics and Finance*, 2000 (9).

Raghuram G. Rajan, Luigi Zingales. Financial Dependence and Growth, NBER Working Paper Series, 1998 (3).

（李建军　陶鹏）